Rechtsrahmen der Cybersicherheit und Privatheit

Reihe herausgegeben von

Annika Selzer, ATHENE, Fraunhofer-Institut für Sichere
Informationstechnologie, Darmstadt, Deutschland

In dieser Reihe erscheinen Konferenzbände, Herausgeberwerke und Dissertationen des Nationalen Forschungszentrums für angewandte Cybersicherheit ATHENE im Themenschwerpunkt „Rechtsrahmen der Cybersicherheit und Privatheit".

Annika Selzer

Die technisch-organisatorische Implementierung von Datenschutz in Organisationen unter besonderer Berücksichtigung der wirtschaftlichen Angemessenheit

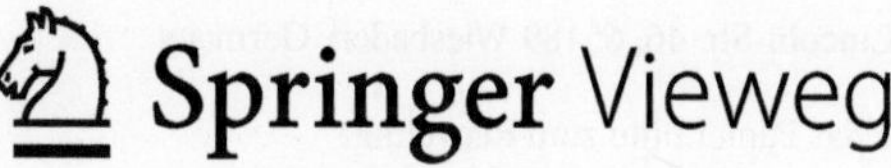

Annika Selzer
Fraunhofer SIT | ATHENE
Darmstadt, Deutschland

Vom Fachbereich IV der Universität Trier zur Verleihung des akademischen Grades Doktorin der Naturwissenschaften (Dr. rer. nat.) genehmigte Dissertation. Datum der Disputation: 29.10.2025

ISSN 3059-4243   ISSN 3059-4251   (electronic)
Rechtsrahmen der Cybersicherheit und Privatheit
ISBN 978-3-658-50743-5   ISBN 978-3-658-50744-2   (eBook)
https://doi.org/10.1007/978-3-658-50744-2

Die Deutsche Nationalbibliothek verzeichnet diese Publikation in der Deutschen Nationalbibliografie; detaillierte bibliografische Daten sind im Internet über https://portal.dnb.de abrufbar.

Die vorliegende Arbeit wurde vom Bundesministerium für Forschung, Technologie und Raumfahrt (BMFTR) und vom Hessischen Ministerium für Wissenschaft und Kunst (HMWK) im Rahmen ihrer gemeinsamen Förderung für das Nationale Forschungszentrum für angewandte Cybersicherheit ATHENE unterstützt.

Planung/Lektorat: Karina Kowatsch
Springer Vieweg ist ein Imprint der eingetragenen Gesellschaft Springer Fachmedien Wiesbaden GmbH und ist ein Teil von Springer Nature.
Die Anschrift der Gesellschaft ist: Abraham-Lincoln-Str. 46, 65189 Wiesbaden, Germany

Zusammenfassung

Kaum eine Organisation kommt heutzutage ohne die Verarbeitung großer Mengen personenbezogener Daten in Informationssystemen aus, so dass sie sich konsequenterweise mit der Umsetzung datenschutzrechtlicher Anforderungen befassen müssen. Einerseits sollen die Regelungen der DSGVO dafür Sorge tragen, natürliche Personen vor Eingriffen in ihre Persönlichkeitsrechte zu schützen, die im Zusammenhang mit der Verarbeitung ihrer personenbezogenen Daten stehen. Andererseits ist die Umsetzung der einschlägigen Datenschutzvorschriften häufig mit sehr hohen Kosten verbunden, während das Datenschutzrecht zusätzlich häufig als Hemmschuh für innovative Datennutzungsmöglichkeiten wahrgenommen wird. Vor diesem Hintergrund wünschen sich Organisationen einen pragmatischen Umgang mit der Umsetzung datenschutzrechtlicher Anforderungen, sind aber unsicher, wie viel Pragmatik die Umsetzung der DSGVO-Anforderungen erlaubt, ohne dem Risiko des hohen Bußgeldrahmens der DSGVO ausgesetzt zu sein.

Vor diesem Hintergrund beantwortet die vorliegende Arbeit aus der Perspektive der Wirtschaftsinformatik und Rechtswissenschaften offene Fragen zur angemessenen Umsetzung der DSGVO-Anforderungen, insbesondere im Bereich des technisch-organisatorischen Datenschutzes. Sie unterstützt insbesondere den in Organisationen umzusetzenden schwierigen Abwägungsprozess von Risiken für die Rechte und Freiheiten der von einer Datenverarbeitung betroffenen Personen (einerseits) und Implementierungskosten von dem Stand der Technik entsprechenden technischen und organisatorischen Maßnahmen (andererseits). Aus den daraus gewonnenen Erkenntnissen leitet die Arbeit wiederum u. a.

organisatorische, technische und rechtliche Schritte zur systematischen Umsetzung des Datenschutzes in Organisationen ab. Die einzelnen organisatorischen, technischen und rechtlichen Schritte werden in dieser Arbeit so aufbereitet, dass sie Wirtschaftsinformatiker in Organisationen zukünftig dabei unterstützen, bereits in der Planungs- und Implementierungsphase neuer IT-Systeme die angemessene Umsetzung datenschutzrechtlicher Anforderungen und die angemessene Datennutzung einplanen und beachten zu können.

Der im Rahmen dieser Arbeit entwickelte Vorschlag für die datenschutzkonforme Gestaltung von Datenschutz-Grundsätzen und -Schutzmaßnahmen in IT-Systemen wurde abschließend im Rahmen von Evaluationsworkshops vorgestellt und erfolgreich evaluiert. An den Evaluationsworkshops nahmen u. a. potenzielle Anwender des Gestaltungsvorschlags, betriebliche Datenschutz- und IT-Sicherheitsbeauftragte sowie Mitarbeiter einer deutschen Datenschutzaufsichtsbehörde teil.

Wissenschaftlicher Werdegang der Doktorandin

2020	Promotion zum Dr. iur. an der Universität Bremen
Seit 2011	Rechtswissenschaftlerin am Fraunhofer-Institut für Sichere Informationstechnologie
2010	Auslandsaufenthalt
2006–2009	Studium des Informationsrechts an der Hochschule Darmstadt, Abschluss: Diplom Informationsjuristin (FH)

Inhaltsverzeichnis

Abkürzungsverzeichnis

Abb.	Abbildung
Abs.	Absatz
AES	Advanced Encryption Standard (englisch für „fortgeschrittener Verschlüsselungsstandard", Verschlüsselungsverfahren)
AK	Arbeitskreis
Alt.	Alternative
App	Applikation (englisch für „Anwendung" bzw. „Anwendungssoftware")
ArbG	Arbeitsgericht
Art.	Artikel
Az.	Aktenzeichen
BAföG	(Förderung nach) Bundesausbildungsförderungsgesetz
BDSG	Bundesdatenschutzgesetz
BDSG a. F.	Bundesdatenschutzgesetz, bis 24. Mai 2018
BfDI	Bundesbeauftragter für den Datenschutz und die Informationsfreiheit
BGH	Bundesgerichtshof
BITKOM	Bundesverband Informationswirtschaft, Telekommunikation und neue Medien
BSI	Bundesamt für Sicherheit in der Informationstechnik
BvD	Berufsverband der Datenschutzbeauftragten Deutschlands
BVerfG	Bundesverfassungsgericht
BVerfGE	Entscheidungen des Bundesverfassungsgerichts
CA	Certification authority (englisch für „Zertifizierungsstelle")

CD	Compact Disk (englisch für „kompakte Scheibe", Speichermedium)
DAkkS	Deutsche Akkreditierungsstelle
DoS	Denial of Service (englisch für „Verweigerung des Dienstes")
DSFA	Datenschutz-Folgenabschätzung
DSGVO	Datenschutz-Grundverordnung
DSK	Konferenz der unabhängigen Datenschutzbehörden des Bundes und der Länder (auch kurz „Datenschutzkonferenz" genannt)
DSRITB	Tagungsband der Deutschen Stiftung für Recht und Informatik
DSRL	Datenschutz-Richtlinie
DStR	Das deutsche Steuerrecht (Zeitschrift)
DuD	Zeitschrift für Datenschutz und Datensicherheit
e. V.	Eingetragener Verein
Ebd.	Ebenda
EDPL	European Data Protection Law Review (Zeitschrift)
EDSA	Europäischer Datenschutzausschuss
EDSB	Europäischer Datenschutzbeauftragter
EG	Europäische Gemeinschaft
EK	Einmalige Kosten
E-Mail	Electronic Mail (englisch für „elektronische Post")
ENISA	Agentur der Europäischen Union für Cybersicherheit
Erwgr.	Erwägungsgrund
et al.	Et Alia
etc.	Et cetera
EU	Europäische Union
EuGH	Europäischer Gerichtshof
EuR	Europarecht (Zeitschrift)
EuV	Vertrag über die Europäische Union
EuZW	Europäische Zeitschrift für Wirtschaftsrecht (Zeitschrift)
Fax	Telefax/Fernkopie
Fn.	Fußnote
gem.	Gemäß
Ggf.	Gegebenenfalls
GRCh	Charta der Grundrechte der EU
HICSS	Hawaii International Conference on System Sciences
Hinweisbes.	Hinweisbeschluss
Hrsg.	Herausgeber
HS	Halbsatz
I. d. R.	In der Regel

I. S. d.	Im Sinne des
I. V. m.	In Verbindung mit
ICECC	International Conference on Electronics, Communications and Control
IDS	Intrusion Detection System
IGel	Individuelle Gesundheitsleistungen
IT	Informationstechnologie
JuS	Juristische Schulung (Zeitschrift)
Kap.	Kapitel
LAG	Landesarbeitsgericht
LG	Landgericht
Lit	Littera, Buchstabe
MMR	Multimedia und Recht (Zeitschrift)
NIST	National Institute of Standards and Technology (englisch für „nationales Institut für Standards und Technologie" in den USA)
NJW	Neue Juristische Wochenschrift (Zeitschrift)
NR.	Nummer
O. g.	Oben genannt(e/n)
OLG	Oberlandesgericht
ÖOGH	Der Oberste Gerichtshof Österreich
P. a.	Per annum (lateinisch für „jährlich")
PIN	Personal Identification Number (englisch für „persönliche Identifikationsnummer")
PKI	Public Key Infrastructure (englisch für „Public-Key Infrastruktur")
Rdnr.	Randnummer
RL	Richtlinie
S.	Seite / Siehe
SDM	Standard-Datenschutzmodell
TeleTrusT	Bundesverband IT-Sicherheit e. V.
TISSEC	Transactions on Information and System Security (Journal)
TLS	Transport Layer Security (englisch für „Transportschichtsicherheit")
U. A.	Unter anderen/unter anderem
Urt.	Urteil
USA	United States of America (englisch für „Vereinigte Staaten von Amerika")
USB	Universal Serial Bus
usw.	Und so weiter

V.	Von (dem)
Vgl.	Vergleiche
VO	Verordnung
VPN	Virtual Private Network (englisch für „virtuelles privates Netzwerk")
WEIS	Workshop on the Economics of Information Security
WK	Wiederkehrende Kosten
WWW	World Wide Web (englisch für „weltweites Netz")
z. B.	Zum Beispiel
ZD	Zeitschrift für Datenschutz
ZfDR	Zeitschrift für Digitalisierung und Recht
zw.	zwischen

Abbildungsverzeichnis

Gliederungsillustration

Tabellenverzeichnis

Teil I
Hintergrund der Arbeit

Die vorliegende Arbeit befasst sich mit der Angemessenheit im technisch-organisatorischen Datenschutz und gliedert sich in fünf Teile, wie in der nachfolgenden Übersicht dargestellt:

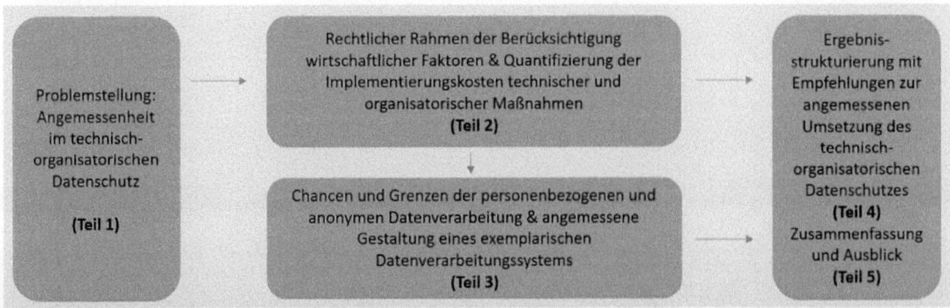

Gliederungsillustration 1 Übersicht über die Gesamtgliederung

Teil 1 dieser Arbeit zeigt die Problemstellung auf, welche die Forschungsarbeiten der vorliegenden Arbeit motiviert. Er enthält sowohl eine thematische Einführung in die angemessene Umsetzung technischer und organisatorischer Maßnahmen als auch eine Skizzierung der Forschungsfragen und -methoden dieser Arbeit.

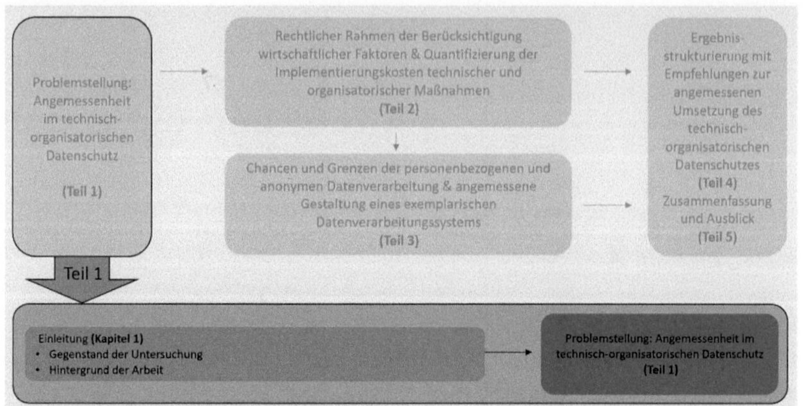

Gliederungsillustration 2   Teil 1 der Arbeit

Einleitung 1

Kaum eine Organisation kommt heutzutage ohne die Verarbeitung großer Mengen personenbezogener Daten in Informationssystemen aus – sei es, dass die Daten der eigenen Mitarbeiter oder die Daten von Privatinteressenten und -kunden verarbeitet werden. Auf die Verarbeitung dieser personenbezogenen Daten findet regelmäßig die Datenschutz-Grundverordnung (DSGVO) Anwendung. Seit ihres direkten Anwendbarwerdens am 25. Mai 2018 fordern – und überfordern – die strengen Regelungen der DSGVO Organisationen. Einerseits sollen die Regelungen der DSGVO dafür Sorge tragen natürliche Personen vor Eingriffen in ihre Persönlichkeitsrechte zu schützen, die im Zusammenhang mit der Verarbeitung ihrer personenbezogenen Daten stehen. Andererseits ist die Umsetzung der einschlägigen Datenschutzvorschriften häufig mit sehr hohen Kosten verbunden, während das Datenschutzrecht zusätzlich – insbesondere aus Sicht von Unternehmen – häufig als Hemmschuh für die innovativen Datennutzungsmöglichkeiten wahrgenommen wird.[1]

Vor diesem Hintergrund wünschen sich Organisationen einen pragmatischen Umgang mit der Umsetzung datenschutzrechtlicher Anforderungen, sind aber unsicher, wie viel Pragmatik die Umsetzung der DSGVO-Anforderungen erlaubt, ohne dem Risiko des hohen Bußgeldrahmens der DSGVO ausgesetzt zu sein. Einerseits wollen Organisationen die Anforderungen des Datenschutzrechts erfüllen, andererseits erhalten sie sehr wenig spezifische Hilfe für einen pragmatischen

---

[1] Hierzu berichten u. a.: https://www.internetworld.de/sonstiges/internet-recht/dsgvo-ueberf ordert-sogar-globale-unternehmen-1447767.html,https://www.com-agazin.de/news/dsgvo/ 3-jahre-dsgvo-woran-umsetzung-kmu-haeufig-scheitert-2665855.html; https://finanzwelt. de/ueberfordert-dsgvo-unternehmen/.

3

Umgang mit der Umsetzung dieser Anforderungen. Aus der rechtlichen Sicht ist der Anhaltspunkt für eine angemessene Berücksichtigung des Datenschutzrechts insbesondere der sogenannte *risikobasierte Ansatz,* der mit Anwendbarwerdens der DSGVO erstmals Teil des Europäischen Datenschutzrechts wurde.[2]

Das zentrale Element des risikobasierten Ansatzes ist es, die Höhe des Risikos für die Rechte und Freiheiten der (von einer personenbezogenen Datenverarbeitung) betroffenen Personen unmittelbar mit der Art und dem Umfang der zum Schutz der betroffenen Personen getroffenen Maßnahmen zu verknüpfen. Auf Basis einer Einschätzung der Risikointensität für die Rechte und Freiheiten der betroffenen Personen sollen Maßnahmen getroffen werden, die die betroffenen Personen vor den mit der Datenverarbeitung in Verbindung stehenden Risiken *angemessen* schützen. Somit erfordert eine besonders risikobehaftete Datenverarbeitung i. d. R. ein höheres Maß an Schutzmaßnahmen als eine Datenverarbeitung mit mäßigen Risiken für die Rechte und Freiheiten betroffener Personen. Seine Grenze findet der risikobasierte Ansatz bei der Feststellung eines geringen Risikos – diese Feststellung soll grundsätzlich nicht dazu führen, dass die Rechte und Freiheiten der betroffenen Personen starke Einschränkungen erfahren müssen, sondern lediglich, dass der Verantwortliche weniger intensive Schutzmaßnahmen[3] implementieren muss, als er dies bei einem hohen Risiko müsste. Somit „dient der risikobasierte Ansatz der Skalierung innerbetrieblicher Maßnahmen, nicht aber dem Wegfall jeglicher Maßnahmen zur Herstellung von Datenschutz-Compliance."[4]

Doch die Umsetzung datenschutzrechtlicher Anforderungen in angemessener Weise ist sehr komplex: Bereits die banal klingende Frage, wie und wo die Zuordnungsvorschrift pseudonymisierter Daten aufzubewahren ist, um die Anforderungen des technisch-organisatorischen Datenschutzes angemessen umzusetzen, lässt sich nicht eindeutig beantworten, sondern ist abhängig von

---

[2] Vor der Anwendbarkeit der DSGVO regelte die DSRL u. a. das Instrument der Vorabkontrolle sowie die Angemessenheit technischer und organisatorischer Maßnahmen als erste „Anzeichen" des zukünftig verfolgten risikobasierten Ansatzes. *Heberlein* in *Ehmann/Selmayr*, DSGVO-Kommentar, Art. 5 Rdnr. 30. Für die nächsten zwei Seiten auch: *Selzer,* EDPL 2021, 120 (120 f.)

[3] In dieser Arbeit werden technische und organisatorische Maßnahmen i.S.d. Art. 24, 25, 32 DSGVO auch synonym als „Schutzmaßnahmen" oder kurz „Maßnahmen" bezeichnet.

[4] *Schröder*, ZD 2019, 503 (503 f.); *Heberlein* in *Ehmann/Selmayr*, DSGVO-Kommentar, Art. 5 Rdnr. 30; *Gola/Klug*, NJW 2018, 2608 (2609). *Selzer/Woods/Böhme*, EDPL 2021, 456 (456 f.); Selzer/ Timm, Angemessene technische und organisatorische Schutzmaßnahmen nach Art. 32 DSGVO – Ein Vorschlag für die datenschutzkonforme Gestaltung von Datenschutz-Grundsätzen und -Schutzmaßnahmen in IT-Systemen, HMD Praxis der Wirtschaftsinformatik 2022 (online first).

den mit der Datenverarbeitung zusammenhängenden Risiken für die Rechte und Freiheiten der betroffenen Personen. Je nach bestehenden Risiken kann es ausreichend sein, die pseudonymisierten Daten (z. B. „Patient 1 hat Heuschnupfen") und die Zuordnungsvorschrift (z. B. „Patient 1 ist Uta Mustermüller, wohnhaft in München") in zwei unterschiedlichen Datenbanken oder Anwendungen aufzubewahren, wenn es bei einem extrem hohen Risiko nicht einmal angemessen sein könnte, die Daten innerhalb des gleichen Raumes aufzubewahren. Immer die höchstmögliche Schutzmaßnahme umzusetzen, ist jedoch in der Praxis meist nicht nur umständlich in der täglichen Handhabung, sondern auch mit höheren Kosten verbunden, weshalb die Angemessenheit von Schutzmaßnahmen – und die damit verbundene Pragmatik der Datenschutzumsetzung – eine hohe Wichtigkeit für Organisationen einnimmt.

Um die Angemessenheit von Datenschutzmaßnahmen zu beurteilen, sind darüber hinaus nicht nur die genauen Verarbeitungsumstände und das potenzielle Risiko der von der Verarbeitung betroffenen Personen zu berücksichtigen. Auch wirtschaftliche Faktoren wie die Implementierungskosten dürfen berücksichtigt werden. Art. 24 Abs. 1 DSGVO[5] regelt diesbezüglich, dass der Verantwortliche unter Berücksichtigung der Art, des Umfangs, der Umstände und der Zwecke der Verarbeitung sowie der unterschiedlichen Eintrittswahrscheinlichkeit und Schwere der Risiken für die Rechte und Freiheiten natürlicher Personen angemessene technische und organisatorische Maßnahmen umzusetzen hat, um sicherzustellen und den Nachweis dafür erbringen zu können, dass die Verarbeitung gemäß dieser Verordnung erfolgt. Art. 25 Abs. 1 und 32 Abs. 1 DSGVO konkretisieren, dass unter Berücksichtigung des Stands der Technik, der Implementierungskosten und der Art, des Umfangs, der Umstände und der Zwecke der Verarbeitung sowie der unterschiedlichen Eintrittswahrscheinlichkeit und Schwere der mit der Verarbeitung verbundenen Risiken für die Rechte und Freiheiten natürlicher Personen angemessene technische und organisatorische Maßnahmen zu treffen sind.

Doch der Bedarf, der Umsetzungspflicht datenschutzrechtlicher Vorschriften in angemessener Weise zu begegnen, beschränkt sich nicht auf den Bereich der technischen und organisatorischen Schutzmaßnahmen allein: Organisationen stehen darüber hinaus vor der Herausforderung, weitere datenschutzrechtliche Regelungen wie z. B. die Umsetzung der zweckgebundenen Datenverarbeitung, der Betroffenenrechte und der Dokumentationspflichten in ihren IT-System in

---

[5] In dieser Arbeit werden *Direktzitate aus Rechtsvorschriften* (inkl. Erwgr.) einzig durch die Benennung der jeweiligen Rechtsvorschrift gekennzeichnet. Auf das Absetzen des zitierten Textes durch Anführungszeichen wird zur besseren Lesbarkeit verzichtet.

angemessener Weise zu adressieren, ohne dass der Aufwand zur Umsetzung dieser rechtlichen Verpflichtungen zu den praktischen und wirtschaftlichen Nutzen des Einsatzes der betroffenen IT-Systeme in unangemessenem Verhältnis steht und somit im schlimmsten Fall sogar den technischen Fortschritt aufhalten oder verhindern könnte. Auch in diesem Zusammenhang sind daher wirtschaftliche Interessen der Organisationen gegen die Risiken für die Rechte und Freiheiten von einer Datenverarbeitung betroffener Personen gegeneinander auszugleichen.

Die Frage, wie diese einzelnen Schutzgüter im Zusammenspiel bewertet werden können, um im Ergebnis Datenschutzanforderungen angemessen umzusetzen, ist weitestgehend unerforscht. Bisher herangezogene Methoden, wie zum Beispiel eine von der Datenschutzkonferenz empfohlene Risikomatrix[6] und das Standarddatenschutzmodell[7], fokussieren die Einstufung des Risikos aus Sicht der betroffenen Personen, lassen wirtschaftliche Interessen der Organisation, also dem datenschutzrechtlich Verantwortlichen, jedoch weitestgehend außen vor. Einstufungsversuche durch die datenschutzrechtlich Verantwortlichen selbst haben hingegen häufig zur Folge, dass ihre wirtschaftlichen Interessen zu stark berücksichtigt werden. Zudem erfolgt eine Abwägung der vorgenannten Schutzgüter derzeit ohne dass

- die genauen Kosten der Implementierung von Maßnahmen, wie sie durch die DSGVO gefordert werden, als zu berücksichtigenden wirtschaftlichen Faktor bisher überhaupt quantifiziert wurden,
- die Chancen und Grenzen der personenbezogenen und anonymen Datenverarbeitung aus Organisationssicht bei der Entscheidung über die angemessene Umsetzung von Datenschutzanforderungen bisher überhaupt erhoben wurden,
- die systematische Zusammenführung rechtlicher und wirtschaftsinformatischer Aspekte der angemessenen Datenschutzumsetzung in Form eines exemplarisch gestalteten und betrachteten Datenverarbeitungssystems zur anonymen und personenbezogenen Datenverarbeitung verbunden und evaluiert wurden und
- die vorgenannten Aspekte im Rahmen eines Konzeptes zur datenschutzkonformen Entwicklung neuer IT-Systeme in Organisationen berücksichtigt wurden, um die angemessene Umsetzung datenschutzrechtlicher Anforderungen bereits im Entwicklungsprozess einplanen und steuern zu können.

---

[6] DSK, Kurzpapier Nr. 18 Risiko für die Rechte und Freiheiten natürlicher Personen, S. 5.

[7] Einen Überblick über das Standarddatenschutzmodell bietet https://www.datenschutzzent rum.de/sdm.

1.1   Gegenstand der Untersuchung

Diese Forschungslücke aufgreifend wird die vorliegende Arbeit aus Perspektive der Wirtschaftsinformatik und Rechtswissenschaften die Möglichkeit der angemessenen Umsetzung datenschutzrechtlicher Anforderungen in Organisationen untersuchen und dabei die folgenden Forschungsfragen adressieren:

- Welche Regelungen zum technisch-organisatorischen Datenschutz enthält die Datenschutz-Grundverordnung?
- Welche Auswahlkriterien müssen bei der Umsetzung angemessener technisch-organisatorischer Schutzmaßnahmen berücksichtigt werden? In welchem Umfang dürfen ggf. zu Gunsten des datenschutzrechtlich Verantwortlichen Implementierungskosten technischorganisatorischer Maßnahmen berücksichtigt werden?
- Vor welchem Hintergrund dürfen die Implementierungskosten bei der Auswahl angemessener technisch-organisatorischer Maßnahmen berücksichtigt werden? Welche Unterschiede gibt es bei der Auslegung des Begriffs der Angemessenheit aus rechtlicher, technischer und wirtschaftlicher Sicht?
- Wie hoch sind die Kosten zur Implementierung ausgewählter technisch-organisatorischer Maßnahmen?
- In welchem Maße sind Smart Cities (als beispielhafter Verarbeitungskontext) im Rahmen ihrer Tätigkeiten von der personenbezogenen Datenverarbeitung abhängig? Welche Chancen und Grenzen bestehen/bestünden durch den personenbezogenen und anonymisierten Datenaustausch mit anderen Smart-City-Akteuren?
- Welche datenschutzrechtlichen Anforderungen müssen – abseits der Pflicht zum Treffen technisch-organisatorischer Maßnahmen – in Datenverarbeitungssystemen umgesetzt werden?
- Wie kann im Rahmen eines exemplarisch betrachteten Datenverarbeitungssystems zur Ermöglichung eines Datenaustausch in Smart Cities – als exemplarischer Verarbeitungskontext – die Umsetzung datenschutzrechtlicher Anforderungen so gestaltet werden, dass die Anforderungen in angemessener Weise umgesetzt werden?
- Welche Empfehlungen für die angemessene Umsetzung des technisch-organisatorischen Datenschutzes können im Rahmen der Entwicklung neuer IT-Systeme in Organisationen gegeben werden?

Um die vorstehend genannten Forschungsfragen zu beantworten, untergliedert sich die vorliegende Arbeit wie folgt:

An den einleitenden Teil 1 der vorliegenden Arbeit anschließend wird der zweite Teil der Arbeit untersuchen, wie weit die Berücksichtigung wirtschaftlicher Faktoren aus Sicht des Datenschutzrechts gehen darf und was den Verantwortlichen zu raten ist, um die Abwägung – und in der Konsequenz auch die Umsetzung von Schutzmaßnahmen – rechtskonform umzusetzen. Auch wird die bisherige Lücke der Quantifizierung der Implementierungskosten technischer und organisatorischer Maßnahmen geschlossen, um die nach der DSGVO zulässige Berücksichtigung der Implementierungskosten technischer und organisatorischer Schutzmaßnahmen überhaupt sinnvoll zu ermöglichen.

Der dritte Teil der vorliegenden Arbeit wird aufzeigen, wie die Umsetzung technischer und organisatorischer Maßnahmen für ein exemplarisches Datenverarbeitungssystem im Smart-City-Kontext gestaltet werden könnte, um eine angemessene Datennutzung unter Umsetzung angemessener Schutzmaßnahmen zu erreichen. Als grundlegende Vorfrage wird zudem geklärt, in welchem Maße Smart-City-Akteure im Rahmen ihrer Tätigkeiten von der personenbezogenen Datenverarbeitung abhängig sind und welche Chancen und Grenzen durch den personenbezogenen und anonymisierten Datenaustausch mit anderen Smart-City-Akteuren bestehen bzw. bestünden. Die Klärung dieser Frage im genannten Verarbeitungskontext wird beispielhaft aufzeigen, dass diese Fragen als Vorfragen jeder geplanten Datenverarbeitung verstanden werden sollten, um nur die unbedingt notwendigen personenbezogenen Daten zu verarbeiten und die Umsetzung technischer und organisatorischer Maßnahmen auf genau diese, unbedingt erforderlichen Daten abzustimmen. Kann durch diese Vorfrage z. B. die Notwendigkeit der Verarbeitung besonderer Kategorien (bzw. besonders sensibler) personenbezogener Daten vermieden werden, so wird sich dieser Umstand regelmäßig positiv i.S.v. kostensparend auf die durch den Verantwortlichen zu implementierenden Schutzmaßnahmen auswirken.

Im vierten und fünften Teil dieser Arbeit werden die im Rahmen dieser Arbeit erzielten Ergebnisse strukturiert und zusammengefasst sowie Empfehlungen für die angemessene Umsetzung des technisch-organisatorischen Datenschutzes im Rahmen der Entwicklung neuer IT-Systeme in Organisationen abgeleitet.

1.2   Beitrag der Arbeit

Die vorliegende Arbeit untersucht aus der Perspektive der Wirtschaftsinformatik und Rechtswissenschaften offene Fragen zur angemessenen Umsetzung der DSGVO-Anforderungen in Organisationen.

Sie unterstützt insbesondere bei der für Organisationen herausfordernden Aufgabe, die Risiken für die Rechte und Freiheiten der von einer Datenverarbeitung betroffenen Personen gegen die Implementierungskosten von dem Stand der Technik entsprechenden technischen und organisatorischen Maßnahmen abzuwägen.

Aus den Erkenntnissen dieses Abwägungsprozesses, der neben einer rechtlichen Anforderungsanalyse und -interpretation auch die empirische Quantifizierung und Validierung der Implementierungskosten von dem Stand der Technik entsprechender Schutzmaßnahmen sowie eine empirische Erhebung der Chancen und Risiken der anonymen und personenbezogenen Datenverarbeitung umfasst, leitet die Arbeit wiederum zunächst einen Vorschlag für die angemessene Datenschutzumsetzung eines exemplarischen Datenverarbeitungssystems zur anonymen und personenbezogenen Datennutzung ab, der im Rahmen von Evaluationsworkshops erfolgreich evaluiert wurde.

Sodann leitet die vorliegende Arbeit organisatorische, technische und rechtliche Schritte zur systematischen Umsetzung des Datenschutzes in Organisationen ab. Die einzelnen organisatorischen, technischen und rechtlichen Schritte werden in dieser Arbeit so aufbereitet, dass sie Wirtschaftsinformatiker in Organisationen zukünftig dabei unterstützen, bereits in der Planungs- und Implementierungsphase neuer IT-Systeme die angemessene Umsetzung datenschutzrechtlicher Anforderungen und die angemessene Datennutzung einplanen und beachten zu können. Der im Rahmen dieser Arbeit entwickelte Vorschlag für die datenschutzkonforme Gestaltung von Datenschutz-Grundsätzen und -Schutzmaßnahmen in IT-Systemen wurde abschließend im Rahmen von Evaluationsworkshops vorgestellt und erfolgreich evaluiert.

Die verschiedenen Aspekte der vorliegenden Arbeit wurden bereits im Rahmen einschlägiger Fachzeitschriften, Gesetzeskommentierungen und Konferenzbeiträge veröffentlicht und sind in den einschlägigen Literaturdatenbanken DBLP und Scopus gelistet. Die für die vorliegende Arbeit wichtigsten Veröffentlichungen sind:

- *Selzer, Annika*: The Appropriateness of Technical and Organisational Measures under Article 32 GDPR, EDPL 2021, S. 120–128.
- *Selzer, Annika (Hrsg.)*: Datenschutzrecht – ein Kommentar für Studium und Praxis, Stuttgart 2022 (Einzelkommentierung der Art. 5, 24, 25, 32 DSGVO).[8]

---

[8] Bei dieser Veröffentlichung handelt es sich um einen Gesetzeskommentar. Gesetzeskommentare, genau wie der vorliegend betroffene Gesetzeskommentar, sind i. d. R. nicht in DBLP und/ oder Scopus gelistet.

- *Selzer, Annika/ Timm, Ingo J.*: Chances and Limitations of Personal and Anonymized Data Processing – Implementing Appropriate Technical and Organizational Measures and Creating Added Value in Smart Cities, GI 2021, S. 773–788.
- *Selzer, Annika/ Timm, Ingo J.*:   Potenziale anonymer Datenverarbeitungen nutzen – Ein Vorschlag für Smart Cities, DuD 2021, S. 816–820.
- *Selzer, Annika/ Timm, Ingo J.*:   Gestaltung eines Treuhand-Systems zum anonymen Datenaustausch in einer Smart-City-Umgebung – Gewährleistung angemessener Schutzmaßnahmen, DuD 2021, S. 826–830.
- *Selzer, Annika/ Timm, Ingo J.: Angemessene technische und organisatorische* Schutzmaßnahmen nach Art. 32 DSGVO – Ein Vorschlag für die datenschutzkonforme Gestaltung von Datenschutz-Grundsätzen und -Schutzmaßnahmen in IT-Systemen, HMD Praxis der Wirtschaftsinformatik 2022 (online first).
- *Selzer, Annika/ Woods, Daniel/ Böhme, Rainer*: An Economic Analysis of Appropriateness under Article 32 GDPR, EDPL 2021, S. 456–470.

1.3   Hintergrund und Forschungsmethodik der Arbeit

Diese Arbeit entstand im Wesentlichen während der Arbeit der Verfasserin an dem vom Bundesministerium für Bildung und Forschung (BMBF) und vom Hessischen Ministerium für Wissenschaft und Kunst (HMWK) geförderten Projekt „Technische Unterstützung bei der Umsetzung von Anforderungen gemäß DSGVO in Anwendungen (TECHIRA)" im Rahmen ihrer gemeinsamen Förderung für das Nationale Forschungszentrum für angewandte Cybersicherheit ATHENE, im Rahmen der Arbeit der Verfasserin an dem vom BMBF-geförderten Projekt „Erfolg durch Mitarbeiterdatenschutz (Edumida)" sowie im Rahmen eines zweimonatigen Forschungsaufenthaltes am Security and Privacy Lab der Universität Innsbruck.

Im Rahmen der Projekte und im Rahmen des Forschungsaufenthaltes war es ausdrückliches Ziel, Fragestellungen des technischen und organisatorischen Datenschutzes in einem interdisziplinären Forschungsansatz zwischen Informatikern und Juristen (TECHIRA) sowie zwischen Informatikern, Wirtschaftswissenschaftlern und Juristen (Edumida, Forschungsaufenthalt) zu bearbeiten. Vor diesem Hintergrund verfolgt auch die vorliegende Arbeit einen interdisziplinären Forschungsansatz, um das Thema getrieben von einem Problemverständnis aus Sicht der Rechtswissenschaften, Informatik und Wirtschaftswissenschaften zu betrachten. Die interdisziplinaren Erkenntnisse dieser Arbeit werden um rechtsdogmatische und empirische Erkenntnisse ergänzt. Die empirisch gewonnenen

Erkenntnisse basieren u. a. auf den Befragungen von betrieblichen, behördlichen und externen Datenschutzbeauftragten. Die Befragungen wurden in Form strukturierter Interviews durchgeführt. Des Weiteren wurden Evaluationsworkshops durchgeführt, im Rahmen derer Teilergebnisse dieser Ausarbeitung präsentiert und – mittels strukturierter Interviews – diskutiert wurden.

Die empirischen Datenerhebungen in Form strukturierter Interviews wurden gewählt, um manifeste Konstrukte (z. B. Kaufpreis von Türschlössern und Software zur Umsetzung technischer Maßnahmen, Rechtskonformität eines Konzeptes), unmittelbar zu messen.[9] Die Evaluationen erfolgten – der Empfehlung folgend, Konzepte und Prozessvorschläge empirisch zu evaluieren[10] – in Form von Evaluationsworkshops.

Alle Teilnehmer empirischer Datenerhebungen wurden hinsichtlich des datenschutzrechtlichen Rahmens der Erhebung ihrer personenbezogenen Daten zu Beginn der Interviews/Workshops umfangreich datenschutzrechtlich informiert. Ebenfalls wurde vor Beginn der Datenerhebungen abgeklärt, ob die geplanten Interviews/Workshops eine ethische Freigabe erfordern.[11]

Die Einhaltung der gängigen wissenschaftlichen Standards der empirischen Forschung – Objektivität, Reliabilität und Validität[12] – wurden wie folgt sichergestellt:

Jede empirische Datenerhebung erfolgte auf Basis eines zuvor erstellten Interviewleitfadens, der anhand der jeweiligen Forschungsfragen erstellt wurde. Jeder Interviewleitfaden wurde vor Beginn der Datenerhebung mit jeweils drei potenziellen Teilnehmern der Interviews/Evaluationsworkshops validiert, um sicherzustellen, dass die Fragen eindeutig und unmissverständlich gestellt wurden.

---

[9] Christophersen/Grape, Die Erfassung latenter Konstrukte mit Hilfe formativer und reflektiver Messmodelle, S. 103–118.

[10] U. a. *Hager/Patry/Brezing*, Evaluation psychologischer Interventionsmaßnahmen: Standards und Kriterien, S. 1 ff.; *Rossi/Lipsey/Freeman*, Evaluation – A Systematic Approach, S. 79 ff.

[11] Die Notwendigkeit einer ethischen Freigabe bestand jedoch bei keiner der Datenerhebungen, die der vorliegenden Arbeit zugrunde liegen.

[12] Mayring, Qualitative Forschungsdesigns, S. 3–18; Mayring, Qualitative Inhaltsanalyse, S. 495–511; Riordan/Ganser/Wohlbring, Zur Messung von Forschungsqualität – Eine kritische Analyse des Forschungsratings des Wissenschaftsrats, S. 1 ff.; Flick, Gütekriterien qualitativer Forschung, S. 247–264; Renner/ Jacob, Das Interview – Grundlagen und Anwendung in Psychologie und Sozialwissenschaften, S. 85 ff.

Die Auswahl der Teilnehmer der Interviews und Workshops erfolgte unter großer Sorgfalt, um sicherzustellen, dass die Teilnehmer einerseits die gestellten Fragen ohne subjektive Einflüsse des Interviewers beantworten können und andererseits die für die Fragen notwendige Position (z. B. betrieblicher Datenschutzbeauftragter, Mitarbeiter einer Datenschutzaufsichtsbehörde) oder Expertise (z. B. rechtlich/ betriebswirtschaftlich/ technisch) innehalten. Sofern die Geeignetheit der Teilnehmer nicht im Rahmen einer Kommunikation per E-Mail geklärt werden konnte bzw. sofern aufgrund der E-Mail-Kommunikation hinsichtlich der vorgenannten Aspekte begründete Zweifel an der Geeignetheit der Teilnehmer bestanden, erfolgte vor der empirischen Datenerhebung ein Vorgespräch, um die Geeignetheit der Teilnehmer sicherzustellen und den Teilnehmer bei Ungeeignetheit von der Datenerhebung auszuschließen.

Der Interviewleitfaden wurde während der Datenerhebungen streng eingehalten, insbesondere wurden keine Fragen weggelassen oder deren Reihenfolge verändert. In der Formulierung der Fragen der Interviewleitfäden wurde darauf geachtet, offene vor konkreteren Fragen zu stellen. Suggestivfragen sowie bewertende und kommentierende Aussagen wurden vermieden, die Teilnehmer wurden nicht in ihrem Redefluss gestört.

Es erfolgte eine umfangreiche Dokumentation: so wurden sowohl die ursprünglich verfassten Leitfäden, die Ergebnisse der Leitfadenvalidierungen sowie die letztlich genutzten, finalen Versionen der Leitfäden dokumentiert, um die Ergebnisse der Validierungen sowie die dadurch vorgenommenen Änderungen an den Leitfäden zu dokumentieren. In jedem Interview und in jedem Workshop wurde bereits parallel zur Beantwortung der Fragen durch die Teilnehmenden eine zusammenfassende Dokumentation begonnen. Sofern die zusammenfassende Dokumentation aufgrund der Sprachgeschwindigkeit eines Teilnehmers in Teilen nur stichpunktartig erfolgen konnte, wurde die Dokumentation i. d. R. unmittelbar nach dem Interview vervollständigt. Die Dokumentationen der Interviews und Workshops wurden im Anschluss an die Datenerhebungen sorgfältig ausgewertet. Eine softwaregestütze Inhaltsanalyse der erhobenen Daten erfolgte nicht, jedoch liegen die erhobenen Daten den Begutachtern der vorliegenden Arbeit vor, um die Möglichkeit der Nachprüfung der durch die Autorin erzielten Rückschlüsse der Datenerhebung einzuräumen.

Die Ergebnisse der empirischen Datenerhebungen wurden allesamt in peergereviewten Veröffentlichungsorganen (Fachzeitschrift „Datenschutz und Datensicherheit", Fachzeitschrift „European Data Protection Law Review", Konferenzband der GI „Informatik Jahrestagung, LNI" und HMD Praxis der Wirtschaftsinformatik) veröffentlicht. Weitere Ergebnisse der vorliegenden Arbeit wurden darüber hinaus in einem Gesetzeskommentar zur Datenschutzgrundverordnung, einem IT-Sicherheitshandbuch, einem Rechtshandbuch sowie ebenfalls in der Fachzeitschrift „European Data Protection Law Review" veröffentlicht.

Die in der vorliegenden Arbeit genutzten Literatur wurde auf Basis einer umfassenden, kontinuierlichen Literaturrecherche identifiziert, die nachfolgend skizziert wird (Tabelle 1.1):

Tabelle 1.1 Dokumentation der Literaturrecherche

Suchzeitraum:	31. Oktober 2018 – 11. August 2022
Fragestellungen:	– Welche Regelungen zum technisch-organisatorischen Datenschutz enthält die Datenschutz-Grundverordnung? – Welche Auswahlkriterien müssen bei der Umsetzung angemessener technisch-organisatorischer Schutzmaßnahmen berücksichtigt werden? In welchem Umfang dürfen ggf. zu Gunsten des datenschutzrechtlich Verantwortlichen Implementierungskosten technisch-organisatorischer Maßnahmen berücksichtigt werden? – Vor welchem Hintergrund dürfen die Implementierungskosten bei der Auswahl angemessener technisch-organisatorischer Maßnahmen berücksichtigt werden? Welche Unterschiede gibt es bei der Auslegung des Begriffs der Angemessenheit aus rechtlicher, technischer und wirtschaftlicher Sicht? – Wie hoch sind die Kosten zur Implementierung ausgewählter technisch-organisatorischer Maßnahmen? – In welchem Maße sind Smart Cities (als beispielhafter Verarbeitungskontext) im Rahmen ihrer Tätigkeiten von der personenbezogenen Datenverarbeitung abhängig? Welche Chancen und Grenzen bestehen/bestünden durch den personenbezogenen und anonymisierten Datenaustausch mit anderen Smart-City-Akteuren? – Welche datenschutzrechtlichen Anforderungen müssen – abseits der Pflicht zum Treffen technisch-organisatorischer Maßnahmen – in Datenverarbeitungssystemen umgesetzt werden? – Wie kann im Rahmen eines exemplarisch betrachteten Datenverarbeitungssystems zur Ermöglichung eines Datenaustausch in Smart Cities – als exemplarischer Verarbeitungskontext – die Umsetzung datenschutzrechtlicher Anforderungen so gestaltet werden, dass die Anforderungen in angemessener Weise umgesetzt werden? – Welche Empfehlungen für die angemessene Umsetzung des technisch-organisatorischen Datenschutzes können im Rahmen der Entwicklung neuer IT-Systeme in Organisationen gegeben werden?

(Fortsetzung)

Tabelle 1.1 (Fortsetzung)

Suchzeitraum:	31. Oktober 2018 – 11. August 2022

Deutsche Suchbegriffe:	– Angemessen <u>und</u>:
	  – Datenschutz
	  – DSGVO
	– Anonyme Verarbeitung <u>oder</u> Personenbezogene Verarbeitung <u>und</u>:
	  – Chance
	  – Grenze
	  – Vorteile
	  – Nachteile
	  – Nutzen
	  – Hemmnisse
	– Art DSGVO <u>oder</u> Artikel DSG-VO <u>oder</u> Art. XX Datenschutz-Grundverordnung <u>und</u>:
	  – 5
	  – 24
	  – 25
	  – 32
	  – 35
	– Datenschutz <u>oder</u> Datenschutz-Grundverordnung <u>oder</u> DSG-VO <u>oder</u> DSGVO <u>oder</u> Privatheit <u>oder</u> technisch-organisatorisch Datenschutz <u>oder</u> Technische und organisatorische Maßnahme <u>und</u>:
	  – Betriebswirtschaft
	  – Gestaltung
	  – Herausforderung Organisationen
	  – Herausforderung Unternehmen
	  – Implementierung
	  – Implementierungskosten
	  – Konzept
	  – Kosten der Implementierung
	  – Risikoabwägung
	  – Rollenmodelle
	  – Schwierigkeit Umsetzung
	  – Systematische Umsetzung
	  – Technikgestaltung
	  – Umsetzungsempfehlungen
	  – Umsetzungskosten
	  – Wirtschaft
	– Risikobasierter Ansatz
	– Risiken für die Rechte und Freiheiten betroffener Personen
	– Stand der Technik

(Fortsetzung)

Tabelle 1.1 (Fortsetzung)

Suchzeitraum:	31. Oktober 2018 – 11. August 2022

Englische Suchbegriffe:	– Anonymous processing <u>or</u> personal processing <u>and:</u>
	  – Advantages
	  – Barriers
	  – Benefits
	  – Chance
	  – Con
	  – Disadvantages
	  – Limit
	  – Pro
	– Appropriate <u>and:</u>
	  – Data protection
	  – GDPR
	– Art GDPR <u>or</u> Article General Data Protection Regulation <u>and:</u>
	  – 5
	  – 24
	  – 25
	  – 32
	  – 35
	– Data protection <u>or</u> General Data Protection Regulation <u>or</u> GDPR <u>or</u> privacy <u>or</u> technical and organizational measure <u>and:</u>
	  – Challenge companies
	  – Challenge Organizations or Challenge Organisations
	  – Consept
	  – Design
	  – Difficulty of implementation
	  – Economy
	  – Implementation
	  – Implementation costs
	  – Implementation recommendations
	  – Risk assessment
	  – Role based model or role based design
	  – Systematic implementation
	  – Technology design
	– Risk-based approach
	– Risk based approach
	– Risks to the rights and freedoms of data subjects
	– State of the art

(Fortsetzung)

Tabelle 1.1 (Fortsetzung)

Suchzeitraum:	31. Oktober 2018 – 11. August 2022
Recherchetools und -datenbanken	– ACM – Beck-Online – Google Scholar – IEEE XPlore – Juris – Lexis-Nexis – Springer
Methoden	– Initiale Recherche – Rückwärtssuche – Fortlaufende Recherchen – Vorwärtssuche – Händische Sichtung und Bewertung der gefundenen Literatur.

Teil II

Angemessene Schutzmaßnahmen

Teil 2 dieser Arbeit beschäftigt sich mit den Fragen, wie weit die Berücksichtigung wirtschaftlicher Faktoren aus Sicht des Datenschutzrechts gehen darf und was den Verantwortlichen zu raten ist, um die Abwägung – und in der Konsequenz auch die Umsetzung von Schutzmaßnahmen – rechtskonform umzusetzen. Auch wird die bisherige Lücke der Quantifizierung der Implementierungskosten technischer und organisatorischer Maßnahmen geschlossen, um die nach der DSGVO zulässige Berücksichtigung der Implementierungskosten technischer und organisatorischer Schutzmaßnahmen überhaupt sinnvoll zu ermöglichen.

Um diese Fragen zu beantworten, befasst sich Kapitel 2 zunächst mit den rechtlichen Grundlagen des technisch-organisatorischen Datenschutzes gemäß den Vorgaben der Datenschutz-Grundverordnung. Kapitel 3 befasst sich sodann mit den Auswahlkriterien zur Umsetzung dieser Maßnahmen, woraufhin sich Kapitel 4 im Detail mit einem der Auswahlkriterien, nämlich den Implementierungskosten, befasst und den aktuellen Diskussionsstand zu diesem Auswahlkriterium aus rechtlicher, technischer und wirtschaftlicher Sicht aufbereitet. In Kapitel 5 erfolgt sodann eine Quantifizierung der Implementierungskosten, bevor Kapitel 6 die Erkenntnisse des ersten Teils dieser Arbeit zusammenfasst.

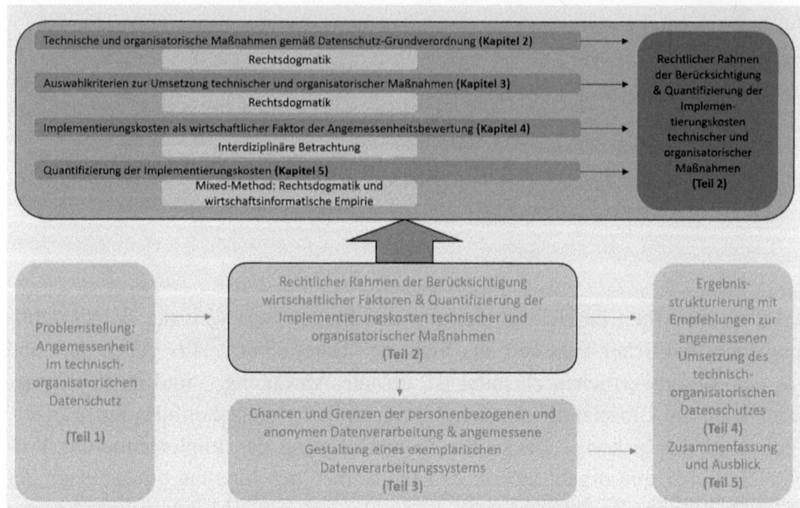

Gliederungsillustration 1 Teil 2 der Arbeit

Technische und organisatorische Maßnahmen gemäß Datenschutz-Grundverordnung

2

Gliederungsillustration 2.1 Frage Kapitel 2

Technische und organisatorische Maßnahmen stellen eine Überschneidung des Datenschutzrechts und der Datensicherheit dar. Während das Datenschutzrecht nur die Verarbeitung personenbezogener und personenbeziehbarer Daten regelt, befasst sich die Datensicherheit damit, wie Daten durch technische und organisatorische Maßnahmen geschützt werden können, um jegliche missbräuchliche Nutzung dieser zu verhindern bzw. das Risiko einer solchen missbräuchlichen Nutzung zu reduzieren. Maßnahmen zur Datensicherheit sind grundsätzlich nicht auf den Verarbeitungskontext personenbezogener Daten beschränkt, sondern betreffen die Verarbeitung all jener Daten, die der Verarbeiter für schutzwürdig hält. So können für ein Unternehmen u. a. Angebotszahlen, Geschäftspartner, Patentanmeldungen, Rezepturen und die Auslastung von Produktionsmaschinen besonders schutzwürdig sein, ohne dass diese unbedingt personenbezogene

A. Selzer, *Die technisch-organisatorische Implementierung von Datenschutz in Organisationen unter besonderer Berücksichtigung der wirtschaftlichen Angemessenheit*, Rechtsrahmen der Cybersicherheit und Privatheit, https://doi.org/10.1007/978-3-658-50744-2_2

Daten enthalten müssten, um das Ergreifen von Schutzmaßnahmen aus Sicht des Unternehmens erforderlich werden zu lassen.[1]

Als Teilaspekt des Datenschutzes sollen technische und organisatorische Schutzmaßnahmen eine angemessene Sicherheit der verarbeiteten personenbezogenen Daten gewährleisten. U.a. sollen durch sie der Schutz vor unbefugter Verarbeitung, vor unbeabsichtigtem Verlust, unbeabsichtigter Zerstörung oder unbeabsichtigter Schädigung sichergestellt werden (Art. 5 Abs. 1 lit. f DSGVO) (Abbildung 2.1).

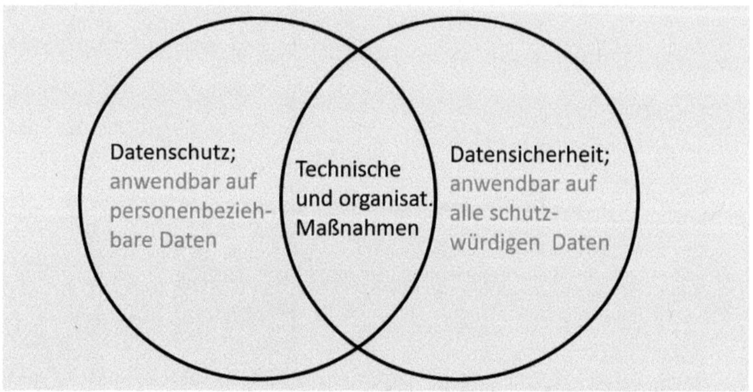

Abbildung 2.1 TOMs als Überschneidung des Datenschutzes und der Datensicherheit[2]

---

[1] *Von dem Bussche*, in: *Kipker*, Cybersecurity, Rdnr. 111–114; Dinger/Hartenstein, Netzwerk- und IT-Sicherheitsmanagement, S. 276; Grigat/Jurecz/Kirschner/Seidel/ Stepanek/ Schmidtmann (Hrsg.), Kosten der IT-Sicherheit, S. 41.

Dieses Kapitel beruht im Wesentlichen (die Gesamtheit oder der Großteil der Texte ist vollständig übernommen) auf der Kommentierung der Art. 5, 24, 25, 32 DSGVO im Rahmen der Veröffentlichung *Selzer*, Datenschutzrecht – ein Kommentar für Studium und Praxis, die für die vorliegende Arbeit von der Autorin erweitert wurde. Die Kommentierung der vorgenannten Artikel der DSGVO entstand in alleiniger Autorenschaft der Autorin der hier vorliegenden Arbeit. Dementsprechend wird an den relevanten Stellen zwar in den Fußnoten auf die im Rahmen der Veröffentlichung (Kommentierung der Art. 5, 24, 25, 32 DSGVO in *Selzer*, Datenschutzrecht – ein Kommentar für Studium und Praxis) verwendeten Literatur verwiesen, nicht aber erneut auf die Veröffentlichung selbst.

[2] Angelehnt an: https://sevdesk.de/blog/datensicherheit/.

Schutzmaßnahmen lassen sich in technische und organisatorische Maßnahmen untergliedern.[3]

Technische Maßnahmen sind all diejenigen Maßnahmen, die Einfluss auf die tatsächliche Datenverarbeitung nehmen, also alle Vorkehrungen, die sich physisch auf den Datenverarbeitungsvorgang erstrecken oder den Soft- bzw. Hardware-datenverarbeitungsprozess steuern. Beispiele hierfür sind u. a. das Ergreifen baulicher Maßnahmen zum Zutrittsschutz, wie z. B. ein hoher Zaun, eine Tür mit Sicherheitsschloss oder Bewegungssensoren sowie das Ergreifen soft-waregestützter Maßnahmen zum Zugriffsschutz, wie z. B. das Verschlüsseln von Daten, der Passwortschutz oder ein sonstiges systemseitig durchgesetztes Berechtigungskonzept.[4]

Organisatorische Maßnahmen bestimmen die Umstände der Verarbeitung und beziehen sich daher auf die äußeren Bedingungen der Datenverarbeitung, durch die wiederum die technischen Verarbeitungsprozesse gestaltet werden. Beispiele für organisatorische Maßnahmen sind u. a. Wachpersonal und das Eintragen in ein Besucherbuch als Maßnahmen des Zutrittsschutzes sowie das Vier-Augen[5]- und das Clean-Desk-Prinzip[6] als Maßnahmen des Zugriffsschutzes.[7]

---

[3] *Selzer/Woods/Böhme*, EDPL 2021, 456 (457).

[4] *Martini* in *Paal/Pauly*, DSGVO-Kommentar, Art. 24 Rdnr. 21 f.; Art. 25 Rdnr. 28.

[5] Das Vier-Augen-Prinzip soll sicherstellen, dass auf besonders schutzwürdige Daten nicht ohne Weiteres von Mitarbeitern zugegriffen werden kann, die grundsätzlich zum Zugriff auf diese Daten berechtigt sind. Auch für sie soll eine organisatorische Hürde bestehen, auf die Daten zuzugreifen, was im Rahmen des Vier-Augen-Prinzips durch eine organisa-torische Anordnung, auf die Daten nur gemeinsam mit einem weiteren Mitarbeiter, der die Zugriffsberechtigung für die Daten besitzt, zugreifen zu dürfen umgesetzt wird. Ein häu-figes Anwendungsfeld des Vier-Augen-Prinzips im Arbeitsrecht ist zudem der Zugriff auf bestimmte Mitarbeiterdaten (wie z. B. Zugriff auf den beruflichen E-Mail-Account bei einer längeren, ungeplanten Abwesenheit eines Mitarbeiters) durch den Arbeitgeber im Beisein eines Betriebsratsmitglieds zum Schutz des Arbeitnehmers. Häufig wird die organisatori-sche Anordnung zusätzlich technisch unterstützt, z. B. durch ein zweigeteiltes Passwort. *Grützner/Jakob*, Compliance von A-Z, Stichwort „Vier-Augen-Prinzip"; *Bergmann/Dienelt*, Ausländerrecht, § 6 Rdnr. 104–116.

[6] Das Clean-Desk-Prinzip verpflichtet die Mitarbeiter durch eine entsprechende Arbeitsan-weisung, keine schutzwürdigen Daten am Arbeitsplatz liegen zu lassen. So haben z. B. Mitar-beiter der Personalabteilung Personalakten, Krankmeldungen und Urlaubsanträge sicher zu verschließen, bevor sie ihren Arbeitsplatz verlassen. https://www.computerweekly.com/de/definition/Clean-Desk-Policy-CDP; https://bdsg-externer-datenschutzbeauftragter.de/datens chutz/datenschutz-am-arbeitsplatz-clean-desk-prinzip-policy/.

[7] *Martini* in *Paal/Pauly*, DSGVO-Kommentar, Art. 24 Rdnr. 21 f.; Art. 25 Rdnr. 28.

2.1   Grundsätze für die Verarbeitung personenbezogener Daten

Art. 5 Abs. 1 DSGVO normiert sechs Grundsätze für die Verarbeitung personenbezogener Daten, nämlich:

- Rechtmäßigkeit, Verarbeitung nach Treu und Glauben, Transparenz
- Zweckbindung
- Datenminimierung
- Richtigkeit
- Speicherbegrenzung
- Integrität und Vertraulichkeit.

Art. 5 Abs. 2 DSGVO normiert darüber hinaus die Rechenschaftspflicht, die den Verantwortlichen dazu verpflichtet, die sechs vorgenannten Grundsätze einzuhalten und die Einhaltung nachweisen zu können. Somit kann die Rechenschaftspflicht als siebter Grundsatz der Verarbeitung personenbezogener Daten verstanden werden. Mit diesen sieben Grundsätzen normiert Art. 5 DSGVO die grundlegendsten Anforderungen des Datenschutzrechts an jede Verarbeitung personenbezogener Daten, z. B. dass jede Verarbeitung personenbezogener Daten einer Rechtsgrundlage bedarf, die Zwecke vor Erhebung personenbezogener Daten feststehen müssen und sich nach der Erhebung grundsätzlich nicht ändern dürfen und dass personenbezogene Daten zu löschen sind, wenn sie zur Zweckerfüllung nicht mehr erforderlich sind. Durch die genannten Beispiele wird deutlich, dass die Datenschutz-Grundsätze sämtliche Phasen einer Datenverarbeitung betreffen, also von der Erhebung, über die Verarbeitung im Wirkbetrieb bis hin zur Löschung der Daten.[8]

Die sieben Grundsätze für die Verarbeitung personenbezogener Daten sind sehr allgemein formuliert. Aus Sichtweise der deutschen Gesetzgebung untypisch geben sie die „Programmatik der DSGVO wieder, [haben] aber zugleich den Charakter verbindlicher Regelungen."[9] Die allgemein formulierten Grundsätze werden in der DSGVO an zahlreichen Stellen aufgegriffen und konkretisiert,[10] so z. B. in Art. 6 DSGVO in Bezug auf die Rechtsgrundlagen, die eine Datenverarbeitung legitimieren können und die Art. 15 ff. DSGVO in Bezug auf die Rechte der betroffenen Personen. Teilweise dürfen die Grundsätze auch im Bereich der

---

[8] *Heberlein* in *Ehmann/Selmayr*, DSGVO-Kommentar, Art. 5 Rdnr. 1.

[9] *Frenzel* in *Paal/Pauly*, DSGVO-Kommentar, Art. 5 Rdnr. 1.

[10] *Herbst* in *Kühling/Buchner*, DSGVO-Kommentar, Art. 5 Rdnr. 1.

Öffnungsklauseln der DSGVO in nationalen Regelungen konkretisiert werden. Z. B. ist nach Art. 8 Abs. 1 DSGVO die Einwilligung der Eltern bis zur Vollendung des sechzehnten Lebensjahres des Kindes erforderlich, wenn sich eine Einwilligung auf ein Angebot von Diensten der Informationsgesellschaft beziehen soll. Die Mitgliedstaaten erhalten durch Abs. 2 die Möglichkeit, die Altersgrenze bis max. zum vollendeten dreizehnten Lebensjahr abzusenken.

Die sieben Grundsätze stehen als gleichwertige Pflichten nebeneinander. Jede Datenverarbeitung muss grundsätzlich alle in Art. 5 DSGVO normierten Grundsätze erfüllen. Ein Ausgleich eines sehr gut umgesetzten Grundsatzes kann somit nicht die fehlende Umsetzung eines anderen der Datenschutz-Grundsätze ausgleichen.[11]

2.1.1   Adressat der Verpflichtungen

Art. 5 Abs. 1 DSGVO nennt keinen Normadressaten, sondern stellt anstelle des Normadressaten die datenschutzrechtlichen Ziele einer Verarbeitung in den Fokus, in dem er die Formulierung „personenbezogene Daten müssen" wählt, ohne darauf einzugehen, wer die genannten Grundsätze einhalten muss. Ob Art. 5 Abs. 1 DSGVO nur für den Verantwortlichen i.S.d. Art. 4 Nr. 7 DSGVO, oder auch für Auftragsverarbeiter i.S.d. Art. 4 Nr. 8 DSGVO gelten soll, lässt Abs. 1 offen.

Der Verantwortliche ist nach Art. 4 Nr. 7 DSGVO die natürliche oder juristische Person, [....] die allein oder gemeinsam mit anderen über die Zwecke und Mittel der Verarbeitung von personenbezogenen Daten entscheidet [....]. In Abgrenzung dazu ist der Auftragsverarbeiter nach Art. 4 Nr. 8 DSGVO die natürliche oder juristische Person, [....] die personenbezogene Daten im Auftrag des Verantwortlichen verarbeitet. Dabei ist nicht ausgeschlossen, dass der Auftragsverarbeiter über einige Entscheidungsspielräume verfügt – insbesondere bezüglich der von ihm umgesetzten technischen und organisatorischen Schutzmaßnahmen wird ihm sogar regelmäßig ein eigener Entscheidungsspielraum zukommen, ohne dass dies für seine Rolle als Auftragsverarbeiter schädlich wäre.[12]

Aufgrund der Systematik der DSGVO ist davon auszugehen, dass die Norm nur den Verantwortlichen binden soll, da ein Auftragsverarbeiter gegenüber dem

---

[11] *Heberlein* in *Ehmann/Selmayr*, DSGVO-Kommentar, Art. 5 Rdnr. 5.

[12] *Hartung* in *Kühling/Buchner*, DSGVO-Kommentar, Art. 24 Rdnr. 12.

Verantwortlichen weisungsgebunden ist und in Abgrenzung zum Verantwortlichen z. B. gerade nicht über die Zwecke und Mittel der Datenverarbeitung entscheidet und somit den Zweckbindungsgrundsatz nicht beeinflussen könnte.[13] Es ist daher auch unter alleiniger Betrachtung des Abs. 1 davon auszugehen, dass dieser nur unmittelbare Anwendung auf den Verantwortlichen einer Datenverarbeitung finden soll. Auch unter Berücksichtigung des Abs. 2 scheint der Auftragsverarbeiter nicht Normadressat des Abs. 1 zu sein. So nennt Abs. 2 (nur) den Verantwortlichen als Normadressat der in Abs. 2 niedergelegten Rechenschaftspflicht und stellt klar, dass der Verantwortliche für die Einhaltung des Abs. 1 verantwortlich ist.

Zumindest mittelbar treffen jedoch auch den Auftragsverarbeiter die in Art. 5 DSGVO normierten, in weiteren Normen der DSGVO konkretisierten Datenschutz-Grundsätze. So hat der Auftragsverarbeiter u. a. gem. Art. 30 Abs. 2 DSGVO die Pflicht zur Führung eines Verzeichnisses der Verarbeitungstätigkeiten zu allen Kategorien von im Auftrag eines Verantwortlichen durchgeführten Tätigkeiten der Verarbeitung – die Pflicht zum Führen des Verzeichnisses der Verarbeitungstätigkeiten ist wiederum Teil der Konkretisierung der in Art. 5 Abs. 2 DSGVO geregelten Rechenschaftspflicht.

2.1.2　Relevante Regelungen im Überblick

Für das Thema der vorliegenden Arbeit sind nicht alle der in Art. 5 DSGVO normierten Grundsätze gleichbedeutend. Von unmittelbarer Bedeutung ist der Grundsatz der Integrität und Vertraulichkeit, der die Pflicht zur Umsetzung von Schutzmaßnahmen normiert. Darüber hinaus ist der Grundsatz der Rechenschaftspflicht in Bezug auf die Dokumentation der Auswahl und Umsetzung technischer und organisatorischer Maßnahmen besonders relevant.

2.1.2.1　Integrität und Vertraulichkeit

Art. 5 Abs. 1 lit. f DSGVO normiert den Grundsatz der Integrität und Vertraulichkeit. Demnach sind personenbezogene Daten in einer Weise zu verarbeiten, die eine angemessene Sicherheit der personenbezogenen Daten gewährleistet, einschließlich Schutz vor unbefugter oder unrechtmäßiger Verarbeitung und vor unbeabsichtigtem Verlust, unbeabsichtigter Zerstörung oder unbeabsichtigter Schädigung durch geeignete technische und organisatorische Maßnahmen. Der Grundsatz stellt somit auf die *Sicherheit* der verarbeiteten personenbezogenen

---

[13] *Herbst* in *Kühling/Buchner*, DSGVO-Kommentar, Art. 5 Rdnr. 1.

Daten auf Grundlage technischer und organisatorischer Schutzmaßnahmen ab und bildet dadurch die Brücke zwischen dem Datenschutz, der natürliche Personen im Rahmen der Verarbeitung sie betreffender personenbezogener Daten schützt, und der Datensicherheit, die den Schutz der Daten selbst in den Vordergrund stellt. Der Grundsatz ist im Europäischen Kontext erstmalig mit Anwendbarwerden der DSGVO rechtsverbindlich normiert – er war nicht bereits Teil der in der DSRL genannten Grundsätze.[14]

Die Verpflichtung zur Gewährleistung der Integrität und Vertraulichkeit trifft den Verantwortlichen selbst und stellt insofern – als Pflicht zum Schutz vor Datenverarbeitungen unberechtigter Parteien/Personen – das Gegenstück zu den strafrechtlich sanktionierten Verboten dar, die sich wiederum an die unberechtigten Dritten richten. Unberechtigte Parteien/Personen i.S. des Grundsatzes sind alle internen und externen Personen und Stellen, die nicht zur Verarbeitung der personenbezogenen Daten berechtigt sind. Demnach hat der Verantwortliche sowohl Schutzmaßnahmen mit Wirkung nach innen als auch Schutzmaßnahmen mit Wirkung nach außen zu treffen.[15]

Konkretisiert wird der Grundsatz insbesondere durch Art. 25 und 32 DSGVO. Darüber hinaus ist er in Bezug auf die Melde- und Benachrichtigungspflichten der Art. 33, 34 DSGVO relevant, die die Pflichten des Verantwortlichen im Falle einer Verletzung des Schutzes personenbezogener Daten regeln.[16]

Der Grundsatz untergliedert sich in die beiden Ziele „Integrität" und „Vertraulichkeit", wobei der Integritätsschutz personenbezogener Daten im Zusammenhang mit Art. 5 DSGVO den (im Vergleich zur Integrität weiter zu verstehenden) Schutz der *Unversehrtheit* dieser Daten zu meinen scheint. Die personenbezogenen Daten sollen durch technische und organisatorische Maßnahmen davor geschützt werden, ganz oder teilweise gelöscht, zerstört oder beschädigt zu werden. Auch vor unbefugten Veränderungen personenbezogener Daten soll der Verantwortliche schützen.[17]

Die Vertraulichkeit personenbezogener Daten meint den Schutz vor unbefugter Kenntnisnahme und damit einhergehender unrechtmäßiger Verarbeitung dieser

---

[14] *Schantz* in *Wolff/Brink*, Datenschutzrecht-Kommentar, Art. 5 Rdnr. 36; *Heberlein* in *Ehmann/Selmayr*, DSGVO-Kommentar, Art. 5 Rdnr. 28; *Bussche/Voigt*, Konzerndatenschutz, Art. 5 Rdnr. 13; *Wedde*, EU-Datenschutz-Grundverordnung, S. 14; *Wennemann*, DuD 2018, 174 (174).

[15] *Frenzel* in *Paal/Pauly*, DSGVO-Kommentar, Art. 5 Rdnr. 47.

[16] *Pötters* in *Gola*, DSGVO-Kommentar, Art. 5 Rdnr. 29; *Albrecht/Jotzo*, Das neue Datenschutzrecht der EU, Art. 5 Rdnr. 15–17.

[17] *Schantz* in *Wolff/Brink*, Datenschutzrecht-Kommentar, Art. 5 Rdnr. 35; *Frenzel* in *Paal/Pauly*, DSGVO-Kommentar, Art. 5 Rdnr. 47.

Daten. Insofern muss der Verantwortliche u. a. sicherstellen, dass Unbefugte keinen Zugang zu personenbezogenen Daten erhalten. Sie dürfen weder die Geräte, mit deren Hilfe die Daten verarbeitet werden, noch die Daten selbst benutzen können.[18]

Die Benennung des Grundsatzes in „Integrität und Vertraulichkeit" ist missverständlich und unzutreffend, da er in seinem angestrebten Schutzumfang über die aus technischer Sicht etablierten und definierten Schutzziele „Integrität" und „Vertraulichkeit" hinausgeht und auch das Schutzziel der „Verfügbarkeit" umfasst. Dieses scheint im Rahmen des Grundsatzes nach Art. 5 DSGVO fälschlicherweise unter dem Schutzziel „Integrität" subsumiert zu sein. Auch hat der Europäische Gesetzgeber verpasst, den Grundsatz um weitere Schutzziele zu ergänzen, die in Bezug auf die Verarbeitung personenbezogener Daten eine wichtige Rolle einnehmen. Insbesondere trifft dies auf die Schutzziele „Nichtverkettbarkeit"[19] und „Intervenierbarkeit"[20] zu.[21] Zumindest den Umstand, dass bei der Benennung des Grundsatzes das Schutzziel „Verfügbarkeit" scheinbar ignoriert wurde, gleicht Art. 32 Abs. 1 lit. b DSGVO als Konkretisierungsnorm zu Art. 5 Abs. 1 lit. f DSGVO dahingehend aus, dass dort das Schutzziel der Verfügbarkeit ausdrücklich Erwähnung findet.

2.1.2.2 Rechenschaftspflicht

Art. 5 Abs. 2 DSGVO normiert den Grundsatz der Rechenschaftspflicht. Demnach ist der Verantwortliche für die Einhaltung der in Art. 5 Abs. 1 DSGVO normierten Grundsätze verantwortlich und muss dessen Einhaltung nachweisen können. Insofern teilt sich der Grundsatz der Rechenschaftspflicht in zwei Teilaspekte: Die Verantwortlichkeit und die Nachweispflicht des Verantwortlichen. Die Verantwortlichkeit als Teilaspekt der Rechenschaftspflicht enthielt bereits die

---

[18] *Schantz* in *Wolff/Brink*, Datenschutzrecht-Kommentar, Art. 5 Rdnr. 35; *Heberlein* in *Ehmann/Selmayr*, DSGVO-Kommentar, Art. 5 Rdnr. 28; Erwgr. 39 DSGVO; *Overkamp* in *Weth/Herberger/Wächter/Sorge*, Daten- und Persönlichkeitsschutz im Arbeitsverhältnis, Art. 32 Rdnr. 19.

[19] Das Schutzziel der „Nichtverkettbarkeit soll sicherstellen, dass die (insbes. Von Internetnutzern) hinterlassenen Datenspuren nicht zu einem Profil verknüpft werden können." *Roßnagel* in *Simitis/Hornung/Spiecker*, DSGVO-Kommentar, Art. 5 Rdnr. 172.

[20] Das Schutzziel der „Intervenierbarkeit soll gewährleisten, dass der Datenverarbeiter jederzeit in der Lage ist, die Rechte der betroffenen Person auf Auskunft, Korrektur und Löschung seiner Daten umzusetzen." *Roßnagel* in *Simitis/Hornung/Spiecker*, DSGVO-Kommentar, Art. 5 Rdnr. 167, 172.

[21] *Roßnagel* in *Simitis/Hornung/Spiecker*, DSGVO-Kommentar, Art. 5 Rdnr. 167, 172.

DSRL, die Nachweispflicht ist ein durch die DSGVO neu hinzugekommener Teilaspekt.[22]

In Bezug auf die Verantwortlichkeit ist die Formulierung des Art. 5 Abs. 2 DSGVO missglückt. „Die Verantwortung des Verantwortlichen ist redundant [....]; denn die Eigenschaft des Verantwortlichen als solchem ergibt sich aus seiner Stellung zu den personenbezogenen Daten, vgl. Art. 4 Nr. 7 [DSGVO]."[23] Inhaltlich regelt Art. 5 Abs. 2 DSGVO die Verantwortlichkeit für die in Art. 5 Abs. 1 DSGVO genannten Grundsätze. Da diese Grundsätze – grob gesagt – eine Art Zusammenfassung der weiteren Regelungen der DSGVO darstellen, ließe sich die Verantwortlichkeit für die Umsetzung des Art. 5 Abs. 1 DSGVO auch insgesamt auf die Verantwortlichkeit der Erfüllung der DSGVO ausweiten. Insbesondere ist der Verantwortliche auch für die Datenverarbeitung bei seinen Auftragsverarbeitern weiter verantwortlich und kann die Verantwortlichkeit für die personenbezogenen Daten somit nicht durch die Beauftragung von Auftragsverarbeitern weitergeben oder gar unter einer Vielzahl von Auftragsverarbeitern „streuen". Gleiches gilt insofern für die Bestellung eines betrieblichen Datenschutzbeauftragten, der zwar nach Art. 39 Abs. 1 lit. a und b DSGVO u. a. die Aufgabe innehält, bei der Umsetzung des Datenschutzes im Unternehmen zu beraten und interne Auditierungen des Datenschutzes durchzuführen, dem Verantwortlichen nicht aber dessen Verantwortlichkeit für die Datenverarbeitung abnimmt.[24]

Durch den Grundsatz der Rechenschaftspflicht verdeutlicht der Europäische Gesetzgeber, dass Verantwortliche die Regelungen der DSGVO nicht nur einhalten, sondern auch nachweisen können müssen. Die Nachweisbarkeit der DSGVO-Umsetzung wird regelmäßig eine entsprechende Dokumentation erfordern, wobei sich der Umfang dieser Dokumentation entsprechend des risikobasierten Ansatzes der DSGVO u. a. nach der Art, des Umfangs, der Umstände und Zwecke der Datenverarbeitung sowie der für die Rechte und Freiheiten natürlicher Personen bestehenden Risiken und deren Eintrittswahrscheinlichkeit richtet.[25] Die Bewertung des Risikos für die Rechte und Freiheiten natürlicher Personen hat

---

[22] *Schantz* in *Wolff/Brink*, Datenschutzrecht-Kommentar, Art. 5 Rdnr. 37; *Wedde*, EU-Datenschutz-Grundverordnung, S. 14.

[23] *Frenzel* in *Paal/Pauly*, DSGVO-Kommentar, Art. 5 Rdnr. 51.

[24] *Heberlein* in *Ehmann/Selmayr*, DSGVO-Kommentar, Art. 5 Rdnr. 33 f. Die DSGVO enthält zwar auch Vorschriften, die sich direkt an den Auftragsverarbeiter wenden, jedoch mildert dies nicht die Letztverantwortlichkeit der Datenverarbeitung durch den Verantwortlichen. Konsequenterweise legt die DSGVO dem Verantwortlichen in Art. 28 DSGVO auch die sorgfältige Auswahl der Auftragsverarbeiter sowie deren regelmäßige Kontrolle auf.

[25] S. hierzu den Art. 5 Abs. 2 DSGVO konkretisierenden Art. 24 Abs. 1 DSGVO.

objektiv auf Basis der individuellen Datenverarbeitungsumstände zu erfolgen. Zu bewerten ist, ob die Datenverarbeitung ein Risiko oder gar ein hohes Risiko mit sich bringen kann. Auch wenn kein (hohes) Risiko für die Rechte und Freiheiten betroffener Personen besteht, wird der Verantwortliche i. d. R. nicht um ein Mindestmaß an Dokumentation umhinkommen. Unbedingt erforderlich wird grundsätzlich eine Dokumentation der vom Verantwortlichen ergriffenen technischen und organisatorischen Maßnahmen im Rahmen des Verzeichnisses der Verarbeitungstätigkeiten sein[26] sowie dass die Dokumentation der erteilten Einwilligungserklärungen für jeden Verantwortlichen verpflichtend ist. In Fällen eines (hohen) Risikos für die Rechte und Freiheiten betroffener Personen wird i. d. R. eine umfangreiche Dokumentation über ein Datenschutzmanagementsystem erforderlich sein, das nachweisbar macht, dass der Verantwortliche die DSGVO im gesamten Lebenszyklus einer Datenverarbeitung – also von der datenschutzkonformen Erhebung, über die datenschutzkonforme Verarbeitung im Wirkbetrieb, bis zur datenschutzkonformen Löschung/Vernichtung personenbezogener Daten – angemessen umsetzt und die zum Schutz der betroffenen Personen getroffenen technischen und organisatorischen Maßnahmen wirksam sind. Die Form des Nachweises ist zwar nicht vorgeschrieben, gleichwohl würde ein nicht schriftlich erbrachter Nachweis wohl kaum den Sinn und Zweck eines Nachweises erbringen können.[27]

Die Nachweispflicht beinhaltet neben der reinen Dokumentationspflicht auch die Darlegungs- und Beweispflicht durch den Verantwortlichen in Streitfällen – sei es gegenüber der zuständigen Aufsichtsbehörde oder vor Gericht. Der Grundsatz der Rechenschaftspflicht führt somit zu einer Beweislastumkehr, so dass nicht die betroffene Person oder die zuständige Aufsichtsbehörde nachweisen muss, dass der Verantwortliche eine seiner sich aus der DSGVO ergebenen Pflichten verletzt hat, sondern der Verantwortliche im Streitfall nachweisen muss, dass die strittige Datenverarbeitung datenschutzkonform erfolgte. Die zuständige Aufsichtsbehörde ist konsequenterweise dazu berechtigt, den Umsetzungsnachweis bei dem Verantwortlichen anzufordern und diesen zu überprüfen, Art. 58

---

[26] Aus der Pflicht zur Erstellung eines Verzeichnisses für Verarbeitungstätigkeiten lässt sich auch die Pflicht zur Dokumentation der technischen und organisatorischen Maßnahmen ableiten, s. Art. 30 Abs. 1 lit. g DSGVO. Art. 30 Abs. 5 DSGVO enthält einige Ausnahmen, die Verantwortliche unter eng gesetzten Grenzen von der Pflicht zum Führen eines Verzeichnisses der Verarbeitungstätigkeiten befreien können.

[27] *Heberlein* in *Ehmann/Selmayr*, DSGVO-Kommentar, Art. 5 Rdnr. 29 ff.; *Koreng/Lachenmann*, Formularhandbuch Datenschutzrecht, Art. 5 Rdnr. 1; *Schantz* in *Wolff/Brink*, Datenschutzrecht-Kommentar, Art. 5 Rdnr. 39; *Roßnagel* in *Simitis/Hornung/Spiecker*, DSGVO-Kommentar, Art. 5 Rdnr. 182, 183; Roßnagel, ZD 2018, 339 (341).

Abs. 1 lit. a DSGVO. Sofern der Verantwortliche den Umsetzungsnachweis nicht erbringen kann, kann er sich nicht nach Art. 82 Abs. 3 DSGVO von der Haftung befreien.[28]

Art. 5 Abs. 2 DSGVO wird insbesondere durch Art. 24 Abs. 1 DSGVO konkretisiert, der dem Verantwortlichen auferlegt sicherzustellen, dass er den Nachweis dafür erbringen kann, dass die Verarbeitung gemäß den Regelungen der DSGVO erfolgt.[29] Auch die Verpflichtung zur Führung eines Verzeichnisses der Verarbeitungstätigkeiten gem. Art. 30 DSGVO stellt insofern eine Konkretisierung von Art. 5 Abs. 2 DSGVO dar, das das Führen eines Verzeichnisses der Verarbeitungstätigkeiten oftmals die Basis der Datenschutzdokumentation eines Verantwortlichen – und somit auch die Basis der Nachweisbarkeit der Umsetzung der DSGVO – bildet, anhand derer alle weiteren Datenschutzdokumentationen erfolgen. Z. B. erfolgt die Erarbeitung eines Löschkonzepts zur Umsetzung der DSGVO-Vorgaben an die Löschung personenbezogener Daten häufig auf Basis der Angaben des Verzeichnisses der Verarbeitungstätigkeiten. Auch die Nachweisbarkeit einer Einwilligung der betroffenen Personen nach Art. 7 Abs. 1 DSGVO, die Meldung (und ggf. Benachrichtigung) von „Datenpannen" sowie deren Dokumentation nach Art. 33 f. DSGVO stellen in diesem Sinne eine Konkretisierung des Art. 5 Abs. 2 DSGVO dar.

2.1.3 Bußgelder bei Verstößen

Art. 83 Abs. 5 DSGVO sieht für Verstößen gegen die Grundsätze der Datenverarbeitung gem. Art. 5 DSGVO Geldbußen von bis zu 20.000.000 Euro oder im Fall eines Unternehmens von bis zu 4 % seines gesamten weltweit erzielten Jahresumsatzes des vorangegangenen Geschäftsjahrs vor. Somit gehören Verstöße gegen die Datenschutz-Grundsätze zu den besonders stark sanktionierten Datenschutzverletzungen der DSGVO.[30]

Die DSGVO fügt dieser Regelung in Bezug auf Unternehmen den Zusatz hinzu „je nachdem, welcher der Beträge höher ist". Hiermit – und im Vergleich zu den vor dem Anwendbarwerden der DSGVO maximal möglichen Bußgeldrahmen – kommt der Wunsch des Gesetzgebers zum Ausdruck, im Bereich des

---

[28] *Heberlein* in *Ehmann/Selmayr*, DSGVO-Kommentar, Art. 5 Rdnr. 32; *Roßnagel* in *Simitis/Hornung/Spiecker*, DSGVO-Kommentar, Art. 5 Rdnr. 182, 186.

[29] *Jung,* ZD 2018, 208 (208); *Schneider,* Datenschutz nach der EU-Datenschutz-Grundverordnung; *Veil,* ZD 2018, 9 (9 f.).

[30] *Pötters* in *Gola*, DSGVO-Kommentar, Art. 5 Rdnr. 4.

Datenschutzrechts Strafen zu implementieren, die wirksam und verhältnismäßig sind, aber auch eine abschreckende Wirkung entfalten. Wirksam und abschreckend ist eine Geldbuße dann, wenn sie geeignet ist, die Verantwortlichen von Verstößen gegen die DSGVO abzuhalten. Verhältnismäßig ist sie, wenn die Geldbuße in einem angemessenen Verhältnis zu der Schwere des Datenschutzverstoßes steht.[31] Gem. Art. 83 Abs. 2 DSGVO hängen die Verhängung und die Höhe einer Geldbuße u. a. von der Art, Schwere und Dauer des Verstoßes; von der Schwere des durch die betroffenen Personen erlittenen Schadens; der Vorsätzlichkeit oder Fahrlässigkeit des Verstoßes; der Gesamtheit der zur Vermeidung von Schäden der betroffenen Personen getroffenen Schutzmaßnahmen und evtl. früheren Verstößen ab.

In der Praxis sind Geldbußen, die sich ausschließlich auf den Verstoß gegen einen in Art. 5 DSGVO normierten Datenschutz-Grundsatz richten, allerdings insbesondere in Bezug auf die vage Formulierung der Grundätze unwahrscheinlich bzw. zumindest problematisch, da sie die vagen Formulierungen des Art. 5 DSGVO nur schwer mit dem Bestimmtheitsgrundsatz in Einklang bringen lassen werden.[32] Daher ist es wahrscheinlicher, dass sich eine Geldbuße zumindest ergänzend auch auf die die Datenschutz-Grundsätze konkretisierenden Vorschriften der DSGVO beziehen werden, für den Datenschutz-Grundsatz „Integrität und Vertraulichkeit" also insbesondere auch auf die Art. 24, 25, 32 DSGVO, für den Datenschutz-Grundsatz „Rechenschaftspflicht" insbesondere auch auf Art. 30 DSGVO.

2.2 Verantwortung des für die Verarbeitung Verantwortlichen

Art. 24 DSGVO stellt eine Überblicksnorm dar. Sie nennt den Verantwortlichen als Hauptadressaten der in der DSGVO normierten Pflichten – und somit indirekt auch als Verantwortlichen zur Umsetzung der in Art. 8 GRCh genannten Anforderungen – und beschreibt dessen Rolle und datenschutzrechtliche Verantwortlichkeit der Verarbeitung personenbezogener Daten. Die Norm wird

---

[31] *Thiel/Wybitul*, ZD 2020, 3 (3 f.); *Beukelmann*, NJW-Spezial 2020, 120 (120); *Keppeler/Berning*, DStR 2018, 91 (91).

[32] *Voigt* in *Taeger/Gabel*, DSGVO-Kommentar, Art. 5 Rdnr. 7.

häufig als Überblicks- oder Generalnorm mit Deklarationscharakter[33] beschrieben, da Art. 24 DSGVO selbst nicht regelt, wann eine Datenverarbeitung zulässig ist, welche Eigenschaften eine Stelle zum Verantwortlichen machen, wie der Verantwortliche seinen Pflichten zum Treffen von Schutzmaßnahmen und zur Nachweisbarkeit der DSGVO-Umsetzung umzusetzen hat sowie wann und in welchem Umfang der Verantwortliche für die Datenverarbeitung haftet.[34]

Erst die darauffolgenden Konkretisierungsnormen regeln das Treffen von Schutzmaßnahmen und Anteile der Nachweisbarkeit und Dokumentation der DSGVO-Umsetzung, u. a. sind dies

– für die Datenschutzvorkehrungen Art. 25 DSGVO,
– für die Nachweisbarkeit Art. 30 DSGVO und
– für die zu treffenden technischen und organisatorischen Schutzmaßnahmen Art. 32 DSGVO.

Auch wenn Art. 24 DSGVO auf den ersten Blick als (reine) Überblicksnorm wahrgenommen wird, so kann insbesondere Art. 24 Abs. 1 DSGVO (auch) als Ausdruck des Europäischen Gesetzgebers verstanden werden, mit Anwendbarwerden der DSGVO im Europäischen Datenschutzrecht den risikobasierten Ansatz zu verfolgen, so dass die Umsetzung der in der DSGVO normierten Vorschriften grundsätzlich die Bewertung des Risikos für die Rechte und Freiheiten betroffener Personen voraussetzt und sodann eine dem Risiko angemessene Umsetzung von Maßnahmen zu erfolgen hat. Darüber hinaus wird Art. 24 DSGVO auch als allgemeinformulierte Pflicht verstanden, eine umfassende Compliance in Bezug auf die Verarbeitung personenbezogener Daten umzusetzen, womit der Norm mehr konkrete Pflichten zukommen, als dies auf den ersten Blick scheint.[35]

---

[33] So u. a. *Hartung* in *Kühling/Buchner*, DSGVO-Kommentar, Art. 24 Rdnr. 11; *Martini* in *Paal/Pauly*, DSGVO-Kommentar, Art. 24 Rdnr. 1; *Petri* in *Simitis/Hornung/Spiecker*, DSGVO-Kommentar, Art. 24 Rdnr. 1; *Lang* in *Taeger/Gabel*, DSGVO-Kommentar, Art. 24 Rdnr. 2.

[34] *Hartung* in *Kühling/Buchner*, DSGVO-Kommentar, Art. 24 Rdnr. 11;

[35] *Hartung* in *Kühling/Buchner*, DSGVO-Kommentar, Art. 24 Rdnr. 11; *Bertermann* in *Ehmann/Selmayr*, DSGVO-Kommentar, Art. 24 Rdnr. 1 f.; *Piltz* in *Gola*, DSGVO-Kommentar, Art. 24 Rdnr. 2; *Rieß*, DuD 2019, 498 (498). Für nähere Einzelheiten zum risikobasierten Ansatz s. Kapitel 1.

2.2.1 Adressat der Verpflichtungen

Die Pflicht zur Umsetzung des Regelungsinhalts des Art. 24 DSGVO trifft nur den Verantwortlichen, der stets auch für die Datenverarbeitung seiner ggf. eingesetzten Auftragsverarbeiter letztverantwortlich bleibt. Auftragsverarbeiter sind daher nicht Normadressat des Art. 24 DSGVO, gleichwohl ihnen (auch) eigene Nachweispflichten zukommen, so z. B. das Führen eines Verzeichnisses der Verarbeitungstätigkeiten bei Auftragsverarbeitung gem. Art. 30 Abs. 2 DSGVO.[36]

Auch auf Hersteller von Verarbeitungstechnologien findet Art. 24 DSGVO keine Anwendung.[37]

2.2.2 Relevante Regelungen im Überblick

Art. 24 DSGVO regelt die Pflicht zum Treffen technischer und organisatorischer Maßnahmen, die Pflicht zur Überprüfung, Aktualisierung und zum Nachweis der Umsetzung sowie die Pflicht zum Treffen von Datenschutzvorkehrungen. Die Einhaltung genehmigter Verhaltensregeln und genehmigte Zertifizierungsverfahren können als Gesichtspunkt herangezogen werden, um die Erfüllung der Pflichten nachzuweisen.

2.2.2.1 Pflicht zum Treffen technischer und organisatorischer Maßnahmen

Gemäß Art. 24 Abs. 1 S. 1 DSGVO hat der Verantwortliche unter Berücksichtigung der Art, des Umfangs, der Umstände und der Zwecke der Verarbeitung sowie der unterschiedlichen Eintrittswahrscheinlichkeit und Schwere der Risiken für die Rechte und Freiheiten natürlicher Personen geeignete technische und organisatorische Maßnahmen umzusetzen, um sicherzustellen und den Nachweis dafür erbringen zu können, dass die Verarbeitung gemäß den Vorgaben der DSGVO erfolgt.

Ausgangspunkt zur Ermittlung der zu treffenden technischen und organisatorischen Schutzmaßnahmen ist eine Risikoanalyse, die der Verantwortliche vor Beginn der Datenverarbeitung[38] durchführen muss. Auch wenn sich die Pflicht

---

[36] *Hartung* in *Kühling/Buchner*, DSGVO-Kommentar, Art. 5 Rdnr. 12; *Piltz* in *Gola*, DSGVO-Kommentar, Art. 24 Rdnr. 5.

[37] *Schmidt/Brink* in *Wolff/Brink*, Datenschutzrecht-Kommentar, Art. 24 Rdnr. 8.

[38] Dementsprechend handelt es sich um eine „ex-ante-Betrachtung" der Datenverarbeitungsumstände, *Piltz* in *Gola*, DSGVO-Kommentar, Art. 24 Rdnr. 19.

zum Durchführen einer Risikoanalyse nicht direkt aus dem Wortlaut des Art. 24 Abs. 1 DSGVO ableiten lässt,[39] ergibt sie sich doch durch die Auslegung der Norm, da das Treffen von Schutzmaßnahmen regelmäßig nur dann möglich ist, wenn zuvor bestimmt wurde, vor welchen Risiken die Maßnahmen überhaupt schützen sollen.[40]

Welche Faktoren und welche Methodik einer Risikobewertung zugrunde liegen sollen, konkretisiert Erwgr. 76 DSGVO dahingehend, dass der Verantwortliche die Eintrittswahrscheinlichkeit und Schwere des Risikos für die Rechte und Freiheiten der betroffenen Person in Bezug auf die Art, den Umfang, die Umstände und die Zwecke der Verarbeitung bestimmen soll.

Im Vergleich zu Art. 25, 32 DSGVO fehlen in der Auflistung der bei der Risikobewertung zu berücksichtigenden Faktoren des Art. 24 DSGVO der Stand der Technik und die Implementierungskosten. Das Fehlen dieser beiden Faktoren ist auf den Überblickscharakter der Norm zurückzuführen und stellt explizit keinen Widerspruch zu den Art. 25, 32 DSGVO und den dort genannten Faktoren dar.[41]

Der Verantwortliche soll das Risiko nach Erwgr. 76 DSGVO anhand einer objektiven Bewertung beurteilen, bei der er feststellt, ob die Datenverarbeitung ein Risiko oder ein hohes Risiko birgt. Von dem Ergebnis der Risikobewertung ist abhängig, welche Pflichten seitens des Verantwortlichen in Bezug auf den Datenschutz bestehen bzw. mit welcher Intensität diese Pflichten umzusetzen sind. Hierbei gilt es zu beachten, dass eine Datenverarbeitung unter Betrachtung des Datenschutzrechts immer mit einem gewissen Risiko verbunden ist. Auch wenn das Risiko gering ist und auch die Wahrscheinlichkeit des Risikoeintritts sehr niedrig ist,[42] wird ein jeder Verantwortlicher regelmäßig ein Mindestmaß an Schutzmaßnahmen umsetzen müssen.

Ziel der vom Verantwortlichen zu ergreifenden technischen und organisatorischen Schutzmaßnahmen ist, dass die Verarbeitung gemäß den Vorgaben der DSGVO erfolgt. Die Schutzmaßnahmen sollen alle Handlungen erfassen, die in geeigneter Weise zur Datenschutzkonformität während sämtlicher Verarbeitungsschritte in sämtlichen vom Verantwortlichen betriebenen Verfahren beitragen können. Der Verantwortliche hat insofern durch die von ihm zu treffenden

---

[39] *Hartung* in *Kühling/Buchner*, DSGVO-Kommentar, Art. 24 Rdnr. 13; demgegenüber scheint *Piltz* in *Gola*, DSGVO-Kommentar, Art. 24 Rdnr. 19 f. der Meinung zu sein, die Pflicht zur Risikoprüfung ergebe sich unmittelbar durch den Wortlaut des Art. 24 Abs. 1 S. 1 i.V.m. Erwgr. 76.

[40] *Hartung* in *Kühling/Buchner*, DSGVO-Kommentar, Art. 24 Rdnr. 13 ff.

[41] *Bertermann* in *Ehmann/Selmayr*, DSGVO-Kommentar, Art. 24 Rdnr. 11. Näheres hierzu in Abschnitt 3.1.

[42] *Piltz* in *Gola*, DSGVO-Kommentar, Art. 24 Rdnr. 21.

Schutzmaßnahmen sicherzustellen, dass er bei der Verarbeitung personenbezogener Daten rechtmäßig handelt.[43] Hierbei wird regelmäßig ein besonderer Fokus auf der Umsetzung der Datenschutz-Grundsätze, der Sicherheit der Verarbeitung sowie der Rechte der betroffenen Personen liegen.

Welche Schutzmaßnahmen der Verantwortliche im Einzelnen (risikoabhängig) zu treffen hat, lässt die DSGVO offen. Aus deutscher Sicht ergeben sich entsprechende Empfehlungen insbesondere aus dem Standard-Datenschutz-Modell der Datenschutzkonferenz.

Neben der Umsetzung der Schutzmaßnahmen ist der Verantwortliche auch dazu verpflichtet, den Nachweis dafür erbringen zu können, dass die Verarbeitung den Anforderungen der DSGVO genügt. Eine Konkretisierung dieser Pflicht findet sich insbesondere in Art. 30 DSGVO, in dem die Pflicht zum Führen eines Verzeichnisses der Verarbeitungstätigkeiten normiert ist.[44] Regelmäßig werden aber neben dem Verzeichnis der Verarbeitungstätigkeiten weitere Dokumentationen notwendig sein, um die Umsetzung der DSGVO nachweisen zu können, u. a. zum Beispiel Prozessbeschreibungen zur Erfüllung der Rechte der betroffenen Personen und zur Erfüllung von Meldepflichten.[45]

2.2.2.2 Überprüfung, Aktualisierung und Nachweis der Umsetzung

Art. 24 Abs. 1 S. 2 DSGVO regelt, dass der Verantwortliche die gem. Art. 24 Abs. 1 S. 1 DSGVO getroffenen Maßnahmen erforderlichenfalls zu überprüfen und zu aktualisieren hat.

Insofern stellt Art. 24 Abs. 1 S. 2 DSGVO klar, dass der Verantwortliche technische und organisatorische Schutzmaßnahmen nicht einmalig festzulegen und umzusetzen hat, sondern er den Umständen Rechnung tragen muss, dass

- eine zum Zeitpunkt X getroffene Schutzmaßnahme zu einem späteren Zeitpunkt ggf. nicht mehr in geeigneter oder angemessener Weise vor dem identifizierten Risiko schützen könnte oder
- dass sich die Risiken, die zum Zeitpunkt X für die geplante Datenverarbeitung identifiziert wurden, verändert haben.

---

[43] *Schmidt/Brink* in *Wolff/Brink*, Datenschutzrecht-Kommentar, Art. 24 Rdnr. 12, 14.

[44] *Schmidt/Brink* in *Wolff/Brink*, Datenschutzrecht-Kommentar, Art. 24 Rdnr. 13, 16; *Gossen/Schramm*, ZD 2017, 7 (9).

[45] Weitere Ausführungen zur Datenschutzdokumentation finden sich im voranstehenden Abschnitt 2.1 in Bezug auf den Datenschutz-Grundsatz der Rechenschaftspflicht.

So kann zum Beispiel die Umsetzung einer Datenverschlüsselung unter Verwendung eines zum Zeitpunkt der Umsetzung als sicher geltenden Verschlüsselungsalgorithmus und unter Verwendung der zum Zeitpunkt der Umsetzung vorgenommenen Konfigurationen der Verschlüsselung – z. B. hinsichtlich der Schlüssellänge – zu einem späteren Zeitpunkt unsicher werden, wenn beispielsweise das Verfahren gebrochen wird.

In Bezug auf die zum Zeitpunkt des Treffens der Schutzmaßnahmen identifizierten Risiken können im Laufe der Zeit z. B. durch neue Betroffenengruppen weitere Risiken entstehen, z. B. wenn sich ein vom Verantwortlichen angebotener Dienst zum Zeitpunkt deren Planung nur an Erwachsene gerichtet hat, im Laufe der Zeit aber auch Kindern angeboten werden soll, denen unter der DSGVO ein besonders hoher Schutz zukommt. Gleiches gilt z. B., wenn ein Dienst ursprünglich zur Verarbeitung „normaler" personenbezogener Daten konzipiert wurde, später aber die Funktionalität des Dienstes ergänzt wurde und nun auch besondere Kategorien personenbezogener Daten verarbeitet werden sollen. Ein Beispiel hierfür wäre eine Kalender-App, die später um eine Funktionalität zur Dokumentation von Migräneanfällen oder zur Dokumentation der Fruchtbarkeit ergänzt wird, um dem Kalendernutzer potenzielle „Risikotage" im Kalender anzeigen zu können.

Dementsprechend trifft den Verantwortlichen einerseits die Pflicht, regelmäßig zu überprüfen, ob die von ihm umgesetzten Schutzmaßnahmen noch geeignet und angemessen sind, den initial identifizierten Risiken zu begegnen. Anderseits sollte er auch bewerten, ob im Laufe der Zeit weitere Risiken hinzugekommen sind, denen mit den bereits umgesetzten Schutzmaßnahmen noch nicht (ausreichend) begegnet wird. Ergibt diese zweiteilige Prüfung einen Änderungs- oder Ergänzungsbedarf der Schutzmaßnahmen, so trifft den Verantwortlichen die Pflicht, diesem Bedarf nachzukommen.

Wie häufig diese Überprüfung durch den Verantwortlichen vorzunehmen ist, lässt Art. 24 DSGVO offen. Es bietet sich jedoch für den Verantwortlichen an, einen regelmäßigen Prüfturnus festzulegen und zu dokumentieren, durch wen die regelmäßige Überprüfung mit welchem Ergebnis erfolgte (und welche Schutzmaßnahmen ggf. angepasst wurden). Angelehnt an die Höchstdauer der Gültigkeit einer Datenschutzzertifizierung nach Art. 42 Abs. 7 DSGVO ist anzunehmen, dass spätestens nach drei Jahren eine solche Überprüfung notwendig sein wird.[46] Um dem o.g. Umstand Rechnung zu tragen, dass für eine Datenverarbeitung auch im

---

[46] Der Parlamentsentwurf sah in Bezug auf die regelmäßigen Überprüfungen nach Art. 24 DSGVO noch einen mindestens zweijährlichen Prüfturnus vor, *Schmidt/Brink* in *Wolff/Brink*, Datenschutzrecht-Kommentar, Art. 24 Rdnr. 23.

Laufe der Zeit neue Risiken durch eine Veränderung/Ergänzung eines Dienstes oder Produktes entstehen können, wird zusätzlich zu den im regelmäßigen Turnus stattfindenden Überprüfung immer dann eine Überprüfung notwendig sein, wenn eine erhebliche Änderung/Ergänzung des Verfahrens erfolgt.[47]

2.2.2.3 Datenschutzvorkehrungen

Nach Art. 24 Abs. 2 DSGVO hat der Verantwortliche – sofern dies in einem angemessenen Verhältnis zu den Verarbeitungstätigkeiten des Verantwortlichen steht – im Rahmen der gem. Abs. 1 zu treffenden Maßnahmen auch geeignete Datenschutzvorkehrungen umzusetzen.

Für den Begriff „Datenschutzvorkehrungen" findet sich in Art. 4 DSGVO keine Legaldefinition. Zumindest stellt Art. 24 Abs. 2 DSGVO jedoch klar, dass es sich bei „Datenschutzvorkehrungen" um eine Teilmenge der nach Art. 24 Abs. 1 DSGVO zu treffenden technischen und organisatorischen Maßnahmen handeln muss. Vergleicht man den deutschen Wortlaut des Abs. 2 mit dem englischen Wortlaut, so stellt man fest, dass in der englischen Fassung von „Data Protection Policies"[48] die Rede ist, was man im Deutschen wohl am Ehesten mit „Datenschutzrichtlinien"[49] übersetzen würde. Richtlinien gehören zu den organisatorischen Maßnahmen – wenngleich sie sich zumindest teilweise auch durch technische Maßnahmen durchsetzen und überwachen lassen – und können sich u. a. auf die formale Beschreibung von Arbeitsabläufen, die den Umgang mit personenbezogenen Daten durch die eigenen Mitarbeiter des Verantwortlichen verbindlich regeln, beziehen.[50]

Art. 24 Abs. 2 DSGVO stellt klar, dass die Datenschutzvorkehrungen nur zu treffen sind, wenn sie in einem angemessenen Verhältnis zu den Verarbeitungstätigkeiten stehen. Dementsprechend ist die Pflicht zum Ergreifen der Datenschutzvorkehrungen vom Ergebnis einer Verhältnismäßigkeitsprüfung abhängig. Im

---

[47] Demgegenüber ist *Petri* in *Simitis/Hornung/Spiecker*, DSGVO-Kommentar, Art. 24 Rdnr. 20, der nur bei risikoträchtigen Verarbeitungen regelmäßige Überprüfungen als erforderlich erachtet und „bei weniger risikoträchtigen Verarbeitungen [vermutet, dass es ausreicht] Überprüfungen und Aktualisierungen nur anlassbezogen vorzunehmen."

[48] Der Begriff „Data Protection Policies" taucht in der englischen Fassung ein zweites Mal auf, nämlich in Art. 4 Nr. 20 DSGVO. Dort wird der Begriff in der deutschen Fassung mit „Maßnahmen zum Schutz personenbezogener Daten" übersetzt, s. hierzu auch *Piltz* in *Gola*, DSGVO-Kommentar, Art. 24 Rdnr. 56.

[49] Nach *Hartung* in *Kühling/Buchner*, DSGVO-Kommentar, Art. 24 Rdnr. 21 entspricht dies auch dem Verständnis des ursprünglichen Wortlauts des Kommissionsentwurfs, der von „Strategies and Policies" bzw. von „Strategien" sprach.

[50] *Bertermann* in *Ehmann/Selmayr*, DSGVO-Kommentar, Art. 24 Rdnr. 14; *Hartung* in *Kühling/Buchner*, DSGVO-Kommentar, Art. 24 Rdnr. 21.

Hinblick auf die Verarbeitungstätigkeiten müssen die Datenschutzvorkehrungen
also „angemessen, erforderlich und verhältnismäßig im engeren Sinne sein."[51]
Welche Faktoren der Verhältnismäßigkeitsprüfung zugrunde zu legen sind, lässt
Abs. 2 offen, was dahingehend interpretiert wird, dass der Europäische Gesetzgeber keinerlei Beschränkungen der zu berücksichtigenden Interessen vornehmen
wollte und somit insbesondere auch wirtschaftliche Interessen des Verantwortlichen Berücksichtigung finden dürften.[52] Vor dem Hintergrund der Sinnhaftigkeit
einer Verhältnismäßigkeitsprüfung ist dem zuzustimmen, da dieser im konkreten Anwendungskontext gerade unter Betrachtung der Interessen der betroffenen
Personen und des Verantwortlichen die Angemessenheit von Schutzvorkehrungen
wahren soll.

2.2.2.4 Genehmigte Verhaltensregeln und Zertifizierungsverfahren

Um die Erfüllungen der Pflichten des Verantwortlichen nachzuweisen, können
gem. Art. 24 Abs. 3 DSGVO die Einhaltung der genehmigten Verhaltensregeln
gem. Art. 40 DSGVO oder eines genehmigten Zertifizierungsverfahrens gem. Art.
42 DSGVO als Gesichtspunkt herangezogen werden. Durch diese Regelung soll
die Möglichkeit der Selbstregulierung gestärkt werden.[53]

2.2.2.4.1 Einhaltung genehmigter Verhaltensregeln

Gem. Art. 40 Abs. 1–4 DSGVO soll die Ausarbeitung von Verhaltensregeln
gefördert werden, die nach Maßgabe der Besonderheiten der einzelnen Ver-
arbeitungsbereiche und der besonderen Bedürfnisse von Kleinstunternehmen
sowie kleinen und mittleren Unternehmen zur ordnungsgemäßen Anwendung
der DSGVO beitragen sollen. Die Verhaltensregeln, die u. a. von Verbänden,
die Kategorien von Verantwortlichen oder Auftragsverarbeitern vertreten, aus-
gearbeitet werden können, können insbesondere Präzisierungen hinsichtlich der
Pseudonymisierung personenbezogener Daten sowie der in Art. 24, 25 und 32
DSGVO geregelten Maßnahmen und Verfahren umfassen. Die Verhaltensregeln
müssen Verfahren zur Überwachung ihrer Einhaltung vorsehen. Gem. Art. 41
Abs. 1 DSGVO kann diese Überwachung – unbeschadet der Befugnisse der
zuständigen Aufsichtsbehörde – von einer Stelle durchgeführt werden, die über

---

[51] *Piltz* in *Gola*, DSGVO-Kommentar, Art. 24 Rdnr. 53.

[52] *Piltz* in *Gola*, DSGVO-Kommentar, Art. 24 Rdnr. 54.

[53] *Hartung* in *Kühling/Buchner*, DSGVO-Kommentar, Art. 24 Rdnr. 23; *Schmidt/Brink* in
Wolff/Brink, Datenschutzrecht-Kommentar, Art. 24 Rdnr. 31.

das geeignete Fachwissen hinsichtlich des Gegenstands der Verhaltensregeln verfügt und die von der zuständigen Aufsichtsbehörde zu diesem Zweck akkreditiert wurde.

Die ausgearbeiteten Verhaltensregeln sind gem. Art. 40 Abs. 4 und 5 DSGVO der zuständigen Aufsichtsbehörde vorzulegen, die die Verhaltensregeln zu genehmigen hat, wenn sie der Auffassung ist, dass er ausreichende geeignete Garantien bietet. Beziehen sich die Verhaltensregeln nicht auf Verarbeitungstätigkeiten in mehreren Mitgliedstaaten, nimmt die zuständige Aufsichtsbehörde die Verhaltensregeln in ein Verzeichnis auf und veröffentlicht sie. Sofern die Verhaltensregeln in mehreren Mitgliedstaaten relevant sind, ist der Europäische Datenschutzausschuss (EDSA) – ggf. unter Einbindung der Europäischen Kommission – für die Genehmigung und Veröffentlichung zuständig.

Sowohl Verantwortliche als auch Auftragsverarbeiter können sich sodann selbst dazu verpflichten, die genehmigten Verhaltensregeln einzuhalten. Durch die Verhaltensregeln soll die Selbstregulierung der Wirtschaft gefördert werden, wobei die Grenzen darin bestehen, dass durch die Verhaltensregeln nicht von den Normen der DSGVO abgewichen werden darf.[54]

2.2.2.4.2 Genehmigtes Zertifizierungsverfahren

Art. 42 Abs. 1 DSGVO sieht die Einführung datenschutzspezifischer Zertifizierungsverfahren, -siegeln und –prüfzeichen vor, die dazu dienen sollen, die Einhaltung der DSGVO bei Verarbeitungsvorgängen von Verantwortlichen und Auftragsverarbeitern nachzuweisen. Wie bei den genehmigten Verhaltensregeln soll auch bei den genehmigten Zertifizierungsverfahren den besonderen Bedürfnissen von Kleinstunternehmen sowie kleinen und mittleren Unternehmen Rechnung getragen werden.

Gem. Art. 42 Abs. 3, 4 DSGVO hat die Zertifizierung freiwillig zu erfolgen. Die Zertifizierung wird durch eine besondere Zertifizierungsstelle oder durch die zuständige Aufsichtsbehörde erteilt. Die Zertifizierungsstellen sind durch die zuständige Aufsichtsbehörde oder die nationale Akkreditierungsstelle – in Deutschland die Deutsche Akkreditierungsstelle (DAkkS) – zu akkreditieren.

Grundvoraussetzung für die Zertifizierung ist die vorherige Genehmigung des Prüfverfahrens bzw. den der Zertifizierung zugrundeliegenden Kriterien. Sofern die Kriterien nicht auf nationaler Ebene durch die zuständige Aufsichtsbehörde, sondern auf Europäischer Ebene durch den EDSA genehmigt werden, kann dies

---

[54] *Lepperhoff* in *Gola*, DSGVO-Kommentar, Art. 40 Rdnr. 1.

zu einer gemeinsamen Zertifizierung, dem Europäischen Datenschutzsiegel, führen. Der EDSA hat alle Zertifizierungsverfahren in ein Register aufzunehmen und zu veröffentlichen (Art. 42 Abs. 5, 8 DSGVO).

Zum Erlangen der Zertifizierung hat der Verantwortliche oder der Auftragsverarbeiter der Zertifizierungsstelle bzw. der zuständigen Aufsichtsbehörde alle für die Durchführung des Zertifizierungsverfahrens erforderlichen Informationen zur Verfügung zu stellen. Des weiterem hat er Zugang zu den für den Zertifizierungsgegenstand relevanten Verarbeitungstätigkeiten zu gewähren, um die Zertifizierung zu ermöglichen. Die Zertifizierung erfolgt für einen Zeitraum von höchstens drei Jahren und kann verlängert werden, sofern die einschlägigen Kriterien weiterhin erfüllt werden (Art. 42 Abs. 6, 7 DSGVO).

Die beiden dargestellten Verfahren unterscheiden sich insbesondere in ihrer Zielsetzung voneinander: Verhaltensregeln sollen den Verantwortlichen oder Auftragsverarbeiter dabei unterstützen, die DSGVO umzusetzen, während Zertifizierungen das Datenschutzniveau der datenverarbeitenden Stelle transparent machen sollen – so z. B. im Verhältnis zwischen dem Verantwortlichen und den betroffenen Personen oder aber zwischen einem Auftragsverarbeiter und dem Verantwortlichen. Ein weiterer Unterschied besteht darin, dass Verhaltensregeln einer Art „Selbstzertifizierung" gleichkommen, während einer Zertifizierung zwangsläufig eine Überprüfung durch einen unabhängigen Dritten vorangegangen ist.[55]

2.2.2.4.3 Verhaltensregeln und Zertifizierungen als Baustein des Nachweises

Durch die Formulierung „können als Gesichtspunkt herangezogen werden" verdeutlicht der Europäische Gesetzgeber zwei Aspekte.

Zum einen verdeutlich er, dass die Einhaltung genehmigter Verhaltensregeln bzw. eines genehmigten Zertifizierungsverfahrens lediglich eine Unterstützung des Verantwortlichen bei dem Nachweis der Umsetzung der DSGVO sind. Sie sind insofern als ein wichtiger Baustein der Nachweismöglichkeit zu betrachten, nicht jedoch unbedingt als alleiniger. Sie können den Verantwortlichen daher keinesfalls davon entbinden, zumindest zu überprüfen, ob neben der Einhaltung der Verhaltensregeln bzw. neben der Zertifizierung weitere Maßnahmen[56] zu treffen

---

[55] *Lepperhoff* in *Gola*, DSGVO-Kommentar, Art. 40 Rdnr. 6; *Selzer*, DuD 2017, 242 (243).
[56] Gem. Erwgr. 77 DSGVO können neben den beiden bereits in Art. 24 Abs. 3 DSGVO genannten Verfahren u. a. Hinweise des Datenschutzbeauftragten des Verantwortlichen herangezogen werden, um den Nachweis der DSGVO-Umsetzung zu erbringen. *Petri* in *Simitis/ Hornung/Spiecker*, DSGVO-Kommentar, Art. 24 Rdnr. 27.

sind, um die normierten Pflichten nachzuweisen. Umgekehrt ist die zuständige Aufsichtsbehörde nicht verpflichtet, den (alleinigen) Vorweis einer der genannten Verfahren als Nachweis der DSGVO-Umsetzung zu akzeptieren bzw. sich an das Ergebnis gebunden zu sehen. I. d. R. wird die zuständige Aufsichtsbehörde den vom Verantwortlichen erbrachten Nachweis unabhängig prüfen. Es ist davon auszugehen, dass das Vorliegen eines oder beider genannten Verfahren von der jeweils zuständigen Aufsichtsbehörde regelmäßig positiv berücksichtigt werden wird.[57]

Zum anderen stellt die Formulierung klar, dass der Verantwortliche nicht dazu verpflichtet ist, eines oder sogar beide der genannten Verfahren umzusetzen, um den Nachweis der DSGVO-Umsetzung zu erbringen. Dem Verantwortlichen steht es grundsätzlich frei, wie er die DSGVO-Umsetzung nachweisbar macht. Die genannten Verfahren sind lediglich eine Möglichkeit unter vielen.

Durch den bereits beschriebenen Umstand, dass Art. 24 DSGVO als Überblicksnorm mit Deklarationscharakter verstanden wird, bedarf es der Konkretisierung der in Art. 24 DSGVO genannten Pflichten des Verantwortlichen, um die einheitliche Anwendung der DSGVO sicherzustellen. Gem. Art. 70 Abs. 1 DSGVO ist hierfür der EDSA zuständig, der gem. lit. e für die Anwendung der DGSVO betreffende Fragen Leitlinien, Empfehlungen und bewährte Verfahren bereitzustellen hat.[58] Gem. lit. n kommt ihm zudem die Aufgabe zu, die Ausarbeitung von Verhaltensregeln und der Einrichtung von datenschutzspezifischen Zertifizierungsverfahren sowie Datenschutzsiegeln und -prüfzeichen gem. der Art, 40, 42 DSGVO zu fördern.

2.2.3 Bußgelder bei Verstößen

Art. 83 Abs. 4 und 5 DSGVO erwähnen Art. 24 DSGVO nicht, womit Verstöße gegen Art. 24 DSGVO nicht bußgeldbewehrt sind. Dies entspricht der allgemeinen Formulierung des Art. 24 DSGVO als „Übersichts- und Generalnorm",[59] der

---

[57] *Petri* in *Simitis/Hornung/Spiecker*, DSGVO-Kommentar, Art. 24 Rdnr. 26; *Schmidt/Brink* in *Wolff/Brink*, Datenschutzrecht-Kommentar, Art. 24 Rdnr. 31 f.; *Hartung* in *Kühling/Buchner*, DSGVO-Kommentar, Art. 24 Rdnr. 23.

[58] S. hierzu auch *Schmidt/Brink* in *Wolff/Brink*, Datenschutzrecht-Kommentar, Art. 24 Rdnr. 36.

[59] *Hartung* in *Kühling/Buchner*, DSGVO-Kommentar, Art. 24 Rdnr. 24.

erst durch die nachfolgenden, u. a. in Art. 25, 32 DSGVO normierten, Konkretisierungen mit tatsächlich umsetzbaren Pflichten gefüllt zu werden scheint, deren Nicht-Erfüllung wiederum bußgeldbewehrt ist.[60]

Zumindest indirekt können Verstöße gegen Art. 24 DSGVO aber doch zu einer Geldbuße führen, denn die zuständige Aufsichtsbehörde hält die Aufgabe inne, die Anwendung des Art. 24 DSGVO zu überwachen. In diesem Zusammenhang ist die zuständige Aufsichtsbehörde u. a. dazu berechtigt, dem Verantwortlichen Weisungen zu erteilen und die Nicht-Befolgung einer Weisung durch ein Bußgeld zu sanktionieren.[61]

2.3 Datenschutz durch Technikgestaltung und durch datenschutzfreundliche Voreinstellungen

Art. 25 DSGVO normiert mit dem Datenschutz durch Technikgestaltung und durch datenschutzfreundliche Voreinstellungen zwei neue Instrumente des Europäischen Datenschutzrechts, die seit ihrer Einführung große Beachtung finden. Die Norm zielt darauf ab, die Umsetzung der DSGVO bereits in einem sehr frühen Stadium zu berücksichtigen, nämlich einerseits dann, wenn Datenverarbeitungssysteme konzipiert und programmiert bzw. ausgewählt werden und andererseits dann, wenn das ausgewählte Datenverarbeitungssystem eingerichtet wird.[62]

Die Beachtung der Anforderungen der DSGVO bereits in diesem frühen Stadium bringt viele Vorteile mit sich:

– Zum einen wird durch den Datenschutz durch Technikgestaltung der Umfang der verarbeiteten personenbezogenen Daten von vornherein beschränkt, was das Risiko für die Rechte und Freiheiten der betroffenen Personen, dass mit der Datenverarbeitung einhergeht, minimiert.

---

[60] *Piltz* in *Gola*, DSGVO-Kommentar, Art. 24 Rdnr. 61 f.

[61] *Schmidt/Brink* in *Wolff/Brink*, Datenschutzrecht-Kommentar, Art. 24 Rdnr. 37.

[62] Richtigerweise spricht *Hansen* in *Simitis/Hornung/Spiecker*, DSGVO-Kommentar, Art. 25 Rdnr. 1 daher von einem „eingebauten Datenschutz", der durch Art. 25 DSGVO normiert wird; *Jasmontaite/ Kamara/Zanfir-Fortuna/Leucci*, EDPL 2/2018, 168 (169); *Rost/ Bock*, DuD 2011, 30 (31); zu den Grundsätzen selbst, noch nicht aber unter Anwendung der DSGVO auch *Kipker*, DuD 2015, 410 (410).

– Zum anderen führen datenschutzfreundliche Voreinstellungen regelmäßig zu einem größeren Vertrauen der das Datenverarbeitungssystem nutzenden betroffenen Personen, insbesondere in Bezug auf die Nutzung Sozialer Netzwerkeplattformen wie Facebook, Pinterest und Instagram.

– Darüber hinaus birgt der Datenschutz durch Technikgestaltung i. d. R. finanzielle Vorteile für den Verantwortlichen, da die Umsetzung datenschutzrechtlicher Anforderungen in der Implementierungs- bzw. Auswahlphase häufig mit geringeren Kosten verbunden sind als ein bestehendes Datenverarbeitungssystem im Nachhinein um datenschutzrechtliche Schutzmaßnahmen nachzurüsten.[63]

Beide Instrumente sollen dem Umstand entgegenwirken, dass betroffene Personen häufig nicht über die Gestaltung der sie betreffenden Verarbeitungsvorgänge und –systeme mitentscheiden können. Die beiden Instrumente sollen daher eine proaktive Handhabung zur Wahrung des Datenschutzes bieten. Durch sie soll sichergestellt werden, dass Datenverarbeitungsvorgänge und -systeme nicht erst dann angepasst werden, wenn ein Verstoß gegen die DSGVO erfolgte, sondern zu einem Zeitpunkt die Umsetzung der DSGVO-Vorgaben umsetzen, zu der sich ein Verstoß noch vermeiden lässt, um somit dem Risiko für die Rechte und Freiheiten der betroffenen Personen zu begegnen.[64]

Art. 25 DSGVO ist eine Ausprägung des risikobasierten Ansatzes der DSGVO. Die Norm hängt – als Konkretisierungsnorm zu Art. 24 DSGVO – eng mit Art. 32 DSGVO zusammen. Insbesondere das Instrument des Datenschutzes durch Technikgestaltung ist eng mit der Herstellung der Sicherheit der Datenverarbeitung verbunden, da ein unsicheres Datenverarbeitungssystem i. d. R. nicht durch ein ansonsten datenschutzfreundliches Verarbeitungssystem ausgeglichen werden kann.[65]

2.3.1 Adressat der Verpflichtungen

Art. 25 DSGVO benennt den Verantwortlichen als Adressaten der beiden neuen Instrumente. Zunächst etwas überraschend scheint es, dass die Hersteller und

---

[63] *Hartung* in *Kühling/Buchner*, DSGVO-Kommentar, Art. 25 Rdnr. 1, 11; *Hansen* in *Simitis/Hornung/Spiecker*, DSGVO-Kommentar, Art. 25 Rdnr. 1.

[64] *Spindler/Horvath* in *Spindler/Schuster*, Recht der elektronischen Medien, Art. 25 Rdnr. 1; *Schmieder* in*Forgó/Helfrich/Schneider*, Betrieblicher Datenschutz, Kap. 2, Rdnr. 13.

[65] *Spindler/Horvath* in *Spindler/Schuster*, Recht der elektronischen Medien, Art. 25 Rdnr. 2 ff.; *Reto/Mantz* in *Sydow*, DSGVO-Kommentar, Art. 25 Rdnr. 6.

Anbieter von Produkten und Diensten zur Verarbeitung personenbezogener Daten nicht Adressat der Norm sind, sofern sie die Produkte und Dienste lediglich an Verantwortliche lizensieren oder verkaufen, im Zusammenhang mit der Produkt- und Dienstnutzung aber nicht selbst Verantwortlicher sind.[66] Stellt ein Unternehmen also ein Produkt zur Verarbeitung personenbezogener Daten – etwa eine Kundenmanagementsoftware – her und vertreibt diese an Unternehmenskunden, die das Produkt in ihrem Unternehmen dann lokal zur Datenverarbeitung einsetzen, so adressiert Art. 25 DSGVO das produkteinkaufende Unternehmen als Verantwortlichen für dessen Nutzung der Kundenmanagementsoftware, nicht aber das produktherstellende Unternehmen im Rahmen der Herstellung des Produkts selbst. Nutzt das produktherstellende Unternehmen wiederum das eigene Produkt für ihr Kundenmanagement, so werden sie durch die Nutzung des Produktes selbst zum Verantwortlichen und haben die Anforderungen des Art. 25 DSGVO im Rahmen dieser Rolle umzusetzen.

In Bezug auf die direkte Anwendbarkeit der Norm auf Hersteller bringt der Europäische Gesetzgeber in Erwgr. 78 DSGVO lediglich den Wunsch zum Ausdruck, die Hersteller der Produkte, Dienste und Anwendungen zu ermutigen, das Recht auf Datenschutz bei der Entwicklung und Gestaltung der Produkte, Dienste und Anwendungen zu berücksichtigen und unter gebührender Berücksichtigung des Stands der Technik sicherzustellen, dass die Verantwortlichen und die Verarbeiter in der Lage sind, ihren Datenschutzpflichten nachzukommen. Durch diesen Wunsch wird deutlich, dass dem Europäische Gesetzgeber durchaus bewusst war, dass Verantwortliche in einer hohen Abhängigkeit zu Produkt- und Dienstherstellern stehen. Dennoch hat er sich dagegen entschieden, die Hersteller als Normadressat mit direkten Pflichten zu versehen. Zu vermuten ist daher, dass der Europäische Gesetzgeber davon ausgeht, dass Hersteller durch entsprechende Forderungen der Verantwortlichen indirekt dazu „gezwungen" sein werden, die Anforderungen des Art. 25 DSGVO umzusetzen. Teilweise wird Verantwortlichen bereits dazu geraten, sich die Umsetzung der in Art. 25 DSGVO verankerten Pflichten von den Herstellern vertraglich zusichern zu lassen.[67]

Auch Auftragsverarbeiter sind nicht Normadressat, gleichwohl diese durch Art. 32 DSGVO umfangreiche Pflichten zum Schutz der Datensicherheit treffen. Durch die Pflicht der Auftragsverarbeiter, die Weisungen des Verantwortlichen zu befolgen, einerseits und andererseits durch den Umstand, dass die Art. 25,

---

[66] *Lang* in *Taeger/Gabel*, DSGVO-Kommentar, Art. 25 Rdnr. 24 f.; *Specht-Riemenschneider*, MMR 2020, 73 (76).

[67] *Lang* in *Taeger/Gabel*, DSGVO-Kommentar, Art. 25 Rdnr. 25 ff.; *Hartung* in *Kühling/ Buchner*, DSGVO-Kommentar, Art. 25 Rdnr. 13.

32 DSGVO inhaltliche Überschneidungen aufweisen, werden den Auftragsverarbeitern daher zumindest indirekt ähnliche Pflichten wie die des Art. 25 DSGVO treffen.[68]

2.3.2   Relevante Regelungen im Überblick

Art. 25 DSGVO regelt die Pflichten zum Datenschutz durch Technikgestaltung und zum Treffen datenschutzfreundlicher Voreinstellungen. Ein genehmigtes Zertifizierungsverfahren kann als Faktor herangezogen werden, um die Erfüllung der vorgenannten Pflichten nachzuweisen.

2.3.2.1   Pflicht zum Datenschutz durch Technikgestaltung

Ziel der Pflicht zum Datenschutz durch Technikgestaltung (auch als „Privacy by Design" bezeichnet) gem. Art. 25 Abs. 1 DSGVO ist die Einhaltung der Datenschutz-Grundsätze aus Art. 5 DSGVO zum Zeitpunkt der Festlegung der Mittel für die Verarbeitung und zum Zeitpunkt der eigentlichen Verarbeitung selbst durch das Treffen geeigneter und angemessener technischer und organisatorischer Schutzmaßnahmen sowie interner Strategien. Durch den Umstand, dass die Anforderungen des Abs. 1 auch zum Zeitpunkt der eigentlichen Verarbeitung zu erfüllen sind, wird deutlich, dass die Umsetzung des Prinzips des Datenschutzes durch Technikgestaltung einen iterativen Prozess bedarf. Es handelt sich ausdrücklich nicht um eine Anforderung, die einmalig zu erfüllen ist, sondern sie muss über den gesamten Verarbeitungszyklus Berücksichtigung finden.[69]

Bei den technischen und organisatorischen Maßnahmen handelt es sich um die gleichen Maßnahmen, wie die der Art. 24, 32 DSGVO, wobei die Zielrichtung des Art. 25 Abs. 1 DSGVO nicht auf der reinen Datensicherheit, sondern insbesondere auf der (vorherigen) Datenvermeidung liegt. Durch die ergriffenen Maßnahmen sollen die Rechte der betroffenen Personen geschützt werden.[70]

Art. 25 Abs. 1 DSGVO beinhaltet keine Formvorschrift zur Umsetzung. Sofern der Verantwortliche nachweisen kann, dass er die Anforderungen an den Datenschutz durch Technikgestaltung vollumfänglich umsetzt, steht ihm das „Wie" der Umsetzung also frei.[71]

---

[68] *Hartung* in *Kühling/Buchner*, DSGVO-Kommentar, Art. 25 Rdnr. 12.

[69] *Nolte/Werkmeister* in *Gola*, DSGVO-Kommentar, Art. 25 Rdnr. 14.

[70] *Hartung* in *Kühling/Buchner*, DSGVO-Kommentar, Art. 25 Rdnr. 15.

[71] *Hansen* in *Simitis/Hornung/Spiecker*, DSGVO-Kommentar, Art. 25 Rdnr. 61. Diesen Umstand sieht *Hartung* in *Kühling/Buchner*, DSGVO-Kommentar, Art. 25 Rdnr. 17 zu Recht

2.3.2.1.1 Maßnahmen zur Wahrung der Datenschutz-Grundsätze

Gleichwohl Art. 25 Abs. 1 DSGVO beispielhaft die Datenminimierung als zu berücksichtigenden Datenschutz-Grundsatz nennt, macht der Wortlaut „etwa" deutlich, dass alle in Art. 5 DSGVO genannten Datenschutz-Grundsätze durch entsprechende Maßnahmen umgesetzt werden sollen.[72] Gleiches gilt auch für die beispielhaft erwähnte Maßnahme der Pseudonymisierung, die ausdrücklich nicht als einzige Schutzmaßnahme zur Umsetzung der Anforderungen aus Art. 25 Abs. 1 DSGVO anzusehen ist.[73]

Wie bereits dargestellt, normiert Art. 5 DSGVO sieben Grundsätze für die Verarbeitung personenbezogener Daten, nämlich die Rechtmäßigkeit, Verarbeitung nach Treu und Glauben, Transparenz (1), die Zweckbindung (2), die Datenminimierung (3), die Richtigkeit (4), die Speicherbegrenzung (5), die Integrität und die Vertraulichkeit (6) sowie die Rechenschaftspflicht (7). In Bezug auf die einzelnen Datenschutz-Grundsätze lassen sich die Anforderungen des Art. 25 Abs. 1 DSGVO beispielsweise durch folgende Maßnahmen umsetzen:[74]

(1) Freigabe der Verfahren zur Verarbeitung und Feststellung der Rechtsgrundlage, ggf. ergänzt um ein (technisches) Einwilligungsmanagement zur Umsetzung der Einwilligung und des Widerrufs; Maßnahmen, die es der betroffenen Person ermöglichen, die Datenverarbeitung zu überwachen;[75] das Ergreifen von Maßnahmen unter *zusätzlicher* Ermöglichung von Maßnahmen des Selbstdatenschutzes, wie etwa das Zulassen von Ad-Blockern

---

nicht nur positiv, da der große Umsetzungsspielraum für den Verantwortlichen auch Rechtsunsicherheit mit sich bringt.

[72] Zwar erwähnt *Hartung* in *Kühling/Buchner*, DSGVO-Kommentar, Art. 25 Rdnr. 14 nur die Einhaltung der Datenschutz-Grundsätze nach Art. 5 Abs. 1 DSGVO, jedoch werden sich durch den Datenschutz durch Technikgestaltung regelmäßig auch Anforderung an die Datenschutz-Dokumentation, insbesondere in Bezug auf die Protokollierung der datenverarbeitenden Systeme ergeben, so auch *Hansen* in *Simitis/Hornung/Spiecker*, DSGVO-Kommentar, Art. 25 Rdnr. 70; *Spindler/Horvath* in *Spindler/Schuster*, Recht der elektronischen Medien, Art. 25 Rdnr. 7.

[73] *Hartung* in *Kühling/Buchner*, DSGVO-Kommentar, Art. 25 Rdnr. 16; *Roßnagel*, ZD 2018, 243 (243).

[74] Die nachfolgende Auflistung entstammt *Hansen* in *Simitis/Hornung/Spiecker*, DSGVO-Kommentar, Art. 25 Rdnr. 62–70.

[75] Hierzu können u. a. automatisiert überprüfbare Datenschutzmetriken dienen, deren Ergebnisse so angezeigt und aufbereitet werden, dass die betroffene Person die Ergebnisse ohne Kenntnisse des Datenschutzrechts verstehen kann, z. B. in Form von Ampelsymbolen; *Selzer*, Datenschutzrechtliche Zulässigkeit von Cloud-Computing-Services, S. 43, 63 ff.

und Do-Not-Track-Mechanismen; die Umsetzung von Informationspflichten in verständlicher und einfacher Sprache, ggf. unterstützt durch Bildsymbole;

(2) Festlegung des Verarbeitungszwecks; Sicherstellung, dass keine Datenverarbeitung ohne vorherige Zweckbestimmung erfolgt; getrennte Verarbeitung personenbezogener Daten, die zu unterschiedlichen Zwecken erhoben wurden, auf Software- oder Hardwareebene; Ausschließen der Verkettbarkeit von Daten über gleiche bzw. ableitbare Identifikatoren, sofern die Daten zu unterschiedlichen Zwecken erhoben wurden.

(3) Minimierung der verarbeiteten personenbezogenen Daten; Minimierung der betroffenen Personen; Minimierung der Verarbeitung selbst; Begrenzen des Personenbezugs durch Pseudonymisierung oder Anonymisierung; Verzicht auf Identifikatoren, die personenbezogene Daten zweckübergreifend verkettbar machen; Verzicht auf das Verbauen datenerhebender Komponenten, die für den Nutzungszweck eines technischen Gerätes nicht erforderlich sind, wie etwa Kameras und Mikrofone in bestimmten Arbeitsumgebungen; restriktive Beschränkungen des Zugriffs auf personenbezogene Daten, wonach nur eine geringe Personengruppe überhaupt zugriffsberechtigt ist und diese wann immer möglich nur Leserechte innehält, nicht aber z. B. das Recht zum Kopieren von Daten.

(4) Aufsetzen eines (technischen) Prozesses, der ermöglicht, dass die betroffenen Personen Einblick in die sie betreffenden personenbezogenen Daten erhalten und unrichtige Daten melden und (nach einer entsprechenden Prüfung) korrigieren lassen können; Umsetzen eines (technischen) Prozesses zur Einschränkung der Verarbeitung in Zweifelsfällen; Protokollierung von Änderungen an personenbezogenen Daten.

(5) Festlegen von Speicherfristen für alle Datenkategorien; Etablieren eines Prozesses zur (technischen) Umsetzung der datenschutzrechtlichen Löschpflichten;[76] ggf. Anonymisieren der einst personenbezogenen Daten als Alternative zur vollständigen Datenlöschung unter vorheriger Konkretisierung des zu verwendenden Verfahrens und der weiteren relevanten Umsetzungsfaktoren, die eine datenschutzkonforme Anonymisierung sicherstellen.[77]

---

[76] Hierbei ist i. d. R. vor einer Löschung zu überprüfen, ob der Löschung gesetzliche Aufbewahrungspflichten entgegenstehen. Diese können z. B. in Bezug auf medizinische Untersuchungsergebnisse sowie zur Bemessung von Steuern relevante Daten bestehen.

[77] Beispielsweise gilt es bei der Anonymisierung (ehemals) personenbezogener Daten die Größe der Anonymitätsgruppe sorgfältig auszuwählen, um die Möglichkeit der De-Anonymisierung auszuschließen.

(6) Feststellen des Schutzbedarfs der verarbeiteten personenbezogenen Daten; Umsetzung angemessener Schutzmaßnahmen wie z. B. die Pseudonymisierung und Verschlüsselung; regelmäßige Überprüfung der Wirksamkeit der Schutzmaßnahmen.

(7) Erstellung von Prozessdokumentationen aller relevanter Datenschutzaspekte inkl. ggf. notwendig werdender Anpassungen; Protokollierung der Datenverarbeitung in informationstechnischen Systemen; Festlegung und Dokumentation von Anforderungen für die Auswahl von Diensten und Produkten in Bezug auf Art. 25 Abs. 1 DSGVO; etablieren eines Datenschutzmanagementsystems.

2.3.2.1.2 Abwägungskriterien

Die genannten Pflichten treffen den Verantwortlichen unter Berücksichtigung des Stands der Technik, der Implementierungskosten und der Art, des Umfangs, der Umstände und der Zwecke der Verarbeitung sowie der unterschiedlichen Eintrittswahrscheinlichkeit und Schwere der mit der Verarbeitung verbundenen Risiken für die Rechte und Freiheiten natürlicher Personen. Aus der Berücksichtigung der genannten Faktoren ergibt sich – als Ausdruck des risikobasierten Ansatzes des DSGVO –, welche Maßnahmen im konkreten Verarbeitungskontext erforderlich und angemessen sind. Durch die Aufzählung der Kriterien wird deutlich, dass der Verantwortliche nicht dazu verpflichtet werden soll, alle überhaupt verfügbaren und geeigneten Schutzmaßnahmen zu ergreifen. Er wird regelmäßig nur zur Umsetzung derjenigen Schutzmaßnahmen verpflichtet, die für den konkreten Verarbeitungskontext angemessen und verhältnismäßig sind. Dem Verantwortlichen obliegt somit bei der Umsetzung der geforderten Maßnahmen ein großer Ermessensspielraum.[78]

2.3.2.2   Pflicht zu datenschutzfreundlichen Voreinstellungen

Art. 25 Abs. 2 DSGVO verpflichtet den Verantwortlichen zum Treffen geeigneter technischer und organisatorischer Maßnahmen, die sicherstellen, dass durch Voreinstellung nur personenbezogene Daten, deren Verarbeitung für den jeweiligen bestimmten Verarbeitungszweck erforderlich sind, verarbeitet werden. Diese Verpflichtung trifft den Verantwortlichen in Bezug auf

– die Menge der erhobenen personenbezogenen Daten,
– den Umfang ihrer Verarbeitung,

---

[78] *Hartung* in *Kühling/Buchner*, DSGVO-Kommentar, Art. 25 Rdnr. 19; *Falker*, DSRITB 2017, 29 (33).

– ihre Speicherfrist und
– ihre Zugänglichkeit.

Die vom Verantwortlichen getroffenen Schutzmaßnahmen müssen insbesondere sicherstellen, dass personenbezogene Daten durch Voreinstellungen nicht ohne Eingreifen der Person einer unbestimmten Zahl von natürlichen Personen zugänglich gemacht werden.

Die beschriebenen Anforderungen, die eine Ausprägung des Datenschutz-Grundsatzes der Datenminimierung aus Art. 5 DSGVO darstellen, werden auch als „Privacy by Default" bezeichnet. Die Anforderungen sollen sicherstellen, dass betroffenen Personen angebotene Produkte oder Dienste datenschutzfreundliche Werkseinstellungen vorweisen. Hiermit soll dem Umstand Rechnung getragen werden, dass betroffene Personen zwar i. d. R. während der Dienst- oder Produktnutzung ein hohes Maß an Datenschutz innehaben möchten, sie jedoch nur in seltenen Fällen aktiv werden, um selbst die datenschutzfreundlichsten Einstellungen vorzunehmen. Im Umkehrschluss bedeutet dies auch, dass datenschutzfreundliche Werkseinstellungen nur selten von den betroffenen Personen auf datenschutzunfreundlichere Einstellungen geändert werden.

Im Gegensatz zu dem in Art. 25 Abs. 1 DSGVO geregelten „Privacy by Design" stellt Art. 25 Abs. 2 DSGVO mit „Privacy by Default" gerade nicht auf das Risiko der Datenverarbeitung ab. Datenschutzfreundliche Voreinstellungen sollen also immer – ganz unabhängig vom Risiko des konkreten Verarbeitungskontextes – ermöglicht werden.[79]

2.3.2.3 Genehmigte Zertifizierungsverfahren

Art. 25 Abs. 3 DSGVO regelt, dass zum Nachweis der Pflichterfüllung der Abs. 2, 3 ein genehmigtes Zertifizierungsverfahren nach Art. 42 DSGVO als Faktor herangezogen werden kann und fördert somit die regulierte Selbstregulierung. Der Zertifizierung kommt – wie bereits im Kapitel über die Verantwortlichkeit des für die Verarbeitung Verantwortlichen dargestellt – lediglich eine Indizwirkung zu: Art. 25 Abs. 3 DSGVO macht deutlich, dass es sich bei den genehmigten Zertifizierungsverfahren lediglich um einen Faktor zur Erbringung des Umsetzungsnachweisen handelt. Die zuständige Datenschutzaufsichtsbehörde wird eine vorliegende Zertifizierung regelmäßig positiv bewerten, sie gibt durch das Vorliegen einer Zertifizierung jedoch nicht das Recht auf, eine Einzelfallprüfung

------

[79] *Spindler/Horvath* in *Spindler/Schuster*, Recht der elektronischen Medien, Art. 25 Rdnr. 10 f.

durchzuführen und im Ausnahmefall zu einem anderen Ergebnis als die der Zertifizierung zu kommen. Gleichwohl macht die Formulierung, dass es sich bei den genehmigten Zertifizierungsverfahren lediglich um einen Faktor handelt, deutlich, dass es dem Verantwortlichen freisteht, den Umsetzungsnachweis auch auf andere Weise – zum Beispiel durch eine umfangreiche Dokumentation – zu erbringen. Der Umsetzungsnachweis selbst ist also verpflichtend, die Zertifizierung ist freiwillig.[80]

Warum die Norm – im Gegensatz zu Art. 24 DSGVO – nur die Möglichkeit des genehmigten Zertifizierungsverfahrens als Möglichkeit des Nachweises sieht, nicht aber auf die Einhaltung genehmigter Verhaltensregeln eingeht, ist unklar. Insbesondere überrascht dies, da Art. 40 Abs. 2 lit. h DSGVO die Präzisierung der Anwendung der DSGVO durch genehmigte Verhaltensregeln u. a. in Bezug auf die Maßnahmen und Verfahren gem. Art. 24, 25 DSGVO und auf die Maßnahmen für die Sicherheit der Verarbeitung gem. Art. 32 DSGVO vorsieht. Da kein Grund ersichtlich ist, warum nicht auch genehmigte Verhaltensregeln als Faktor für den Nachweis der in Art. 25 DSGVO normierten Pflichten dienen können, geht die Literatur überwiegend von einem redaktionellen Fehler der DSGVO aus.[81]

2.3.3   Bußgelder bei Verstößen

Art. 83 Abs. 4 DSGVO sieht für Verstöße gegen die Pflichten aus Art. 25 DSGVO Geldbußen von bis zu 10.000.000 Euro oder im Fall eines Unternehmens von bis zu 2 % seines gesamten weltweit erzielten Jahresumsatzes des vorangegangenen Geschäftsjahrs vor. Einschlägig ist somit grundsätzlich der geringere Bußgeldrahmen des Art. 83 DSGVO. Allerdings gilt es zu beachten, dass ein Verstoß gegen Art. 25 DSGVO zugleich einen Verstoß gegen die in Art. 5 Abs. 1 DSGVO geregelten Datenschutz-Grundsätze darstellen kann, was wiederum zur Anwendbarkeit des höheren Bußgeldrahmens des Art. 83 Abs. 5 DSGVO führen

---

[80] *Spindler/Horvath* in *Spindler/Schuster*, Recht der elektronischen Medien, Art. 25 Rdnr. 13; *Nolte/Werkmeister* in *Gola*, DSGVO-Kommentar, Art. 25 Rdnr. 32.

[81] U.a. *Spindler/Horvath* in *Spindler/Schuster*, Recht der elektronischen Medien, Art. 25 Rdnr. 13; *Lang* in *Taeger/Gabel*, DSGVO-Kommentar, Art. 25 Rdnr. 79. Auch *Reto/Mantz* in *Sydow*, DSGVO-Kommentar, Art. 25 Rdnr. 73 vertreten die Ansicht, dass die Einhaltung genehmigter Zertifizierungsverfahren ebenso geeignet ist, den Nachweis auf die Umsetzung der in Art. 25 DSGVO genannten Pflichten zu erbringen.

kann – mit Geldbußen von bis zu 20.000.000 Euro oder im Fall eines Unternehmens von bis zu 4 % seines gesamten weltweit erzielten Jahresumsatzes des vorangegangenen Geschäftsjahrs.[82]

Sowohl bei Verstößen gegen Art. 25 DSGVO als auch bei Verstößen gegen Art. 5 DSGVO ist jedoch zu vermuten, dass die Vielzahl unbestimmter Rechtsbegriffe zum einen und die Vielzahl an Abwägungskriterien zum anderen (insb. in Bezug auf die Umsetzung der Pflichten aus Art. 25 Abs. 1 DSGVO) zu Nachweisschwierigkeiten eines Verstoßes führen können. Es ist daher davon auszugehen, dass einer Sanktionierung häufig eine Anordnung der zuständigen Aufsichtsbehörde vorangehen wird, welche die Pflichten aus Art. 5, 25 DSGVO konkretisiert.[83]

Art. 83 Abs. 2 DSGVO nennt den Grad der Verantwortung des Verantwortlichen oder des Auftragsverarbeiters unter Berücksichtigung der von ihnen gemäß den Art. 25, 32 DSGVO getroffenen technischen und organisatorischen Maßnahmen als zu berücksichtigenden Umstand bei der Entscheidung über die Verhängung einer Geldbuße und über deren Betrag.

2.4   Sicherheit der Verarbeitung

Personenbezogene Daten bedürfen Maßnahmen der Datensicherheit. Diese Sicherheit wird durch technische und organisatorische Schutzmaßnahmen gewährleistet und soll die betroffenen Personen vor jeglicher unrechtmäßigen Verarbeitung ihrer personenbezogenen Daten schützen. Durch die Verpflichtung zum Treffen technischer und organisatorischer Schutzmaßnahmen stellt der Europäische Gesetzgeber klar, dass die Umsetzung von Anforderungen der rechtlichen Zulässigkeit der Datenverarbeitung (insbesondere Art. 5, 6 DSGVO) grundsätzlich nicht ausreicht, um die Rechte und Freiheiten der betroffenen Personen ausreichend zu schützen.[84] Andererseits reicht es auch nicht aus, nur technische und organisatorische Schutzmaßnahmen umzusetzen und auf die rechtliche Zulässigkeitsprüfung der Datenverarbeitung zu verzichten. Ein umfassender Schutz der Rechte und Freiheiten der betroffenen Personen in Bezug auf die Verarbeitung deren personenbezogenen Daten setzt regelmäßig sowohl eine rechtliche als auch eine technisch-organisatorische Betrachtung voraus.

---

[82] *Spindler/Horvath* in *Spindler/Schuster*, Recht der elektronischen Medien, Art. 25 Rdnr. 14; *Hartung* in *Kühling/Buchner*, DSGVO-Kommentar, Art. 25 Rdnr. 31.

[83] *Hartung* in *Kühling/Buchner*, DSGVO-Kommentar, Art. 25 Rdnr. 31.

[84] *Piltz* in *Gola*, DSGVO-Kommentar, Art. 32 Rdnr. 1.

Art. 32 DSGVO regelt die Kernelemente der Datensicherheit, die es bei
der Verarbeitung personenbezogener Daten umzusetzen gilt, und gibt somit die
„regulatorischen Leitplanken"[85] für die Umsetzung technischer und organisatorischer Schutzmaßnahmen vor, indem er Auswahlkriterien, Zielsetzungen von
Schutzmaßnahmen, vereinzelte konkrete Schutzmaßnahmen und Kriterien zur
Beurteilung des Risikos der Datenverarbeitung benennt.[86]

Wie bereits die Art. 24, 25 DSGVO ist Art. 32 DSGVO eine Ausprägung des
risikobasierten Ansatzes der DSGVO. Er hängt eng mit dem in Art. 25 DSGVO
geregelten Datenschutz durch Technikgestaltung zusammen.[87]

2.4.1 Adressat der Verpflichtungen

Art. 32 DSGVO verpflichtet sowohl den Verantwortlichen als auch den Auftragsverarbeiter unmittelbar zur Umsetzung von Schutzmaßnahmen, die während
der Verarbeitung personenbezogener Daten die Sicherheit gewährleisten. Die Verantwortlichkeit für die Sicherheit der Datenverarbeitung erstreckt sich somit bei
einer Datenverarbeitung durch einen Auftragsverarbeiter – im Gegensatz zur
Verantwortlichkeit für die grundsätzliche Zulässigkeit einer Datenverarbeitung
bei einer Auftragsverarbeitung, die allein beim Verantwortlichen liegt – auch
auf den Auftragsverarbeiter.[88] Der Verantwortliche und der Auftragsverarbeiter
sind in Bezug auf das Treffen von Schutzmaßnahmen unabhängig voneinander zu der Umsetzung verpflichtet. Der Verantwortliche soll also seine Pflicht
zum Treffen von Schutzmaßnahmen gerade nicht vollständig an seine(n) Auftragsverarbeiter übertragen können.[89] Auch wenn ein Verantwortlicher mehrere
Auftragsverarbeiter einsetzt, die einen Großteil der Datenverarbeitung für den
Verantwortlichen durchführen, so wird der Verantwortliche doch i. d. R. trotzdem
auch selbst zumindest einen kleinen Teil der Datenverarbeitung selbst durchführen und ist für diese zur Umsetzung von Schutzmaßnahmen verpflichtet. Ein
Beispiel hierfür wäre, dass der Verantwortliche die personenbezogenen Daten

---

[85] *Piltz* in *Gola*, DSGVO-Kommentar, Art. 32 Rdnr. 3.

[86] *Jandt* in *Kühling/Buchner*, DSGVO-Kommentar, Art. 32 Rdnr. 3; *Selzer*, EDPL 2021, 120
(120 f.).

[87] *Spindler/Horvath* in *Spindler/Schuster*, Recht der elektronischen Medien, Art. 25 Rdnr.
2 ff.; *Reto/Mantz* in *Sydow*, DSGVO-Kommentar, Art. 25 Rdnr. 6. S. hierzu auch das vorherige Unterkapitel zu Art. 25 DSGVO.

[88] *Jandt* in *Kühling/Buchner*, DSGVO-Kommentar, Art. 32 Rdnr. 4.

[89] *Martini* in *Paal/Pauly*, DSGVO-Kommentar, Art. 32 Rdnr. 27; *Piltz* in *Gola*, DSGVO-
Kommentar, Art. 32 Rdnr. 7.

seiner Kunden häufig selbst erhebt (und nicht von seinem Auftragsverarbeiter erheben lässt) und sodann zur weiteren Verarbeitung an seinen Auftragsverarbeiter weitergibt. Der Verantwortliche hat für die Zeit ab Erhebung bis hin zur Übertragung an den Auftragsverarbeiter technische und organisatorische Schutzmaßnahmen zu treffen. Sofern die Datenübertragung zum Auftragsverarbeiter nicht bereits Teil der Auftragsverarbeitung ist, gilt dies auch für die Datenübertragung zum Auftragsverarbeiter selbst. Gleiches gilt für technische und organisatorische Schutzmaßnahmen für die Daten, parallel zur Datenverarbeitung durch den Auftragsverarbeiter, sofern der Verantwortliche auch während der Verarbeitung durch den Auftragsverarbeiter selbst Sicherungskopien der Daten verarbeitet.

Die Wichtigkeit des Treffens technischer und organisatorischer Schutzmaßnahmen durch den Auftragsverarbeiter ergibt sich bereits aus Art. 28 Abs. 1 DSGVO. Dort ist normiert, dass der Verantwortliche nur mit Auftragsverarbeitern arbeiten darf, die hinreichend Garantien dafür bieten, dass geeignete technische und organisatorische Maßnahmen so durchgeführt werden, dass die Verarbeitung im Einklang mit den Anforderungen der DSGVO erfolgt. Zusätzlich normiert Art. 28 Abs. 3 DSGVO die Pflicht zum Abschluss eines Auftragsverarbeitungsvertrages, der u. a. auch vorsehen muss, dass der Auftragsverarbeiter alle gem. Art. 32 DSGVO erforderlichen Maßnahmen ergreift. I. d. R. enthält der Auftragsverarbeitungsvertrag eine Auflistung aller durch den Auftragsverarbeiter getroffenen technischen und organisatorischen Schutzmaßnahmen.

Ähnlich wie bereits für Art. 25 DSGVO dargestellt, sind Software- und Gerätehersteller nicht Normadressat des Art. 32 DSGVO. Dies gilt jedoch nur sofern sie nicht neben ihrer Rolle als Software- oder Gerätehersteller auch als Verantwortlicher und/oder Auftragsverarbeiter agieren.[90]

2.4.2   Relevante Regelungen im Überblick

Art. 32 DSGVO regelt die Pflichten zum Treffen angemessener technischer und organisatorischer Schutzmaßnahmen zur Erreichung der Datensicherheit während der Datenverarbeitung sowie zum Ergreifen von Schritten, die sicherstellen, dass die Mitarbeiter des Datenverarbeiters personenbezogene Daten nur auf Anweisung des Verantwortlichen verarbeiten. Die Einhaltung genehmigter Verhaltensregeln und genehmigte Zertifizierungsverfahren können als Faktor herangezogen

---

[90] *Martini* in *Paal/Pauly*, DSGVO-Kommentar, Art. 32 Rdnr. 27.

werden, um die Erfüllung der Pflicht zur Umsetzung von Schutzmaßnahmen nachzuweisen.

2.4.2.1 Pflicht zum Treffen technischer und organisatorischer Maßnahmen

Die Pflicht zum Treffen technischer und organisatorischer Maßnahmen bezieht sich auf den gesamten Lebenszyklus der Datenverarbeitung, also von der Erhebung, über die Verarbeitung im Wirkbetrieb bis hin zur Löschung oder Vernichtung der Daten. Die Gestaltung der technischen und organisatorischen Schutzmaßnahmen ist so vorzunehmen, dass die in Art. 5 DSGVO genannten Datenschutz-Grundsätze umgesetzt werden – wie u. a. die Datenminimierung, die Speicherbegrenzung sowie die Vertraulichkeit und Integrität. Hierbei ist zu betonen, dass es nicht immer eine bestimmte, isoliert zu betrachtende Schutzmaßnahme geben wird, die jeweils (nur) einen der Datenschutz-Grundsätze umsetzen wird.[91] Vielmehr handelt es sich bei den zu implementierenden Schutzmaßnahmen um ein Maßnahmenbündel, bei dem häufig mehrere Maßnahmen zusammenwirken, um einen der Datenschutz-Grundsätze umzusetzen, aber auch einzelne Maßnahmen für die teilweise oder sogar vollständige Umsetzung mehrerer der Datenschutz-Grundsätze Sorge tragen. In ihrer Gesamtheit sorgt das Maßnahmenbündel sodann für die vollständige Umsetzung der Datenschutz-Grundsätze.

Genau wie Art. 25 Abs. 1 DSGVO nennt Art. 32 Abs. 1 den Stand der Technik, die Implementierungskosten und die Art, den Umfang, die Umstände und die Zwecke der Verarbeitung sowie die unterschiedliche Eintrittswahrscheinlichkeit und Schwere der mit der Verarbeitung verbundenen Risiken für die Rechte und Freiheiten natürlicher Personen als Abwägungskriterien. Gem. Art. 32 Abs. 2 DSGVO sind bei der Beurteilung des angemessenen Schutzniveaus zudem insbesondere die Risiken zu berücksichtigen, die mit der Verarbeitung verbunden sind.

2.4.2.2 Maßnahmenkatalog

Der Europäische Gesetzgeber verpflichtet den Verantwortlichen und Auftragsverarbeiter über Art. 32 DSGVO nicht zur Umsetzung konkreter Schutzmaßnahmen, was der Technikneutralität der DSGVO entspricht und dem Verantwortlichen und Auftragsverarbeiter einen großen Gestaltungsspielraum gewährt, der wiederum häufig zur Rechtsunsicherheit führt. Um dem Verantwortlichen und

---

[91] *Jandt* in *Kühling/Buchner*, DSGVO-Kommentar, Art. 32 Rdnr. 5; *Selzer*, EDPL 2021, 120 (121).

Auftragsverarbeiter daher zumindest eine grobe Orientierung über mögliche Schutzmaßnahmen zu geben, enthält Art. 32 Abs. 1 2. HS DSGVO einen kurzen Maßnahmenkatalog. Die dort genannten Schutzmaßnahmen weisen einen sehr unterschiedlichen Grad an technischer Eindeutigkeit auf: einige der genannten Maßnahmen stellen konkrete technische Schutzmaßnahmen dar, die sich unmittelbar technisch umsetzen lassen, während es sich bei anderen genannten Maßnahmen eher um eine Auflistung von abstrakt formulierten Datensicherheitszielen handelt, die sich weder organisatorisch noch technisch unmittelbar umsetzen lassen.[92]

Die deutsche Übersetzung spricht im Zusammenhang mit diesem Maßnahmen- bzw. Zielkatalogs von Maßnahmen, die „gegebenenfalls unter anderen Folgendes" einschließen. Diese Übersetzung ist in Bezug auf das „gegebenenfalls" etwas unglücklich ausgefallen. Im Englischen heißt es anstatt dessen „as appropriate", was deutlicher aufzeigt, dass es sich bei dem Maßnahmen- bzw. Zielkatalog um eine Auflistung möglicher Schutzmaßnahmen handelt, deren Umsetzung immer vom konkreten Verarbeitungskontext abhängig sein wird und sich an der Frage der Angemessenheit messen lassen muss.[93] Auch ist der Maßnahmen- bzw. Zielkatalog lediglich beispielhaft und enthält somit ausdrücklich keine abschließende Auflistung aller Schutzmaßnahmen und Datensicherheitsziele. Insofern soll der Katalog nicht den Eindruck erwecken, dass die Umsetzung der dort genannten Maßnahmen und Ziele abschließend dem höchstmöglichen Risiko bzw. dem höchstmöglichen Schutzbedarf begegnen.[94]

2.4.2.2.1 Pseudonymisierung und Verschlüsselung

Als konkret umsetzbare technische Schutzmaßnahmen benennt Art. 32 Abs. 1 2. HS lit. a DSGVO zunächst die Pseudonymisierung und Verschlüsselung personenbezogener Daten.

Die Pseudonymisierung ist in Art. 4 Nr. 5 DSGVO legaldefiniert. Demnach ist die Pseudonymisierung die Verarbeitung personenbezogener Daten in einer Weise, dass die personenbezogenen Daten ohne Hinzuziehung zusätzlicher Informationen nicht mehr einer spezifischen betroffenen Person zugeordnet werden können, sofern diese zusätzlichen Informationen gesondert aufbewahrt werden und technischen und organisatorischen Maßnahmen unterliegen, die

---

[92] *Jandt* in *Kühling/Buchner*, DSGVO-Kommentar, Art. 32 Rdnr. 16 vergleicht diese abstrakten Formulierungen mit einem Pflichtenheft, wie es „für die IT-System und Software-Entwicklung" geführt wird; *Selzer*, EDPL 2021, 120 (121).

[93] *Piltz* in *Gola*, DSGVO-Kommentar, Art. 32 Rdnr. 23 f.; *Martini* in *Paal/Pauly*, DSGVO-Kommentar, Art. 32 Rdnr. 31.

[94] *Jandt* in *Kühling/Buchner*, DSGVO-Kommentar, Art. 32 Rdnr. 14.

gewährleisten, dass die personenbezogenen Daten nicht einer identifizierten oder identifizierbaren natürlichen Person zugewiesen werden.

Ein Beispiel für eine Anwendung der Pseudonymisierung wäre es, wenn in einem Krankenhaus die Krankheitssymptome von Patienten, die an einer bestimmten Krankheit leiden, für Forschungszwecke unter einem Pseudonym gespeichert und verarbeitet werden. Um sicherzustellen, dass die Patienten unmittelbar von den Forschungsergebnissen profitieren können, ist die Zuordnung zwischen den unter den Pseudonymen gespeicherten Daten und den direkten Identifikatoren des Patienten zwar grundsätzlich möglich, aber in dem Krankenhaus technisch und/oder organisatorisch getrennt aufbewahrt. Möglich wäre z. B., dass die Forscher selbst keinen Zugriff auf personenidentifizierende Daten erhalten, sondern nur die Ärzte, die die Patienten im Wirkbetrieb behandeln. Stellen die Forscher dann z. B. fest, dass allen Patienten mit dem Symptom X durch die Gabe des Medikaments Y geholfen werden kann, so haben die behandelnden Ärzte, nicht aber die Forscher selbst die Möglichkeit, die Patienten zu kontaktieren und ihnen durch die neuen Erkenntnisse zu helfen. Die Trennung zwischen den beiden Datensätzen ist in vielerlei Weise denkbar. Der wohl stärkste Trennungsgrad würde durch eine Trennung auf Hardwareebene erreicht werden. Durch ein entsprechendes Zugriffsberechtigungskonzept, das technisch z. B. mit Hilfe individueller Benutzernamen und –passworte durchgesetzt wird, kann die Trennung aber auch durchaus auf Softwareebene effektiv umgesetzt werden (Abbildung 2.2).

Pseudonym	Symptome
Patient 1	Kopfschmerzen
Patient 2	Fieber
Patient 3	Fieber, Schwindel
Patient 4	Schwindel
Patient 5	Kopfschmerzen, Fieber

Pseudonym	Zuordnung
Patient 1	Hans Schmitt
Patient 2	Gerda Fischer
Patient 3	Walter Müller
Patient 4	Uta Schmidt
Patient 5	Anna Gerhardt

Technisch-organisatorische Trennung
zw. Pseudonymen und der Zuordnung

Abbildung 2.2 Umsetzungsbeispiel einer Pseudonymisierung

Bei der Pseudonymisierung ist zu unterscheiden, wie lange dieses genutzt wird. Unterschieden wird zwischen Kurz- und Langzeitpseudonymen. Obwohl es sich bei einem Kurzzeitpseudonym grundsätzlich um die datenschutzfreundlichere Alternative handelt, da kein Langzeitprofil zu einer Person entstehen kann, können auch Langzeitpseudonyme mit Vorteilen für die betroffene Person verbunden sein, z. B. im Rahmen einer Langzeitbegleitung von Patienten im Rahmen einer Studie, mit Hilfe derer neue Behandlungsmöglichkeiten aufgezeigt werden sollen.

Die Verschlüsselung ist nicht in der DSGVO legaldefiniert. Durch die Verschlüsselung soll ein Text bzw. eine Information vor unbefugten Zugriffen geschützt werden. Der Schlüssel ist das zentrale Element der Ver- und Entschlüsselung. Er ist eine Information, durch die implizit festlegt wird, mit welchem Algorithmus ein Text ver- bzw. entschlüsselt wird.

Mit Hilfe eines Schlüssels kann ein gewöhnlicher Text, der als Klartext bezeichnet wird, in einen Text umgewandelt werden, der ohne Zuhilfenahme des Schlüssels nicht mehr verständlich ist. Dieser Text – also das Ergebnis der Verschlüsselung – wird als Chiffre- oder Geheimtext bezeichnet.

> **Bsp.:**
> *Schlüssel: Zur Verschlüsselung soll jeder Buchstabe des Alphabets um + 2 Stellen verschoben werden.*[95]
> *Klartext: Test*
> *Geheimtext: Vguv*

---

[95] Das Verschieben von Buchstaben des Alphabets um plus oder minus n Stellen ist eine der ältesten bekannten Verschlüsselungsmethoden und gilt heute nicht mehr als sicher, da es möglich ist, den verschlüsselten Text durch Ausprobieren in den Klartext umzuwandeln. Da dies jedoch sehr anschaulich ist, soll es hier als Beispiel dienen.

Nach dem gleichen Prinzip ist wiederum auch die Entschlüsselung eines Textes möglich. Hier wird der Schlüssel dazu eingesetzt, den Geheimtext in den Klartext zurückzuverwandeln.

> ***Bsp.:***
> *Schlüssel: Zur Entschlüsselung soll jeder Buchstabe des Alphabets um – 2 Stellen verschoben werden.*
> *Geheimtext: Vguv*
> *Klartext: Test*

Eine Verschlüsselung wie im Beispiel dargestellt wird als symmetrische Verschlüsselung bezeichnet, da sowohl für die Ver- als auch für die Entschlüsselung sinngemäß der gleiche Schlüssel – im Beispielfall die Verschiebung um 2 Stellen – verwendet wird. Der verwendete Schlüssel ist geheim zu halten und darf nur dem Sender und dem Empfänger bekannt sein.

Dem gegenüber verwenden asymmetrische Verschlüsselungsverfahren Schlüsselpaare, bestehend aus einem öffentlichen Schlüssel zur Verschlüsselung, der vom Schlüsseleigentümer veröffentlicht werden kann bzw. sogar veröffentlich werden sollte, und einem privaten Schlüssel zur Entschlüsselung, der vom Schlüsseleigentümer geheim zu halten ist. Hierdurch muss zwischen Sender und Empfänger kein geheimer Schlüssel ausgetauscht werden, es muss jedoch sichergestellt werden, dass der verwendete öffentliche Schlüssel zweifellos dem Empfänger zugeordnet werden kann.[96]

Symmetrische Verschlüsselungsverfahren sind wesentlich schneller als asymmetrische Verfahren und werden deshalb insbesondere bei großen zu verschlüsselnden Datenmengen genutzt. Durch den Umstand, dass Sender und Empfänger den geheimen Schlüssel austauschen müssen, bergen sie jedoch ein inhärentes Sicherheitsrisiko. In der Praxis werden deshalb oft beide Verschlüsselungsarten zum so genannten hybriden Verfahren kombiniert. Bei einer hybriden Verschlüsselung werden die eigentlichen Daten mit einem symmetrischen Schlüssel

---

[96] *Hansen in Simitis/Hornung/Spiecker*, DSGVO Kommentar, Art. 32 Rdnr. 35; *Wobst*, Verschlüsselungsverfahren und ihre Anwendungen, über: http://www.heise.de/security/artikel/ Harte-Nuesse-Verschluesselungsverfahren-und-ihre-Anwendungen-270266.html; *Eckert*, IT-Sicherheit, S. 157.

verschlüsselt. Der Schlüssel wiederum wird mit dem öffentlichen Schlüssel des Empfängers asymmetrisch verschlüsselt.[97]

Zu den typischen Anwendungsfällen von Verschlüsselung zählen u. a. die (reine) Transportverschlüsselung, die Ende-zu-Ende-Verschlüsselung z. B. in Form einer E-Mail-Verschlüsselung, die verschlüsselte Ablage personenbezogener Daten in Datenbanken sowie die Verschlüsselung von Hardwarekomponenten wie z. B. USB-Sticks und ganzen Festplatten. Welche Verschlüsselungsverfahren und deren Konfigurationen – z. B. in Bezug auf die Schlüssellänge – dem Stand der Technik entsprechen, veröffentlicht das Bundesamt für Sicherheit in der Informationstechnik (BSI).[98]

Anders als die Pseudonymisierung und die Verschlüsselung führt die Anonymisierung (ehemals) personenbezogener Daten dazu, dass die anonymisierten Daten weder direkt noch indirekt einer natürlichen Person zuordbar sind. Konsequenterweise nennt Art. 32 Abs. 1 DSGVO die Anonymisierung nicht als technische und organisatorische Schutzmaßnahme: anonyme Daten stellen das genaue Gegenteil personenbezogener Daten dar, so dass datenschutzrechtliche Vorschriften auf anonyme Daten keine Anwendung finden.[99]

2.4.2.2.2 Vertraulichkeit, Integrität, Verfügbarkeit und Belastbarkeit von Systemen und Diensten

Teil des Beispielkatalogs sind gem. Art. 32 Abs. 1 2. HS lit. b DSGVO auch Maßnahmen, die die Fähigkeit haben, die Vertraulichkeit, Integrität, Verfügbarkeit und Belastbarkeit der Systeme und Dienste im Zusammenhang mit der Verarbeitung auf Dauer sicherzustellen. Die Vertraulichkeit, Integrität, Verfügbarkeit und Belastbarkeit sind Grundbedingungen der Datensicherheit. Sie umfassen sowohl die Hard- und Software als auch die Netzwerkkomponenten und beziehen sich daher auf das Verarbeitungssystem in seiner Gesamtheit.[100] Die Vertraulichkeit, Integrität und Verfügbarkeit bilden die primären IT-Schutzziele.[101]

---

[97] Der gesamte vorstehende Text zur Verschlüsselung ist ein Direktzitat aus *Selzer*, Datenschutzrechtliche Zulässigkeit von Cloud-Computing-Services und deren teilautomatisierte Überprüfbarkeit, S. 18–20.

[98] *Reto/Mantz* in *Sydow*, DSGVO-Kommentar, Art. 32 Rdnr. 11. Die Informationen zum Stand der Technik von Verschlüsselungsverfahren sind auf der Webseite des BSI zu finden: https://www.bsi.bund.de/DE/Home/home_node.html.

[99] *Reto/Mantz* in *Sydow*, DSGVO-Kommentar, Art. 32 Rdnr. 13.

[100] *Jandt* in *Kühling/Buchner*, DSGVO-Kommentar, Art. 32 Rdnr. 22.

[101] *Eckert*, IT-Sicherheit, S. 7 ff.; *Tinnefeld/Buchner/Petri/Hof*, Einführung in das Datenschutzrecht. Datenschutz und Informationsfreiheit in europäischer Sicht, S. 501 ff.; *Schmieder* in *Forgó/Helfrich/Schneider*, Betrieblicher Datenschutz, Kap. 2, Rdnr. 26.

Der <u>Vertraulichkeitsschutz personenbezogener Daten</u> meint den Schutz vor unbefugter Kenntnisnahme und damit einhergehender unrechtmäßiger Verarbeitung dieser Daten. Insofern muss der Verantwortliche sicherstellen, dass Unbefugte keinen Zugang zu personenbezogenen Daten erhalten. Sie dürfen weder die Geräte, mit deren Hilfe die Daten verarbeitet werden, noch die Daten selbst benutzen können.[102] Schutzmaßnahmen umfassen u. a. die Zutritts- und Übermittlungskontrolle.

Das Ziel der Zutrittskontrolle ist es, unberechtigten Personen den physischen Zutritt zu personenbezogenen Daten zu verwehren. Bei den unberechtigten Personen kann es sich zum einen um unberechtigte Dritte, also unternehmensexterne Personen, und zum anderen um unberechtigte Mitarbeiter handeln, die z. B. keine Berechtigung haben, Personaldaten einzusehen. Häufig wird das Ziel durch ein Maßnahmenbündel erreicht, zu dem u. a. folgende Einzelmaßnahmen zählen können:

- Umsetzen eines Sichtschutzes in relevanten Räumen (je nach konkretem Anwendungsfall z. B. durch abgedunkelte Fenster und Sichtblenden),
- Erstellen eines Zutrittsberechtigungskonzepts,
- Installation eines schwer überwindbaren Zauns um das Betriebsgelände, ggf. nach oben hin mit Stacheldraht abgesichert,
- Installation einer Videoanlage zur Überwachung der Zutritte zum Betriebsgelände und/oder den Betriebsgebäuden,
- Installation einer Alarmanlage (ggf. mit Anbindung an einen Wachdienst),
- Installation von Bewegungssensoren,
- Einsatz eines Wachdienstes zu den Betriebszeiten,
- Einsatz eines Wachdienstes außerhalb der Betriebszeiten,
- Führen eines Besucherbuchs,
- Installation spezieller Sicherheitsschlösser (ggf. mit Biometriedaten) an Zugängen zu Räumen, in denen eine Vielzahl personenbezogener Daten verarbeitet wird, wie z. B. Serverräumen und Räumen der Personalstelle und des Kundenmanagements des Unternehmens,
- Einrichten von Schutzzonen im Gebäude.[103]

---

[102] *Schantz* in *Wolff/Brink*, Datenschutzrecht-Kommentar, Art. 5 Rdnr. 35; *Heberlein* in *Ehmann/Selmayr*, DSGVO-Kommentar, Art. 5 Rdnr. 28; Erwgr. 39 DSGVO; *Overkamp* in *Weth/Herberger/Wächter/Sorge*, Daten- und Persönlichkeitsschutz im Arbeitsverhältnis, Art. 32 Rdnr. 19.

[103] *Overkamp/Overkamp* in *Weth/Herberger/Wächter/Sorge*, Daten- und Persönlichkeitsschutz im Arbeitsverhältnis, Art. 32 Rdnr. 20–22.

Die Übermittlungskontrolle bezweckt, dass personenbezogene Daten während der elektronischen Übermittlung durch unberechtigte Kenntnisnahme (durch unberechtigte Mitarbeiter oder unberechtigte Externe) geschützt werden. Auch sie wird in der Regel durch ein Maßnahmenbündel umgesetzt, zu dem u. a. folgende Maßnahmen zählen können:

- Einsatz von E-Mail-Verschlüsselung (als eigen betriebene Public Key Infrastructure [PKI] mit oder ohne externe Validierung oder auf Basis extern ausgestellter Zertifikate),
- Umsetzung eines Passwortschutzes für Dokumente unter separatem Versand des Passwortes,
- Transportverschlüsselung mittels „https" auf Webseiten,
- Einsatz eines Virtual Private Networks (VPN).[104]

Der <u>Integritätsschutz personenbezogener Daten</u> meint den Schutz gegen jegliche Form der (unerkannten) Veränderung und Manipulation der Daten – und soll also dafür Sorge tragen, dass Änderungen an personenbezogenen Daten nachvollziehbar werden. U.a. schützen Antivirenscanner und digitale Signaturen gegen Angriffe auf die Datenintegrität.[105]

Ein Virus im informatischen Sinne ist eine Befehlsfolge, die zur Ausführung der Befehle eine Wirtsdatei benötigt, sich selbst reproduzieren und verbreiten kann. Als Wirtsdatei kommen u. a. ein Computerprogramm oder ein elektronisches Dokument in Frage, in das der Virus seine Befehlsfolge „einnnistet". Wenn der Computernutzer die Wirtsdatei startet, wird auch die Befehlsfolge des Virus ausgeführt, die i. d. R. eine Schadfunktion beinhaltet, der z. B. zum Verlust oder der Manipulation von Daten sowie zu Beschädigungen von Soft- oder Hardware führen kann. Computerviren gehören zu der Gruppe der sogenannten Malware, zu denen u. a. auch Würmer und Trojaner zählen.[106]

Ein Antivirenscanner ist eine Schutzmaßnahme gegen den Virenbefall des Computers. Er stellt die am häufigsten eingesetzte Schutzmaßnahme gegen Computerviren dar. Ein Antivirenscanner basiert auf dem Umstand, dass bekannte Viren z. B. an ihrer Codesequenz wiedererkennbar sind. Ein Antivirenscanner verwaltet eine umfangreiche Datenbank mit Wiedererkennungsmerkmalen

---

[104] *Eckert,* IT-Sicherheit, S. 383 f., 747 f.; *Schmieder* in *Forgó/Helfrich/Schneider*, Betrieblicher Datenschutz, Kap. 2, Rdnr. 70 f.

[105] *Jandt* in *Kühling/Buchner*, DSGVO-Kommentar, Art. 32 Rdnr. 24.

[106] *Eckert*, IT-Sicherheit, S. 54–57.

bereits bekannter Viren. Zudem enthält ein Antivirenscanner die Informationen darüber, welche Dateitypen auf Viren überprüft werden müssen, um das Verarbeitungssystem vor Viren zu schützen. Auf dieser Basis führt der Antivirenscanner umfangreiche Untersuchungen auf dem Verarbeitungssystem durch, in dem er die relevanten Dateisysteme auf bereits bekannte Viren hin scannt und den Systemnutzer im Falle eines Virusfundes benachrichtigt.

Da ein Antivirenscanner primär nach bereits bekannten Viren sucht, ist er weitestgehend ungeeignet, um neuartige Viren und/oder mutierte Viren aufzuspüren. Auch wenn Antivirenscanner regelmäßig Informationen zu neuen Viren erhalten, um auch diese aufspüren zu können, ist der Schutzumfang eines Antivirenscanners daher begrenzt. I. d. R. werden Antivirenscanner daher – insbesondere im beruflichen Kontext – mit ergänzenden Schutzmaßnahmen zur Abwehr von Viren und anderer Malware kombiniert. Hierzu können u. a. die Beschränkung der Schreibrechte von Computerprogrammen und das Verschlüsseln gespeicherter Computerprogramme als präventive Maßnahmen zählen.[107]

Bei einer digitalen Signatur handelt es sich um eine Zeichenkette, mit deren Hilfe die Urheberschaft[108] einer Nachricht einerseits sowie die Integrität einer Nachricht andererseits zweifelsfrei nachweisbar wird.

Die digitale Signatur wird i. d. R. mit Hilfe eines asymmetrischen Kryptosystems erzeugt. Für die Erstellung und Prüfung einer digitalen Signatur gibt es ein zusammengehöriges Schlüsselpaar. Dieses besteht aus einem geheimem Signatur- und einem öffentlichem Prüfschlüssel.

Der öffentliche Prüfschlüssel ist i. d. R. über ein persönliches, digitales Zertifikat eindeutig einem digital signierenden Urheber zugeordnet, so dass der Urheber seine „Zugehörigkeit" zu der digitalen Signatur nicht abstreiten kann. Eine sichere digitale Signatur ist nur in Verbindung mit den signierten Originaldaten gültig und darf nicht wiederverwendbar sein, d. h. nicht als Signatur eines anderen Dokuments ausgegeben werden können. Eine sichere digitale Signatur macht darüber hinaus erkennbar, wenn signierte Daten nach der digitalen Signatur verändert wurden. Die digitale Signatur bildet somit das digitale Gegenstück zu einer handschriftlich erteilten Unterschrift.

Der Absender einer Nachricht signiert das digitale Dokument mit seinem geheimen Signaturschlüssel. Jeder, der im Besitz des zugehörigen öffentlichen Signaturschlüssels ist, kann die digitale Signatur sodann prüfen. Die digitale

---

[107] *Eckert*, IT-Sicherheit, S. 63 f.

[108] Die Urheberschaft kann hierbei entweder einer natürlichen oder einer juristischen Person zuordenbar sein.

Signatur erfolgt dadurch, dass an die Nachricht eine verschlüsselte „Kurzfassung" der Nachricht angehängt wird, die mittels des geheimen Signaturschlüssels errechnet wird. Diese „Kurzfassung" entschlüsselt der Empfänger der Nachricht sodann mit dem öffentlichen Signaturschlüssel des Senders.[109] Sofern die entschlüsselte „Kurzfassung" der Nachricht sowie die empfangene Nachricht übereinstimmen, ist die Unveränderbarkeit der Nachricht bewiesen. Der eindeutige Nachweis der Urheberschaft der Nachricht basiert auf einer Authentifizierung des Senders gegenüber einer Zertifizierungsstelle, z. B. dadurch, dass er einmalig bei der Zertifizierungsstelle persönlich vorstellig wird und einen amtlichen Lichtbildausweis vorlegt sowie Angaben zu seiner E-Mail-Adresse macht, auf die sich das Signaturschlüsselpaar beziehen soll.[110]

Zum Schutz der Vertraulichkeit und Integrität ist auch der kombinierte Einsatz von Signaturverfahren und Verschlüsselungsverfahren möglich. Die kombinierte Anwendung von Signatur- und Verschlüsselungsverfahren ist „das digitale Gegenstück zum Versenden eines unterschriebenen Briefes in einem Umschlag."[111] Aus rechtlicher Sicht ist darauf zu achten, dass die Daten (solange sie noch im Klartext vorliegen und dadurch vom Unterzeichner lesbar sind) zuerst signiert – und nicht zuerst verschlüsselt – werden.[112]

Der <u>Verfügbarkeitsschutz personenbezogener Daten</u> meint den (jederzeitigen) Schutz vor Störungen in der Nutzungsmöglichkeit der Daten. Insbesondere soll auch vor zufälliger Zerstörung personenbezogener Daten geschützt werden. Zu den Schutzmaßnahmen zählen u. a. Brandschutzmaßnahmen und die Umsetzung eines Backupkonzepts.[113]

Brandschutzmaßnahmen sollen sicherstellen, dass personenbezogene Daten nicht durch einen zufällig entstandenen oder mutwillig herbeigeführten Brand ganz oder vollständig zerstört werden. Auch zur Umsetzung eines ganzheitlichen Brandschutzes ist i. d. R. die Umsetzung eines Maßnahmenbündels erforderlich, zu dem u. a. folgende Einzelmaßnahmen zählen können:

- Einrichten von Brandschutzbereichen,
- Abtrennen der einzelnen Brandschutzbereiche durch feuerfeste Türen,

---

[109] Der öffentliche Schlüssel des Senders kann durch die Informationen der Signatur ermittelt werden.

[110] Geis, NJW 1997, 3000 (3001).

[111] *Eckert*, IT-Sicherheit, S. 384.

[112] Für die Kurzbeschreibung der digitalen Signatur: *Eckert*, IT-Sicherheit, S. 380 ff.

[113] *Jandt* in *Kühling/Buchner*, DSGVO-Kommentar, Art. 32 Rdnr. 25.

– Vorhalten einer ausreichenden Zahl an Feuerlöschern, die die Hardware, auf denen die personenbezogenen Daten gespeichert werden, im Falle eines Feuerlöschens nicht unbrauchbar machen,[114]
– Schulung des relevanten Personals im Umgang mit einem Feuer,
– Einsatz einer Löschanlage,
– Einsatz von Rauchmeldern, Feuermeldern, Überhitzungsmeldern.[115]

Die Umsetzung eines Backupkonzepts soll sicherstellen, dass sämtliche bei einem Verantwortlichen oder Auftragsverarbeiter verarbeitete personenbezogene Daten auch dann dauerhaft verfügbar gehalten werden können, wenn die im Wirkbetrieb verarbeiteten Daten einer vollständigen oder teilweisen zufälligen Zerstörung unterlagen. Auch die Umsetzung eines Backupkonzepts erfordert i. d. R. ein Bündel an Schutzmaßnahmen, zu dem u. a. folgende Einzelmaßnahmen gehören können:

– Parallele Speicherung personenbezogener Daten in (mehreren) Clouds,
– Erstellen von Sicherungskopien,
– Vorhalten eines parallellaufenden, vollständigen oder partiellen Ersatzsystems,
– Getrennte Aufbewahrung der Sicherungskopien und Originaldaten (je nach konkretem Verarbeitungskontext und den örtlichen Gegebenheiten i. d. R. mindestens in unterschiedlichen Brandabschnitten, insbesondere bei Gefahr von Hochwasser und Erdbeben, jedoch besser an einem mehrere Kilometer entfernt liegendem Ort),
– Regelung von Zuständigkeiten sowie Art der Umsetzung (z. B. händisch, teilautomatisiert, vollautomatisiert).[116]

---

[114] Bei der Wahl des Löschmittels gilt es für den Einzelfall dasjenige Löschmittel auszuwählen, dass keine – oder zumindest möglichst wenige – Löschmittelschäden verursachen würde. Für die Nutzung in einem Serverraum sind z. B. Pulverlöscher ungeeignet, weil sie an den Servern hohe, unumkehrbare Schäden hervorrufen können; für die Verwendung in einem Serverraum sind Kohlendioxidlöscher daher i. d. R. deutlich besser geeignet, https://www. didactum-security.com/blog/feuerloescher-fuer-den-edv-und-serverraum.html. Die Auswahl des richtigen Löschmittels erfordert jedoch i. d. R. eine ausführliche Beratung, insbesondere um nicht nur mögliche Schäden an der Hardware zu vermeiden, sondern auch um mögliche lebensgefährliche Wirkungen der Löschmittel auf die löschenden Personen vorzubeugen.

[115] *Overkamp/Overkamp* in *Weth/Herberger/Wächter/Sorge*, Daten- und Persönlichkeitsschutz im Arbeitsverhältnis, Art. 32 Rdnr. 39.

[116] *Jandt* in *Kühling/Buchner*, DSGVO-Kommentar, Art. 32 Rdnr. 25; *Overkamp/Overkamp* in *Weth/Herberger/Wächter/Sorge*, Daten- und Persönlichkeitsschutz im Arbeitsverhältnis, Art. 32 Rdnr. 41.

Das Erstellen von Sicherungskopien kann in drei Varianten erfolgen: Der jeweiligen Vollsicherung (Variante 1 in nachfolgender Abbildung), der Vollsicherung mit nachfolgender differenzieller Sicherung (Variante 2) und die Vollsicherung mit nachfolgenden inkrementellen Sicherungen (Variante 3).

Bei der Variante 1 erfolgt zu jedem Sicherungszeitpunkt[117] eine vollständige Sicherung des gesamten Datenbestandes. Der Vorteil gegenüber der Varianten 2 und 3 ist, dass im Datenverlustfall nur eine Datensicherung in das System eingespielt werden muss, um wieder Zugriff auf den gesamten Datenbestand zu erhalten. Der Nachteil liegt in der Menge an Speicherplatz, der für die Vollsicherung benötigt wird.

Bei der Variante 2 erfolgt nach der initialen Vollsicherung ein Abgleich zwischen der Vollsicherung und den nach der Vollsicherung veränderten oder neu hinzugefügten Daten. Hierbei wird jeweils die Differenz zur letzten Vollsicherung gesichert. Im Vergleich zur Variante 1 wird weniger Speicherplatz benötigt, wohingegen im Datenverlustfall nicht nur die Vollsicherung, sondern auch die letzte differenzielle Sicherung eingespielt werden muss. Zwischen der Vollsicherung und der letzten differenziellen Sicherung besteht beim Einspielen der Sicherung somit eine Abhängigkeit.

Bei der Variante 3 erfolgt nach der initialen Vollsicherung ein Abgleich zwischen der Vollsicherung bzw. den danach erfolgten inkrementellen Sicherungen. Nur die Daten, die nach der Vollsicherung (bei der ersten inkrementellen Sicherung) bzw. nach der letzten inkrementellen Sicherung (ab der zweiten inkrementellen Sicherung) verändert oder neu hinzugefügt wurden, werden gesichert. Im Vergleich mit den Varianten 1 und 2 benötigt die inkrementelle Sicherung am wenigsten Speicherplatz, es entsteht jedoch ein ganzer „Baum" an Sicherungen, die im Datenverlustfall alle in das Wirksystem eingespielt werden müssen, um die Daten vollständig wiederherzustellen. Hierbei besteht eine Abhängigkeit zwischen den einzelnen „Ästen" der Sicherung. Wenn z. B. die zweite inkrementelle Sicherung fehlerhaft ist, können die inkrementellen Sicherungen 3 + i. d. R. auch nicht mehr in das Wirksystem eingespielt werden.

Um bei der differenziellen und insbesondere bei der inkrementellen Sicherung das Risiko durch die Abhängigkeit zur letzten Vollsicherung zu mindern, erfolgt

---

[117] Wie häufig die Sicherungskopien erstellt werden, hängt maßgeblich davon ab, wie viele neue Datensätze beim Verantwortlichen oder Auftragsverarbeiter in einem bestimmten Zeitraum gespeichert werden sollen bzw. wie viele Datensätze in einem bestimmten Zeitraum verändert werden. Je nach Einzelfall kann z. B. das Anfertigen von Sicherungskopien im stündlichen, täglichen oder ggf. auch wöchentlichen Turnus angezeigt sein.

i. d. R. in regelmäßigen Abständen – z. B. monatlich – eine neue Vollsicherung des Datenbestands (Abbildung 2.3).[118]

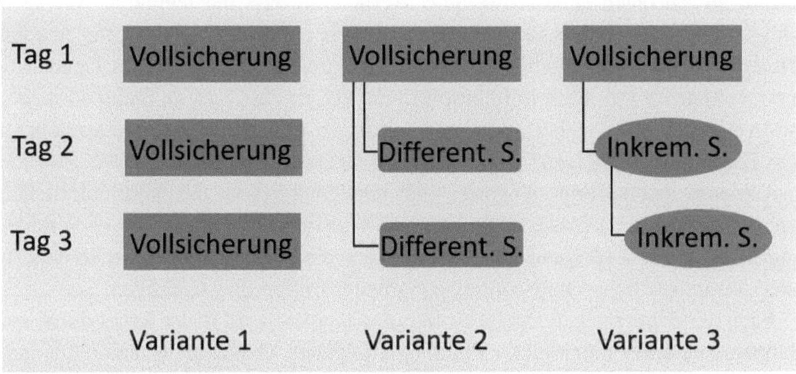

Abbildung 2.3 Varianten der Datensicherung[119]

Die Belastbarkeit eines Systems gehört nicht zu den primären IT-Schutzzielen. Der ursprünglich im englischen Sprachraum geprägte Begriff „Resilience" ist nur schwer unter dem Begriff „Belastbarkeit" zu fassen, weshalb zum Teil vorgeschlagen wird, im Deutschen alternativ von „Resilienz" zu sprechen.[120] Der informatischen Resilienzforschung liegt die Erkenntnis zu Grunde, dass es in Datenverarbeitungssystemen jederzeit zu funktions- oder sicherheitskritischen Zwischenfällen kommen kann und die Verarbeitungssysteme auf diese Zwischenfälle in einer Weise reagieren müssen, die eine möglichst umfassende Aufrechterhaltung ihrer Funktionalitäten ermöglicht. Beispielhafte Schutzmaßnahmen umfassen den Schutz vor Denial-of-Service-Angriffen sowie den Einsatz von Intrusion-Detection-Systemen.[121]

Denial-of-Service-Angriffe (DoS-Angriffe) sind Angriffe, bei denen ein Angreifer absichtlich versucht, durch eine sehr große Anzahl an Anfragen, die

---

[118] Für die vorstehenden Absätze zur Datensicherung: Verhofstad, Computing Surveys 1978, 167 (172 f.); https://kb.acronis.com/de/content/19639.

[119] Das Originalbild ist abrufbar unter: https://kb.acronis.com/de/content/19639.

[120] So z. B. *Hansen* in *Simitis/Hornung/Spiecker*, DSGVO-Kommentar, Art. 32 Rdnr. 42.

[121] *Martini* in *Paal/Pauly*, DSGVO-Kommentar, Art. 32 Rdnr. 39; *Hansen* in *Simitis/ Hornung/Spiecker*, DSGVO-Kommentar, Art. 32 Rdnr. 42, 45.

an das System gestellt werden, das System zu überlasten, so dass es im Ergebnis gar keine Anfragen mehr erfüllen kann und das System auf diese Weise „lahmgelegt" wird. So kann z. B. ein Rechnernetz mit einer extrem großen Anzahl an Anfragen „überschwemmt" werden, so dass die regulären Anfragen infolgedessen nur noch verzögert oder sogar gar nicht mehr beantwortet werden können. Hierdurch wird deutlich, dass der Angreifer mit Hilfe eines Denial-of-Service-Angriffs i. d. R. kein Interesse daran hat, in das IT-System einzudringen, sondern dieses primär überlasten möchte, um so reguläre Nutzer weitestgehend vom Dienst abzuschneiden.

Anbieter webbasierter Dienste, die hochgradig von der kontinuierlichen Erreichbarkeit ihrer Dienste abhängig sind, sind in Bezug auf Denial-of-Service-Angriffe besonders verwundbar. Jedoch können die Angriffe grundsätzlich nahezu jeden Verantwortlichen und Auftragsverarbeiter treffen und schädigen.

Auch der Schutz gegen Denial-of-Service-Angriffe wird in der Regel durch ein Maßnahmenbündel umgesetzt, zu dem u. a. folgende Maßnahmen zählen können:

- Umsichtige Konfiguration der Firewall,
- Umsichtige Konfiguration von Routern,
- Deaktivierung der Universal-Plug-and-Play-Funktion[122] von Routern,
- Sperren ungenutzter Dienste,
- Sorgfältige Auswahl des Internet-Providers in Bezug auf die von ihm ergriffenen Denial-of-Service-Schutzmaßnahmen.[123]

Intrusion-Detection-Systeme (IDS) werden eingesetzt, um Angriffe auf Netzwerke und Server zu erkennen. Die Erkennung von Angriffen basiert hierbei auf der kontinuierlichen Überwachung des ein- und ausgehenden Datenverkehrs mit Hilfe einer umfangreichen Protokollierung aller relevanter Vorgänge (z. B. Zugriffe auf Daten, Kopieren oder Löschen von Daten). Die im Rahmen der Protokollierung entstehenden Informationen (sogenannte „Log-Daten") werden gespeichert und vom zuständigen Administrator verwaltet. I. d. R. kann das Intrusion-Detection-System so konfiguriert werden, dass dem zuständigen Administrator im Falle einer Anomalie aktiv eine Warnung angezeigt wird. Eine

---

[122] Die Universal-Plug-and-Play-Funktion dient der Ansteuerung von Geräten über ein IP-basiertes Netzwerk.

[123] Auer-Reinsdorff/ Conrad, Handbuch IT- und Datenschutzrecht, § 3 Rdnr. 271–272; *Eckert*, IT-Sicherheit, S. 19, 121; https://www.heise.de/ix/artikel/Von-allen-Seiten-506484.html; https://www.bsi-fuer-buerger.de/BSIFB/DE/Service/Aktuell/Informationen/Artikel/Botnetz_iot_24102016.html.

Anomalie erkennt das Intrusion-Detection-System durch einen zustandsbehafteten – d. h. kontextsensitiven – Filter, mit Hilfe derer auffällige Zugriffsmuster erkennbar werden.

Ein Intrusion-Detection-System hat somit die Funktion einen Angriff zu erkennen, der bereits stattgefunden hat oder der gerade stattfindet. Insofern ist der Einsatz von Intrusion-Detection-Systemen auch für die Erkennung von Verletzungen des Schutzes personenbezogener Daten relevant (sogenannter Datenpannen), die nach Art. 33, 34 DSGVO melde- bzw. benachrichtigungspflichtig sind. Neben dieser Kernfunktionalität unterstützen Intrusion-Detection-Systeme i. d. R. auch bei der computerforensischen Aufklärung von Tathandlungen und Tätern.

Einen Schritt weiter gehen sogenannte Intrusion-Prevention-Systeme, die einen Angriff nicht nur erkennen, sondern auf Basis vordefinierter Regeln die Angriffe auch aktiv und automatisiert verhindern können.[124]

2.4.2.2.3 Wiederherstellung der Verfügbarkeit und des Zugangs

Gem. Art. 32 Abs. 1 2. HS lit. c DSGVO sind auch Maßnahmen, die die Fähigkeit haben, die Verfügbarkeit der personenbezogenen Daten und den Zugang zu ihnen bei einem physischen oder technischen Zwischenfall rasch wiederherzustellen Teil des Beispielkatalogs. Lit. c setzt also zu einem Zeitpunkt an, an dem es zu einem technischen (oder auch physischen) Zwischenfall gekommen ist, durch den die Verfügbarkeit personenbezogener Daten und/oder der Zugang zu diesen nicht mehr besteht. Irrelevant ist hierbei der genaue Grund für den Zwischenfall – egal ob der Zwischenfall auf einen externen Hackerangriff oder aber z. B. durch einen Brand- oder Hochwasserschaden beim Verantwortlichen oder Auftragsverarbeiter zurückzuführen ist, sollen Maßnahmen vorgesehen werden, die sicherstellen, dass die personenbezogenen Daten schnellstmöglich wieder verfügbar und (durch Berechtigte) zugreifbar werden.[125]

Mögliche Maßnahmen zur Umsetzung beinhalten u. a. die Aufbewahrung von Sicherungskopien – je nach den örtlichen Gegebenheiten und den dortigen spezifischen Risiken wie z. B. Hochwasser – in einem anderen Brandabschnitt oder sogar in einem anderen Rechenzentrum. Auch die Notstromversorgung zählt zu den möglichen technischen Maßnahmen. Auf organisatorischer Ebene können

---

[124] Für die Kurzbeschreibung zu Intrusion-Detection-Systemen: *Deusch/Eggendorfer,* DSRITB 2018, 741 (742); *Schmidl,* IT-Recht von A bis Z, Stichwort „Intrusion-Detection-Systeme"; *Eckert,* IT-Sicherheit, S. 732.

[125] *Martini* in *Paal/Pauly,* DSGVO-Kommentar, Art. 32 Rdnr. 41.

u. a. ein in Papierform vorliegender Wiederanlaufplan sowie eine Rund-um-die-Uhr bestehende Notfallbesetzung des relevanten IT-Personals – z. B. in Form einer Rufbereitschaft – nötig sein.[126]

Die Wiederherstellung personenbezogener Daten hat „rasch" zu erfolgen. I. d. R. bedeutet dies, dass der Verantwortliche oder Auftragsverarbeiter so rechtzeitig reagieren muss, dass sich aus dem Verfügbarkeitsproblem keine unangemessenen Schäden für die betroffenen Personen ergeben. Insofern sind sowohl die Schwere des Zwischenfalls, der Schutzbedarf der verarbeiteten Daten sowie die Umkehrbarkeit potenziell eintretender Schäden der betroffenen Personen zu berücksichtigen, um im Einzelfall zu bewerten, wie schnell die personenbezogenen Daten wieder verfügbar sein müssen.[127] So ist z. B. davon auszugehen, dass die Wiederherstellbarkeit personenbezogener Daten von Patienten, die auf intensivmedizinische Betreuung angewiesen sind und bei denen die Verfügbarkeit von Untersuchungsbefunden über Leben und Tod eines Patienten entscheiden können, maximal einige, wenige Minuten dauern darf, während z. B. die Wiederherstellbarkeit auf einen privatgenutzten Cloud-Fotospeicherdienst auch mehrere Stunden oder gar Tage andauern darf.

2.4.2.2.4 Verfahren zur regelmäßigen Überprüfung

Gem. Art. 32 Abs. 1 2. HS lit. d DSGVO ist auch ein Verfahren zur regelmäßigen Überprüfung, Bewertung und Evaluierung der Wirksamkeit der technischen und organisatorischen Maßnahmen zur Gewährleistung der Sicherheit der Verarbeitung Teil des Beispiel-Maßnahmenkatalogs. Das genannte Verfahren trägt selbst nur mittelbar zur Datensicherheit bei, indem es die unmittelbar der Datensicherheit dienenden Maßnahmen einer regelmäßigen Überprüfung, Bewertung und Evaluierung unterzieht und ggf. einen Änderungs- oder Ergänzungsbedarf in den durch den Verantwortlichen oder Auftragsverarbeiter getroffenen Maßnahmen aufzeigt. Insofern wird durch lit. d eine interne Überprüfung der technischen und organisatorischen Maßnahmen gefordert. Zum Einsatz können u. a. entsprechende

---

[126] *Martini* in *Paal/Pauly*, DSGVO-Kommentar, Art. 32 Rdnr. 41 b; *Reto/Mantz* in *Sydow*, DSGVO-Kommentar, Art. 32 Rdnr. 18. Bei den Maßnahmen bestehen insofern Überschneidungen mit den Maßnahmen im Rahmen des zuvor beschriebenen Verfügbarkeitsschutzes personenbezogener Daten.

[127] *Martini* in *Paal/Pauly*, DSGVO-Kommentar, Art. 32 Rdnr. 41 c.

Monitoring- und Reportingtools[128], intern oder extern beauftragte Penetrationstests[129] und umfangreiche interne oder externe Auditierungen kommen. Der primäre Ansprechpartner im Unternehmen – sowohl für die Umsetzung als auch für die Überprüfung technischer und organisatorischer Schutzmaßnahmen – wird i. d. R. der IT-Sicherheitsbeauftragte des Unternehmens sein.[130]

Die regelmäßigen Überprüfungen sollen dem Umstand Rechnung tragen, dass zu einem bestimmten Zeitpunkt implementierte technische und organisatorische Schutzmaßnahmen, z. B. durch im Laufe der Zeit bekannt gewordene Angriffsmöglichkeiten, durch den allgemeinen technischen Fortschritt oder durch eine Veränderung des Verarbeitungsrisikos im Laufe der Zeit „veralten" können, auf den durch entsprechende Anpassungen der Schutzmaßnahmen zu reagieren ist.[131]

Der Europäische Gesetzgeber spricht von regelmäßigen Überprüfungen, ohne genau festzulegen, wie häufig diese durchzuführen sind. Irrelevant ist diese Frage i. d. R. für den Einsatz von Monitoring- und Reportingtools, die grundsätzlich dauerhaft die IT-Systeme überwachen. Sonstige Bestandteile einer Überprüfung werden regelmäßig vom Risiko der Datenverarbeitung abhängen, wobei als längst möglicher Zeitraum ohne Überprüfungen wohl analog auf die Gültigkeitsdauer von Datenschutzzertifizierungen, die gem. Art. 42 Abs. 7 DSGVO für eine Höchstdauer von drei Jahren vergeben werden, zurückgegriffen werden kann. Darüber hinaus können anlassbezogene Überprüfungen sinnvoll sein, z. B. wenn neue Angriffe bekannt werden oder umfangreiche Änderungen an dem Einsatz des IT-Systems vorgenommen werden. Die durchgeführten Überprüfungen – inkl. deren Ergebnisse und ggf. umgesetzten Anpassungen im IT-System – sollten entsprechend der Rechenschaftspflichten aus Art. 5 Abs. 2 DSGVO dokumentiert werden.[132]

Alle in den Unterkapiteln a–d geforderten Schutzziele und Maßnahmen sind auf Dauer sicherzustellen (bzw. umzusetzen). Der Verantwortliche – und ggf. der Auftragsverarbeiter – haben die getroffenen Schutzmaßnahmen dementsprechend „nachhaltig wirksam anzulegen und umzusetzen."[133]

---

[128] Monitoringtools werten i. d. R. Protokolldaten von IT-Systemen aus, um z. B. unberechtigte Zugriffsversuche auf Daten aufzuzeigen. Die Auswertung des Monitorings wird sodann über entsprechende Reportingtools aufbereitet.

[129] Bei einem Penetrationstest werden Systemangriffe simuliert, um Schwachstellen in den IT-Systemen aufzuzeigen. *Jandt* in *Kühling/Buchner*, DSGVO-Kommentar, Art. 32 Rdnr. 29.

[130] *Jandt* in *Kühling/Buchner*, DSGVO-Kommentar, Art. 32 Rdnr. 29.

[131] *Reto/Mantz* in *Sydow*, DSGVO-Kommentar, Art. 32 Rdnr. 20.

[132] *Reto/Mantz* in *Sydow*, DSGVO-Kommentar, Art. 32 Rdnr. 21; *Jandt* in *Kühling/Buchner*, DSGVO-Kommentar, Art. 32 Rdnr. 30.

[133] *Martini* in *Paal/Pauly*, DSGVO-Kommentar, Art. 32 Rdnr. 40.

2.4.2.3 Genehmigte Verhaltensregeln und Zertifizierungsverfahren

Auch um die Erfüllungen der Pflichten der Normadressaten aus Art. 32 Abs. 1 DSGVO nachzuweisen, können gem. Art. 32 Abs. 3 DSGVO die Einhaltung der genehmigten Verhaltensregeln gem. Art. 40 DSGVO oder eines genehmigten Zertifizierungsverfahrens gem. Art. 42 DSGVO als Faktor herangezogen werden. Alternativ kann der Nachweis u. a. durch eine umfangreiche Dokumentation der Umsetzung erfolgen.[134]

2.4.2.4 Weisungsgebunde Datenverarbeitung

Letztlich verpflichtet Art. 32 Abs. 4 DSGVO den Verantwortlichen und Auftragsverarbeiter dazu, Schritte zu unternehmen, um sicherzustellen, dass ihnen unterstellte natürliche Personen, die Zugang zu personenbezogenen Daten haben, diese nur auf Anweisung des Verantwortlichen verarbeiten. Eine Ausnahme hiervon besteht, wenn die unterstellten natürlichen Personen nach dem Recht der Union oder der Mitgliedstaaten zu der Verarbeitung verpflichtet sind.

Grundsätzlich spielt der „Faktor Mensch" für die Erreichung aller zuvor genannten Schutzziele eine große Rolle. Verantwortliche und Auftragsverarbeiter haben daher Maßnahmen zu treffen, die sicherstellen, dass ihre Mitarbeiter einerseits wissen, wie personenbezogene Daten zu verarbeiten sind und andererseits wissen, dass die datenschutzkonforme Umsetzung jeder von ihnen ausgeführten personenbezogenen Datenverarbeitung Teil ihrer dem Arbeitgeber geschuldeten Aufgaben sind.

Hierfür werden der Verantwortliche und der Auftragsverarbeiter häufig auf eine Auswahl der folgenden Einzelmaßnahmen zurückgreifen:

– Verpflichtung auf den Datenschutz,
– Abhalten einer allgemeinen Mitarbeiterschulung (insbesondere per Lernvideo oder als Vortrag),
– Zusätzliches Abhalten aufgabenbezogener Mitarbeiterschulungen,
– Erstellen von Arbeits- bzw. Organisationsanweisungen[135] zum datenschutzkonformen Umgang mit personenbezogenen Daten.

---

[134] Für weiterführende Ausführungen hierzu s. die beiden voranstehenden Unterkapitel zu Art. 24, 25 DSGVO:

[135] Aus Sicht des Auftragsverarbeiters muss – neben den Weisungen, die er seinen Mitarbeitern in seiner Rolle als Verantwortlicher ausspricht – dieser seinen Mitarbeitern auch die Weisungen des oder der Verantwortlichen aufzeigen, wann immer er und seine Mitarbeiter in der Rolle des Auftragsverarbeiters für einen anderen Verantwortlichen tätig werden.

Wichtig ist, dass diese Schutzmaßnahmen ggf. nicht nur gegenüber den eigenen Mitarbeitern umgesetzt werden müssen, sondern gegenüber sämtlichen natürlichen Personen, die dem Verantwortlichen oder Auftragsverarbeiter unterstellt sind. Vor diesem Hintergrund sind ggf. auch die Mitarbeiter externer Dienstleister, die z. B. Wartungs- oder Reinigungstätigkeiten durchführen, einzubeziehen.[136]

2.4.3 Bußgelder bei Verstößen

Art. 83 Abs. 4 DSGVO sieht für Verstöße gegen die Pflichten aus Art. 32 DSGVO Geldbußen von bis zu 10.000.000 Euro oder im Fall eines Unternehmens von bis zu 2 % seines gesamten weltweit erzielten Jahresumsatzes des vorangegangenen Geschäftsjahrs vor. Einschlägig ist somit der geringere Bußgeldrahmen des Art. 83 DSGVO. Eine Pflichtverletzung gegen Art. 32 DSGVO liegt insbesondere dann vor, wenn die Sicherheit der Datenverarbeitung dadurch beeinträchtigt wird, dass gar keine oder nicht ausreichende Schutzmaßnahmen ergriffen wurden.[137]

Wie bereits in Bezug auf Art. 25 DSGVO ist auch in Bezug auf Art. 32 DSGVO zu betonen, dass Art. 83 Abs. 2 DSGVO den Grad der Verantwortung des Verantwortlichen oder des Auftragsverarbeiters, unter Berücksichtigung der von ihnen gemäß den Art. 25, 32 DSGVO getroffenen technischen und organisatorischen Maßnahmen, als zu berücksichtigenden Umstand bei der Entscheidung über die Verhängung einer Geldbuße und über deren Betrag nennt. Geeignete und wirksame Schutzmaßnahmen, die ggf. sogar über das für den jeweiligen Verarbeitungskontext übliche Maß hinausgehen, können sich daher bei einem Verstoß gegen die Pflichten der DSGVO grundsätzlich positiv darauf auswirken, ob gegen den Verantwortlichen oder Auftragsverarbeiter überhaupt eine Geldbuße verhängt wird, bzw. wie hoch die gegen den Verantwortlichen oder Auftragsverarbeiter verhängte Geldbuße ausfällt.[138]

---

[136] *Piltz* in *Gola*, DSGVO-Kommentar, Art. 32 Rdnr. 50 f. In der Praxis wird es jedoch häufig der Fall sein, dass es sich bei diesen externen Dienstleistern um Auftragsverarbeiter handelt, so dass wiederum den Auftragsverarbeiter gegenüber seinen Mitarbeitern die Umsetzung dieser Anforderungen direkt treffen wird.

[137] *Jandt* in *Kühling/Buchner*, DSGVO-Kommentar, Art. 32 Rdnr. 40a.

[138] *Piltz* in *Gola*, DSGVO-Kommentar, Art. 32 Rdnr. 55.

2.5   Ergebnis

Die DSGVO geht über die Regelung der rechtlichen Zulässigkeit der Datenverarbeitung hinaus, indem sie Verpflichtungen zum technisch-organisatorischen
Schutz personenbezogener Daten normiert. Die Maßnahmen des technisch-
organisatorischen Datenschutzes sollen betroffenen Personen vor jeglicher
unrechtmäßigen Verarbeitung ihrer personenbezogenen Daten schützen, die nicht
(allein) durch die Normierung der rechtlichen Zulässigkeit der Datenverarbeitung
herbeigeführt werden kann.

Die DSGVO nennt den Verantwortlichen als Hauptadressaten der in der
DSGVO normierten Pflichten und verpflichtet ihn zum Nachweis der rechts-
konformen DSGVO-Umsetzung. Der Verantwortliche wird zudem u. a. dazu
verpflichtet, die Umsetzung der DSGVO bereits in einem sehr frühen Stadium
zu berücksichtigen, nämlich einerseits dann, wenn Datenverarbeitungssysteme
konzipiert und programmiert bzw. ausgewählt werden und andererseits dann,
wenn das ausgewählte Datenverarbeitungssystem eingerichtet wird. Darüber hinaus werden der Verantwortliche und der Auftragsverarbeiter zur Umsetzung
technischer und organisatorischer Schutzmaßnahmen verpflichtet, um die Datensicherheit während des gesamten Verarbeitungszyklus zu gewährleisten. Konkrete
Maßnahmen, die seitens des Verantwortlichen (und ggf. des Auftragsverarbeiters)
umzusetzen sind, enthält die DSGVO kaum. Lediglich die Pseudonymisierung und Verschlüsselung werden als konkrete, technische Schutzmaßnahmen
benannt. Jedoch erfolgt die Nennung der beiden Schutzmaßnahmen lediglich
beispielhaft. I. d. R. wird ein ganzes Bündel an Maßnahmen notwendig sein,
um die Anforderungen des technisch-organisatorischen Datenschutzes zu erfüllen. So können die Normadressaten durch die Umsetzung der beiden konkret
benannten Maßnahmen i. d. R. weder die vollständige Umsetzung ihrer Pflichten des technisch-organisatorischen Datenschutzes nachweisen, noch sind sie in
jedem Fall zur Umsetzung der beiden genannten Maßnahmen verpflichtet, da
auch alternative Maßnahmen die Anforderungen des technisch-organisatorischen
Datenschutzes umsetzen können. Insofern besteht seitens der Normadressaten
häufig Rechtsunsicherheit in Bezug auf die DSGVO-konforme Umsetzung der
Anforderungen des technisch-organisatorischen Datenschutzes.

Das Problem der Rechtsunsicherheit wird durch einen weiteren Umstand ver-
stärkt: Die DSGVO verfolgt einen risikobasierten Ansatz. Als Ausdruck dieses
risikobasierten Ansatzes ist es der Wille des Europäischen Gesetzgebers, die
genannten Anforderungen des technisch-organisatorischen Datenschutzes unter
Berücksichtigung des Stands der Technik, der Implementierungskosten und der
Art, des Umfangs, der Umstände und der Zwecke der Verarbeitung sowie

der unterschiedlichen Eintrittswahrscheinlichkeit und Schwere des Risikos für die Rechte und Freiheiten natürlicher Personen umzusetzen. Der Europäische Gesetzgeber gibt den Normadressaten mit den genannten Faktoren zwar eine Orientierung darüber, welche Aspekte bei der Auswahl technischer und organisatorischer Schutzmaßnahmen berücksichtigt werden sollen. Jedoch sind die Normadressaten bei der praktischen Umsetzung dieser Bewertung – inkl. der Interpretation und Gewichtung der einzelnen Faktoren – auf sich allein gestellt, was regelmäßig zu einem hohen Maß an Rechtsunsicherheit führen wird.

Kapitel 2 beantwortet die eingangs aufgeworfene Frage wie folgt:
- Die DSGVO verpflichtet den datenschutzrechtlich Verantwortlichen zur Umsetzung technischer und organisatorischer Maßnahmen und erlegt ihm darüber hinaus auf, die Umsetzung dieser Maßnahmen nachzuweisen.
- Maßnahmen sind sowohl bei der Planung und Auswahl neuer Datenverarbeitungssysteme als auch im (späteren) Wirkbetrieb zu treffen.
- Beauftragt der Verantwortliche externe Organisationen mit Teilen der Datenverarbeitung ist auch die externe Organisation (sogenannte Auftragsverarbeiter) zur Umsetzung technischer und organisatorischer Maßnahmen verpflichtet.
- Bei der Umsetzung technisch-organisatorischer Maßnahmen ist deren Angemessenheit zu berücksichtigen. Welche Maßnahmen angemessen sind, hängt vom jeweiligen Einzelfall der Datenverarbeitung ab. Insofern besteht häufig Rechtsunsicherheit in Bezug auf die DSGVO-konforme Umsetzung der Anforderungen des technisch-organisatorischen Datenschutzes.

Gliederungsillustration 2.2 Antwort Kapitel 2

Auswahlkriterien zur Umsetzung technischer und organisatorischer Maßnahmen

Gliederungsillustration 3.1   Frage Kapitel 3

Die Datenschutzkonformität technischer und organisatorischer Maßnahmen hängt von deren ordnungsgemäßen Auswahl und Umsetzung sowie einer regelmäßigen Überprüfung der Wirksamkeit der Maßnahmen ab. Die Auswahl technischer und organisatorischer Maßnahmen stellt somit den ersten Schritt dar, die Datenschutzkonformität technischer und organisatorischer Maßnahmen sicherzustellen. Sie legt den Grundstein für die ordnungsgemäße Umsetzung der Schutzmaßnahmen, die ohne die vorherige ordnungsgemäße Auswahl der Maßnahmen nicht möglich wäre. Ohne die ordnungsgemäße Umsetzung wäre wiederum eine regelmäßige Überprüfung der Wirksamkeit von Schutzmaßnahmen nicht (sinnvoll) möglich. Dementsprechend ist die ordnungsgemäße Auswahl von Schutzmaßnahmen ein zentraler Schritt des technisch-organisatorischen Datenschutzes, an den die DSGVO besondere Anforderungen stellt. Insbesondere verpflichtet die DSGVO dazu, die Auswahl technischer und organisatorischer Maßnahmen von deren Geeignetheit und Angemessenheit abhängig zu machen.

Dem Verantwortlichen[1] obliegt es somit, konkrete Maßnahmen auszuwählen und umzusetzen, die seiner Einschätzung nach geeignet und angemessen sind, um die Rechte und Freiheiten der betroffenen Personen zu schützen.[2]

Die Bewertung der Geeignetheit stellt hierbei regelmäßig die weniger herausfordernde Aufgabe dar. Der Verantwortliche hat in diesem Zusammenhang lediglich zu bewerten, ob eine bestimmte Schutzmaßnahme – ggf. im Zusammenspiel mit anderen Schutzmaßnahmen – funktional geeignet ist, die betroffenen Personen vor einem bestehenden Risiko zu schützen.[3] Z. B. besteht für die Verarbeitung von in einer Papierakte gespeicherten personenbezogenen Daten das Risiko der unberechtigten Einsichtnahme in die Akte. Um die betroffenen Personen vor diesem Risiko zu schützen, eignet sich eine ganze Reihe von Schutzmaßnahmen. U. a. könnte ein Sicherheitsschloss, eine Alarmanlage, ein Videoüberwachungssystem oder Wachpersonal eingesetzt werden. All diese Maßnahmen sind funktional geeignet, dem genannten Risiko zu begegnen. Die Geeignetheit der Schutzmaßnahmen stellt jedoch lediglich eine Mindestanforderung dar, die im Rahmen der Bewertung der Schutzmaßnahmen in Bezug auf

---

[1] Im weiteren Verlauf dieses Kapitels sollen die einzelnen Auswahlkriterien für Schutzmaßnahmen näher erläutert werden. Obwohl Art. 24, 25 und 32 zwischen dem Adressatenkreis des Verantwortlichen sowie des Verantwortlichen und Auftragsverarbeiters unterscheiden, unterbleibt diese Unterscheidung in diesem Kapitel, da sie zur Auslegung der Auswahlkriterien nicht erforderlich ist.

[2] Dieses Kapitel beruht im Wesentlichen (die Gesamtheit oder der Großteil der Texte ist vollständig übernommen und ggf. übersetzt) auf der Veröffentlichung *Selzer*, EDPL 2021,120 (120–128) sowie in Teilen auf der Kommentierung der Art. 24, 25, 32 DSGVO im Rahmen der Veröffentlichung *Selzer*, Datenschutzrecht – ein Kommentar für Studium und Praxis, die für die vorliegende Arbeit von der Autorin erweitert wurden. Die Kommentierung der vorgenannten Artikel der DSGVO sowie die vorgenannte EDPL-Veröffentlichung entstanden in alleiniger Autorenschaft der Autorin der hier vorliegenden Arbeit. Des Weiteren beruht die Arbeit zu Teilen auf der Veröffentlichung *Selzer/Timm*, Chances and Limitations of Personal and Anonymized Data Processing – Implementing Appropriate Technical and Organizational Measures and Creating Added Value in Smart Cities, S. 773–788, von der jedoch in diesem Kapitel nur Anteile übernommen wurden, die von der Autorin der vorliegenden Arbeit allein verfasst wurden. Dementsprechend wird an den relevanten Stellen zwar in den Fußnoten auf die im Rahmen der vorgenannten Veröffentlichungen verwendeten Literatur verwiesen, nicht aber erneut auf die Veröffentlichungen selbst.

[3] *Bitkom*, Risk Assessment & Datenschutz-Folgenabschätzung, S. 46; *Friedewald/Martin*, BvD News 3/2017, 41 (44).

deren grundsätzliche Zweckmäßigkeit zu berücksichtigen ist. Eine begrenzende Funktion kommt der Geeignetheit nicht zu.[4]

Vor weitaus größere Herausforderungen wird der Verantwortliche gestellt, wenn er die Angemessenheit der Schutzmaßnahmen bewerten soll. Hierfür ist stets eine Risikobewertung notwendig, bei der bestimmte, in der DSGVO normierte Kriterien berücksichtigt und sodann gegen wirtschaftliche Kriterien abgewogen werden müssen. Diese Auswahlkriterien legen die Art und den Umfang der Schutzmaßnahmen fest und sind ergänzend zu der Geeignetheit der Schutzmaßnahmen zu berücksichtigen. Die einzelnen zu berücksichtigenden Kriterien zur Bewertung der Angemessenheit von Schutzmaßnahmen werden in den nachfolgenden Unterkapiteln vorgestellt.

3.1 Angemessenheit gem. Art. 24 Abs. 1, 25 Abs. 1 und 32 Abs. 1 DSGVO

Zunächst nennt Art. 24 Abs. 1 DSGVO zur Beurteilung der Angemessenheit technischer und organisatorischer Maßnahmen die Art, den Umfang, die Umstände und die Zwecke der Verarbeitung sowie die unterschiedliche Eintrittswahrscheinlichkeit und Schwere der Risiken für die Rechte und Freiheiten natürlicher Personen als Auswahlkriterien. Art. 25 Abs. 1, Art. 32 Abs. 1 DSGVO nennen ergänzend und konkretisierend die Berücksichtigung des Stands der Technik und der Implementierungskosten als weitere Auswahlkriterien.[5]

Die DSGVO misst den Rechten und Freiheiten der betroffenen Personen somit zwar einen hohen Rang bei, möchte vom Verantwortlichen gleichzeitig aber keine Schutzmaßnahmen verlangen, die eine unverhältnismäßige Belastung des Verantwortlichen bedeuten würden, indem sie ihn den Stand der Technik und die Implementierungskosten berücksichtigen lässt. Der Umstand, dass die vom Verantwortlichen zu treffenden Schutzmaßnahmen nicht über den Stand der Technik hinausgehen müssen und der Verantwortliche nur Schutzmaßnahmen treffen muss, deren Implementierungskosten verhältnismäßig den Schutz

---

[4] *Jandt* in *Kühling/Buchner*, DSGVO-Kommentar, Art. 32 Rdnr. 8.
[5] *Wennemann*, DuD 2018, 174 (175).

der Rechte und Freiheiten der betroffenen Personen steigern, ist eine Anwendung des Verhältnismäßigkeitsgrundsatzes.[6] Auch wenn Art. 24 Abs. 1 DSGVO den Stand der Technik und die Implementierungskosten nicht ausdrücklich als Auswahlkriterien nennt, so hat der Verantwortliche bei der Festlegung angemessener Schutzmaßnahmen grundsätzlich den Verhältnismäßigkeitsgrundsatz anzuwenden.[7]

Die acht genannten Auswahlkriterien lassen sich in vier Gruppen zusammenfassen, nämlich

– in den Stand der Technik,
– die Implementierungskosten,
– die Art, den Umfang, die Umstände und Zwecke der Verarbeitung und
– die Eintrittswahrscheinlichkeiten und Schwere der Risiken für die Rechte und Freiheiten der betroffenen Personen.[8]

3.1.1 Kriterium: Stand der Technik

Für den Begriff „Stand der Technik" fehlt es in der DSGVO an einer Legaldefinition. Ein Rückgriff auf deutsche Gesetze und die nationale Rechtsprechung zur Auslegung des Begriffs ist lediglich vergleichend möglich, da der Begriff

---

[6] *Martini* in *Paal/Pauly*, DSGVO-Kommentar, Art. 24 Rdnr. 38; *Vojković*, Will the GDPR slow down development of Smart Cities?, S. 1495 f.

[7] *Petri* in *Simitis/Hornung/Spiecker*, DSGVO-Kommentar, Art. 24 Rdnr. 17. Art. 24 DSGVO stellt aus Sicht des Verantwortlichen einen Generalauftrag an die Datenschutz-Compliance dar. Konkretisiert wird dieser Generalauftrag durch Art. 25, 32 DSGVO. *Martini* in *Paal/Pauly*, DSGVO-Kommentar, Art. 24 Rdnr. 1; *Raschauer* in *Sydow*, DSGVO-Kommentar, Art. 24 Rdnr. 1. Der Umstand, dass Art. 24 den Stand der Technik und die Implementierungskosten nicht als Auswahlkriterien nennt, ist dem Überblickscharakter des Generalauftrags geschuldet. Hierdurch wird kein Widerspruch zu den Art. 25, 32 DSGVO begründet, *Bertermann* in *Ehmann/Selmayr*, DSGVO-Kommentar, Art. 24 Rdnr. 11. Zum Generalauftrag des Art. 24 und dessen Konkretisierung durch Art. 25, 32 DSGVO s. auch Kapitel 2.

[8] Diese Gruppierung bejaht auch *Jandt* in *Kühling/Buchner*, DSGVO-Kommentar, Art. 32 Rdnr. 9 ff. Für alle unter Gliederungspunkt A und B genannten Unterabschnitte auch: Selzer/Woods/Böhme, EDPL 2021, 456 (456 ff.).

im Kontext der DSGVO grundsätzlich autonom ausgelegt werden muss.[9] So hat in Deutschland insbesondere die Kalkar-Entscheidung des Bundesverfassungsgerichts[10] zur Definition und Abgrenzung des Begriffs „Stand der Technik" beigetragen und kann vergleichend herangezogen werden. Im Rahmen der Kalker-Entscheidung hat das Bundesverfassungsgericht drei Technologiestände voneinander abgrenzt:[11]

– Allgemein anerkannte Regeln der Technik
– Stand der Technik
– Stand der Wissenschaft und Technik

Für die „allgemein anerkannten Regeln der Technik" ist die herrschende Auffassung der technischen Praktiker in Bezug auf die allgemeine Anerkennung einer Schutzmaßnahme in dieser Personengruppe sowie in Bezug auf die praktische Bewährung der Schutzmaßnahme relevant. Dieser Technologiestand hinkt i. d. R. „hinter einer weiterstrebenden technischen Entwicklung her [...]"[12] und kann daher nur sehr eingeschränkt auf aktuelle Bedrohungen reagieren. Im Gegensatz dazu wird der Maßstab für erlaubte und gebotene Schutzmaßnahmen beim Technologiestand „Stand der Technik" „an die Front der technischen Entwicklung verlagert, da die allgemeine Anerkennung und die praktische Bewährung allein für den Stand der Technik nicht ausschlaggebend sind."[13] Vielmehr kommt es darauf an, ob aus Sicht technischer Praktiker eine Schutzmaßnahme technisch notwendig, geeignet und angemessen ist. Auch auf aktuellere Bedrohungen – und insbesondere auch auf die aktuellen technischen Möglichkeiten für Angriffe – kann und soll reagiert werden können. Noch weiter geht letztlich der Technologiestand „Stand der Wissenschaft und Technik", der Schutzmaßnahmen umfasst, die mit den aktuellen Entwicklungen der Wissenschaft und Technik Schritt halten. Schutzmaßnahmen nach dem Stand der Wissenschaft und Technik müssen daher Vorsorge gegen Bedrohungen treffen, die nach den jeweils neuesten

---

[9] *Hansen* in *Simitis/Hornung/Spiecker*, DSGVO-Kommentar, Art. 32 Rdnr. 22. Demgegenüber lehnt *Piltz* in *Gola*, DSGVO-Kommentar, Art. 32 Rdnr. 15 zur Auslegung des Begriffs einen Rückgriff auf deutsche Gesetze und Rechtsprechung vollständig ab.

[10] *BVerfGE*, 49, 89.

[11] *Roßnagel*, ZD 2020, 222 (226); *Bartels/Backer*, DuD 2018, 214 (215).

[12] *BVerfGE*, 49, 89 (105).

[13] *BVerfGE*, 49, 89 (106).

Erkenntnissen der Wissenschaft und aktuellen Forschung als erforderlich betrachtet werden.[14] Dieser Technologiestand bietet daher in der Theorie i. d. R. die größten Schutzmöglichkeiten für aktuelle und sich für die Zukunft abzeichnende Bedrohungen, bzw. zumindest die Empfehlung von Schutzmaßnahmen unter Analyse der zukünftig zur Verfügung stehenden technischen Möglichkeiten für Angriffe. Nicht immer sind die vorgeschlagenen Schutzmaßnahmen aber bereits technisch umsetzbar. Die nachstehende Abbildung fasst die Abgrenzung der drei Technologiestände aus Sicht der Rechtsprechung des Bundesverfassungsgerichts zusammen.

Der Technologiestand „Stand der Technik" (Abbildung 3.1) meint in Abgrenzung zu den „allgemein anerkannten Regeln der Technik" also Schutzmaßnahmen eines fortgeschrittenen Stands technischer Entwicklungen, für die die praktische Eignung bereits unter Beweis gestellt wurde, und in Abgrenzung zum „Stand der Wissenschaft und Forschung" Schutzmaßnahmen, die bereits technisch realisiert werden können. Schutzmaßnahmen, die dem Stand der Technik entsprechen, beruhen auf gesicherten Erkenntnissen und sind in der Praxis in ausreichendem Maß zur Nutzung verfügbar. Der Einsatz der Schutzmaßnahmen muss sich jedoch in der Praxis noch nicht durchgesetzt haben.[15] Ein Vergleich zu den die Schutzmaßnahmen im Rahmen der Datenschutz-Folgenabschätzung betreffenden Vorgaben legt zudem nahe, dass der Technologiestand „Stand der Technik" nicht die absolut besten bzw. leistungsfähigsten Schutzmaßnahmen meint, die ein Verantwortlicher zum Zeitpunkt des Treffens der Schutzmaßnahmen treffen kann. Vielmehr umfassen dem Stand der Technik entsprechende Schutzmaßnahmen bewährte und effektive Lösungen, die am Markt verfügbar sind. Dies ergibt sich insbesondere aus Erwägungsgrund 84, der regelt, dass der Verantwortliche sogar bei Verarbeitungsvorgängen *mit hohem Risiko* für die betroffenen Personen geeignete Schutzmaßnahmen in Bezug auf verfügbare Technik treffen muss, um dem Risiko zu begegnen. Insofern kann an weniger risikoreiche Verarbeitungsvorgänge in Bezug auf die Verfügbarkeit von Technik keine höhere Anforderung gestellt werden.[16]

---

[14] *BVerfGE*, 49, 89 (107).

[15] *Martini* in *Paal/Pauly*, DSGVO-Kommentar, Art. 25 Rdnr. 39c – 39e; *Hartung* in *Kühling/Buchner*, DSGVO-Kommentar, Art. 25 Rdnr. 21; *Jandt* in *Kühling/Buchner*, DSGVO-Kommentar, Art. 32 Rdnr. 10.

[16] *Piltz* in *Gola*, DSGVO-Kommentar, Art. 32 Rdnr. 18.

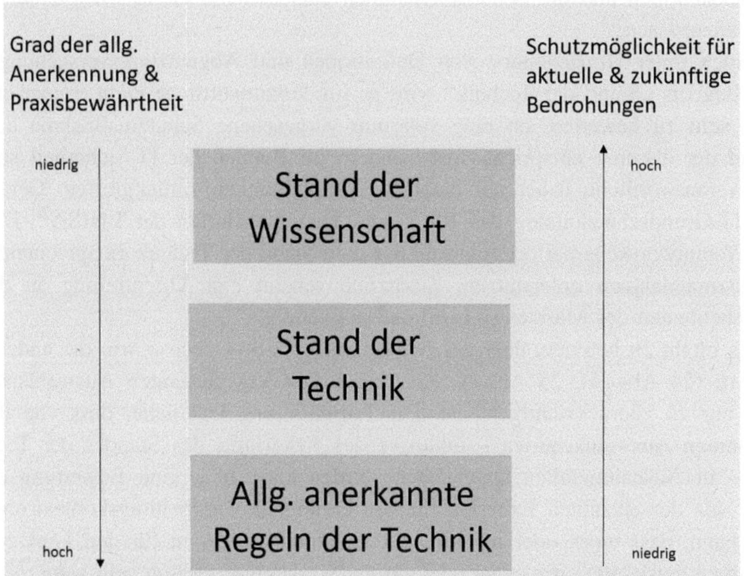

Abbildung 3.1 Abgrenzung von Technologieständen[17]

Durch den Stand der Technik als Auswahlkriterium verlangt die DSGVO dem Verantwortlichen eine dynamische Auswahlentscheidung dahingehend ab, dass eine Schutzmaßnahme, die zum Zeitpunkt X ausgewählt und umgesetzt wurde und zu diesem Zeitpunkt auch dem Stand der Technik entsprach, nicht unbedingt über den gesamten Verarbeitungszeitraum auch weiterhin dem Stand der Technik entsprechen wird. Dieser Umstand hängt eng mit der Pflicht des Verantwortlichen zusammen, die von ihm umgesetzten Schutzmaßnahmen regelmäßig hinsichtlich ihrer Wirksamkeit zu überprüfen. Im Rahmen dieser Prüfung ist auch zu hinterfragen, ob die Schutzmaßnahmen noch dem Stand der Technik entsprechen. Beispielsweise könnte ein eingesetztes Verschlüsselungsverfahren über einen längeren Verarbeitungszeitraum veralten und/oder die gewählte Schlüssellänge nicht mehr ausreichend sein. Insofern sind bei den ursprünglich ausgewählten und umgesetzten Schutzmaßnahmen technische Entwicklungen zu

---

[17] *TeleTrusT,* Handreichung zum „Stand der Technik" technischer und organisatorischer Maßnahmen, S. 11.

berücksichtigen und die Schutzmaßnahmen entsprechend dieser Entwicklungen ggf. anzupassen.[18]

Auch unter Hinzuziehung von Definitionen und Abgrenzungsversuchungen des Begriffs „Stand der Technik" wird es für Verantwortliche nicht immer einfach sein zu bewerten, ob eine von ihm vorgesehene Schutzmaßnahme dem Stand der Technik entspricht. Insbesondere im Bereich der IT-Sicherheit sollten Verantwortliche daher auf etablierte Empfehlungen zurückgreifen. Gerade der IT-Grundschutzkatalog des BSI[19] und Handlungshilfen der ENISA[20] können Verantwortliche bei der Auswahl der dem Stand der Technik entsprechenden Schutzmaßnahmen unterstützen. Zusätzlich scheint eine Orientierung an den Gegebenheiten des Marktes sinnvoll und notwendig.[21]

Es bleibt zu betonen, dass der Stand der Technik – ebenso wie die anderen in Art. (24 Abs. 1), 25 Abs. 1, 32 Abs. 1 DSGVO genannten Auswahlkriterien nur zu „berücksichtigen" ist. Die Formulierung legt nahe, dass von den genannten Auswahlkriterien – inklusive des Kriteriums des Standes der Technik – in Ausnahmefällen abgewichen werden kann bzw. eine Bewertung der Relevanz der einzelnen Kriterien für den konkreten Verarbeitungskontext ergeben kann, dass eines oder mehrere der genannten Kriterien für den konkreten Verarbeitungskontext irrelevant oder zumindest weniger wichtig sein kann.[22]

3.1.2   Kriterium: Implementierungskosten

Bei der Auswahl angemessener Schutzmaßnahmen sind auch die Implementierungskosten zu berücksichtigen. Im Interesse des Verantwortlichen stellt dieses

---

[18] *Jandt* in *Kühling/Buchner*, DSGVO-Kommentar, Art. 32 Rdnr. 7–13; *Hansen* in *Simitis/Hornung/Spiecker*, DSGVO-Kommentar, Art. 32 Rdnr. 20.

[19] S. u. a. *BSI*, BSI-Standard 200–2 – IT-Grundschutz-Methodik.

[20] S. u. a. *ENISA*, Privacy and Data Protection by Design.

[21] *Martini* in *Paal/Pauly*, DSGVO-Kommentar, Art. 32 Rdnr. 57; *Piltz* in *Gola*, DSGVO-Kommentar, Art. 32 Rdnr. 19.

[22] So nennt *Hansen* in *Simitis/Hornung/Spiecker*, DSGVO-Kommentar, Art. 32 Rdnr. 24 beispielhaft die Änderung des Speichermediums ohne Datenmigration während einer längeren Aufbewahrungsdauer als Beispiel. In diesem Fall könnte der Verantwortliche aus Gründen der Verfügbarkeit ein Altsystem bereithalten, für das sich auf Dauer Sicherheitsdefizite ergeben können, die sich aufgrund der alten Systemanforderungen nicht mit dem Stand der Technik entsprechenden Schutzmaßnahmen eindämmen lassen. Eine Lösung könnte in diesem Fall die Abkapselung des Systems vom Internet sein. *Hansen* betont jedoch, dass es sich hierbei um Ausnahmefälle handelt. I.d.R. sind Schutzmaßnahmen, die dem Stand der Technik entsprechen, „eine untere Grenze an Mindestanforderungen."

Auswahlkriterium eine unmittelbare Berücksichtigung betriebswirtschaftlicher Aspekte und einen das Anforderungsniveau limitierenden Faktor dar. Das Kriterium erlaubt eine betriebswirtschaftliche Betrachtung in Bezug auf die Frage, ob die Kosten einer Schutzmaßnahme sowie die Risiken für die Rechte und Freiheiten der betroffenen Personen, die von der Datenverarbeitung ausgehen, in einem angemessenen und verhältnismäßigen Verhältnis stehen. Die betriebswirtschaftliche Zumutbarkeit hoher Implementierungskosten nimmt daher grundsätzlich mit der Höhe des Risikos für die Rechte und Freiheiten der betroffenen Personen zu, ohne dass auf Datenverarbeitungen, die mit einem hohen Risiko einhergehen, grundsätzlich verzichtet werden muss.[23] Umgekehrt soll dies aber nicht bedeuten, dass sich unzureichende Schutzmaßnahmen – oder gar keinerlei Schutz für die Rechte und Freiheiten der betroffenen Personen zu ergreifen – mit betriebswirtschaftlichen Argumenten rechtfertigen lassen können.[24]

Die Art. 24 Abs. 1, 25 Abs. 1, 32 Abs. 1 DSGVO stellen keine absoluten Umsetzungsregelungen für sämtliche nur mögliche Schutzmaßnahmen auf. Der Aufwand einer Schutzmaßnahme ist daher auch nicht erst dann unangemessen hoch, wenn der Verantwortliche bei Ergreifen der Schutzmaßnahme einer Existenzbedrohung ausgesetzt wäre. Die unter Berücksichtigung der Implementierungskosten ergriffene Schutzmaßnahme muss jedoch als äußerste Grenze für den Schutz der betroffenen Personen wirksam sein.[25] Im Rahmen der Verarbeitung besonderer Kategorien personenbezogener Daten nach Art. 9 DSGVO sowie der Verarbeitung personenbezogener Daten über strafrechtliche Verurteilungen und Straftaten nach Art. 10 DSGVO müssen Verantwortliche i. d. R. erhebliche Implementierungskosten hinnehmen. Sofern der Verantwortliche ein bestehendes hohes Risiko für die Rechte und Freiheiten der betroffenen Personen nicht durch eine aus seiner Sicht angemessene Schutzmaßnahme eindämmen kann, ist ihm zu empfehlen, analog zur gleichen Situation im Rahmen einer Datenschutz-Folgenabschätzung, die zuständige Aufsichtsbehörde zu konsultieren oder alternativ von der (geplanten) Datenverarbeitung abzusehen bzw. diese einzustellen. Bei der Abwägung des Risikos der betroffenen Personen und betriebswirtschaftlicher Faktoren ist das Vorverhalten des Verantwortlichen zu

---

[23] *Jandt* in *Kühling/Buchner*, DSGVO-Kommentar, Art. 32 Rdnr. 11; *Quelle*, The 'risk revolution' in EU data protection law: We can't have our cake and eat it too, S. 9, 20; *Martini* in *Paal/Pauly*, DSGVO-Kommentar, Art. 25 Rdnr. 42.

[24] *Paulus* in *Wolff/Brink*, Datenschutzrecht-Kommentar, Art. 32 Rdnr. 9; *Koós/Englisch*, ZD 2014, 276 (278).

[25] *Hartung* in *Kühling/Buchner*, DSGVO-Kommentar, Art. 25 Rdnr. 19, 22; *Piltz* in *Gola*, DSGVO-Kommentar, Art. 32 Rdnr. 20. S. hierzu auch das nachfolgende Hauptkapitel zur Angemessenheit von Schutzmaßnahmen.

berücksichtigen. Wenn dieser im Rahmen der Verpflichtungen zu „Privacy by Design" (Art. 25 Abs. 1 DSGVO) keine Schutzmaßnahmen vorgesehen hat, kann er sich im Wirkbetrieb der Datenverarbeitung nicht darauf berufen, dass die Umsetzung von Schutzmaßnahmen im Nachhinein wirtschaftlich nicht zumutbar ist.[26]

3.1.2.1 Berücksichtigung von Folgekosten

Dem Wortlaut nach beschränken die Art. 25 Abs. 1, 32 Abs. 1 DSGVO die Berücksichtigung betriebswirtschaftlicher Aspekte auf die reinen Implementierungskosten der jeweiligen Schutzmaßnahme. Ob der Begriff weitergefasst zu verstehen ist, ist streitig. Unstreitig dagegen ist, dass es im Rahmen der Ergreifung von Schutzmaßnahmen unter Beachtung der Implementierungskosten nicht darauf ankommt, ob die Implementierungskosten – so eng oder weit sie im Einzelnen zu verstehen sind – vom Verantwortlichen selbst oder aber von einem Auftragsverarbeiter umgesetzt werden, der seine Kosten wiederum dem Verantwortlichen in Rechnung stellt.

Einerseits wird die Meinung vertreten, dass auch die Betriebs-, Wartungs- und sonstige Folgekosten, die unmittelbar mit dem Ergreifen der Schutzmaßnahme in Verbindung stehen, regelmäßig zu berücksichtigen seien, wenn das Auswahlkriterium der Implementierungskosten betrachtet werde. Auch Ausgaben für Hard- und Software sowie Personal- und Dienstleistungskosten seien als Teil der Implementierungskosten zu werten. Nach dieser Meinung bildet der finanzielle Aufwand der einzelnen, durch den Verantwortlichen ergriffenen Schutzmaßnahmen in Bezug auf deren Umsetzung und Aufrechterhaltung die Grenze der Berücksichtigung von Implementierungskosten. Faktische Schwierigkeiten könnten im Rahmen des Auswahlkriteriums jedoch regelmäßig nicht berücksichtigt werden, sofern damit keine unmittelbaren finanziellen Aufwände verbunden seien. Die weit zu verstehende Auslegung des Begriffs der Implementierungskosten wird u. a. damit begründet, dass ohne diese beispielsweise die regelmäßig zu zahlenden Lizenzkosten einer Sicherheitssoftware in der Abwägung unberücksichtigt bleiben müssten. Genau diese könnten aber Folgekosten darstellen, die i. d. R. viel höher seien, als die initialen Implementierungskosten, weshalb diese Kosten keinesfalls unberücksichtigt bleiben dürften, da sie auf Dauer zu einem wirtschaftlich unverhältnismäßigen Aufwand in Bezug zum für

---

[26] *Reto/Mantz* in *Sydow*, DSGVO-Kommentar, Art. 25 Rdnr. 46 f. I.d.R. stellt das „Nachrüsten" eines bestehenden und bereits in Betrieb genommenen IT-Systems zur Erfüllung datenschutzrechtlicher Anforderungen einen größeren Aufwand dar, als diese Anforderungen bereits in der Planung des IT-Systems zu berücksichtigen und während der Entwicklung umzusetzen.

die Rechte und Freiheiten der betroffenen Personen bestehenden Risiko führen könnten.[27]

Eine andere Ansicht widerspricht dieser Auffassung dahingehend, dass Folgekosten im Rahmen des Auswahlkriteriums explizit nicht berücksichtigt werden dürften und argumentieren insbesondere mit der Formulierung des Art. 17 Abs. 1 DSRL 95/46/EG, der eine Berücksichtigung der bei der Durchführung von Schutzmaßnahmen entstehenden Kosten vorsah. In der Änderung der Formulierung hin zu der Berücksichtigung von Implementierungskosten sei ein klarer normativer Wille zu sehen, Folgekosten nicht (mehr) berücksichtigen zu dürfen. Dementsprechend seien die Implementierungskosten daher auf diejenigen betriebswirtschaftlichen Ressourcen beschränkt, die der Verantwortliche aufwenden müsse, um die Schutzmaßnahme in das entsprechende Verarbeitungssystem zu integrieren.[28]

Überzeugender ist die Auffassung, dass im Rahmen des Auswahlkriteriums der Implementierungskosten auch Folgekosten, wie etwa regelmäßig anfallende Betriebs- und Wartungskosten, zu berücksichtigen sind. Die Implementierungskosten sollen gerade den betriebswirtschaftlichen Ausgleich zu den Schutzinteressen der betroffenen Personen bilden, um angemessene Schutzmaßnahmen zu ergreifen. Im Rahmen der Verhältnismäßigkeits- und Angemessenheitsprüfung ist eine derartige, von vornherein bestehende Beschränkung grundsätzlich weder vorgesehen noch entspräche sie dem Sinn und Zweck der Prüfung. Es ist daher nicht überzeugend, warum in Bezug auf die Berücksichtigung von Implementierungskosten eine solch strikte Begrenzung dahingehend erfolgen soll, dass nur die Kosten für die initiale Inbetriebnahme einer Schutzmaßnahme in der Angemessenheitsentscheidung berücksichtigt werden dürfen. Insbesondere, wenn hohe, regelmäßig zu entrichtende Kosten bei der Auswahl nicht berücksichtigt werden dürften, würde die Bewertung der Angemessenheit von Schutzmaßnahmen regelmäßig ins Leere laufen. Der Umformulierung von der Berücksichtigung der bei der „Durchführung entstehenden Kosten" (Art. 17 Abs. 1 DSRL 95/46/EG) hin zur Berücksichtigung der „Implementierungskosten" (Art. 25 Abs. 1, 32 Abs. 1 DSGVO) sollte in diesem Zusammenhang keine Bedeutung beigemessen werden. Hierfür spricht, dass in der englischen Fassung des Art. 17 Abs. 1 DSRL 95/46/ EG bereits die Formulierung „costs of their implementation" gewählt wurde – der

---

[27] *Hartung* in *Kühling/Buchner*, DSGVO-Kommentar, Art. 25 Rdnr. 22; *Piltz* in *Gola*, DSGVO-Kommentar, Art. 32 Rdnr. 21; *Laue* in *Spindler/Schuster*, Recht der elektronischen Medien, Art. 32 Rdnr. 8; *Hansen* in *Simitis/Hornung/Spiecker*, DSGVO-Kommentar, Art. 32 Rdnr. 26; *Bartels/Backer*, DuD 2018, 214 (217).

[28] *Martini* in *Paal/Pauly*, DSGVO-Kommentar, Art. 25 Rdnr. 41 und Art. 32 Rdnr. 60; Reto/ Mantz in Sydow, DSGVO-Kommentar, Art. 25 Rdnr. 45.

gleichen Formulierung, die auch in der englischen Fassung der Art. 25 Abs. 1, 32 Abs. 1 DSGVO gewählt wurde („cost of implementation"). Insofern scheint es sich in der deutschen Fassung der DSGVO lediglich um eine sprachliche Anpassung, nicht aber um den normativen Wunsch einer inhaltlichen Einschränkung der Begriffsauslegung, zu handeln.

3.1.2.2 Berücksichtigung der individuellen Lage des Verantwortlichen

Auch streitig ist, ob im Rahmen des Auswahlkriteriums auf die individuelle wirtschaftliche Lage des Verantwortlichen einzugehen ist.

Einerseits wird vertreten, dass die Berücksichtigung der Implementierungskosten nur auf einem abstrakten Niveau die Angemessenheit von Schutzmaßnahmen limitieren könne. Die konkrete finanzielle Machbarkeit des Verantwortlichen, auch in Bezug auf dessen Zahlungsfähigkeit, sei nicht ausschlaggebend. Vielmehr solle die Berücksichtigung der Implementierungskosten alle Verantwortlichen davor schützen, eine Schutzmaßnahme implementieren zu müssen, die das Risiko für die Rechte und Freiheiten betroffener Personen lediglich marginal senke, jedoch finanziell unangemessen für alle diese Schutzmaßnahme umsetzenden Verantwortlichen sei. So könne ein Verantwortlicher i. d. R. das Nicht-Ergreifen von Schutzmaßnahmen nicht mit seiner individuellen finanziellen Lage begründen.[29]

Andererseits wird die Meinung vertreten, dass gerade auch zu berücksichtigen sei, welche Schutzmaßnahmen einem bestimmten Verantwortlichen im Hinblick auf dessen individuelle finanzielle Situation zumutbar seien. Auch die Bedeutung der Datenverarbeitung für den Verantwortlichen solle in diesem Zusammenhang Berücksichtigung finden, so dass ein bestimmter Verantwortlicher immer dann höhere Implementierungskosten akzeptieren müsse, wenn für ihn der wirtschaftliche Nutzen der Verarbeitung personenbezogener Daten vordergründlicher Zweck der Datenverarbeitung sei. Demnach sei es denkbar, insbesondere großen Konzernen unter Berücksichtigung der im individuellen Fall bestehenden Risiken für die Rechte und Freiheiten der betroffenen Personen auch die Bürde aufzuerlegen, besonders hohe Implementierungskosten tragen zu müssen, wenn sich das Kerngeschäft – und somit auch der Hauptanteil des betriebswirtschaftlichen Gewinnes – dieser Konzerne auf die automatisierte Verarbeitung personenbezogener Daten beziehe. Im Gegensatz dazu seien etwa Kleinstunternehmen – insbesondere, wenn deren Kerngeschäft nicht die Verarbeitung personenbezogener Daten darstelle und unter Berücksichtigung der

---

[29] *Martini* in *Paal/Pauly*, DSGVO-Kommentar, Art. 25 Rdnr. 42; *Baumgartner/Gausling*, ZD 2017, 308 (310).

Risiken für die betroffenen Personen – zu weniger hohen Implementierungskosten verpflichtet. Trotz dieser Differenzierung geht auch diese Ansicht davon aus, dass mangelnde finanzielle Mittel einen Verantwortlichen nicht im Hinblick auf das unzureichende Ergreifen bzw. gar Nicht-Ergreifen von Schutzmaßnahmen entlasten könne.[30]

Aus Sicht der Autorin dieser Arbeit widersprechen sich die beiden dargestellten Ansichten nicht grundlegend. Überzeugend scheint es, dass die finanzielle Situation eines bestimmten Verantwortlichen nicht dazu führen kann, dass dieser unzureichende oder keine Schutzmaßnahmen trifft. Dies würde regelmäßig dem Grundgedanken des Datenschutzrechts, also dem Schutz natürlicher Personen bei der Verarbeitung personenbezogener Daten (Art. 1 Abs. 1 Alt. 1 DSGVO), sowie den Datenschutz-Grundsätzen, insbesondere dem Grundsatz der Integrität und Vertraulichkeit (Art. 5 Abs. 1 lit. f DSGVO), widersprechen. Gerade aber im Vergleich eines Großkonzerns, dessen gesamtes Geschäftsmodell auf der Verarbeitung personenbezogener Daten beruht, mit einem Kleinstunternehmen, bei dem sich die Verarbeitung personenbezogener Daten z. B. auf die Pflege eines Kundenmanagementsystems seiner Geschäftskunden beschränken könnte, scheint die Berücksichtigung der individuellen finanziellen Möglichkeiten eines bestimmten Verantwortlichen sowie die Berücksichtigung der betriebswirtschaftlichen Bedeutung der Datenverarbeitung für den Verantwortlichen sinnvoll zu sein. Hierbei ist der genannte Vergleich lediglich ein Extrembeispiel und gerade nicht die Unternehmensgröße der entscheidende Faktor – vielmehr scheint es zielführend im Rahmen der Berücksichtigung der Implementierungskosten den betriebswirtschaftlichen Nutzen der Datenverarbeitung für den individuellen Verantwortlichen mitzuberücksichtigen. Selbstverständlich könnten nach diesem Maßstab auch einem kleinen Unternehmen, dessen gesamtes Geschäftsmodell auf der massenhaften Verarbeitung personenbezogener Daten beruht, höhere Implementierungskosten für Schutzmaßnahmen zumutbar sein.

---

[30] *Reto/Mantz* in *Sydow*, DSGVO-Kommentar, Art. 25 Rdnr. 46 sowie zum Teil zustimmend *Lang* in *Taeger/Gabel*, DSGVO-Kommentar, Art. 25 Rdnr. 51, der zumindest vor dem Hintergrund der Art. 15, 16 GrCh die Notwendigkeit sieht, die individuelle betriebswirtschaftlichen Möglichkeiten des Verantwortlichen zu berücksichtigen.

3.1.3 Kriterium: Art, Umfang, Umstände und Zwecke der Verarbeitung

Die Art, der Umfang, die Umstände und die Zwecke der Verarbeitung bilden zusammen die dritte Kriteriengruppe zur Auswahl angemessener Schutzmaßnahmen, bedürfen jedoch einer engen Verbindung mit der vierten Kriteriengruppe, also der Eintrittswahrscheinlichkeit und der Schwere des Risikos für die Rechte und Freiheiten betroffener Personen. Dies verdeutlicht Erwgr. 76 DSGVO, der klarstellt, dass die Eintrittswahrscheinlichkeit und Schwere des Risikos in Bezug auf die Art, den Umfang, die Umstände und die Zwecke der Verarbeitung bestimmt werden soll. Die Art, der Umfang, die Umstände und die Zwecke der Verarbeitung sind somit Risikofaktoren, die es wiederum im Hinblick auf die Eintrittswahrscheinlichkeit und Schwere möglicher Schäden zu bewerten gilt. Gemeinsam betrachtet beschreiben die vier Auswahlkriterien alle risikorelevanten Aspekte einer Datenverarbeitung.[31]

Erwgr. 76 DSGVO verdeutlicht zudem, dass das Risiko anhand einer objektiven Bewertung beurteilt werden soll. Festgestellt werden soll, ob die Datenverarbeitung ein Risiko oder ein hohes Risiko birgt. Der Umstand, dass Erwgr. 76 DSGVO die Beurteilung des Risikos anhand einer objektiven Bewertung fordert, verdeutlicht, dass es im Rahmen der Berücksichtigung der Art, des Umfangs, der Umstände und der Zwecke gerade nicht auf die subjektive Bewertung des Verantwortlichen ankommen soll. Dass der Verantwortliche also z. B. den Umfang der Datenverarbeitung in seinem CRM-System mit 10.000 Datensätzen als gering einstuft, weil er in einem anderen Verarbeitungskontext einen viel höheren Umfang an Daten verarbeitet, soll hier gerade nicht ausschlaggebend sein.[32]

Streng genommen beziehen sich die vier Kriterien ausschließlich auf die Verarbeitung selbst. Zumindest im weiteren Sinne sind jedoch auch die der Verarbeitung zugrundeliegenden personenbezogenen Daten einzubeziehen, da sie in unmittelbarer Abhängigkeit zum Niveau der Schutzmaßnahmen stehen.[33]

3.1.3.1 Art der Verarbeitung

Die Art der Verarbeitung umfasst mehrere Aspekte. Zum einen ist damit die Berücksichtigung der Verarbeitungsarten im engeren Sinne gemeint, so wie sie in Art. 4 Nr. 2 DSGVO benannt werden. Demnach ist zu berücksichtigen, ob personenbezogene Daten erhoben, erfasst, organisiert, geordnet, gespeichert,

---

[31] *Bertermann* in *Ehmann/Selmayr*, DSGVO-Kommentar, Art. 24 Rdnr. 6 f.

[32] *Piltz* in *Gola*, DSGVO-Kommentar, Art. 32 Rdnr. 31.

[33] *Jandt* in *Kühling/Buchner*, DSGVO-Kommentar, Art. 32 Rdnr. 12.

angepasst, verändert, ausgelesen, abgefragt, verwendet, offengelegt, übermittelt, verbreitet, bereitgestellt, abgeglichen, verknüpft, eingeschränkt, gelöscht oder vernichtet werden sollen.[34] Im Vergleich zur datenschutzkonformen Löschung personenbezogener Daten nach Ablauf gesetzlicher Aufbewahrungspflichten wird wohl i. d. R. größeres Gefahrenpotenzial von der Offenlegung, Verbreitung oder Verknüpfung personenbezogener Daten ausgehen.

Zumindest im weiteren Sinne stellt die Berücksichtigung der Art der Verarbeitung sodann auch auf weitere Aspekte ab, u. a. auf die verarbeiteten Datenarten. Die DSGVO stellt insbesondere die Verarbeitung sogenannter besonderer Kategorien personenbezogener Daten nach Art. 9 DSGVO, zu denen u. a. Daten zählen, aus denen sich rassische, ethnische, politische, religiöse oder gesundheitliche Informationen ableiten lassen, sowie personenbezogene Daten über strafrechtliche Verurteilungen, Straftaten und damit zusammenhängende Sicherungsmaßregeln nach Art. 10 DSGVO unter einen besonders hohen Schutz. Ihre Verarbeitung kann für ein erhöhtes Risiko sprechen und demnach auch besondere Anforderungen an die zu ergreifenden technischen und organisatorischen Schutzmaßnahmen mit sich bringen. Dem Verantwortlichen obliegt es, vor Beginn der Datenverarbeitung zu prüfen, welche Arten von Daten er verarbeiten wird, um im nächsten Schritt die spezifischen Anforderungen der für die Rechtmäßigkeit einschlägigen Norm(en), insbesondere Art. 6, 9, 10 DSGVO, zu erfüllen.[35]

Auch die Kategorien betroffener Personen gilt es im Rahmen des Auswahlkriteriums zu berücksichtigen.[36] Die DSGVO lässt insbesondere Kindern einen besonderen Schutz zukommen.[37] Aber auch jegliche Personengruppe, bei der die betroffenen Personen stark von dem Verantwortlichen abhängig sind – wie etwa Arbeitnehmer gegenüber ihren Arbeitgebern – sollte mit den für sie geltenden Risiken Berücksichtigung finden.

Schließlich ist auch die genutzte Verarbeitungstechnik zu berücksichtigen. Insbesondere ist hierbei zu unterscheiden, ob es sich um eine automatisierte oder um eine manuelle, papierbasierte Datenverarbeitung handelt. Eine manuelle

---

[34] *Piltz* in *Gola*, DSGVO-Kommentar, Art. 24 Rdnr. 19 f.;

[35] *Martini* in *Paal/Pauly*, DSGVO-Kommentar, Art. 24 Rdnr. 32; *Jandt* in *Kühling/Buchner*, DSGVO-Kommentar, Art. 32 Rdnr. 12. Dass die Art der Daten zumindest auch für die Höhe des Risikos der Datenverarbeitung relevant ist, verdeutlicht Erwgr. 75 DSGVO.

[36] *Bertermann* in *Ehmann/Selmayr*, DSGVO-Kommentar, Art. 24 Rdnr. 7.

[37] *Roßnagel*, ZD 2020, 88 (90).

Verarbeitungsform, zum Beispiel das Führen von Handakten, ist i. d. R. als weniger intensiv einzustufen als eine ähnliche Datenverarbeitung, die automatisiert erfolgt.[38]

3.1.3.2 Umfang der Verarbeitung

Der Umfang der Verarbeitung betrifft insbesondere zwei Aspekte: Die Menge der Personen, die von der Datenverarbeitung betroffen sind, und die Menge der verarbeiteten Daten an sich. In beiden Aspekten ist eine Massenverarbeitung grundsätzlich kritischer zu beurteilen als eine Einzelverarbeitung.[39]

Die Menge der Personen, die von der Datenverarbeitung betroffen sind, ist u. a. relevant, da sich mit steigender Zahl betroffener Personen auch Querverbindungen zwischen diesen herstellen lassen und sich dadurch neue Rückschlüsse/Erkenntnisse für jede einzelne betroffene Person ableiten lassen könnten.[40] Auch relevant ist die Frage, ob eine mögliche Beeinträchtigung der Rechte und Freiheiten der betroffenen Personen nur eine geringe Zahl betroffener Personen treffen würde, oder eine sehr große Zahl, wie es zum Beispiel bei Lücken in Schutzmaßnahmen großer Sozialer-Netzwerkeplattformen oder Cloud-Computing-Angeboten der Fall sein würde.

Wann genau eine besonders risikoreiche Menge an personenbezogenen Daten verarbeitet wird, konkretisiert die DSGVO nicht. Erwgr. 91 S. 3 und 4 DSGVO konkretisieren zumindest den negativen Erfüllungsgrad insofern, dass es sich bei der Verarbeitung personenbezogene Daten von Patienten oder von Mandanten, die durch einen einzelnen Arzt, sonstigen Angehörigen eines Gesundheitsberufes oder Rechtsanwalt erfolgt, gerade nicht um eine Verarbeitung im großen Umfang handeln soll. Zumindest wenn durch eine Verarbeitung personenbezogener Daten Profile der betroffenen Personen entstehen, wird es sich i. d. R. um eine risikoreiche Menge an personenbezogenen Daten handeln. Dies gilt auch dann, wenn die zusammengeführten Daten einzeln betrachtet keine hohe Aussagekraft aufweisen.[41] Neben den Daten, die im Zentrum der Verarbeitung stehen, sind auch alle weiteren Informationen zu berücksichtigen, die in Ergänzung der „Primärdaten" gespeichert werden. Werden zum Beispiel im Rahmen der Verarbeitung elektronischer Personalakten auch Logdateien gespeichert, die wiedergeben, welcher

---

[38] *Reto/Mantz* in *Sydow*, DSGVO-Kommentar, Art. 25 Rdnr. 41; *Bertermann* in *Ehmann/Selmayr*, DSGVO-Kommentar, Art. 24 Rdnr. 7.

[39] *Hartung* in *Kühling/Buchner*, DSGVO-Kommentar, Art. 24 Rdnr. 14.

[40] *Martini* in *Paal/Pauly*, DSGVO-Kommentar, Art. 24 Rdnr. 33.

[41] *Petri* in *Simitis/Hornung/Spiecker*, DSGVO-Kommentar, Art. 24 Rdnr. 12; *Piltz* in *Gola*, DSGVO-Kommentar, Art. 24 Rdnr. 34.

Verwaltungsmitarbeiter wann auf die Akte zugegriffen hat und ggf. welche Änderungen/Ergänzungen er vorgenommen hat, so sind auch diese „Sekundärdaten" für die Betrachtung relevant.[42]

Auch wenn Art. 24 Abs. 1, 25 Abs. 1, 32 Abs. 1 DSGVO die Dauer der Verarbeitung nicht explizit als Auswahlkriterium von Schutzmaßnahmen erwähnen, so sollte es sich hierbei regelmäßig um einen dritten Teilaspekt des Umfangs der Verarbeitung handeln. Z. B. wenn einem Datensatz laufend weitere Daten hinzugefügt werden, hat die Verarbeitungsdauer unmittelbaren Einfluss auf den Verarbeitungsumfang. Spätestens aber im Hinblick auf die Eintrittswahrscheinlichkeit eines Risikos ist die Dauer der durch die Verarbeitung bestehenden Beeinträchtigungen für die Rechte und Freiheit der betroffenen Personen von unmittelbarer Relevanz.[43] Ein weiterer Aspekt des Umfangs der Verarbeitung können Empfänger der Daten sein. Bestehen im Rahmen einer Datenverarbeitung z. B. eine Vielzahl von Auftragsverarbeitungen oder gibt es eine gemeinsame datenschutzrechtliche Verantwortlichkeit mehrerer Stellen, kann sich auch dieser Umstand auf die Auswahl von Schutzmaßnahmen unter Berücksichtigung des Umfangs der Datenverarbeitung auswirken.[44]

3.1.3.3 Umstände der Verarbeitung

Auch die Umstände der Verarbeitung sind bei der Auswahl von Schutzmaßnahmen zu berücksichtigen. Diese „beziehen sich auf alle tatsächlichen und rechtlichen Gegebenheiten, welche die Verarbeitung betreffen."[45] Hierzu zählen u. a. der Verarbeitungsort, die Verarbeitungszeit, die für die Verarbeitung eingesetzten Systeme und bereits implementierten Schutzmaßnahmen, die wirtschaftlichen Interessen des Verantwortlichen an der Datenverarbeitung und ob die betroffenen Personen mit der Datenverarbeitung rechnen müssen.[46]

Der Verarbeitungsort und die Verarbeitungszeit sind z. B. bei der Videoüberwachung öffentlicher Plätze relevant. So kann es einen Unterschied machen, ob der öffentliche Raum vor einer Sehenswürdigkeit oder vor einem politisch/religiös geprägten Denkmal überwacht wird, ob die Überwachung nur tagsüber oder auch

---

[42] *Jandt* in *Kühling/Buchner*, DSGVO-Kommentar, Art. 32 Rdnr. 12.

[43] Ähnlich auch *Martini* in *Paal/Pauly*, DSGVO-Kommentar, Art. 24 Rdnr. 33, 35a, der die Dauer der Verarbeitung als „Teilbaustein der Art und des Umf. Sowie der Umstände der Verarbeitung" versteht; *Bertermann* in *Ehmann/Selmayr*, DSGVO-Kommentar, Art. 24 Rdnr. 7.

[44] *Bertermann* in *Ehmann/Selmayr*, DSGVO-Kommentar, Art. 24 Rdnr. 7.

[45] *Piltz* in *Gola*, DSGVO-Kommentar, Art. 24 Rdnr. 35.

[46] *Hartung* in *Kühling/Buchner*, DSGVO-Kommentar, Art. 24 Rdnr. 14; *Piltz* in *Gola*, DSGVO-Kommentar, Art. 24 Rdnr. 35.

nachts stattfindet, ob die Überwachung nur nach Auslösung eines Bewegungsmelders oder dauerhaft erfolgt und ob auf dem öffentlichen Raum zum Zeitpunkt der Videoüberwachung ein besonderes Ereignis, z. B. eine Demonstration, stattfindet.

In Bezug auf das eingesetzte System sowie bereits implementierte Schutzmaßnahmen ist u. a. relevant, ob im Rahmen des Verarbeitungssystems starke Schutzmaßnahmen wie Verschlüsselung, Pseudonymisierung oder sogar Anonymisierung umgesetzt werden *können* und *werden*. Auch der Umstand, ob Daten lokal beim Verantwortlichen oder auf Servern eines Cloud-Computing-Anbieters verarbeitet werden, ist für die Betrachtung relevant. Letzteres ist insbesondere dann relevant, wenn die Datenverarbeitung durch den Cloud-Computing-Anbieter – oder sonstige Auftragsverarbeiter – in Drittstaaten erfolgt.[47]

Der Umstand, dass der Verantwortliche ein hohes wirtschaftliches Interesse an der Datenverarbeitung hat, wird regelmäßig für höhere Maßnahmen zum Schutz der Rechte und Freiheiten der betroffenen Personen sprechen. Auch wenn die betroffene Person mit der Datenverarbeitung nicht rechnen muss – z. B., wenn die personenbezogenen Daten nicht direkt bei der betroffenen Person erhoben werden und eine Ausnahme der Informationspflichten nach Art. 14 Abs. 5 DSGVO vorliegt – dürfte dieser Umstand höhere Schutzmaßnahmen indizieren.[48]

3.1.3.4 Zwecke der Verarbeitung

Bei der Berücksichtigung der Verarbeitungszwecke sind insbesondere zwei Aspekte relevant: Einerseits gilt es zu bewerten, ob die Datenverarbeitung einem besonders kritischen Zweck dienen soll, andererseits ist zu berücksichtigen, ob die Verarbeitungszwecke möglicherweise (zu) weit gefasst sind.

Besonders kritische Zwecke liegen u. a. dann vor, wenn diese die Verstärkung des Grades des Personenbezugs und/oder die wirtschaftliche Verwertung der personenbezogenen Daten zum Ziel haben. Verarbeitet ein Verantwortlicher Daten also zum Zwecke der De-Pseudonymisierung oder De-Anonymisierung oder „sammelt" er personenbezogene Daten, um diese in aufbereiteter Form weiterzuverkaufen, so werden diese Aspekte regelmäßig für höhere Schutzmaßnahmen sprechen. Gleiches gilt, wenn die Datenverarbeitung dem Zweck dient, persönliche Profile der betroffenen Personen zu erstellen oder persönliche Lebensaspekte der betroffenen Personen zu analysieren.[49]

---

[47] *Bertermann* in *Ehmann/Selmayr*, DSGVO-Kommentar, Art. 24 Rdnr. 7; *Jandt* in *Kühling/ Buchner*, DSGVO-Kommentar, Art. 32 Rdnr. 12.

[48] *Martini* in *Paal/Pauly*, DSGVO-Kommentar, Art. 24 Rdnr. 34; *Jandt* in *Kühling/Buchner*, DSGVO-Kommentar, Art. 32 Rdnr. 12.

[49] *Bertermann* in *Ehmann/Selmayr*, DSGVO-Kommentar, Art. 24 Rdnr. 7; *Piltz* in *Gola*, DSGVO-Kommentar, Art. 24 Rdnr. 36.

In Bezug auf zu weit gefasste Zwecke ist der in Art. 5 Abs. 1 lit. b DSGVO normierte Zweckbindungs-Grundsatz zu beachten. Personenbezogene Daten dürfen unter Berücksichtigung des Zweckbindungs-Grundsatzes nur für festgelegte, eindeutige und legitime Zwecke erhoben werden und dürfen nicht in einer mit diesen Zwecken nicht zu vereinbarenden Weise weiterverarbeitet werden. Die Weiterverarbeitung für im öffentlichen Interesse liegende Archivzwecke, für wissenschaftliche oder historische Forschungszwecke oder für statistische Zwecke gilt privilegiert die DSGVO insofern, dass sie nicht als unvereinbar mit den ursprünglichen Zwecken gelten (Art. 89 DSGVO). In ähnlicher Weise werden Datenverarbeitungen zu literarischen, künstlerischen und journalistischen Zwecken privilegiert (Art. 85 DSGVO).[50] Für jeglichen Zweck der Datenverarbeitung – unabhängig davon, ob er beispielhaft in der DSGVO benannt und/oder privilegiert wird – ist eine hinreichende Konkretisierung erforderlich. Ist der Zweck der Verarbeitung etwa die wissenschaftliche Forschung, so gilt es diesen Zweck hinsichtlich der für den Verantwortlichen relevanten Forschungsfragen und –ziele zu präzisieren.[51] Fehlt es an einer solchen Präzisierung besteht ein erhöhtes Potenzial, den Zweck der Datenverarbeitung zum Nachteil der betroffenen Personen „auszuhöhlen".

3.1.4   Kriterium: Schwere und Eintrittswahrscheinlichkeit von Risiken

Bei der Auswahl technischer und organisatorischer Maßnahmen sind letztendlich auch die unterschiedliche Eintrittswahrscheinlichkeit und Schwere des Risikos für die Rechte und Freiheiten[52] natürlicher Personen zu berücksichtigen. Den Begriff des Risikos definiert die Datenschutzkonferenz in einem ihrer Kurzpapiere – basierend auf den Erwgr. 75, 94 – wie folgt: „Ein Risiko im Sinne der DSGVO ist das Bestehen der Möglichkeit des Eintritts eines Ereignisses, das selbst einen Schaden (einschließlich ungerechtfertigter Beeinträchtigung von Rechten und Freiheiten natürlicher Personen) darstellt oder zu einem weiteren Schaden für eine oder mehrere natürliche Personen führen kann. Es hat zwei Dimensionen:

---

[50] *Martini* in *Paal/Pauly*, DSGVO-Kommentar, Art. 24 Rdnr. 35; *Bertermann* in *Ehmann/ Selmayr*, DSGVO-Kommentar, Art. 24 Rdnr. 7.

[51] *Jandt* in *Kühling/Buchner*, DSGVO-Kommentar, Art. 32 Rdnr. 12.

[52] Die Rechte und Freiheiten umfassen nicht nur das Recht auf informationelle Selbstbestimmung, sondern sämtliche Grundrechte und Grundfreiheiten der betroffenen Personen. *Martini* in *Paal/Pauly*, DSGVO-Kommentar, Art. 24 Rdnr. 27.

Erstens die Schwere des Schadens und zweitens die Wahrscheinlichkeit, dass das Ereignis und die Folgeschäden eintreten."[53]

Bei welchen Datenverarbeitungen ein Risiko für die Rechte und Freiheiten der betroffenen Personen besteht, erwähnt Erwgr. 75 DSGVO. U. a. nennt der Erwgr. Verarbeitungen, die zu einem physischen, materiellen oder immateriellen Schaden führen könnten, insbesondere wenn die Verarbeitung zu einer Diskriminierung, einem Identitätsdiebstahl oder -betrug, einem finanziellen Verlust, einer Rufschädigung, wenn die betroffenen Personen um ihre Rechte und Freiheiten gebracht oder daran gehindert werden, die sie betreffenden personenbezogenen Daten zu kontrollieren, wenn besondere Kategorien personenbezogener Daten verarbeitet werden, wenn persönliche Aspekte bewertet werden, wenn personenbezogene Daten schutzbedürftiger natürlicher Personen verarbeitet werden oder wenn die Verarbeitung eine große Menge personenbezogener Daten und eine große Anzahl von betroffenen Personen betrifft.[54]

Dem Verantwortlichen steht es frei, die verfahrenstechnischen Schritte zur Bestimmung des Risikos selbst zu wählen.[55] Zur systematischen Erfassung des Risikos für die Rechte und Freiheiten natürlicher Personen können z. B. zunächst mögliche Risikoquellen sowie die Motive und Ziele eines möglichen Angriffs identifiziert werden *(Schritt 1)*. Darauf aufbauend könnten diese sodann hinsichtlich ihrer Eintrittswahrscheinlichkeit und dem möglicherweise den betroffenen Personen entstehenden Schaden detailliert bewertet werden *(Schritt 2)*.[56]

Um im *Schritt 1* zunächst die möglichen Risikoquellen systematisch zu erfassen, sollten diese einerseits in interne und externe sowie andererseits in menschliche und nichtmenschliche Risikoquellen unterteilt werden. Ein Beispiel für interne menschliche Risikoquellen sind die Mitarbeiter eines Unternehmens, während interne nichtmenschliche Risikoquellen zum Beispiel Brandschäden. Beispiele für externe menschliche Risikoquellen sind u. a. Hacker und Mitbewerber, während als Beispiele für externe nichtmenschliche Risikoquellen u. a. extern verursachte Ausfälle in der Internetversorgung zu nennen sind. Die anschließende Erfassung der möglichen Angriffsmotive beschränkt sich auf die menschlichen Risikoquellen. Hierbei sind die internen und externen menschlichen Risikoquellen zusätzlich dahingehend zu unterscheiden, ob ein Angriff

---

[53] DSK, Kurzpapier Nr. 18 Risiko für die Rechte und Freiheiten natürlicher Personen, S. 1.

[54] *Bieker/Bremert*, ZD 2020, 7 (7 f.); *Ritter/Reibach/Lee*, ZD 2019, 531 (533); *Tinnefeld/Buchner/Petri/Hof,* Einführung in das Datenschutzrecht. Datenschutz und Informationsfreiheit in europäischer Sicht, S. 245.

[55] *Martini* in *Paal/Pauly*, DSGVO-Kommentar, Art. 24 Rdnr. 36.

[56] *Bitkom*, Risk Assessment & Datenschutz-Folgenabschätzung, S. 26.

unbeabsichtigt oder vorsätzlich durchgeführt wird (sogenannte „Angriffsmotivation"). Grundsätzlich ist davon auszugehen, dass sowohl interne als auch externe
menschliche Risikoquellen ohne Angriffsmotivation, die einen Angriff also unbeabsichtigt durchführen, davon ausgehen, dass sie keinen Aufwand betreiben,
einen versehentlichen Angriff (bzw. allgemeiner gesprochen: eine versehentli-
che Aktion) durchzuführen. Gegenteilig würde es bei internen und externen
menschlichen Risikoquellen mit Angriffsmotivation, die einen Angriff also vorsätzlich durchführen, aussehen. Den erhöhten Einsatz, den eine Risikoquelle auf
sich nehmen würde, um eine bestimmte Aktion durchzuführen, sollte bei der
Bewertung der Wahrscheinlichkeit eines konkreten Risikos – und daraus folgend
auch bei der Auswahl und Umsetzung technischer und organisatorischer Maßnahmen – Berücksichtigung finden. Zudem sind die möglichen Angriffsziele und die
damit verbundenen Angriffsszenarien zu erfassen. Zu den Angriffszielen können
u. a. bestimmte Räumlichkeiten oder Geräte in einem Unternehmen oder auch
bestimmte Personen zählen. Bei möglichen Angriffsszenarien sind u. a. die eingesetzte Angriffsmethode sowie der gewählte Zeitpunkt und die Art des Angriffs
zu erfassen.[57]

Nachdem alle möglichen Risikoquellen, Angriffsmotive und -ziele erfasst
wurden, gilt es darauf aufbauend diese in *Schritt 2* hinsichtlich ihrer Eintrittswahrscheinlichkeit und dem für die betroffenen Personen möglicherweise entstehenden
Schaden zu bewerten. Gemäß Erwgr. 76 DSGVO – und wie im vorherigen Unterkapitel vorgestellt – sollen diese jeweils in Bezug auf die Art, den Umfang, die
Umstände und die Zwecke der Verarbeitung bestimmt werden. Die Datenschutzkonferenz schlägt hierzu vor, die Eintrittswahrscheinlichkeit und die Schwere
des Schadens auf einer Skala mit den vier Ausprägungen „geringfügig", „überschaubar", „substanziell" und „groß" darzustellen und die Zuordnung zu den
Ausprägungen (schriftlich) zu begründen.

Die Eintrittswahrscheinlichkeit eines Risikos bestimmt sich dadurch zu beurteilen, wie wahrscheinlich der Eintritt eines bestimmten Ereignisses ist und wie
wahrscheinlich es zu mit diesem Ereignis einhergehenden Folgeschäden kommen
kann. Kann auf verschiedenen Wegen das gleiche Ereignis herbeigeführt werden,
so sind diese Wege zu summieren. Ein Beispiel für ein solches Ereignis kann die
unbeabsichtigte Offenlegung einer sexuell übertragbaren Krankheit einer Person
sein. Ein Folgeschaden in diesem Zusammenhang könnte die gesellschaftliche
Stigmatisierung oder gar der Verlust des Arbeitsplatzes der Person darstellen. Die
Wege, durch die das Ereignis ausgelöst werden könnte, könnten u. a. mangelhaft

---

[57] *Bitkom*, Risk Assessment & Datenschutz-Folgenabschätzung, S. 27; *Selzer* in *Jandt/
Steidle*, Datenschutz im Internet, S. 371 ff.

umgesetzte technische Maßnahmen seitens des Verantwortlichen sowie die damit verbundene Möglichkeit des Ausspähens von Informationen durch unberechtigte Dritte sowie ein sorgloser Umgang mit den betroffenen personenbezogenen Daten seitens der Mitarbeiter des Verantwortlichen sein – im Falle von Mitarbeitern einer Arztpraxis oder Beratungsstelle etwa das laute Sprechen über die Diagnose unter Namensnennung, wenn andere Patienten/Klienten das Gespräch mitanhören können.[58]

Wesentliche Faktoren zur Bestimmung der Schwere eines möglichen Schadens sind:[59]

- Sind von der Datenverarbeitung Daten gemäß Art. 9, 10 DSGVO betroffen?
- Werden Daten von besonders schutzbedürftigen Personengruppen, wie etwa von Beschäftigten, unter polizeilichem Schutz stehenden Personen oder Kindern, verarbeitet?
- Werden eindeutig identifizierende, ggf. sogar nicht veränderbare Daten verarbeitet?
- Handelt es sich um eine Verarbeitung gem. Art. 35 Abs. 3 lit. a DSGVO?
- Wäre der möglicherweise entstehende Schaden nicht oder nur unter erhöhtem Aufwand reversibel?
- Bestehen seitens der betroffenen Person nur wenige Möglichkeiten, die Verarbeitung zu prüfen bzw. überprüfen zu lassen?
- Bestehen seitens der betroffenen Person nur wenige oder ggf. sogar keine Möglichkeiten, sich der Verarbeitung zu entziehen (z. B., weil eine Ausnahme von den Informationspflichten nach Art. 13, 14 DSGVO vorliegt und die betroffene Person daher keine Kenntnis über die Datenverarbeitung hat)?
- Ermöglicht die Verarbeitung eine systematische Überwachung?
- Sind von der Verarbeitung eine hohe Anzahl an Personen betroffen?
- Sind von der Verarbeitung eine große Menge an personenbezogenen Daten betroffen, z. B. durch eine hohe Anzahl an Datensätzen und/oder eine hohe Anzahl an Merkmalen je Datensatz?

Für die Abschätzung des Risikos empfiehlt die Datenschutzkonferenz eine Abstufung in „geringes Risiko", „Risiko" und „hohes Risiko" unter Zuhilfenahme folgender Matrix (Abbildung 3.2):[60]

---

[58] DSK, Kurzpapier Nr. 18 Risiko für die Rechte und Freiheiten natürlicher Personen, S. 4.

[59] Alle im Folgenden genannten Faktoren ergeben sich aus DSK, Kurzpapier Nr. 18 Risiko für die Rechte und Freiheiten natürlicher Personen, S. 5.

[60] Abweichend von der Methodik der DSK benennt die DSGVO nur die Einstufung des Risikos in „Risiko" und „hohes Risiko". Obwohl die DSGVO selbst dazu schweigt, ob

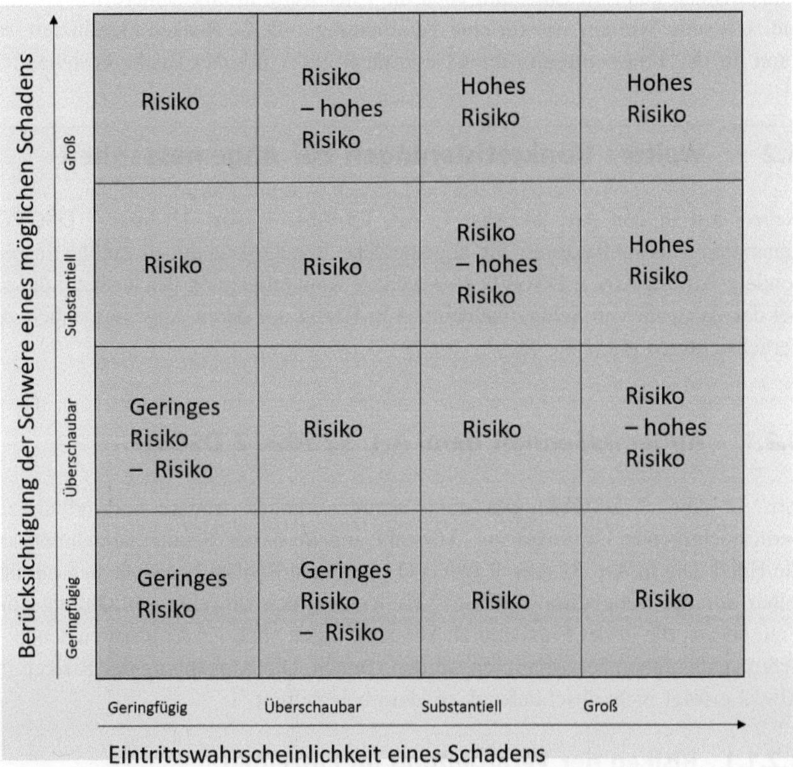

Abbildung 3.2 Risikomatrix der Datenschutzkonferenz[61]

Insgesamt ist einer Verarbeitung – basierend auf der Bewertung des Risikos anhand der abgebildeten Matrix – immer die höchste Risikostufe der Einzelrisiken zugrunde zu legen. Wurden für eine Verarbeitung z. B. vier geringe Risiken und ein geringes Risiko identifiziert, so besteht für die Verarbeitung in ihrer Gesamtheit ein Risiko. Bestehen allerdings im Rahmen einer Verarbeitung viele

---

eine feingranularerer Unterscheidung sinnvoll und möglich ist, ist davon auszugehen, dass konkretisierende Methoden zur Einordnung des Risikos sowohl nützlich als auch erlaubt sind.

[61] DSK, Kurzpapier Nr. 18 Risiko für die Rechte und Freiheiten natürlicher Personen, S. 5. In der Originalabbildung ist das geringe Risiko durch die Farbe Grün, das Risiko durch die Farbe Gelb und das hohe Risiko durch die Farbe Rot dargestellt.

Einzelrisiken kann im Einzelfall auch die Einstufung in eine höhere Risikostufe indiziert sein. Wurden also für eine Verarbeitung z. B. 20 Risiken identifiziert, so kann für die Verarbeitung in ihrer Gesamtheit ggf. ein hohes Risiko bestehen.[62]

3.2   Weitere Konkretisierungen zur Angemessenheit

Neben den in den Art. 24 Abs. 1, Art. 25 Abs. 1, Art. 32 Abs. 1 DSGVO genannten Auswahlfaktoren für angemessene Schutzmaßnahmen enthält insbesondere Art. 32 Abs. 2 DSGVO eine weitere Konkretisierung der Risiken, die es bei der Auswahl von Schutzmaßnahmen in Bezug auf deren Angemessenheit zu berücksichtigen gilt.

3.2.1   Angemessenheit gem. Art. 32 Abs. 2 DSGVO

Art. 32 Abs. 2 DSGVO gibt dem Verantwortlichen weitere verbindlich zu berücksichtigende Leitlinien zur Auswahl angemessener Schutzmaßnahmen an die Hand. Die in Art. 32 Abs. 2 DSGVO genannten Risiken beziehen sich unmittelbar auf die Verarbeitung selbst.[63] Es handelt sich um eine Aufzählung von Ereignissen, die in der Praxis durch Verarbeitungen ohne – oder unzureichende – Schutzmaßnahmen hervorgerufen werden können. Die Aufzählung der Risiken in Abs. 2 erfolgt nicht abschließend, sondern beispielhaft.[64]

3.2.1.1   Risiken der Verarbeitung im Einzelnen

Konkret nennt Art. 32 Abs. 2 DSGVO in Bezug auf die verarbeiteten personenbezogenen Daten die Vernichtung, den Verlust, die Veränderung, die unbefugte Offenlegung und den unbefugten Zugang als Risiken. Die DSGVO greift somit die primären IT-Schutzziele Vertraulichkeit (Offenlegung, Zugang), Integrität (Veränderung) und Verfügbarkeit (Vernichtung, Verlust) auf und wiederholt die Risiken einer (ggf. meldepflichtigen) Verletzung des Schutzes personenbezogener Daten, wie die DSGVO sie bereits in Art. 4 Nr. 12 DSGVO aufzählt.

---

[62] DSK, Kurzpapier Nr. 18 Risiko für die Rechte und Freiheiten natürlicher Personen, S. 5.

[63] Art. 32 Abs. 2 DSGVO bezieht sich auf Abs. 1, wobei Abs. 1 die Zielvorgabe des Art. 32 normiert, nämlich ein dem Risiko angemessenes Schutzniveau sicherzustellen, und Abs. 2 die Risiken konkretisiert, die es zu berücksichtigen gilt. *Hansen* in *Simitis/Hornung/Spiecker*, DSGVO-Kommentar, Art. 32 Rdnr. 58.

[64] *Laue* in *Spindler/Schuster*, Recht der elektronischen Medien, Art. 32 Rdnr. 5; *Piltz* in *Gola*, DSGVO-Kommentar, Art. 32 Rdnr. 38 ff.

3.2.1.1.1 Vernichtung

Bei der Vernichtung handelt es sich um eine Form des Löschens, also des Unkenntlichmachens personenbezogener Daten. Das Vernichten bezieht sich auf die physische Zerstörung von Datenträgern in einer Form, dass die auf dem Datenträger gespeicherten personenbezogenen Daten nach der Zerstörung des Datenträgers nicht mehr widerherstellbar und wahrnehmbar sind. Bei dem Datenträger kann es sich z. B. um eine Papierakte oder eine CD handeln, zur Vernichtung können diese u. a. geschreddert werden.[65]

3.2.1.1.2 Verlust

Bei einem Datenverlust ist der Datenträger – im Unterschied zur Vernichtung – physisch intakt, die darauf gespeicherten personenbezogenen Daten sind jedoch entweder temporär oder dauerhaft nicht mehr zugreifbar. Ein Datenverlust kann u. a. durch fehlerhafte Software, Schadsoftware oder auch durch Bedienfehler entstehen.[66]

3.2.1.1.3 Veränderung

Eine Veränderung liegt vor, wenn die gespeicherten personenbezogenen Daten inhaltlich umgestaltet werden. Ein Beispiel für eine Veränderung personenbezogener Daten wäre z. B. die Korrektur einer bisher unrichtig gespeicherten Altersangabe im Datenbestand des Verantwortlichen. Auch das Hinzufügen neuer Daten oder die Änderung des Zustands der Daten von verschlüsselt in unverschlüsselt stellen Veränderungen dar.[67]

3.2.1.1.4 Offenlegung

Der Begriff der Offenlegung umfasst alle Vorgänge, durch die personenbezogene Daten in den Bereich einer anderen Stelle gelangen. Es ist unerheblich, ob es sich bei diesen „anderen Stellen" um Dritte i.S.d. Art. 4 Nr. 10 DSGVO handelt. Die Offenlegung kann z. B. durch eine Datenübertragung oder die Übergabe eines Datenträgers – jeweils unter Kenntnisnahme des Empfängers – erfolgen.[68]

---

[65] *Selzer* in *Jandt/Steidle*, Datenschutz im Internet, S. 125.

[66] *Jandt* in *Kühling/Buchner*, DSGVO-Kommentar, Art. 32 Rdnr. 32.

[67] *Selzer* in *Jandt/Steidle*, Datenschutz im Internet, S. 124; *Jandt* in *Kühling/Buchner*, DSGVO-Kommentar, Art. 32 Rdnr. 32.

[68] *Selzer* in *Jandt/Steidle*, Datenschutz im Internet, S. 125; *Jandt* in *Kühling/Buchner*, DSGVO-Kommentar, Art. 32 Rdnr. 33.

3.2.1.1.5 Zugang

Ein Zugang zu personenbezogenen Daten geht i. d. R. vom Datenempfänger aus. Zwar setzt ein *berechtigter* Zugang zu personenbezogenen Daten voraus, dass der Verantwortliche dem Datenempfänger Zugang zu dem Verarbeitungssystem sowie Zugriffsrechte auf die bestimmten Daten erteilt hat, doch geht die entscheidende Aktivität, nämlich das Abrufen oder Einsehen der Daten, sowohl im berechtigten als auch im unberechtigten Fall eines Zugangs, vom Empfänger aus.[69]

3.2.1.2   Unbeabsichtigte, unrechtmäßige und unbefugte Ereignisse

Davon ausgehend, dass es sich bei einer unbefugten Offenlegung und dem unbefugten Zugang regelmäßig um beabsichtigte und unrechtmäßige Vorgänge handeln wird, stellt Art. 32 Abs. 2 DSGVO für die Vernichtung, den Verlust und die Veränderung klar, dass es für die Bewertung des Risikos unerheblich sein soll, ob diese Ereignisse unbeabsichtigt und/oder unrechtmäßig erfolgen. So kann z. B. auch ein zufälliger Verlust personenbezogener Daten oder eine auf einem Missgeschick eines Mitarbeiters basierende Veränderung personenbezogener Daten ein Risiko für die Rechte und Freiheiten der betroffenen Personen bedeuten. Auch gilt es zu beachten, dass ein und dieselbe Verarbeitungsoperation zu unterschiedlichen Zeitpunkten unbeabsichtigt und unrechtmäßig, zu einem anderen Zeitpunkt aber beabsichtigt und rechtmäßig erfolgen kann. Zu einem Zeitpunkt, an dem die Verfügbarkeit personenbezogener Daten durch den Verantwortlichen zu gewährleisten ist, wäre eine Vernichtung der Daten wohl regelmäßig unbeabsichtigt (z. B. durch Verwechslung) und unrechtmäßig erfolgt. Wenn aber die Rechtsgrundlage der Datenverarbeitung entfällt und einer Datenlöschung keine gesetzlichen Aufbewahrungspflichten entgegenstehen, wäre eine Vernichtung regelmäßig beabsichtigt und rechtmäßig. Vor diesem Hintergrund ist es notwendig, dass der Verantwortliche ermöglicht zu erkennen, ob es sich um eine rechtmäßige/unrechtmäßige/beabsichtige/unbeabsichtigte Verarbeitungsoperation handelt.[70]

Demgegenüber sollen die Offenlegung und der Zugang nur relevant sein, wenn diese unbefugt erfolgen. Dies beschränkt die beiden Vorgänge jedoch nicht auf ein passives Verhalten des Verantwortlichen – nicht nur unbefugte Offenlegungen und Zugänge durch Unberechtigte, z. B. eine Offenlegung personenbezogene Daten durch einen externen Hacker, der sich zuvor unberechtigt Zugang zu den Daten verschafft hat, sondern auch ein aktives Herbeiführen einer Offenlegung

---

[69] *Jandt* in *Kühling/Buchner*, DSGVO-Kommentar, Art. 32 Rdnr. 34.

[70] *Hansen* in *Simitis/Hornung/Spiecker*, DSGVO-Kommentar, Art. 32 Rdnr. 61.

oder eines Zugangs durch den Verantwortlichen sollen umfasst sein. Relevant ist in diesem Zusammenhang lediglich die Frage, ob der Verantwortliche die Berechtigung zur Übermittlung der personenbezogenen Daten an den/die jeweiligen Datenempfänger innehatte oder nicht.[71]

3.2.1.3 Schutzbedarfsfeststellung

Das Niveau der Schutzmaßnahmen muss sich entsprechend der in Art. 32 Abs. 2 DSGVO aufgezählten Ereignisse primär an der Schutzbedürftigkeit der verarbeiteten personenbezogenen Daten messen lassen. Insofern hat eine Schutzbedarfsfeststellung zu erfolgen, bei der für die unterschiedlichen verarbeiteten personenbezogenen Daten deren Schutzbedarf ermittelt wird. I.d.R. erfordert dies zunächst die Ermittlung von Schadensszenarien und eine daraus folgende Ableitung des Schutzbedarfs der Daten in Form der Zuordnung der Daten zu Schutzbedarfskategorien.[72] Z. B. sieht der IT-Grundschutz die Einteilung von Daten in die Schutzbedarfskategorien „normal", „hoch" und „sehr hoch" vor. Ein normaler Schutzbedarf besteht demnach, wenn die Schadensauswirkungen begrenzt und überschaubar sind. Ein hoher Schutzbedarf besteht, wenn die Schadensauswirkungen beträchtlich sind und ein sehr hoher Schutzbedarf besteht, wenn die Schadensauswirkungen existenziell bedrohlich oder gar katastrophalen Ausmaßes wären.[73]

Bei der Schutzbedarfsfeststellung wird es regelmäßig Überschneidungen zu den in Art. 32 Abs. 1 DSGVO genannten Auswahlkriterien geben, z. B. sind bereits im Rahmen der Berücksichtigung der „Art der Verarbeitung" nach Art. 32 Abs. 1 DSGVO die verarbeiteten Datenarten zu berücksichtigen. Insofern sind die in Art. 32 Abs. 1 und Abs. 2 DSGVO genannten Auswahlkriterien nicht losgelöst voneinander zu betrachten. Vielmehr gilt es für die Angemessenheit von Schutzmaßnahmen die in beiden Absätzen genannten Auswahlkriterien im Zusammenspiel zu betrachten und abzuwägen.

---

[71] *Jandt* in *Kühling/Buchner*, DSGVO-Kommentar, Art. 32 Rdnr. 34 f.

[72] *Hladjk* in *Ehmann/Selmayr*, DSGVO-Kommentar, Art. 32 Rdnr. 11.

[73] *BSI:* BSI-Standard 100–2 – IT-Grundschutz-Vorgehensweise, S. 49. Für weitere Ausführungen zur Vorgehensweise des IT-Grundschutzes vgl. nachfolgendes Hauptkapitel. Die Unterteilung in drei Risikogruppen hat sich in Deutschland basierend auf dem IT-Grundschutz etabliert, s. z. B. auch *Pütz/Sowa*, DuD 2013, 40 (42).

3.2.2 Angemessenheit gem. Art. 24 Abs. 2 DSGVO

Auch Art. 24 Abs. 2 DSGVO enthält eine weitere Erwähnung der Angemessenheit. Demnach müssen die nach Abs. 1 zu treffenden Maßnahmen die Anwendung geeigneter Datenschutzvorkehrungen[74] durch den Verantwortlichen umfassen, sofern dies in einem angemessenen Verhältnis zu den Verarbeitungstätigkeiten steht. Durch diese Regelung wird dem Verhältnismäßigkeitsprinzip Rechnung getragen. Ob und welche Schutzmaßnahmen umgesetzt werden, hängt somit von dem Ergebnis der Verhältnismäßigkeitsprüfung ab, nach der die Schutzmaßnahmen im Hinblick auf die jeweils konkrete Verarbeitungstätigkeit angemessen, erforderlich und verhältnismäßig sein müssen. Art. 24 Abs. 2 DSGVO lässt es offen, welche Faktoren in die Verhältnismäßigkeitsprüfung einfließen sollen. Dass Abs. 2 keine Einschränkungen hinsichtlich der in die Prüfung einzufließenden Faktoren enthält, lässt schlussfolgern, dass jegliche Art von Interessen berücksichtigt werden darf. Dies gilt insbesondere auch für die wirtschaftlichen Interessen des Verantwortlichen in Bezug auf die Implementierungskosten.[75]

3.3 Ergebnis

Art. 24 Abs. 1, Art. 25 Abs. 1, Art. 32 Abs. 1 DSGVO überlassen die Auswahl der zum Schutz der Rechte und Freiheiten der betroffenen Personen zu ergreifenden Schutzmaßnahmen dem Verantwortlichen und eröffnen ihm unter Berücksichtigung der Art, des Umfangs, der Umstände und Zwecke der Verarbeitung und der unterschiedlichen Eintrittswahrscheinlichkeit und Schwere der Risiken für die Rechte und Freiheiten natürlicher Personen einen Entscheidungsspielraum. Gemäß Art. 25 Abs. 1, Art. 32 Abs. 1 DSGVO dürfen auch der Stand der Technik und die Implementierungskosten in die Auswahl der Schutzmaßnahmen einfließen. Zudem sind gem. Art. 32 Abs. 2 DSGVO die Vernichtung, der Verlust, die Veränderung, die unbefugte Offenlegung und der unbefugte Zugang

---

[74] Die Verwendung des Terminus „Schutzvorkehrungen" soll keine eigene bzw. neue Kategorie von Schutzmaßnahmen darstellen. Gemeint sind dieselben technischen und organisatorischen Maßnahmen, wie sie bereits in Art. 24 Abs. 1 DSGVO normiert sind. Insofern ist davon auszugehen, dass der Wert des Art. 24 Abs. 2 DSGVO nicht etwa die Normierung weiterer/anderer Schutzmaßnahmen, sondern die Umsetzung der Schutzmaßnahmen unter Berücksichtigung des Verhältnismäßigkeitsprinzips ist. *Piltz* in *Gola*, DSGVO-Kommentar, Art. 24 Rdnr. 55–58.

[75] *Piltz* in *Gola*, DSGVO-Kommentar, Art. 24 Rdnr. 53 f.

als Risiken der Verarbeitung zu berücksichtigen und gem. Art. 24 Abs. 2 DSGVO eine Verhältnismäßigkeitsprüfung durchzuführen.

Grundsätzlich gilt es festzustellen, dass eine Risikobetrachtung gem. den Art. 24, 25 und 32 DSGVO nicht in der gleichen Tiefe erfolgen muss, wie es die DSGVO im Rahmen der Datenschutz-Folgenabschätzung gem. Art. 35 DSGVO vorsieht. Der dort beschriebene Aufwand zur Risikobewertung ist ausdrücklich nur dann verpflichtend zu erbringen, wenn eine Verarbeitung ein *hohes Risiko* für die Rechte und Freiheiten der betroffenen Personen mit sich bringt. Umgekehrt hat der Verantwortliche die Ergebnisse einer verpflichtend durchzuführenden Datenschutz-Folgenabschätzung jedoch bei der Festlegung angemessener Schutzmaßnahmen stets zu berücksichtigen.[76]

Obwohl die DSGVO den Verantwortlichen bei der Auswahl von Schutzmaßnahmen in Form von Auswahlkriterien unterstützt, ist der Verantwortliche insbesondere in Bezug auf die Auslegung und Gewichtung des Auswahlkriteriums der Implementierungskosten auf sich allein gestellt. Überschreitet er den Spielraum, den er bei der Auswahl der Schutzmaßnahmen innehält, riskiert er unangemessene Eingriffe in die Rechte und Freiheiten der von seiner Datenverarbeitung betroffenen Personen und somit ggf. auch behördliche oder gerichtliche Verfahren und damit verbundene hohe Geldbußen und sonstige Sanktionen.[77]

Um dieses Dilemma zu lösen ist dem Verantwortlichen zunächst zu raten, die Auswahl der Schutzmaßnahmen sorgfältig zu dokumentieren. Insbesondere die Abwägung der einzelnen Auswahlkriterien sollte er sorgfältig und nachvollziehbar dokumentieren: Welche Kriterien wurden bei der Auswahlentscheidung berücksichtigt? Welche Kriterien wurden wie und aus welchen Grund priorisiert? Welche alternativen Schutzmaßnahmen wurden in Betracht gezogen und aus welchen Abwägungsgründen wurde sich gegen die Alternativen entschieden?

Diese Pflicht zur Dokumentation ergibt sich aus der in Art. 5 Abs. 2 normierten Rechenschaftspflicht, deren Umsetzung den Verantwortlichen auch in Bezug auf die Nachweisbarkeit des Datenschutzes gegenüber der zuständigen Aufsichtsbehörde unterstützt und im Ernstfall zu seiner Entlastung führen kann – sei es in Bezug auf den kompletten Entfall oder auf die Absenkung hoher Geldbußen. In der Dokumentation der Auswahl angemessener Schutzmaßnahmen sind die in Art. 32 Abs. 2 DSGVO genannten Sicherheitsvorfälle als Minimalanforderung aufgegriffen worden. Nachdem sich der Verantwortliche die Risiken möglicher Verletzungen des Schutzes personenbezogener Daten bewusst gemacht hat, hat er

---

[76] *Laue* in *Spindler/Schuster*, Recht der elektronischen Medien, Art. 32 Rdnr. 5; *Martini* in *Paal/Pauly*, DSGVO-Kommentar, Art. 32 Rdnr. 49.

[77] *Reto/Mantz* in *Sydow*, DSGVO-Kommentar, Art. 25 Rdnr. 36.

geeignete Schutzmaßnahmenumzusetzen. Die Schutzmaßnahmen sollen eine Verletzung des Schutzes personenbezogener Daten möglichst gänzlich vermeiden. Sofern dies nicht *angemessen* möglich ist, sollen Schutzmaßnahmen zumindest die potenziellen Auswirkungen einer Verletzung des Schutzes personenbezogener Daten begrenzen, so dass das Risiko der Datenverarbeitung im Ergebnis tragbar wird.[78]

Auch wenn eine sorgfältige und nachvollziehbare Dokumentation der Auswahl von Schutzmaßnahmen den Verantwortlichen dabei unterstützen kann, seine Sorgfaltspflichten gegenüber der für ihn zuständigen Aufsichtsbehörde – und ggf. vor Gericht – nachweisbar zu machen, löst die Dokumentation jedoch nicht das eigentliche Problem des Verantwortlichen, bei der Auswahl von Schutzmaßnahmen unter Berücksichtigung *aller* genannten Auswahlfaktoren nicht durch ein etabliertes Vorgehen unterstützt zu werden, das ihm in Bezug auf die von ihm ausgewählten Schutzmaßnahmen ein gewisses Maß an Rechtssicherheit gewährt. Ohne konkretisierende Hilfestellungen zu erhalten, in welchem Umfang er die Implementierungskosten von Schutzmaßnahmen berücksichtigen darf, riskiert der Verantwortliche, seine wirtschaftlichen Interessen zu hochzubewerten und somit geltendes Datenschutzrecht zu verletzen.

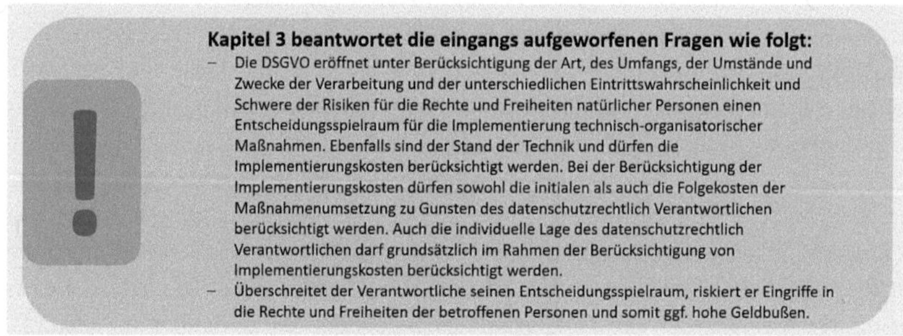

Gliederungsillustration 3.2   Antwort Kapitel 3

---

[78] *Hansen* in *Simitis/Hornung/Spiecker*, DSGVO-Kommentar, Art. 25 Rdnr. 37 und Art. 32 Rdnr. 62; *Reto/Mantz* in *Sydow*, DSGVO-Kommentar, Art. 25 Rdnr. 46.

Implementierungskosten als wirtschaftlicher Faktor der Angemessenheitsbewertung

4

Kapitel 4 soll folgende Fragen klären:
Vor welchem Hintergrund dürfen die Implementierungskosten bei der Auswahl angemessener technisch-organisatorischer Maßnahmen berücksichtigt werden? Welche Unterschiede gibt es bei der Auslegung des Begriffs der Angemessenheit aus rechtlicher, technischer und wirtschaftlicher Sicht?

Gliederungsillustration 4.1 Frage Kapitel 4

Wie bereits im vorherigen Kapitel erwähnt, ist es für die Normadressaten im Vergleich mit der Überprüfung der Geeignetheit von Schutzmaßnahmen sehr schwierig, die Angemessenheit dieser Maßnahmen zu überprüfen.[1] Eine besondere Schwierigkeit besteht darin, die Bewertung des Risikos für die Rechte und Freiheiten betroffener Personen gegen wirtschaftliche Faktoren abzuwägen. Da die Berücksichtigung wirtschaftlicher Faktoren nicht dem Schutz der betroffenen Personen, sondern dem Schutz des Normadressaten dient, steht es diesem

---

[1] Dieses Kapitel beruht zu Teilen auf der Veröffentlichung *Selzer* in *Jandt/Steidle*, Datenschutz im Internet, Kapitel „Datenschutzfolgenabschätzung". Alle betroffenen Stellen sind durch separate Fußnoten gekennzeichnet. Darüber hinaus zitiert das vorliegende Kapitel aus der Veröffentlichung *Selzer/Schöning/Laabs/Đukanović/Henkel*, IT-Sicherheit in Industrie 4.0 – Mit Bedrohungen und Risiken umgehen, jedoch aus Anteilen, die nicht von der Autorin dieser Arbeit verfasst wurden. Auf diesen Umstand wird an allen betroffenen Stellen in separaten Fußnoten erneut hingewiesen.

105

A. Selzer, *Die technisch-organisatorische Implementierung von Datenschutz in Organisationen unter besonderer Berücksichtigung der wirtschaftlichen Angemessenheit*, Rechtsrahmen der Cybersicherheit und Privatheit, https://doi.org/10.1007/978-3-658-50744-2_4

zwar grundsätzlich frei, wirtschaftliche Faktoren unberücksichtigt zu lassen, um sich der Problematik, die die Abwägung der Risiken für die Rechte und Freiheiten betroffener Personen gegen wirtschaftliche Faktoren mit sich bringt, zu entziehen. Dieses Herangehen würde grundsätzlich auch mit einem höheren Maß an Rechtssicherheit für den Normadressaten einhergehen. Jedoch liefe er mit diesem Herangehen Gefahr, deutlich mehr Geld für die Umsetzung von Schutzmaßnahmen auszugeben, als er es müsste. Dies wäre regelmäßig zumindest nicht im Interesse des Normadressaten. Insbesondere wenn betroffene Personen für von ihnen in Anspruch genommene Dienstleitungen oder Produkte bezahlen und dadurch indirekt auch einen Anteil an den Kosten des Wirkbetriebs der Dienstleistung/des Produkts leisten, ist anzunehmen, dass ein „Zuviel" an Schutzmaßnahmen auch nicht im Interesse der betroffenen Personen sein wird.

Das vorliegende Kapitel stellt zunächst die Hintergründe der Regelungen zur Berücksichtigung wirtschaftlicher Faktoren vor und beleuchtet sodann die Problematik der Abwägung der Risiken für die Rechte und Freiheiten betroffener Personen gegen wirtschaftliche Interessen durch eine Darstellung der Angemessenheit aus interdisziplinärer Sicht. Im Anschluss werden Instrumente, Methoden und Leitlinien vorgestellt, die wichtige Ansatzpunkte für die Abwägung der unterschiedlichen Schutzgüter bieten könnten. Es werden sowohl ihr Potenzial als auch ihre Grenzen zur Lösung der Problematik aufgezeigt.

4.1   Regelungshintergrund

Das nachfolgende Unterkapitel zeigt zunächst in Form eines Kurzüberblicks auf, wann und unter welchen Umständen die Implementierungskosten als Faktor zur Auswahl technischer und organisatorischer Schutzmaßnahmen im europäischen Kontext Einzug in das Datenschutzrecht gehalten haben.

4.1.1   Historische Entwicklung

Zunächst ist festzustellen, dass in Europa bereits vor in Kraft treten der Europäischen Datenschutz-Richtlinie 95/46/EG Regelungen zum technisch-organisatorischen Datenschutz existierten. U.a. wurde am 28. Januar 1981 von den damaligen Mitgliedsstaaten des Europarats das sogenannte „Übereinkommen zum Schutz des Menschen bei der automatischen Verarbeitung personenbezogener Daten", ein völkerrechtlicher Vertrag, unterzeichnet, der am 1. Oktober 1985 in Kraft trat und u. a. das Treffen von „Sicherungsmaßnahmen" regelte:

> *„Für den Schutz personenbezogener Daten, die in automatisierten Dateien/ Datensammlungen gespeichert sind, werden geeignete Sicherungsmaßnahmen getroffen gegen die zufällige oder unbefugte Zerstörung, gegen zufälligen Verlust sowie unbefugten Zugang, unbefugte Veränderung oder unbefugtes Bekanntgeben.“*[2]

Am 27. Juli 1990 übermittelte die Kommission der Europäischen Gemeinschaft dem Europäischen Rat ihren ersten Vorschlag für die spätere Europäische Datenschutz-Richtlinie 95/46/EG. Zur Regelung der Datensicherheit machte die Kommission folgenden Formulierungsvorschlag für die Richtlinie:

> *„Die Mitgliedstaaten sehen in ihren Rechtsvorschriften vor, dass der Verantwortliche der Datei verpflichtet ist, die angemessenen technischen und organisatorischen Maßnahmen zu treffen, die für den Schutz der Datei gegen die zufällige oder nicht genehmigte Zerstörung, den zufälligen Verlust sowie die nicht genehmigte Veränderung, den nicht genehmigten Zugriff oder Zugang und jede andere Form der nicht genehmigten Verarbeitung personenbezogener Daten erforderlich sind. Diese Maßnahmen müssen für automatisierte Dateien unter Berücksichtigung des Standes der Technik, der Kosten für ihre Verwirklichung, der Art der zu schützenden Daten sowie der Beurteilung potentieller Risiken ein angemessenes Sicherheitsniveau gewährleisten [....].“*[3]

Somit schlug– im europarechtlichen Kontext erstmals – die Kommission die Berücksichtigung wirtschaftlicher Faktoren im Rahmen der Umsetzung von Datenschutzmaßnahmen vor. Dies stellte am 17. Juni 1991 auch der Wirtschafts- und Sozialausschuss – ein Nebenorgan der heutigen Europäischen Union – fest, als er den Kommissionsentwurf im Rahmen einer Stellungnahme zu eben diesem mit dem Übereinkommen zum Schutz des Menschen bei der automatischen Verarbeitung personenbezogener Daten verglich. Der Ausschuss betonte, dass er die Aufnahme des Standes der Technik und der Kosten für die Verwirklichungskosten für gefährlich hielt. Zwar betonte der Ausschuss, dass der Einsatz von Schutzmaßnahmen im Verhältnis zu den potenziellen Risiken stehen muss, jedoch

---

[2] Der Wortlaut des Übereinkommens kann abgerufen werden unter: https://www.coe.int/en/ web/conventions/full-list/-/conventions/rms/0900001680078b38.

[3] Die einzige Begründung ihres Formulierungsvorschlags zur Datensicherheit lässt sich Erwägungsgrund 17 des Kommissionsvorschlags entnehmen. Dieser lautet: „Für den Schutz der Privatsphäre im Hinblick auf personenbezogene Daten müssen sowohl auf der Planungs- als auch auf der technischen Ebene der Verarbeitung geeignete Sicherheitsmaßnahmen getroffen werden, um jede nicht genehmigte Verarbeitung zu verhindern.“ Die verschiedenen Formulierungsvorschläge und Stellungnahmen, die in diesem und den nachfolgenden Absätzen vorgestellt werden, sind abrufbar unter: https://oeil.secure.europarl.europa.eu/oeil/ popups/ficheprocedure.do?lang=en&reference=1990/0287(COD).

stellte er unmittelbar folgend klar, dass dies aus der Sicht der betroffenen Personen zu geschehen hat. Die Beurteilung finanzieller Aspekte lehnte der Ausschuss gänzlich ab.[4]

Wohl basierend auf dieser Stellungnahme schlug das Europäische Parlament am 11. März 1992 eine Alternativformulierung für die Regelungen zur Datensicherheit vor, die zwar weiterhin den Stand der Technik als zu berücksichtigenden Faktor, nicht aber die Kosten der Verwirklichung der Schutzmaßnahmen nannte.[5] Dieser Kompromissvorschlag des Europäischen Parlaments fand jedoch im weiteren Verlauf des Rechtssetzungsprozesses keinen Anklang. Letztendlich lautete die Formulierung zur Datensicherheit, die in Art. 17 Abs. 1 DSRL geregelt war, wie folgt:

> *„Die Mitgliedstaaten sehen vor, dass der für die Verarbeitung Verantwortliche die geeigneten technischen und organisatorischen Maßnahmen durchführen muss, die für den Schutz gegen die zufällige oder unrechtmäßige Zerstörung, den zufälligen Verlust, die unberechtigte Änderung, die unberechtigte Weitergabe oder den unberechtigten Zugang – insbesondere wenn im Rahmen der Verarbeitung Daten in einem Netz übertragen werden – und gegen jede andere Form der unrechtmäßigen Verarbeitung personenbezogener Daten erforderlich sind. Diese Maßnahmen müssen unter Berücksichtigung des Standes der Technik und der bei ihrer Durchführung entstehenden Kosten ein Schutzniveau gewährleisten, das den von der Verarbeitung ausgehenden Risiken und der Art der zu schützenden Daten angemessen ist. "*

In Deutschland wurde die DSRL im Wesentlichen durch eine Anpassung des Bundesdatenschutzgesetzes umgesetzt. So lautete § 9 BDSG a.F.:

> *„Öffentliche und nicht-öffentliche Stellen, die selbst oder im Auftrag personenbezogene Daten erheben, verarbeiten oder nutzen, haben die technischen und organisatorischen Maßnahmen zu treffen, die erforderlich sind, um die Ausführung der Vorschriften dieses Gesetzes, insbesondere die in der Anlage zu diesem Gesetz genannten Anforderungen, zu gewährleisten. Erforderlich sind Maßnahmen nur, wenn ihr Aufwand in einem angemessenen Verhältnis zu dem angestrebten Schutzzweck steht. "*

Der deutsche Gesetzgeber übernahm somit nicht die Formulierung des Stands der Technik und der bei der Durchführung der Schutzmaßnahmen entstehenden Kosten der DSRL, sondern sprach allgemeiner von einer „angemessenen" Umsetzung der zu treffenden technischen und organisatorischen Maßnahmen.

---

[4] Ebd.

[5] Der Formulierungsvorschlag lautete: „[….] Diese Maßnahmen müssen für die automatisierte Verarbeitung von Daten unter Berücksichtigung des Standes der Technik, der Art der zu schützenden Daten sowie der Beurteilung potentieller Risiken ein angemessenes Sicherheitsniveau gewährleisten [….]." Ebd.

In Bezug auf die Berücksichtigung wirtschaftlicher Faktoren kam es durch das Anwendbarwerden der DSGVO nur auf den ersten Blick zu Änderungen: Art. 17 DSRL war die direkte Vorgängerregelung zu Art. 32 DSGVO[6] und sprach von der Berücksichtigung des Standes der Technik und der bei der Durchführung der Schutzmaßnahmen entstehenden Kosten, während Art. 32 DSGVO von der Berücksichtigung des Stands der Technik und der Implementierungskosten spricht. Jedoch wurde bereits in der englischen Fassung des Art. 17 DSRL die Formulierung „costs of their implementation" gewählt – also die gleiche Formulierung, die auch in der englischen Fassung des Art. 32 DSGVO gewählt wurde („cost of implementation").[7] Somit fanden die heute geltenden Regelungen zur Berücksichtigung wirtschaftlicher Faktoren bei der Umsetzung von Datenschutzmaßnahmen zwar im Rahmen des Rechtssetzungsprozesses zur Verabschiedung einer Europäischen Datenschutz-Richtlinie und auf Vorschlag der Europäischen Kommission Einzug in das Europäische Datenschutzrecht, erhielten jedoch erst durch das Anwendbarwerden der DSGVO unmittelbar mit dem Wortlaut „Stand der Technik und Implementierungskosten" Geltung.

4.1.2 Verhältnismäßigkeitsprinzip

Innerhalb der EU ist das Datenschutzrecht durch Art. 7, 8 GRCh grundrechtlich verankert. Grundrechte sind Abwehrrechte, die den Bürgern gegenüber staatlichen Institutionen zustehen. Die in der GRCh geregelten Grundrechte und Grundfreiheiten gelten für alle Organe und Einrichtungen sowie sonstige Stellen der Europäischen Union in Bezug auf sämtliche ihnen zugewiesenen Kompetenzen. Wenn also Organe und Einrichtungen der EU z. B. neue Rechtsvorschriften erlassen wollen, müssen sie sicherstellen, durch den Erlass der Rechtsvorschriften, nicht gegen die in der GRCh verankerten Grundrechte zu verstoßen.[8]

Art. 52 GRCh normiert die Tragweite und Auslegung der in der GRCh verankerten Rechte, allen voran durch die Nennung des so genannten Verhältnismäßigkeitsprinzips.[9] Demnach muss gem. Art. 52 Abs. 1 GRCh jede

---

[6] Hingegen hatten Art. 24, 25 DSGVO keine direkten Vorgängerregelungen in der DSRL. *Hansen* in *Simitis/Hornung/Spiecker*, DSGVO-Kommentar, Art. 32 Rdnr. 4; *Martini* in *Paal/ Pauly*, DSGVO-Kommentar, Art. 32 Rdnr. 22.

[7] Für Details s. Abschnitt 3.2.

[8] *Trstenjak/ Beysen*, EuR 2012, 265 (266). Im Gegensatz dazu sind die einzelnen Mitgliedstaaten nur dann an die GRCh gebunden, wenn sie Unionsrecht durchführen.

[9] Art. 52 Abs. 1 GRCh ist nicht die einzige unionsrechtliche Verankerung des Verhältnismäßigkeitsgrundsatz. Primär ist das Verhältnismäßigkeitsprinzip in Art. 5 Abs. 4 EUV

Einschränkung der Ausübung der in der GRCh anerkannten Rechte und Freiheiten gesetzlich vorgesehen sein und den Wesensgehalt dieser Rechte und Freiheiten achten. Unter Wahrung des Grundsatzes der Verhältnismäßigkeit dürfen Einschränkungen nur vorgenommen werden, wenn sie erforderlich sind und den von der Union anerkannten dem Gemeinwohl dienenden Zielsetzungen oder den Erfordernissen des Schutzes der Rechte und Freiheiten anderer tatsächlich entsprechen.[10]

Das Verhältnismäßigkeitsprinzip soll sicherstellen, dass staatliche Maßnahmen nur in einer Weise in Grundrechte und Grundfreiheiten von Bürgern eingreifen, die im konkreten Fall erforderlich, geeignet und angemessen sind (dreistufige Prüfung der Verhältnismäßigkeit). Je intensiver ein Grundrechtseingriff ausfallen soll, desto höhere Anforderungen sind an die Wichtigkeit des dem Grundrechtseingriff zugrundeliegenden Zwecks. Im Vorfeld an die dreistufige Prüfung sind zunächst die Zwecke der zur Prüfung stehenden Maßnahmen zu dokumentieren und hinsichtlich ihrer rechtlichen Legitimität zu prüfen.[11]

Im Prüfschritt 1 wird die Geeignetheit der Maßnahme überprüft. Eine Maßnahme ist dann geeignet, wenn durch sie der angestrebte Zweck erfüllt werden kann.

Im Prüfschritt 2 wird die Erforderlichkeit der Maßnahme geprüft. Eine Maßnahme ist dann erforderlich, wenn sie das mildeste zur Verfügung stehende Mittel zur Zweckerreichung darstellt.

Im Prüfschritt 3 wird die Angemessenheit der Maßnahme geprüft. Eine Maßnahme ist dann angemessen, wenn die aus ihr resultierenden Nachteile der Einzelnen verhältnismäßig zu den aus ihr resultierenden Vorteilen der Allgemeinheit in Bezug auf den angestrebten Zweck ist. Um die Angemessenheit[12] einer Maßnahme zu prüfen, sind folgende drei Unter-Prüfschritte durchzuführen:

– Im Prüfschritt 3.1 ist abstrakt festzuhalten, welche Belange der von der Maßnahme Betroffenen und der durch die Maßnahme zu Schützenden überhaupt betroffen sind.

---

verankert. Demnach dürfen Maßnahmen der Europäischen Union nicht über das zur Zielerreichung der Unionsverträge erforderliche Maß hinausgehen. *Trstenjak/ Beysen*, EuR 2012, 265 (265).

[10] Art. 52 Abs. 1 GRCh ist aus der EuGH-Rechtsprechung erwachsen, s. insbesondere EuGH, BeckRS 2004, 76064.

[11] *Voßkuhle*, JuS 2007, 429 (429); *Klatt/ Meister*, JuS 2014, 193 (197); *Pache*, in: Pechstein/ Nowak/Häde, Frankfurter Kommentar EUV/GRC/AEUV, Art. 52 GrCh Rdnr. 17.

[12] Die Angemessenheitsprüfung wird auch als „Prüfung der Verhältnismäßigkeit im engeren Sinne" bezeichnet. *Klatt/ Meister*, JuS 2014, 193 (197).

– Im Prüfschritt 3.2 ist die Intensität der Belange – bzw. die Intensität der Vor-
  und Nachteile der Maßnahme für die Betroffenen und die zu Schützenden
  festzustellen. Hierbei sind sowohl die Eingriffsintensität als auch die einer
  Maßnahme zugrundeliegenden Zwecke einer dreistufigen Skala einzuordnen
  („leicht", „mittel", „schwer" für die Eingriffe; „eher wichtig", „wichtig", „sehr
  wichtig" für die Zwecke). Die Prüfung eines Ausweisdokuments wäre beispielsweise i. d. R. ein leichter Eingriff, die Verhinderung einer Epidemie ein
  sehr wichtiger Zweck.
– Im Prüfschritt 3.3 erfolgt die Abwägung in Bezug auf die Frage, ob die Nachteile der Betroffenen außer Verhältnis zu den Vorteilen für die zu Schützenden
  stehen. Hierbei wird insbesondere auf die zuvor erfolgte Einordnung der Eingriffsintensität und der Wichtigkeit des Zwecks in die dreistufige Skala Bezug
  genommen. Sofern die Einstufung des Zwecks höher wiegt, als die Eingriffsintensität – also z. B. ein mittelschwerer Eingriff zu einem sehr wichtigen
  Zweck oder ein leichter Eingriff zu einem wichtigen Zweck – wird die Maßnahme i. d. R. gerechtfertigt sein. Auch bei „Gleichstand" – also z. B. einem
  mittelschweren Eingriff zur Begegnung eines wichtigen Zwecks – wird sich
  i. d. R. kein unrechtmäßiger Grundrechtseingriff feststellen lassen.[13]

Nach herrschender Meinung handelt es sich bei der Erwähnung der Implementierungskosten als zu berücksichtigenden Faktor bei der Auswahl technischer und
organisatorischer Schutzmaßnahmen um eine Ausprägung des Verhältnismäßigkeitsprinzips.[14]

4.2 Angemessenheit aus datenschutzrechtlicher, technischer und wirtschaftlicher Sicht

Technische und organisatorische Maßnahmen in angemessener Weise umzusetzen, definiert sich in einer interdisziplinären Betrachtung zwischen (Datenschutz-)
Recht, Technik und (Betriebs-)Wirtschaft innerhalb der einzelnen Teildisziplinen

---

[13] Für die vorstehenden Absätze zur Verhältnismäßigkeitsprüfung: *Voßkuhle*, JuS 2007, 429
(429 f.); *Klatt/ Meister*, JuS 2014, 193 (197); EuGH, BeckRS 2004, 76102, insbesondere
Rdnr. 38, 44.

[14] *Jandt* in *Kühling/Buchner*, DSGVO-Kommentar, Art. 232 Rdnr. 11; *Piltz* in *Gola*,
DSGVO-Kommentar, Art. 32 Rdnr. 20; *Hansen* in *Simitis/Hornung/Spiecker*, DSGVO-
Kommentar, Art. 32 Rdnr. 26; *Martini* in *Paal/Pauly*, DSGVO-Kommentar, Art. 32 Rdnr. 60;
Hladjk in *Ehmann/Selmayr*, DSGVO-Kommentar, Art. 32 Rdnr. 5.

in unterschiedlicher Weise. Die unterschiedlichen Sichtweisen auf die angemessene Umsetzung werden nachfolgend skizziert, um den Grundstein für die interdisziplinäre Erarbeitung von Lösungsansätzen zu legen.

4.2.1 Angemessenheit aus datenschutzrechtlicher Sicht

Die Angemessenheit aus datenschutzrechtlicher Sicht hängt unmittelbar mit dem soeben vorgestellten Verhältnismäßigkeitsprinzip zusammen, wobei in Bezug auf die Angemessenheit technischer und organisatorischer Maßnahmen folgende Faktoren zu berücksichtigen sind:

– Art, Umfang, Umstände und Zwecke der Verarbeitung,
– unterschiedliche Eintrittswahrscheinlichkeit und Schwere der Risiken für die Rechte und Freiheiten natürlicher Personen,
– Stand der Technik,
– Implementierungskosten und
– Risiken der Datenverarbeitung.[15]

Die einzelnen Faktoren wurden in Kapitel 3 dieser Arbeit ausführlich dargestellt, so dass an dieser Stelle auf die Ausführungen in Kapitel 3 verwiesen wird.

Schwierig ist in diesem Zusammenhang aus Sicht des Verantwortlichen insbesondere die Ungleichheit der abzuwägenden Schutzgüter: Einerseits trifft ihn die Verantwortung, die Risiken für die Rechte und Freiheiten betroffener Personen – also die Grundrechte und Grundfreiheiten natürlicher Personen – zu berücksichtigen, andererseits handelt es sich beim Stand der Technik und den Implementierungskosten um technische und wirtschaftliche Anforderungen, bei dem zumindest bei denen, insbesondere in Bezug auf die Implementierungskosten, sein eigenes wirtschaftliches Interesse an einer möglichst kostengünstigen Umsetzung datenschutzrechtlicher Vorgaben im Fokus bzw. sogar im Widerspruch zu den Interessen der betroffenen Personen an einer möglichst allumfassenden Umsetzung datenschutzrechtlicher Vorgaben steht.

Wie bereits dargestellt handelt es sich bei Grundrechten um Abwehrrechte, die den Bürgern gegenüber staatlichen Institutionen zustehen.[16] Grundsätzlich können auch im Privatrecht ähnliche Machtverhältnisse, wie sie zwischen einem Staat

---

[15] Art. 24 Abs. 1, 25 Abs. 1, 32 Abs. 1, 2 DSGVO.

[16] *Trstenjak/ Beysen*, EuR 2012, 265 (266). Im Gegensatz dazu sind die einzelnen Mitgliedstaaten nur dann an die GRCh gebunden, wenn sie Unionsrecht durchführen.

und seinen Bürgern bestehen, existieren. In Bezug auf das deutsche Grundgesetz hat das BVerfG für diese Fälle eine mittelbare Drittwirkung der Grundrechte für das Privatrecht festgestellt. So darf grundsätzlich keine bürgerlich-rechtliche Vorschrift im Widerspruch zu den grundgesetzlichen Vorschriften stehen und es gilt die bürgerlich-rechtlichen Vorschriften im Geiste des Grundgesetzes auszulegen.[17] Auch wenn im europarechtlichen Kontext die mittelbare Drittwirkung nicht besteht, können auch Grundrechte der GRCh grundsätzlich in das Privatrecht wirken.[18]

Im Datenschutzrecht wurde – nicht zuletzt durch die Regelungen zur angemessenen Umsetzung technischer und organisatorischer Schutzmaßnahmen –in den letzten Jahren eine „totale Drittwirkung"[19] der Grundrechte erreicht: So wird den Verantwortlichen die Pflicht auferlegt, die Grundrechte der betroffenen Personen gegen ihre eigenen wirtschaftlichen Interessen abzuwägen, um im Ergebnis angemessene Datenschutzmaßnahmen umzusetzen. Die Verhältnismäßigkeitsprüfung, die normalerweise von staatlicher Stelle als *neutraler Vermittler* zwischen den Interessen natürlicher und juristischer Personen vorgenommen wird, trifft im Datenschutzrecht – zumindest in Bezug auf die Auswahl angemessener technischer und organisatorischer Maßnahmen – den Verantwortlichen selbst.

4.2.2 Angemessenheit aus technischer Sicht

Aus technischer Sicht soll durch das Umsetzen von Schutzmaßnahmen und basierend auf den IT-Schutzzielen Vertraulichkeit, Verfügbarkeit und Integrität primär die Sicherheit informationstechnischer Systeme erreicht und erhalten werden.[20]

Grundsätzlich können auch im Privatrecht ähnliche Machtverhältnisse, wie sie zwischen einem Staat und seinen Bürgern bestehen, existieren. In Bezug auf das deutsche Grundgesetz hat das BVerfG für diese Fälle eine mittelbare Drittwirkung der Grundrechte für das Privatrecht festgestellt. So darf grundsätzlich keine bürgerlich-rechtliche Vorschrift im Widerspruch zu den grundgesetzlichen Vorschriften stehen und es gilt die bürgerlich-rechtlichen Vorschriften im Geiste des Grundgesetzes auszulegen, *BVerfG*, NJW 1958, 257 („Lüth-Urteil"). Auch wenn im europarechtlichen Kontext die mittelbare Drittwirkung nicht besteht, können auch Grundrechte der GRCh grundsätzlich in das Privatrecht wirken, *BVerfG*, NJW 2020, 322.

[17] *BVerfG*, NJW 1958, 257.

[18] *BVerfG*, NJW 2020, 322.

[19] *Veil*, Datenschutz, das zügellose Recht, über: https://www.cr-online.de/blog/2019/05/22/datenschutz-das-zuegellose-recht-teil-iii-die-totale-drittwirkung/.

[20] *Eckert*, IT-Sicherheit, S. 7 ff.;*Tinnefeld/Buchner/Petri/Hof*, Einführung in das Datenschutzrecht. Datenschutz und Informationsfreiheit in europäischer Sicht, S. 501 ff.

Die Angemessenheit einer jeden ergriffenen Maßnahme muss sich demnach vorwiegend an der Frage messen lassen, ob die ergriffene Maßnahme die Sicherheit eines informationstechnischen Systems erreichen und erhalten kann.

4.2.2.1 Begriff der „Sicherheit" aus technischer Sicht

Um die Angemessenheit von Schutzmaßnahmen aus technischer Sicht betrachten zu können, muss zunächst diskutiert werden, wie „sicher" IT-Sicherheit ist – oder anders gesprochen – wo die natürlichen Grenzen der IT-Sicherheit liegen.

4.2.2.2 Keine absolute Sicherheit technischer Maßnahmen

Eine hundertprozentige Sicherheit von IT-Systemen wäre erreicht, wenn es

- keine Möglichkeit geben würde, die implementierten Schutzmaßnahmen des IT-Systems zu umgehen und
- das IT-System immer voll funktionsfähig ist – unabhängig von den Parametern, die auf das IT-System einwirken.

Um dieses Niveau an Sicherheit eines IT-Systems herzustellen und zu erhalten, dürfte das IT-System zu keinem Zeitpunkt einen Fehler enthalten und müsste gegen jeden möglichen Angriff vollumfassende Schutzmaßnahmen umgesetzt haben. Letzteres setzt wiederum voraus, dass jeglicher nur denkbare Angriff auf das IT-System bekannt ist und vollumfassende Gegenmaßnahmen existieren, die den Angriff immer verhindern. Aufgrund der Komplexität heutiger IT-Systeme ist die vollständige Fehlerfreiheit eines solchen Systems schwierig zu erreichen, spätestens aber ist die Kenntnis aller (auch in die Zukunft gerichteter) jemals möglicher Angriffe unrealistisch. Zudem gilt es zu beachten, dass eine Steigerung der Sicherheit eines IT-Systems i. d. R. mit dem Verlust bzw. Nachteil eines anderen Merkmals des Systems verbunden ist. In diesem Sinne bedarf es einer Abwägung der einzelnen Merkmale eines IT-Systems.[21]

---

[21] *Handelsblatt*: IT-Sicherheit – Die Browser sind das größte Problem, über: https://www.handelsblatt.com/technik/it-internet/it-sicherheit-die-browser-sind-das-grosse-sicherheitsproblem/5129616-all.html; *Computerwoche*: Es gibt keine absolute Sicherheit – Wieviel Security-Risiko darf sein?, über: https://www.computerwoche.de/a/wieviel-security-risiko-darf-sein,2495638; *Selzer/Schöning/Laabs/Đukanović/Henkel*, IT-Sicherheit in Industrie 4.0 – Mit Bedrohungen und Risiken umgehen, S. 26 (im ursprünglichen Beitrag nicht von der Autorin dieser Arbeit geschrieben).

4.2.2.2.1 Abwägung von Sicherheit und Benutzbarkeit

Soll die Sicherheit eines IT-Systems gesteigert werden, so geht dies zunächst mit einer Minderung der Benutzbarkeit einher. Vergräbt man beispielsweise einen Rechner zur Steigerung der Sicherheit in der Wüste, so ist man dem Ziel der absoluten IT-Sicherheit – bezogen auf diesen einen Rechner – einen erheblichen Schritt nähergekommen. Gleichzeitig wird der Rechner jedoch nahezu unbenutzbar. Die Abhängigkeit zwischen Sicherheit und Benutzbarkeit verdeutlicht nachstehende Abbildung (Abbildung 4.1).[22]

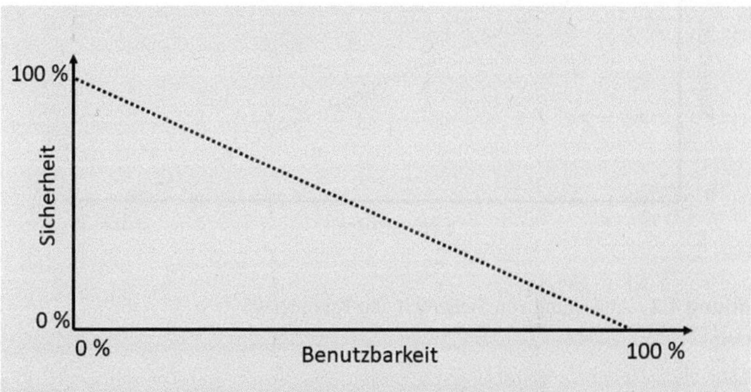

Abbildung 4.1   Abwägung von Sicherheit und Benutzbarkeit[23]

4.2.2.2.2 Abwägung von Sicherheit und Komplexität

Auch die Abnahme der Komplexität eines IT-Systems steht in unmittelbarem Zusammenhang mit der Steigerung der Sicherheit des Systems. Soll die Sicherheit eines Computerprogramms also z. B. dadurch gesteigert werden, dass es lediglich aus einer Zeile Programmcode besteht, dann ist es zwar grundsätzlich leichter, eine hohe Sicherheit dieses Computerprogramms herzustellen und zu erhalten, andererseits kann das Computerprogramm mit einer Zeile Programmcode nicht

---

[22] Die Inhalte der Unterkapitel 1–4 basieren auf *Selzer/Schöning/Laabs/Đukanović/Henkel*, IT-Sicherheit in Industrie 4.0 – Mit Bedrohungen und Risiken umgehen, S. 26–28, die im ursprünglichen Beitrag nicht von der Autorin dieser Arbeit geschrieben wurden.

[23] *Selzer/Schöning/Laabs/Đukanović/Henkel*, IT-Sicherheit in Industrie 4.0 – Mit Bedrohungen und Risiken umgehen, S. 27 (im ursprünglichen Beitrag nicht von der Autorin dieser Arbeit geschrieben).

über eine sinnvolle Funktionalität und Komplexität verfügen, so dass das Computerprogramm im Ergebnis wohl von niemandem genutzt würde. Die Abhängigkeit der Merkmale Sicherheit und Komplexität verdeutlicht nachstehende Abbildung (Abbildung 4.2).

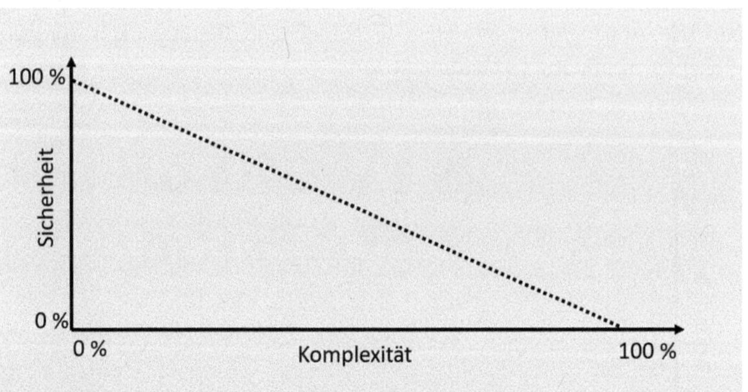

Abbildung 4.2 Abwägung von Sicherheit und Komplexität[24]

4.2.2.2.3 Abwägung von Sicherheit und Kosten

Die Steigerung der Sicherheit eines IT-Systems geht i. d. R. auch mit einem Anstieg der Entwicklungskosten für das System einher. Möchte ein Unternehmen mit dem Verkauf eines von ihm entwickelten IT-Systems Geld verdienen, so wird der mit dem Verkauf des IT-Systems erzielte Gewinn eng mit den zur Entwicklung des Systems nötigen Kosten einhergehen. In gleicher Verbindung stehen höhere Kosten in der Anschaffung eines IT-Systems aus Kunden- und Wettbewerbssicht, so dass das IT-System entwickelnde Unternehmen i. d. R. aus wirtschaftlicher Sicht kein Interesse an der „absoluten" Sicherheit eines Systems hat. Wie die Merkmale Sicherheit und Kosten in Verbindung stehen, verdeutlicht nachstehende Abbildung (Abbildung 4.3).

---

[24] *Selzer/Schöning/Laabs/Đukanović/Henkel*, IT-Sicherheit in Industrie 4.0 – Mit Bedrohungen und Risiken umgehen, S. 27 (im ursprünglichen Beitrag nicht von der Autorin dieser Arbeit geschrieben).

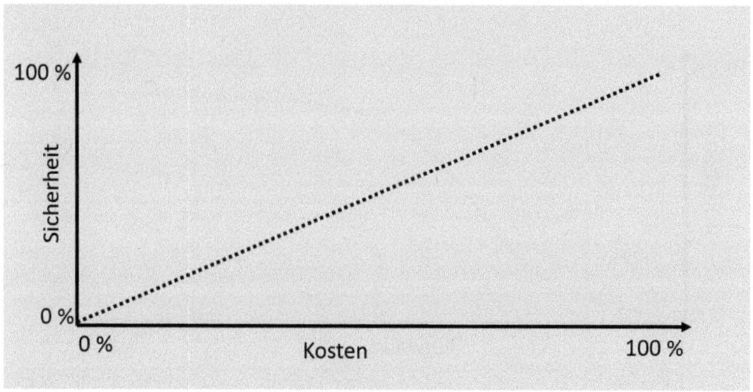

Abbildung 4.3   Abwägung von Sicherheit und Kosten[25]

4.2.2.2.4 Abwägung von Sicherheit und Aufwand

Zudem ist der Umstand zu berücksichtigen, dass jede Änderung, die der Herstellung und dem Erhalt von Sicherheit eines IT-Systems dienen soll, das Risiko des versehentlichen „Einbaus" neuer Sicherheitsprobleme birgt. Dieses Risiko ergibt sich insbesondere in komplexen IT-System, in denen die Auswirkungen für Stelle X durch Anpassungen an Stelle Y häufig nicht – oder zumindest erst zeitversetzt – identifiziert werden (können). Das Zusammenspiel zwischen den Merkmalen Sicherheit und Aufwand fasst die folgende Abbildung zusammen (Abbildung 4.4).

---

[25] *Selzer/Schöning/Laabs/Đukanović/Henkel*, IT-Sicherheit in Industrie 4.0 – Mit Bedrohungen und Risiken umgehen, S. 27 (im ursprünglichen Beitrag nicht von der Autorin dieser Arbeit geschrieben).

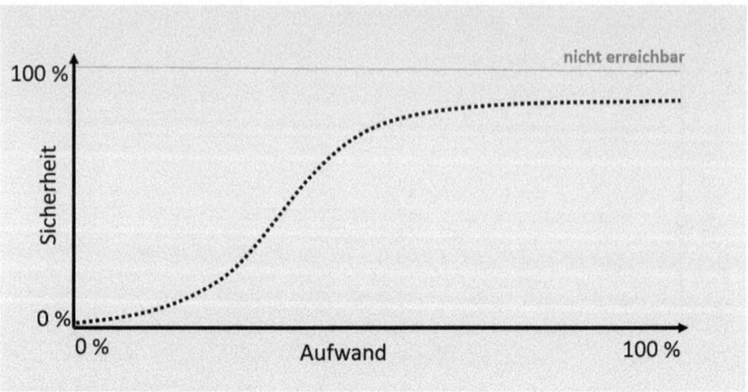

Abbildung 4.4 Abwägung von Sicherheit und Aufwand[26]

4.2.2.3 Sicherheit als Momentaufnahme

Wie bereits im vorherigen Abschnitt beschrieben, würde eine „absolute" Sicherheit erfordern, dass das IT-System zu keinem Zeitpunkt einen Fehler enthält und gegen jeden möglichen Angriff vollumfassende Schutzmaßnahmen umsetzt, was wiederum erfordern würde, dass jeglicher nur denkbare Angriff auf das IT-System bekannt wäre und vollumfassende Gegenmaßnahmen existieren und umgesetzt wurden. Da jedoch immer nur die aus der Vergangenheit bekannten sowie die derzeitig existierenden Bedrohungen, die für ein IT-System bestehen, umfassend aufgedeckt und analysiert werden können, um Gegenmaßnahmen für diese zu entwickeln und umzusetzen, besteht hinsichtlich zukünftiger Bedrohungen höchstens die Möglichkeit, diese zu prognostizieren. Somit ist es möglich, dass das Sicherheitskonzept eines IT-Systems aus heutiger Sicht als sicher gilt, mit dem zusätzlichen Wissen über neue Bedrohungen aber bereits in absehbarer Zukunft völlig unzureichend sein wird. Somit basiert die Bewertung der Sicherheit eines IT-Systems immer auf den Merkmalen, die zu einem bestimmten Zeitpunkt bekannt waren. Sobald sich bestehende Merkmale verändern und/ oder neue Merkmale hinzukommen, kann es daher nötig sein, die Sicherheit des

---

[26] *Selzer/Schöning/Laabs/Ðukanović/Henkel*, IT-Sicherheit in Industrie 4.0 – Mit Bedrohungen und Risiken umgehen, S. 28 (im ursprünglichen Beitrag nicht von der Autorin dieser Arbeit geschrieben).

IT-Systems neu zu bewerten und ggf. bestehende Sicherheitsmaßnahmen zu verändern oder zusätzliche Maßnahmen zu treffen. Insofern kann die Bewertung der Sicherheit eines IT-Systems lediglich als Momentaufnahme verstanden werden.[27]

4.2.2.4 Schutzbedarfsanalyse als Dreh- und Angelpunkt der Angemessenheit

Da es also – wie in den vorangegangenen Unterabschnitten dargestellt – keine hundertprozentige Sicherheit eines IT-Systems gibt bzw. das System unter (nahezu) hundertprozentiger Sicherheit nicht sinnvoll nutzbar wäre, misst sich die Frage der Angemessenheit technischer Schutzmaßnahmen aus technischer Sicht insbesondere an der Bewertung des Schutzbedarfs der Geschäftsprozesse und Anwendungen, der eingesetzten IT-Systeme und Kommunikationsverbindungen, der Räumlichkeiten und letztendlich der verarbeiteten Daten. Eine sogenannte Schutzbedarfsanalyse bezweckt zu ermitteln, welcher Schutz ausreichend und angemessen ist, um die Geschäftsprozesse, die für die Umsetzung der Geschäftsprozesse eingesetzten IT-Systeme sowie die im Rahmen der Geschäftsprozesse verarbeiteten Daten abzusichern. Für die Schutzbedarfsanalyse werden jeweils die erwarteten Schäden und Folgeschäden einer Beeinträchtigung der IT-Schutzziele Vertraulichkeit, Integrität und Verfügbarkeit betrachtet und in sogenannte Schutzbedarfskategorien eingeteilt. Der IT-Grundschutz des BSI unterscheidet beispielsweise die Schutzbedarfskategorien normal, hoch und sehr hoch, wobei die Schäden, die der von einer personenbezogenen Datenverarbeitung betroffenen Personen entstehen können – wie oben skizziert – nur einer von vielen zu berücksichtigenden Faktoren darstellen. Anders als im Datenschutzrecht geht es um die Sicherheit sämtlicher Geschäftsprozesse und schützenswerten Daten eines Verantwortlichen inkl. dem Schutz vor Reputationsschäden, die den verantwortlichen unmittelbar treffen würden.[28] Neben der Einteilung in drei Schutzbedarfskategorien ist auch eine feingranularere Abstufung des Schutzbedarfes in bspw. niedrig, normal, hoch und sehr hoch oder in niedrig, normal, hoch und sehr hoch und existenzbedrohend möglich.

---

[27] *Selzer/Schöning/Laabs/Đukanović/Henkel*, IT-Sicherheit in Industrie 4.0 – Mit Bedrohungen und Risiken umgehen, S. 28 (im ursprünglichen Beitrag nicht von der Autorin dieser Arbeit geschrieben). Vor diesem Hintergrund nennt auch Art. 32 Abs. 1 lit. d DSGVO ein Verfahren zur regelmäßigen Überprüfung, Bewertung und Evaluierung der Wirksamkeit der technischen und organisatorischen Maßnahmen zur Gewährleistung der Sicherheit der Verarbeitung als Teil der zu ergreifenden Schutzmaßnahmen im Rahmen der Verarbeitung personenbezogener Daten.

[28] *BSI*, BSI-Standard 200–2 – IT-Grundschutz-Methodik, S. 72.

4.2.3   Angemessenheit aus betriebswirtschaftlicher Sicht

Ausgangspunkt der Bewertung der Angemessenheit technischer und organisatorischer Maßnahmen aus betriebswirtschaftlicher Sicht ist eine Kosten-Nutzen-Analyse, also die Entscheidung für oder gegen eine Maßnahme auf Basis der der Maßnahme zugrundeliegenden Kosten und Nutzen. Kurz gesagt, macht die Implementierung technischer und organisatorischer Maßnahmen, so wie sie nach DSGVO gefordert sind, aus betriebswirtschaftlicher Sicht nur dann Sinn, wenn der Nutzen der Maßnahmen deren Kosten übertreffen oder zumindest neutralisieren.[29]

4.2.3.1   Zu berücksichtigende Kosten

Wie bereits in Kapitel 3 dieser Ausarbeitung dargestellt, dürfen im Rahmen der Berücksichtigung der Implementierungskosten technischer und organisatorischer Maßnahmen nicht nur die initialen Umsetzungskosten, sondern auch Folgekosten, wie etwa regelmäßig anfallende Betriebs- und Wartungskosten, berücksichtigt werden, da die Implementierungskosten gerade den betriebswirtschaftlichen Ausgleich zu den Schutzinteressen der betroffenen Personen bilden sollen, um angemessene Schutzmaßnahmen zu ergreifen. Dies ist insbesondere auch vor dem Hintergrund gerechtfertigt, dass die Bewertung der angemessenen Umsetzung technischer und organisatorischer Maßnahmen ins Leere laufen würde, wenn der Verantwortliche die teilweise sehr hohen, regelmäßig zu entrichtenden Kosten nicht berücksichtigen dürfte. Zwar gibt es Maßnahmen, bei denen die initialen Implementierungskosten anteilig den gesamten oder zumindest den größten Anteil der Gesamtkosten der Maßnahme darstellen – ein Beispiel hierfür wäre etwa die Umsetzung eines hohen Zauns als bauliche Maßnahme zum Schutz vor Zutritten unberechtigter Dritter auf das Betriebsgelände – jedoch gibt es gleichermaßen auch eine Vielzahl von Maßnahmen, bei denen die initiale Beschaffung im Vergleich zum langfristigen Betrieb nur einen Bruchteil der Kosten verursacht, etwa, wenn Softwarelösungen zum Abhalten und Erkennen von Schadsoftware eingekauft werden und ab diesem Zeitpunkt regelmäßige Lizenzgebühren und Personalaufwände für das Einspielen von Updates und die Mitarbeitersensibilisierung zur Nutzung der Softwarelösung anfallen.

Insofern sind alle Kosten, die sich unmittelbar *(direkte Kosten)* und mittelbar *(indirekte Kosten)* auf die Umsetzung einer technischen und organisatorischen

---

[29] *Wünsche*, BWL für IT-Berufe, S. 23; *Dreze/Stern*, The therory of cost-benefit analysis, S. 909 sowie zur Kosten-Nutzen-Rechnung von Informationen *Krcmar*, Informationsmanagement, S. 161 f.

Maßnahme beziehen, unabhängig davon, ob sie einmalig im Rahmen der initialen Umsetzung *(einmalige Kosten)* oder mehr als einmal bzw. sogar in regelmäßigen Intervallen entstehen *(wiederkehrende Kosten)*, zu berücksichtigen.[30]

4.2.3.2   Zu berücksichtigender Nutzen

Auch der zu berücksichtigende Nutzen in Bezug auf die Umsetzung technischer und organisatorischer Maßnahmen aus betriebswirtschaftlicher Sicht ist weit zu verstehen. Die wohl grundlegendste Überlegung im Zusammenhang mit der Umsetzung technischer und organisatorischer Maßnahmen gemäß DSGVO, die ein Verantwortlicher zur Ermittlung des Nutzens der Maßnahmen erwägt, ist das Abwenden von Geldbußen nach Art. 83 DSGVO sowie von Schadensersatzforderungen der betroffenen Personen nach Art. 82 DSGVO. Zusätzlich sind aus Sicht des Verantwortlichen eventuelle Umsatzeinbußen, die durch negative Berichterstattung im Rahmen des Verhängens eines Bußgeldes oder durch negative Berichterstattungen im Rahmen von Datenschutzvorfällen aufgrund mangelnder technischer und organisatorischer Maßnahmen entstehen können, zu berücksichtigende Faktoren. Bei all diesen genannten Nutzen handelt es sich insofern um Nutzen, dass durch die Implementierung angemessener technischer und organisatorischer Maßnahmen negative finanzielle Folgen (z. B. in Form von Geldbußen) verhindert werden können.

Positiv, im Sinne eines finanziellen Gewinns, sollte für die Berechnung des Nutzens die Chance berücksichtigt werden, gerade durch die Umsetzung technischer und organisatorischer Maßnahmen Neukunden zu akquirieren – z. B. weil die Umsetzung einer bestimmten Maßnahme ein Alleinstellungsmerkmal bedeutet, das wiederum durch branchenspezifische Datenschutzvorschriften für die betroffene Branche gesetzlich gefordert ist – oder die Geschäftsbeziehung zu Bestandskunden durch ein verstärktes Vertrauen in die vom Verantwortlichen getroffenen Maßnahmen – z. B. wenn im Rahmen von vor Ort Terminen durch bspw. bauliche Maßnahmen ein hohes Datenschutzniveau sichtbar wird.

---

[30] Zu den Definitionen, siehe: *Fischbach*, Grundlagen der Kostenrechnung, S. 22; *Baumol/ Willig*, The Quarterly Journal of Economics 1981, 405 (406); *Nitsche/ Milde/ Soltesz*, EuZW 2012, 408 (408 f.); *Gabler*, Wirtschaftslexikon online, über: https://wirtschaftslexikon.gab ler.de/, sowie im Anhang der Arbeit.

4.2.3.2.1 Bestehende Instrumente, Methoden und Leitlinien und deren Grenzen der ausgewogenen Abwägung der in Art. 24, 25, 32 DSGVO genannten Schutzgüter

Um den Anforderungen, die der Europäische Gesetzgeber an die Auswahl technischer und organisatorischer Schutzmaßnahmen stellt, gerecht zu werden, kann der Verantwortliche (und ggf. der Auftragsverarbeiter) auf einige bestehende Instrumente, Methoden und Leitlinien zurückgreifen. Im Folgenden werden die wichtigsten potenziellen Hilfestellungen vorgestellt und im Anschluss daran hinsichtlich ihrer Chancen und Grenzen für die Nutzung als Werkzeuge zur ausgewogenen Abwägung der beiden Schutzgüter eingeordnet.

4.2.4 Empfehlungen des EDSB

Wenn Organe und Einrichtungen der EU neue Rechtsvorschriften oder sonstige neue Maßnahmen vorschlagen, müssen sie dabei stets die in der GRCh verankerten Grundrechte wahren. Art. 7 GRCh normiert das Grundrecht auf Achtung des Privat- und Familienlebens, nachdem jede Person das Recht auf Achtung ihres Privat- und Familienlebens, ihrer Wohnung sowie ihrer Kommunikation hat. Art. 8 GRCh normiert das Grundrecht auf Schutz personenbezogener Daten, nachdem jede Person das Recht auf Schutz der sie betreffenden personenbezogenen Daten hat und personenbezogene Daten nur nach Treu und Glauben für festgelegte Zwecke und mit Einwilligung der betroffenen Person oder auf einer sonstigen gesetzlich geregelten legitimen Grundlage verarbeitet werden dürfen und der betroffenen Person das Recht auf Auskunft und Berichtigung seiner personenbezogenen Daten innehält. Gem. Art. 52 Abs. 1 GRCh muss jede Einschränkung der Ausübung der in der GRCh anerkannten Rechte und Freiheiten gesetzlich vorgesehen sein und den Wesensgehalt dieser Rechte und Freiheiten achten. Unter Wahrung des Grundsatzes der Verhältnismäßigkeit dürfen Einschränkungen nur vorgenommen werden, wenn sie erforderlich sind und den von der Union anerkannten dem Gemeinwohl dienenden Zielsetzungen oder den Erfordernissen des Schutzes der Rechte und Freiheiten anderer tatsächlich entsprechen.[31]

. Der Europäische Datenschutzbeauftragte (EDSB) stellt zwei Hilfestellungen zur Bewertung geplanter Maßnahmen, die die Verarbeitung personenbezogener Daten bedingen, zur Verfügung: Ein Toolkit zur Beurteilung der Erforderlichkeit und eine Leitlinie zu der Bewertung der Verhältnismäßigkeit von Maßnahmen.

---

[31] *EDSB*, Beurteilung der Erforderlichkeit von Maßnahmen, S. 2.

4.2.4.1 Toolkit des EDSB zur Beurteilung der Erforderlichkeit von Maßnahmen

Das Toolkit des EDSB soll EU-Organen als Orientierungshilfe dienen, um bewerten zu können, ob von ihnen vorgeschlagene Rechtsvorschriften oder sonstige Maßnahmen mit dem Europäischen Datenschutzrecht in Einklang stehen Genauer gesagt soll es die EU-Organe dabei unterstützen, Maßnahmen, die den Schutz personenbezogener Daten einschränken, hinsichtlich deren Erforderlichkeit i.S.d. Art. 52 Abs. 1 GRCh datenschutzkonform auszuarbeiten. Erforderlich ist eine Maßnahme, wenn diese ein angestrebtes, rechtskonformes Ziel wirksam erreichen kann und dieses Ziel – im Vergleich zu anderen Maßnahmen, die zur Zielerreichung zur Verfügung stehen – am wenigsten eingreifend erreicht. Der EDSB legt seinem Toolkit die Annahme zugrunde, dass die Verhältnismäßigkeit einer Maßnahme erst dann geprüft wird, wenn eine vorgelagerte Prüfung ergab, dass die Maßnahme erforderlich ist.[32]

Die Überprüfung der Erforderlichkeit erfolgt auf Basis einer Checkliste, mit Hilfe derer die Maßnahmen im Rahmen von vier Schritten bewertet werden.

Im ersten Schritt erfolgt eine detaillierte Darstellung der zum Vorschlag gebrachten Maßnahme und ihrer Zwecke. Hierfür ist zunächst die Frage zu beantworten, ob die zum Vorschlag gebrachte Maßnahme die Verarbeitung personenbezogener Daten bedingt. Sofern personenbezogene Daten verarbeitet werden, sind sodann das dem Gemeinwohl dienende Ziel der Maßnahme sowie alle wichtigen Eckdaten der Datenverarbeitung zu beschreiben. Hierzu gehören insbesondere die detaillierte Beschreibung der Verarbeitungszwecke sowie eine Beschreibung der Datenkategorien, Kategorien betroffener Personen, Hinweise zu den für die Datenverarbeitung Verantwortlichen sowie sonstigen Stellen mit Zugriff auf die personenbezogenen Daten, eine Beschreibung der Verarbeitungsvorgänge sowie die Angabe der Verarbeitungsdauer.[33]

Im zweiten Schritt wird bewertet, ob die zum Vorschlag gebrachte Maßnahme das Recht auf Achtung des Privatlebens und/oder das Recht auf Schutz personenbezogener Daten einschränkt. Insofern ist zu überprüfen, ob und inwieweit die geplante Datenverarbeitung die beiden genannten Grundrechte – sowie ggf. weitere relevante Grundrechte und –freiheiten wie z. B. die Rede- und Gedankenfreiheit – einschränkt, ob ggf. bestimmte Gruppen betroffener Personen durch

---

[32] *EDSB*, Beurteilung der Erforderlichkeit von Maßnahmen, S. 2, 5 f. Der EDSB stützt sich hierbei auf die Beobachtung, dass der EuGH in jüngerer Vergangenheit die Verhältnismäßigkeit nicht mehr prüft, wenn eine Maßnahme bereits nicht erforderlich ist; EuGH C-293/12 und C-495–12, Urt. vom 8. April 2014; C-362/14, Urt. vom 6. Oktober 2015.

[33] *EDSB*, Beurteilung der Erforderlichkeit von Maßnahmen, S. 8, 10–12.

eine Ungleichbehandlung einer Diskriminierung ausgesetzt werden, ob die betroffenen Personen ggf. Einschränkungen hinsichtlich der Möglichkeit, Rechtsbehelfe bei Gericht einzulegen, erleiden und ob es zu einer Beeinträchtigung des Wesensgehalts des Rechts kommt. Einschränkungen von Grundrechten und –freiheiten sind in eng gesetzten Grenzen möglich, so dass eine im Schritt 2 festgestellte Einschränkung der Rechte und Freiheiten betroffener Personen nicht grundsätzlich dazu führen muss, dass die Anforderungen an die Erforderlichkeit nicht gegeben sind. Sofern die Bewertung jedoch eine Einschränkung des Wesensgehalts des Rechts ergibt, hält die Maßnahme regelmäßig nicht den Anforderungen an die Erforderlichkeit stand. In diesen Fällen müsste es zu Nachbesserungen der Maßnahme kommen und der Schritt 2 erneut durchgeführt werden, bevor die Schritte 3 und 4 durchgeführt werden können.[34]

Im dritten Schritt steht das Ziel der zum Vorschlag gebrachten Maßnahme im Vordergrund der Betrachtung. Im Rahmen dieses Schrittes ist zunächst das Ziel der Maßnahme detailliert zu benennen und die Existenz des der Maßnahme zugrundeliegenden Problems (durch Belege wissenschaftlich nachprüfbar) darzustellen. Bei der Beschreibung des Ziels sollte der Fokus auf dem mit der Maßnahme zu erreichende Gemeinwohl bzw. der Beschreibung der Rechte und Freiheiten derer, die mit der Maßnahme geschützt werden sollen, liegen. Auch ist zu bewerten, ob die Verarbeitung personenbezogener Daten tatsächlich dem beschriebenen Ziel dient und wie hoch die Bedeutung der Zielerreichung für die Gesellschaft ist. Fehlt es an wissenschaftlichen Belegen für das Problem oder stellt sich heraus, dass die Maßnahme nicht dem Gemeinwohl oder dem Schutz der Rechte und Freiheiten einer schutzwürdigen Personengruppe dienlich ist, sollte die Maßnahme verworfen bzw. überarbeitet werden.[35]

Der vierte Schritt ist der zentrale Schritt zur Bewertung der Erforderlichkeit der zum Vorschlag gebrachten Maßnahme. Es wird insbesondere bewertet, ob die Maßnahme wirksam ist und den – im Vergleich zu Alternativmaßnahmen – geringstmöglichen Eingriff in die Privatsphäre der betroffenen Personen bedeutet. U.a. ist hierfür zu beschreiben, warum evtl. bereits bestehende Maßnahmen nicht ausreichen, um das Problem vollständig zu lösen und warum die vorgeschlagene Maßnahme das Ziel besser erreichen kann. Es ist zu prüfen, ob alternative Maßnahmen bestehen, die das Ziel vergleichbar wirksam erreichen können, jedoch weniger stark in die Rechte und Freiheiten der betroffenen Personen eingreifen

---

[34] *EDSB*, Beurteilung der Erforderlichkeit von Maßnahmen, S. 10, 14.

[35] *EDSB*, Beurteilung der Erforderlichkeit von Maßnahmen, S. 10, 17.

würden.[36] Hierfür sind wissenschaftlich überprüfbare Belege vorzulegen. „Nur wenn nach einer evidenzgestützten Analyse keine bestehenden oder weniger in die Privatsphäre eingreifenden Maßnahmen zur Verfügung stehen, und nur wenn eine solche Analyse erbringt, dass die geplante Maßnahme für das Erreichen der dem Gemeinwohl dienenden Zielsetzung wesentlich und auf das absolut Notwendige beschränkt ist, sollte diese Maßnahme auf ihre Verhältnismäßigkeit geprüft werden."[37] Sofern die Beurteilung einer Maßnahme ergibt, dass diese nicht erforderlich ist, ist die Maßnahme entweder entsprechend der Beurteilungsergebnisse zu überarbeiten oder zu verwerfen.[38]

4.2.4.2 Leitlinien des EDSB für die Bewertung der Verhältnismäßigkeit von Maßnahmen

Auch die Leitlinien des EDSB richten sich als Orientierungshilfe an die EU-Organe, damit diese bewerten können, ob von ihnen vorgeschlagene Rechtsvorschriften oder sonstige Maßnahmen mit dem Europäischen Datenschutzrecht in Einklang stehen. Anders als das eben vorgestellte Toolkit fokussieren die Leitlinien jedoch nicht die Frage der Erforderlichkeit von Maßnahmen, sondern die Frage deren Verhältnismäßigkeit. Die Leitlinien zielen darauf ab, den EU-Organen ein praktisches, schrittweises Vorgehen aufzuzeigen, mit deren Hilfe die Verhältnismäßigkeit von Maßnahmen bewertet werden kann und bilden damit den logischen Anschluss an das Toolkit zur Bewertung der Erforderlichkeit.[39] Das Verhältnismäßigkeitsprinzip stellt einen allgemeinen Grundsatz des Europäischen Rechts dar und verlangt, dass alle Handlungen von Unionsorganen geeignet sein müssen, die mit einer Maßnahme oder Regelung rechtmäßig anvisierten Ziele zu erreichen, ohne dabei die Grenzen dessen zu überschreiten, was zur Zielerreichung geeignet und erforderlich ist.[40]

Die Prüfschritte der Verhältnismäßigkeit schließen sich an die vier bereits dargestellten Schritte der Erforderlichkeitsprüfung an, greifen die ersten Ergebnisse aus diesen Prüfschritten auf und führen sie detaillierter fort.

Im fünften Schritt wird die Legitimität bzw. die Bedeutung des Ziels bewertet. Es soll insbesondere die Frage beantwortet werden, ob die Maßnahme das Ziel

---

[36] Sofern diese Maßnahmen mit höheren Kosten einhergehen würden, als die vorgeschlagene Maßnahme, ist dieser Aspekt im Rahmen der Verhältnismäßigkeitsprüfung zu berücksichtigen. *EDSB*, Beurteilung der Erforderlichkeit von Maßnahmen, S. 22.

[37] *EDSB*, Beurteilung der Erforderlichkeit von Maßnahmen, S. 10, 21 f.

[38] *EDSB*, Beurteilung der Erforderlichkeit von Maßnahmen, S. 10.

[39] *EDSB*, Leitlinien für die Bewertung der Verhältnismäßigkeit von Maßnahmen, S. 4.

[40] *EuGH* C-293/12 und C-495–12, Urt. vom 8. April 2014, 5. Leitsatz; *EDSB*, Beurteilung der Erforderlichkeit von Maßnahmen, S. 5.

tatsächlich erfüllen und inwieweit sie das Problem lösen kann. Wichtig ist, dass dem relevanten EU-Organ alle Informationen vorliegen, die die Ursachen des Problems sowie die verschiedenen, denkbaren Lösungsmöglichkeiten beschreiben. Auch sollte ihm die Dringlichkeit des Problems und der damit einhergehenden öffentlichen Interessen bewusst sein – soll die Maßnahme z. B. ein Grundrecht oder einen anderen verfassungsrechtlichen Wert schützen? Insofern sollte sich das EU-Organ die Frage stellen, ob für die von ihm geplanten Maßnahme auf einem drängenden, gesellschaftlichen Bedürfnis beruht und wie wirksam und effizient die geplante Maßnahme diese Bedürfnisse erreichen kann. Bei Maßnahmen, die auf ein vorrübergehendes Problem reagieren, sollte eine unabhängige Überwachung des Ausmaßes der Problematik implementiert werden, um sicherzustellen, dass eine vorübergehend geplante Maßnahme nicht zu einer Dauermaßnahme wird. Die Maßnahme, welche die Rechte und Freiheiten der betroffenen Personen einschränkt, ist daher aufzuheben, sobald das der Maßnahme zugrundeliegende Problem nicht mehr (in der Dringlichkeit) besteht.[41]

Im sechsten Schritt werden der Umfang, das Ausmaß und die Intensität des Eingriffs in die Rechte und Freiheiten der betroffenen Personen bewertet. Um die möglichen Auswirkungen der Maßnahme detailliert zu erfassen, soll zunächst der Umfang der Maßnahme hinsichtlich der Fragen bewertet werden, ob die Maßnahme hinreichend begrenzt wurde, wie viele Personen von den Eingriffen, die die Maßnahme mit sich bringt, betroffen wären und ob die Maßnahme in die Rechte und Freiheiten von Personen eingreift, die eigentlich nicht Gegenstand der geplanten Maßnahme sein sollten. Auch die Frage, ob besondere Kategorien personenbezogener Daten oder personenbezogene Daten besonders schutzbedürftiger Personen verarbeitet werden sollen, wie viele Daten verarbeitet werden sollen und über welchen Zeitraum die Datenverarbeitung erfolgen soll, soll im Rahmen dieses Prüfschrittes bewertet werden. Nicht zuletzt soll auch das Ausmaß des Eingriffs bewertet werden. Hierbei ist u. a. zu bewerten, ob im Rahmen der Maßnahme umfangreiche Profile der betroffenen Personen entstehen oder ob bei der Verarbeitung automatisierte Entscheidungsfindungssysteme eingesetzt werden.[42]

Im siebten Schritt werden die Vor- und Nachteile bzw. die Kosten und Nutzen der Maßnahme im Hinblick auf ein angemessenes Gleichgewicht bewertet. Hierfür ist zunächst zu überprüfen, ob Informationen zur vorgeschlagenen Maßnahme „asymmetrisch" vorliegen, oder ob tatsächlich sowohl alle Vor- und Nachteile

---

[41] *EDSB*, Leitlinien für die Bewertung der Verhältnismäßigkeit von Maßnahmen, S. 15, 18–20.

[42] *EDSB*, Leitlinien für die Bewertung der Verhältnismäßigkeit von Maßnahmen, S. 15, 25–28.

als auch Kosten und Nutzen erfasst wurden. Sofern im Rahmen der Erforderlichkeitsprüfung bisher der Fokus auf die Beschreibung der Vorteile und Nutzen gelegt wurde, sind nun die entsprechenden Nachteile und Kosten zu ergänzen. Im Anschluss daran erfolgt eine Abwägung der Vorteile und Nutzen einerseits sowie der Nachteile (mit Fokus auf die Einschränkungen der Rechte und Freiheiten der betroffenen Personen) und Kosten andererseits. Sie bildet das „Herzstück" der Verhältnismäßigkeitsprüfung, indem sie sicherstellt, dass zwischen den gegenseitigen Interessen – nämlich dem Interesse auf Wahrung ihrer Rechte und Freiheiten aus Sicht der betroffenen Personen sowie dem Interesse an der Behebung des durch die Maßnahme zu lösenden Problems aus Sicht des die Maßnahme initiierenden EU-Organs (und zumindest eines Teils der Gesellschaft) – das nötige Gleichgewicht hergestellt wird. Insofern soll die Abwägung dazu dienen, einen Interessenskonflikt aufzulösen, sofern keinem der beiden gegensätzlichen Interessen von vornherein der Vorrang eingeräumt wurde.[43] Die Abwägung sollte dokumentiert, mit ausreichenden Nachweisen versehen und ggf. veröffentlicht werden. Sämtliche Unterlagen, die im Rahmen der Abwägung genutzt wurden, sollten aufbewahrt werden, um die durchgeführte Abwägung inklusive ihrer Ergebnisse dauerhaft nachvollziehbar zu halten.[44]

Im achten und letzten Schritt wird die abschließende Entscheidung getroffen, ob die Maßnahme durchführbar ist oder nicht. Sofern die Beurteilung einer Maßnahme im siebten Schritt ergibt, dass diese nicht verhältnismäßig ist, ist zu bewerten, ob Garantien eingeführt werden können, um die Verhältnismäßigkeit der Maßnahme doch noch herzustellen. Im ersten Schritt ist hierfür zu dokumentieren, welche Faktoren im siebten Schritt zur Bewertung geführt haben, dass die Maßnahme unverhältnismäßig ist. Darauf basierend ist der Maßnahmenvorschlag hinsichtlich dieser Negativfaktoren zu überarbeiten, so dass Garantien getroffen werden, die die Negativfaktoren verhindern oder zumindest deutlich abmildern. Nachdem entsprechende Garantien implementiert wurden, ist sowohl die Erforderlichkeit als auch die Verhältnismäßigkeit erneut zu überprüfen. Sofern sich die Verhältnismäßigkeit nicht durch zusätzliche Garantien herstellen lässt, ist die Maßnahme zu verwerfen.[45]

---

[43] Hierzu der *EuGH*: „Sind mehrere grundrechtlich geschützte Rechte und Freiheiten im Spiel, [….] ist bei der Beurteilung der möglichen Unverhältnismäßigkeit einer unionsrechtlichen Bestimmung darauf zu achten, dass die Erfordernisse des Schutzes dieser verschiedenen ·Rechte und Freiheiten miteinander in Einklang gebracht werden und dass zwischen ihnen ein angemessenes Gleichgewicht besteht." *EuGH*, C-283/11, Urt. vom 22.1.2013, Rdnr. 60; *EDSB*, Leitlinien für die Bewertung der Verhältnismäßigkeit von Maßnahmen, S. 31 f.

[44] *EDSB*, Leitlinien für die Bewertung der Verhältnismäßigkeit von Maßnahmen, S. 15, 32 f.

[45] EDSB, Leitlinien für die Bewertung der Verhältnismäßigkeit von Maßnahmen, S. 15, 37 f.

4.2.5 Datenschutz-Folgenabschätzung

Mit Anwendbarwerden der DSGVO am 25. Mai 2018 wurde in der Europäischen Union erstmalig das Instrument der Datenschutz-Folgenabschätzung (DSFA) eingeführt, mit dem die Folgen einer geplanten Datenverarbeitung abgeschätzt und entsprechende Gegenmaßnahmen definiert und umgesetzt werden müssen, wenn diese voraussichtlich mit einem hohen Risiko für die Rechte und Freiheiten der betroffenen Person verbunden ist.[46]

Art. 35 Abs. 3 DSGVO benennt drei Regelbeispiele, bei denen immer eine DSFA durchzuführen ist. Demnach ist eine DSFA zwingend durchzuführen, wenn

- persönliche Aspekte natürlicher Personen einer systematischen und umfassenden Bewertung unterliegen, die sich auf automatisierte Verarbeitung einschließlich Profiling gründet und die ihrerseits als Grundlage für Entscheidungen dient, die Rechtswirkung gegenüber natürlichen Personen entfalten oder diese in ähnlich erheblicher Weise beeinträchtigen, systematisch und umfassend bewertet werden,
- besondere Kategorien von personenbezogenen Daten oder personenbezogene Daten über strafrechtliche Verurteilungen und Straftaten umfangreich verarbeitet werden,
- öffentlich zugängliche Bereiche systematisch und umfangreich überwacht werden.[47]

Die drei in Art. 35 Abs. 3 DSGVO genannten Regelbeispiele sind jedoch keine abschließende Liste, sondern lediglich ein Anhaltspunkt für oder gegen die Entscheidung, eine DSFA durchführen zu müssen. Demnach erfordert die Frage der Pflicht zur Durchführung einer DSFA eine Betrachtung des Risikos, die mit einer geplanten Datenverarbeitung einhergehen könnten, im Einzelfall. Sofern die geplante Datenverarbeitung auf der sogenannten „Positivliste" der jeweils zuständigen Aufsichtsbehörde geführt wird, kann der Schritt der Entscheidung über die Notwendigkeit der DSFA unterbleiben, da die geplante Datenverarbeitung in diesem Fall immer einer vorherigen DSFA bedarf. Sofern die zuständige Aufsichtsbehörde von ihrem Recht Gebrauch gemacht hat, Datenverarbeitungen in

---

[46] S. Erwgr. 90 DSGVO; *DSK*, Kurzpapier Nr. 5 Datenschutz-Folgenabschätzung, S. 1; *Martini* in *Paal/Pauly*, DSGVO-Kommentar, Art. 35 Rdnr. 6; *Marschall* in *Roßnagel*, Europäische Datenschutz-Grundverordnung, S. 156.

[47] *Selzer* in *Jandt/Steidle*, Datenschutz im Internet, S. 370; *Schmieder* in*Forgó/Helfrich/ Schneider*, Betrieblicher Datenschutz, Kap. 2, Rdnr. 17.

einer sogenannten „Negativliste" zu führen, gilt für diese Datenverarbeitungen, dass keine Pflicht zur Durchführung einer DSFA besteht.[48]

Tabelle 4.1   Datenschutzfolgenabschätzung: Positiv- und Negativliste

Beispiele für Verarbeitungen, für die keine DSFA durchzuführen ist.[49]	Beispiele für Verarbeitungen, für die eine DSFA verpflichtend ist.[50]
Zutrittskontrollsysteme ohne Biometrie Kontrolle der Berechtigung des Zutritts zu Gebäuden und abgegrenzten Bereichen durch den Eigentümer oder Benutzungsberechtigten mit Hilfe von Anlagen, die personenbezogene Daten automationsunterstützt verarbeiten, wobei keine biometrischen Daten von Betroffenen verarbeitet werden. Die bloße Echtzeitwiedergabe von Gesichtsbildern ist von dieser Ausnahme umfasst.	**Flächendeckender Einsatz von Fingerabdrucksensoren zur Zutrittskontrolle** Verarbeitung von biometrischen Daten zur eindeutigen Identifizierung natürlicher Personen, wenn mindestens ein weiteres folgendes Kriterium […] zutrifft: – […] Systematische Überwachung – Innovative Nutzung oder Anwendung neuer technologischer oder organisatorischer Lösungen […] – Betroffene werden an der Ausübung eines Rechts oder der Nutzung einer Dienstleistung bzw. Durchführung eines Vertrags gehindert.
Patienten-/[…] Kundenverwaltung und Honorarabrechnung einzelner Ärzte […] und Apotheken Patientenverwaltung und Honorarabrechnung von einzelnen Ärzten, Zahnärzten und Dentisten sowie Patienten-/Klientenverwaltung und Honorarabrechnung anderer freiberuflich oder gewerblich einzeln tätiger Gesundheitsdiensteanbieter und Apotheken.	**Nutzung eines Webportals zur Kommunikation und Diagnosestellung [unter Nutzung entsprechender Sensoren] durch einen Arzt** Verarbeitung von personenbezogenen Daten gemäß Art. 9 Abs. 1 […] DSGVO – auch wenn sie nicht als „umfangreich" im Sinne des Art. 35 Abs. 3 lit. b) anzusehen ist – sofern eine nicht einmalige Datenerhebung mittels der innovativen Nutzung von Sensoren oder mobilen Anwendungen stattfindet und diese Daten von einer zentralen Stelle empfangen und aufbereitet werden.

[48] Art. 35 Abs. 4, Abs. 5 DSGVO.

[49] Bei den in der Tabelle genannten Negativ-Beispielen handelt es sich um Direktzitate aus der Negativliste der österreichischen Datenschutzaufsicht; 108. Verordnung der Datenschutzbehörde über die Ausnahmen von der Datenschutz-Folgenabschätzung (DSFA-AV) vom 25. Mai 2018, über: https://www.ris.bka.gv.at/GeltendeFassung.wxe?Abfrage=Bundesnormen&Gesetzesnummer=20010206, S. 3, 4.

[50] Bei den in der Tabelle genannten Positiv-Beispielen handelt es sich um Direktzitate aus der Positivliste Datenschutzkonferenz, einem Gremium der unabhängigen Datenschutzbehörden des Bundes und der Länder Deutschlands, über: https://www.lda.bayern.de/media/dsfa_muss_liste_dsk_de.pdf, S 1, 4.

Sofern eine geplante Datenverarbeitung in Art. 35 Abs. 3 DSGVO oder in der Positivliste der zuständigen Aufsichtsbehörde gelistet ist bzw. die Risikoabwägung ein voraussichtlich hohes Risiko für die Rechte und Freiheiten der betroffenen Personen ergab, ist eine DSFA verpflichtend durchzuführen. Die Entscheidung über die Durchführungspflicht sollte aus Gründen der Nachweisbarkeit schriftlich dokumentiert werden (Art. 5 Abs. 2 DSGVO).[51]

Eine DSFA beinhaltet gem. Art. 35 Abs. 7 DSGVO mindestens eine systematische Beschreibung der geplanten Verarbeitungsvorgänge und der Zwecke der Verarbeitung, eine Bewertung der Notwendigkeit und Verhältnismäßigkeit der Verarbeitungsvorgänge in Bezug auf den Zweck, eine Bewertung der Risiken für die Rechte und Freiheiten der betroffenen Personen und die zur Bewältigung der Risiken geplanten Abhilfemaßnahmen.

Im ersten Schritt erfolgt eine systematische Beschreibung der geplanten Verarbeitung. Insbesondere sind für jeden Verarbeitungsschritt die einzelnen Prozessschritte und die zum Einsatz kommenden Verarbeitungssysteme zu beschreiben. Auch sollen die Verarbeitungszwecke und Rechtsgrundlagen beschrieben werden. Ziel des ersten Schrittes ist einerseits die umfangreiche datenschutzrechtliche Dokumentation der geplanten Datenverarbeitung sowie die klare Definition des Beurteilungsumfangs der durchzuführenden DSFA.

Im zweiten Schritt wird die Notwendigkeit und Verhältnismäßigkeit der geplanten Verarbeitungsvorgänge bewertet. Die Bewertung der Notwendigkeit und Verhältnismäßigkeit der geplanten Datenverarbeitung erfolgt hierbei immer in Bezug auf die Verarbeitungszwecke sowie mit dem Ziel, die geplante Datenverarbeitung auf das unbedingt notwendige Maß zu beschränken. Es gilt zu bewerten, ob der Zweck der geplanten Datenverarbeitung auch mit einer weniger eingreifenden Datenverarbeitung erfüllt werden kann. Nur wenn der rechtmäßige Zweck der geplanten Datenverarbeitung ohne diese nicht oder nicht vollständig erfüllbar ist, erfüllt sie die Anforderungen an die Notwendigkeit und Verhältnismäßigkeit. Neben der Art und des Umfangs der Datenverarbeitung gilt es auch deren Umstände, z. B. in Bezug auf den Einsatz neuer Technologien, zu bewerten.

Im dritten Schritt wird das Risiko für die Rechte und Freiheiten der betroffenen Personen, das sich aus der geplanten Datenverarbeitung ergeben kann, detailliert bewertet. Hierbei sind grundsätzlich sämtliche Risiken für die Rechte und Freiheiten der betroffenen Personen zu identifizieren, die mit dem Grundrecht auf

---

[51] *DSK*, Kurzpapier Nr. 5 Datenschutz-Folgenabschätzung, S. 1; *Selzer* in *Jandt/Steidle*, Datenschutz im Internet, S. 374; *Votteler,* ZD 2020, 184 (188); *Syckor/Strufe/Lauber-Rönsberg*, ZD 2019, 390 (391 f.).

Schutz personenbezogener Daten in Verbindung stehen. Zu beschreiben sind insbesondere mögliche Risikoquellen, Angreifer, Angriffsmotive und Angriffsziele. Darauf aufbauend hat eine Bewertung hinsichtlich der Eintrittswahrscheinlichkeit der Risiken sowie der möglichen Schäden für die betroffenen Personen zu erfolgen.[52]

Im vierten Schritt sollen technische und organisatorische Maßnahmen geplant werden, die vor den im dritten Schritt identifizierten Risiken schützen können. Diesem Schritt kommt die wichtigste inhaltliche Rolle einer jeden DSFA zu, da erst durch die konkrete Planung und Umsetzung von Abhilfemaßnahmen die Risiken für die Rechte und Freiheiten der betroffenen Personen eingedämmt werden. Die getroffenen Abhilfemaßnahmen müssen funktional geeignet sein, die betroffenen Personen vor den hohen Risiken des vom Verantwortlichen geplanten Verarbeitungsvorgangs zu schützen. Bei der Auswahl der Abhilfemaßnahmen kann sich der Verantwortliche an den in Art. 32 DSGVO genannten Maßnahmen orientieren.[53]

Genau wie die Entscheidung über die Pflicht zur Durchführung einer DSFA ist auch die DSFA selbst zu dokumentieren (Art. 5 Abs. 2 DSGVO), wobei sich aus Art. 35 Abs. 7 lit. a – d DSGVO die inhaltlichen Mindestanforderungen ergeben, die an die Dokumentation zu stellen sind.[54]

Eine DSFA ist kein einmaliger, sondern ein iterativer Prozess. Dementsprechend ist regelmäßig zu bewerten, ob für die Datenverarbeitung neue Risiken und dementsprechend auch neue Schutzmaßnahmen identifiziert werden müssen bzw. ob die ursprünglich festgelegten Schutzmaßnahmen noch dem Stand der Technik entsprechen und den identifizierten Risiken für die Rechte und Freiheiten der betroffenen Personen begegnen können.[55] Insofern soll durch eine DSFA eine fortlaufende Bewertung der Risiken für die Rechte und Freiheiten der betroffenen Personen sowie die Planung und Umsetzung wirksamer Schutzmaßnahmen zur Begegnung der identifizierten Risiken sichergestellt werden. Dies erfolgt

---

[52] Für eine detaillierte Beschreibung s. Abschnitt 3.1.4.

[53] Für die Beschreibung der Schritte 1–4: *Selzer* in *Jandt/Steidle*, Datenschutz im Internet, S. 376–381; *Schmieder* in*Forgó/Helfrich/Schneider*, Betrieblicher Datenschutz, Kap. 2, Rdnr. 19 f.; *Bitkom*, Risk Assessment & Datenschutz-Folgenabschätzung, S. 46; *Friedewald/ Martin*, BvD News 3/2017, 41 (44); *Yordanov*, EDPL 4/2017, 486 (489 ff.).

[54] *Jandt* in *Kühling/Buchner*, DSGVO-Kommentar, Art. 35 Rdnr. 51; *Selzer* in *Jandt/Steidle*, Datenschutz im Internet, S. 383.

[55] *DSK*, Kurzpapier Nr. 5 Datenschutz-Folgenabschätzung, S. 5; *Martin/Schiering/ Friedewald*, DuD 2020, 154 (160).

anhand eines sich wiederholenden Prozesses, der in die Phasen „Vorbereitung", „Durchführung", „Umsetzung" und Überprüfung untergliedert ist.[56]

Die DSFA ist durch den Verantwortlichen durchzuführen. Hierbei hat er den Rat seines betrieblichen/behördlichen/externen Datenschutzbeauftragten einzuholen und einen ggf. im Rahmen der geplanten Datenverarbeitung zum Einsatz kommenden Auftragsverarbeiter einzubeziehen, sofern dies z. B. aufgrund der von ihm zu treffenden technischen und organisatorischen Maßnahmen erforderlich ist. Auch der Standpunkt der betroffenen Personen oder ihrer Vertreter ist einzuholen (Art. 35 Abs. 1, Abs. 2, Abs. 9 DSGVO, Erwgr. 95 DSGVO). Darüber hinaus legt Art. 36 Abs. 1 DSGVO dem Verantwortlichen die Pflicht auf, vor der Verarbeitung die Aufsichtsbehörde zu konsultieren, wenn aus einer DSFA hervorgeht, dass die Verarbeitung ein hohes Risiko zur Folge hätte, sofern der Verantwortliche keine Maßnahmen zur Eindämmung des Risikos trifft. Für die Konsultation hat der Verantwortliche der zuständigen Aufsichtsbehörde eine Reihe von Informationen zur Verfügung zu stellen. Hierzu gehören u. a. die Angaben zu den jeweiligen Zuständigkeiten des Verantwortlichen bzw. der beteiligten Auftragsverarbeiter, die Zwecke und die Mittel der beabsichtigten Verarbeitung und die zum Schutz der Rechte und Freiheiten der betroffenen Personen vorgesehenen Maßnahmen und Garantien (Art. 36 Abs. 3 DSGVO). Die zuständige Aufsichtsbehörde teilt dem Verantwortlichen basierend auf den zur Verfügung gestellten Informationen mit, ob für die von ihm geplante Datenverarbeitung ausreichende Schutzmaßnahmen vorsieht, um die bestehenden Risiken für die Rechte und Freiheiten der betroffenen Personen einzudämmen. Sie kann dem Verantwortlichen gegenüber u. a. eine Warnung aussprechen, dass die von ihm geplante Datenverarbeitung voraussichtlich gegen die Bestimmungen der DSGVO

---

[56] *DSK*, Kurzpapier Nr. 5 Datenschutz-Folgenabschätzung, S. 2. Diese Phasen werden auch als PDCA-Zyklus, was im Englischen für „Plan", „Do", Check" und „Act" steht, bezeichnet. *Rost*, BvD-News 2000, 13 (16). Dieser Zyklus, nachdem Schutzmaßnahmen im Laufe der Zeit immer wieder einer Überprüfung der Wirksamkeit unterzogen und entsprechend des Ergebnisses dieser Überprüfung ggf. verändert oder durch die Implementierung weiterer Schutzmaßnahmen angepasst werden, hat sich insbesondere in Bezug auf das Informationssicherheitsmanagement, in den letzten Jahren aber auch in Bezug auf das Datenschutzmanagement etabliert. Er trägt dem Umstand Sorge, dass Maßnahmen, die zu einem bestimmten Zeitpunkt initial implementiert wurden, i. d. R. im Laufe des Verarbeitungsprozesses „veralten", also nicht mehr dem Stand der Technik entsprechen und/oder nicht vor den Risiken neuer Angriffe schützen können.

Die zuvor beschriebenen vier Schritte der DSFA lassen sich den Phasen „Vorbereitung", „Durchführung" und „Umsetzung" des PDCA-Zyklus zuordnen. Ergänzt werden sie nach der initialen Durchführung.

verstoßen würde oder den Verantwortlichen anweisen, den geplanten Verarbeitungsvorgang auf bestimmte Weise in Einklang mit der DSGVO zu bringen (Art. 58 DSGVO).[57]

4.2.6 Standard-Datenschutzmodell der Datenschutzkonferenz

Das Standard-Datenschutzmodell (SDM) der Datenschutzkonferenz ist eine Methode, mit Hilfe derer die Risiken für die Rechte und Freiheiten betroffener Personen durch technische und organisatorische Schutzmaßnahmen – je nach Einzelfall – entweder vollständig beseitigt oder auf ein datenschutzkonformes Maß reduziert werden können. Die Auswahl der Schutzmaßnahmen erfolgt dabei systematisch und auf Basis sogenannter Gewährleistungsziele. Durch das systematische Vorgehen gem. des SDM soll der Verantwortliche sicherstellen können, dass die personenbezogene Datenverarbeitung den Vorgaben der DSGVO genügt und er dies auch gegenüber der zuständigen Aufsichtsbehörde nachweisen kann.[58]

Als Gewährleistungsziele bezeichnet die Datenschutzkonferenz im Rahmen des SDM diejenigen Anforderungen der DSGVO, die durch technische und organisatorische Schutzmaßnahmen umgesetzt/gewährleistet werden müssen. Als Gewährleistungsziele nennt das SDM einerseits die drei primären IT-Sicherheitsziele, also die Verfügbarkeit, Integrität und Vertraulichkeit,[59] sowie andererseits zusätzliche, auf den Schutz der betroffenen Personen ausgerichtete Gewährleistungsziele, nämlich die Nichtverkettung, Transparenz und Intervenierbarkeit. Über all diesen Gewährleistungszielen steht das Ziel der Datenminimierung. Dieses soll sicherstellen, dass nur diejenigen personenbezogenen Daten verarbeitet werden, die zur Erreichung eines rechtmäßigen Zwecks unbedingt erforderlich sind. Nichtverkettung bedeutet, dass personenbezogene Daten nur dann zusammengeführt werden dürfen, wenn sie für den gleichen Zweck erhoben wurden. Das Gewährleistungsziel der Transparenz fordert, dass sowohl der Verantwortliche/Auftragsverarbeiter als auch die betroffenen Personen und die zuständige Aufsichtsbehörde die „Eckdaten" einer jeden Datenverarbeitung – also z. B. die Verarbeitungszwecke, die datenschutzrechtliche Verantwortlichkeit für die Datenverarbeitung und potenzielle Datenübermittlungen – (er)kennen

---

[57] *Selzer* in *Jandt/Steidle*, Datenschutz im Internet, S. 384 f.; *Martin/Schiering/Friedewald*, DuD 2020, 154 (156).

[58] *DSK*, Das Standard-Datenschutzmodell, S. 5 f., 8.

[59] Näheres zu den drei IT-Sicherheitszielen beschreibt Abschnitt 2.2.

können. Intervenierbarkeit bedeutet, dass die betroffenen Personen ihre sogenannten Betroffenenrechte – also z. B. das Recht auf Auskunft, Berichtigung und Löschung – jederzeit einfordern können und die Gesuche rechtskonform bearbeitet werden.[60]

Das SDM präzisiert die sieben Gewährleistungsziele, indem es für jedes der sieben Ziele eine Auflistung konkreter Maßnahmen in Form eines Maßnahmenkatalogs aufführt, durch die das jeweilige Ziel umgesetzt werden kann. Vorbild für dieses Vorgehen ist die vom Bundesamt für Sicherheit in der Informationstechnik eingeführte Methodik des IT-Grundschutzes.[61] Genau wie die Methodik des IT-Grundschutzes sieht auch das SDM hierfür zunächst die Feststellung des Schutzbedarfs vor, der sodann die Dimension der zu ergreifenden Schutzmaßnahmen bestimmt. Anders als beim IT-Grundschutz basiert die Feststellung des Schutzbedarfs beim SDM auf der Ermittlung der Eingriffsintensität. Betrachtet werden nicht nur die personenbezogenen Daten selbst, sondern die gesamte Verarbeitungstätigkeit – bzw. das gesamte Verfahren – im Rahmen derer/dessen personenbezogene Daten verarbeitet werden. Die Einstufung des Schutzbedarfs erfolgt in die Schutzbedarfskategorien „normal" und „hoch".[62] Die Identifizierung eines „hohen" Schutzbedarfs nach SDM setzt wiederum die Beurteilung des Verarbeitungsrisikos voraus. Dieses wird insbesondere anhand folgender Fragen vorgenommen:

(1) Liegt eine besonders risikoreiche Datenverarbeitung nach Art. 35 Abs. 3 DSGVO vor?

(2) Ist die Datenverarbeitung als besonders risikoreiche Datenverarbeitung in der Positivliste der zuständigen Aufsichtsbehörde nach Art. 35 Abs. 4 DSGVO enthalten?

(3) Treffen zwei oder mehr der folgenden neun Eigenschaften zu?

   Bei der Datenverarbeitung handelt es sich um eine Bewertung oder Einstufung der betroffenen Person.

   Die Datenverarbeitung entfaltet Rechtswirkung gegenüber den betroffen Personen und beruht auf einer automatisierten Entscheidung.

   Es handelt sich um eine systematische Überwachung betroffener Personen.

---

[60] *DSK,* Das Standard-Datenschutzmodell, S. 12, 15 f.

[61] Das analoge Rückgreifen auf die Methodik des IT-Grundschutzes soll dem Verantwortlichen die Unsicherheit nehmen, welche technischen und organisatorischen Schutzmaßnahmen er in welcher Wirkungsintensität umsetzen muss, um für die von ihm konkret durchgeführte Datenverarbeitung einen ausreichenden Schutz zu erwirken. *Rost,* BvD-News 2020, 13 (13); *Rost,* BvD-News 2016, 34 (34).

[62] *Rost,* BvD-News 2016, 34 (35).

Es werden besonders sensible personenbezogene Daten verarbeitet.

Die Datenverarbeitung erfolgt in einem großen Umfang.

Die Datenverarbeitung beinhaltet den Abgleich und/oder das Zusammenführen mehrerer Datensätze.

Die Datenverarbeitung beinhaltet besonders schutzwürdige betroffene Personen.

Bei der Datenverarbeitung kommen neue Technologien zum Einsatz.

Im Rahmen der Datenverarbeitung werden betroffene Personen an der Ausübung ihrer Rechte gehindert.[63]

(4) Erhöhen die Art, der Umfang, die Umstände oder die Zwecke nach Art. 24 DSGVO das Risiko der Verarbeitung?[64]

Liegt nach der Beurteilung des Risikos der Datenverarbeitung kein, ein geringes oder ein normales Risiko vor, weil die Fragen 1–4 mit „Nein" beantwortet wurden, so ist der Schutzbedarf „normal". Sofern die Beurteilung ein hohes Risiko ergibt, weil eine oder mehrere der Fragen 1–4 mit „Ja" beantwortet wurden, ist der Schutzbedarf „hoch". Die Unterscheidung des Schutzbedarfs und der Höhe des Risikos ist insofern relevant, als dass der Schutzbedarf der betroffenen Personen konstant bleibt, während sich die Höhe des Risikos eines Verfahrens durch technische und organisatorische Schutzmaßnahmen verringern lässt, um die Datenverarbeitung auf diese Weise datenschutzkonform umzusetzen.[65]

Der Katalog „Generische Maßnahmen" des SDM schlägt Schutzmaßnahmen vor, die bei einem normalen Schutzbedarf für eine angemessene Umsetzung des technisch-organisatorischen Datenschutzes sorgen können. Die Maßnahmen sind in die sieben bereits vorgestellten Gewährleistungsziele untergliedert. So nennt das SDM u. a.

- die Redundanz von Software und Hardware, die Redundanz der Infrastruktur sowie den Schutz vor äußeren Einflüssen wie z. B. Feuer, Hochwasser und Sabotage als Maßnahmen zur Umsetzung der Verfügbarkeit;
- das Berichtigen unrichtiger personenbezogener Daten, die Verwendung elektronischer Signaturen und ein dokumentiertes Berechtigungskonzept als Maßnahmen zur Umsetzung der Integrität;

---

[63] *DSK*, Das Standard-Datenschutzmodell, S. 43. Die genannten Kriterien zur Beurteilung, ob eine Verarbeitung mit einem hohen Risiko einhergeht, hat das SDM vom Europäischen Datenschutzausschuss übernommen.

[64] *Rost*, BvD-News 2020, 13 (14 f.). Für nähere Ausführungen zum vierten Prüfpunkt s. Abschnitt 2.1.

[65] *Rost*, BvD-News 2020, 13 (15).

- ein sicheres Authentifizierungsverfahren, die Verwendung von Verschlüsselungsverfahren im Rahmen der Datenspeicherung und des Datentransports und die Verpflichtung der eigenen Mitarbeiter auf das Datengeheimnis als Maßnahmen zur Umsetzung der Vertraulichkeit;
- den Einsatz von Pseudonymen, die Anonymisierung (dann ehemals) personenbezogener Daten und die Trennung nach Abteilungsgrenzen als Maßnahmen zur Umsetzung der Nichtverkettbarkeit;
- die Einwilligungsdokumentation, die Zugriffsprotokollierung und die Benachrichtigung betroffener Personen im Falle einer Zweckänderung als Maßnahmen zur Umsetzung der Transparenz;
- die differenzierte Möglichkeit zur Umsetzung eines Widerrufs oder Widerspruchs, die eindeutige Identifizierung betroffener Personen im Rahmen von Anträgen zu deren Betroffenenrechten und systemseitige Möglichkeiten der datenschutzfreundlichen Einstellungsverwaltung durch die betroffenen Personen als Maßnahmen zur Umsetzung der Intervenierbarkeit;
- die Reduzierung erfasster Datenarten je betroffener Person, die Implementierung eines Löschkonzepts – ggf. inkl. automatischer Löschroutinen – und die Verwendung von Anonymisierungsverfahren als Maßnahmen zur Umsetzung des übergeordneten Gewährleistungsziels der Datenminimierung.[66]

Sofern die Beurteilung des Schutzbedarfs einen hohen Schutzbedarf ergeben hat, so sind zunächst die Schutzmaßnahmen des Maßnahmenkatalogs für den normalen Schutzbedarf umzusetzen. Ergänzend sind weitere Maßnahmen des SDM, die sich speziell auf einen hohen Schutzbedarf beziehen, sowie individuelle Maßnahmen umzusetzen. Als Beispiel für eine Schutzmaßnahme, die speziell bei einem hohen Schutzbedarf umzusetzen ist, kann die gesicherte Revisionsfähigkeit von Protokolldaten genannt werden. Als Beispiel für eine individuelle Maßnahme führt das SDM an, dass besonders risikoreiche Abläufe eines Verfahrens im laufenden Betrieb (kontinuierlich) überwacht werden könnten, damit schnellstmöglich auf Abweichungen reagiert werden kann. Das SDM weißt darüber hinaus darauf hin, dass es dem Verantwortlichen obliegt, auch den Risiken für die Rechte und Freiheiten betroffener Personen zu begegnen, die sich erst durch die Umsetzung technischer und organisatorischer Maßnahmen ergeben. Als Beispiel nennt das SDM die umfangreiche datenschutzrechtliche Protokollierung von Verarbeitungsabläufen, die grundsätzlich so zu erfolgen hat, dass nur diejenigen Protokolldaten entstehen, die für den Zweck der kontinuierlichen

---

[66] *DSK,* Das Standard-Datenschutzmodell, S. 30–35.

Überprüfung der IT-Systeme unbedingt erforderlich sind. Auch müssen die Protokolldaten zugriffsbeschränkt gespeichert und i. d. R. zeitnah wieder gelöscht werden, um den durch die Protokollierung entstehenden Risiken für die Rechte und Freiheiten betroffener Personen entgegenwirken zu können.[67]

Ähnlich wie im vorherigen Abschnitt zur Datenschutz-Folgenabschätzung beschrieben, verfolgt auch das SDM das Ziel, einen kontinuierlichen Prozess zur Überprüfung und Verbesserung der implementierten Schutzmaßnahmen anhand des PDCA-Zyklus umzusetzen.[68]

4.2.7 Chancen und Grenzen bestehender Instrumente

Sowohl das vorgestellte Toolkit als auch die Leitlinien des EDSB richten sich als Orientierungshilfe an die EU-Organe, damit diese bewerten können, ob von ihnen vorgeschlagene Rechtsvorschriften oder sonstige Maßnahmen mit dem Europäischen Datenschutzrecht in Einklang stehen. Während das Toolkit die Erforderlichkeit von Maßnahmen fokussiert, fokussieren die Leitlinien die Verhältnismäßigkeit der Maßnahmen. Zusammenfassend sollen die beiden Hilfestellungen dazu beitragen, dass alle Handlungen von Unionsorganen geeignet sind, die mit einer Maßnahme oder Regelung rechtmäßig anvisierten Ziele zu erreichen, ohne dabei die Grenzen dessen zu überschreiten, was zur Zielerreichung geeignet und erforderlich ist.[69] Die Hilfestellungen wurden nicht vor dem Hintergrund der Auswahl und Umsetzung technischer und organisatorischer Maßnahmen i.S.d. Art. 24, 25, 32 DSGVO verfasst; bei den Maßnahmen, die durch die beiden Hilfestellungen geeignet und erforderlich umgesetzt werden sollen, handelt es sich vielmehr um übergeordnete Maßnahmen, wie z. B. den Erlass gesetzlicher Vorschriften, mit denen ggf. Einschränkungen betroffener Personen verbunden sein können. Die Auswahl der technischen und organisatorischen

---

[67] *DSK,* Das Standard-Datenschutzmodell, S. 46 f.; Baustein „Protokollierung", über: https://www.datenschutz-mv.de/static/DS/Dateien/Datenschutzmodell/Bausteine/ SDM-V1.1_43_Protokollierung_V1.0_uagsdmbs_final.pdf. Der referenzierte Baustein wurde von den Datenschutzaufsichtsbehörden Hessen, Mecklenburg-Vorpommern, Sachsen, Schleswig-Holstein sowie der ev. Kirche bereitgestellt, um das SDM zu erproben. Bei der beispielhaft genannten Maßnahme handelt es sich insofern nicht um eine von der DSK verabschiedeten Maßnahmen.

[68] Rost, BvD-News 2020, 13 (16).

[69] *EuGH* C-293/12 und C-495–12, Urt. vom 8. April 2014, 5. Leitsatz; *EDSB,* Beurteilung der Erforderlichkeit von Maßnahmen, S. 5.

Maßnahmen durch Verantwortliche und Auftragsverarbeiter kann durch diese Hilfestellungen nicht unterstützt werden.

Die Datenschutz-Folgenabschätzung als formale Methode zur Auswahl und Umsetzung technischer und organisatorischer Maßnahmen im Falle eines hohen Risikos für die Rechte und Freiheiten betroffener Personen richtet sich wiederum direkt an Verantwortliche und Auftragsverarbeiter, an Letzteren in Bezug auf seine Unterstützungspflichten aus Art. 28 Abs. 3 lit. f DSGVO und zeigt diesen auf, wie sie anhand eines iterativen Prozesses die Risiken für die Rechte und Freiheiten betroffener Personen erfassen und systematisch Gegenmaßnahmen identifizieren können. Durch die Verpflichtung, die Aufsichtsbehörde zu konsultieren, wenn gem. Art. 36 Abs. 1 DSGVO die Verarbeitung ein hohes Risiko zur Folge hätte, sofern der Verantwortliche keine Maßnahmen zur Eindämmung des Risikos trifft, können sich Verantwortlicher und Auftragsverarbeiter sicher sein, geeignete und angemessene Maßnahmen umgesetzt zu haben. Die Hürde der Konsultierung der Aufsichtsbehörde ist jedoch als relativ hoch zu bewerten: So müsste der Verantwortliche in seiner Vorbewertung zu der Schlussfolgerung kommen, dass *hohe* Risiken für die betroffenen Personen bestehen und er *keine* Maßnahmen zur Eindämmung trifft. I.d.R. wird der Verantwortliche Maßnahmen zur Eindämmung von Risiken treffen, sich allerdings unsicher darüber sein, ob diese nicht nur geeignet, sondern auch angemessen für das bestehende Risiko sind. Auch kann unterstellt werden, dass die Entscheidung für kostenintensive Schutzmaßnahmen seitens des Verantwortlichen grundsätzlich – auch zur Abwehr von Reputationsschäden – höher ist, wenn ein besonders hohes Risiko für die Rechte und Freiheiten der betroffenen Personen einhergeht. „Grenzfälle" und Unsicherheiten bei der Auswahl von Schutzmaßnahmen wird es hingegen insbesondere dann geben, wenn das Risiko für die Rechte und Freiheiten betroffener Personen nicht klar als hoch einzustufen ist, jedoch im konkreten Verarbeitungsszenario nur sehr kostenintensive Schutzmaßnahmen zur Verfügung stehen, z. B. dann, wenn bauliche Maßnahmen erforderlich würden. Diese Fälle bleiben von der Pflicht zur Durchführung einer Datenschutz-Folgenabschätzung und der damit ggf. einhergehenden Verpflichtung zur Konsultation der zuständigen Aufsichtsbehörde unberücksichtigt. Auch ist anzumerken, dass die Konsultation der Aufsichtsbehörden nicht nur zeitintensiv ist und seitens des Verantwortlichen Ressourcen bindet, sondern Verantwortlichen in der Praxis auch zu unterstellen ist, sich nur in „Extremfällen" überhaupt für eine Konsultation an die Aufsichtsbehörden wenden zu werden, da die Aufsichtsbehörde im Rahmen der Konsultation die geplante Datenverarbeitung des Verantwortlichen auch vollständig unterbinden könnte, wenn sie zu dem Ergebnis kommt, dass keine geeigneten Schutzmaßnahmen zur Verfügung stehen. Es ist davon auszugehen, dass die Angst vor einem solchen

Verbot viele Verantwortliche davon abhält, die für ihn zuständige Aufsichtsbehörde zu konsultieren, sofern er zumindest ein Mindestmaß an Maßnahmen umgesetzt hat. Nichtsdestotrotz liegt in der Konsultationspflicht im Rahmen der Datenschutz-Folgenabschätzung die nach Ansicht der Autorin dieser Ausarbeitung bisher beste Möglichkeit für den Verantwortlichen, sicherzugehen, dass er die Auswahl und Implementierung technischer und organisatorischer Maßnahmen angemessen umgesetzt hat.

Der große Vorteil des Standard-Datenschutzmodells ist die konkrete Benennung bzw. Katalogisierung technischer und organisatorischer Maßnahmen und deren Zuordnung in einen normalen und hohen Schutzbedarf. Für Verantwortliche und Auftragsverarbeiter bildet er derzeit die wohl beste Hilfestellung bei der Auswahl technischer und organisatorischer Maßnahmen. Dennoch bleibt festzustellen, dass in den Maßnahmenkatalogen sowie in der formalen Beschreibung der Methodik des Standard-Datenschutzmodells lediglich die Risiken für die Rechte und Freiheiten betroffener Personen sowie der Stand der Technik der Maßnahmen Berücksichtigung finden. Die Berücksichtigung der Implementierungskosten scheinen die Aufsichtsbehörden bewusst ausgeklammert zu haben, vielleicht auch, um dem Verantwortlichen bei der Auswahl der von ihm umgesetzten Schutzmaßnahmen nicht den in der DSGVO vorgesehenen Entscheidungsspielraum zu nehmen. Insofern unterstützt leider auch das Standard-Datenschutzmodell nicht bei der Abwägung aller in den Art. 24, 25, 32 DSGVO genannten Faktoren und überlässt es nach wie vor dem Verantwortlichen selbst, die im Standard-Datenschutzmodell vorgeschlagenen Maßnahmen gegen seine wirtschaftlichen Interessen abzuwägen.

4.3 Ergebnis

Die Forderung nach einer angemessenen Umsetzung technischer und organisatorischer Maßnahmen in der DSGVO ist nach herrschender Meinung eine Ausprägung des Verhältnismäßigkeitsprinzips. Mit Hilfe des Verhältnismäßigkeitsprinzips wird für staatliche Maßnahmen sichergestellt, dass diese nur in einer Weise in Grundrechte und Grundfreiheiten von Bürgern eingreifen, die im konkreten Fall erforderlich, geeignet und angemessen sind. Die Übernahme des Verhältnismäßigkeitsgrundsatzes in die DSGVO resultiert aus dem Umstand, dass im Datenschutzrecht in den letzten Jahren eine totale Drittwirkung der Grundrechte erreicht wurde und somit der Verantwortliche in der Pflicht steht, die Grundrechte der betroffenen Personen gegen seine eigenen wirtschaftlichen

Interessen abzuwägen, um im Ergebnis angemessene Datenschutzmaßnahmen umzusetzen.

Die Verhältnismäßigkeitsprüfung trifft im Datenschutzrecht daher – zumindest in Bezug auf die Auswahl angemessener technischer und organisatorischer Maßnahmen – nicht eine neutrale staatliche Stelle, sondern den Verantwortlichen selbst. Zu berücksichtigen hat er aus datenschutzrechtlicher Sicht hierbei Art, Umfang, Umstände und Zwecke der Verarbeitung; unterschiedliche Eintrittswahrscheinlichkeit und Schwere der Risiken für die Rechte und Freiheiten natürlicher Personen; Stand der Technik; Implementierungskosten und Risiken der Datenverarbeitung. Betrachtet man die Umsetzung angemessener technischer und organisatorischer Maßnahmen interdisziplinär zwischen (Datenschutz-)Recht, Technik und (Betriebs-)Wirtschaft, so wird deutlich, dass einer angemessenen Umsetzung in jeder der drei Teildisziplinen eine andere Rolle zukommt.

Neben der bereits dargestellten datenschutzrechtlichen Betrachtung stellt die Technik darauf ab, ob die ergriffene Maßnahme die Sicherheit eines informationstechnischen Systems erreichen und erhalten kann. Dreh- und Angelpunkt für die Wahl angemessener Maßnahmen ist hierbei die Schutzbedarfsanalyse, die – anders als im Datenschutzrecht – auch die Bewertung des Schutzbedarfs der Geschäftsprozesse und Anwendungen, der eingesetzten IT-Systeme und Kommunikationsverbindungen, der Räumlichkeiten und letztendlich der verarbeiteten Daten beinhaltet. Die betrachteten Schäden erschöpfen sich – anders als im Datenschutzrecht – nicht durch eine Betrachtung potenzieller Schäden für die Rechte und Freiheiten betroffener Personen, sondern umfassen auch mögliche Schäden in den Geschäftsprozessen, Reputationsschäden des Verantwortlichen und sämtliche für einen Verantwortlichen schützenswerte Daten.

Aus betriebswirtschaftlicher Sicht ist der Ausgangspunkt der Bewertung der Angemessenheit technischer und organisatorischer Maßnahmen eine Kosten-Nutzen-Analyse. Diese soll sicherstellen, dass eine Maßnahme nur umgesetzt wird, wenn der Nutzen der Maßnahmen deren Kosten übertreffen oder zumindest neutralisieren – nur dann ist sie i. d. R. aus Sicht der Betriebswirtschaft angemessen. Zu den zu berücksichtigenden Kosten zählen sowohl die initialen Implementierungskosten, als auch laufende Kosten für bspw. Lizenzen und Wartungen. Zu den zu berücksichtigenden Nutzen zählen sowohl die Abwendung von Geldbußen und Schadensersatzzahlungen sowie Einbußen durch eventuelle Reputationsschäden als auch der Neugewinn bzw. die Bindung von Kunden.

Um den Anforderungen, die der Europäische Gesetzgeber an die Auswahl angemessener technischer und organisatorischer Schutzmaßnahmen stellt, gerecht zu werden, kann der Verantwortliche zwar auf einige bestehende Instrumente und Methoden – allen voran auf das Standard-Datenschutzmodell der deutschen Datenschutzaufsichtsbehörden – zurückgreifen. Jedoch lassen vorhandene Instrumente und Methoden insbesondere die in die Angemessenheitsentscheidung einzubeziehenden wirtschaftlichen Faktoren außen vor, so dass es im Ergebnis auch weiterhin dem Verantwortlichen obliegt, seine wirtschaftlichen Interessen in angemessener Weise in die Auswahl der von ihm umgesetzten technischen und organisatorischen Maßnahmen einzubeziehen. Eine methodische Unterstützung, durch die der Verantwortliche die datenschutzkonforme Berücksichtigung von Implementierungskosten sicherstellen kann, scheint vor dem Hintergrund der bisherigen Ergebnisse dieser Arbeit nicht möglich:

– Viel zu unterschiedlich sind die Schutzgüter des Schutzes der Rechte und Freiheiten betroffener Personen einerseits und der wirtschaftlichen Interessen des Verantwortlichen an möglichst niedrigen Implementierungskosten andererseits, um sie methodisch gegeneinander abwägen zu können.
– Viel zu individuell sind die sonstigen zu berücksichtigenden Faktoren, wie etwa die Anzahl der Betroffenen und personenbezogenen Daten, die Arten der Verarbeitungsschritte sowie der Verarbeitungsort und -zeitpunkt, um für sie feste Regeln zu definieren.
– Viel zu differenziert sind die Betrachtung der Angemessenheit aus rechtlicher, technischer und wirtschaftlicher Sicht, um sie zu einer einheitlichen Betrachtungsweise verbinden zu können.
– Viel zu komplex die Anforderungen, die an den Gesetzgeber gestellt werden, um angemessene Datenschutzmaßnahmen zu erlassen, als dass die Empfehlungen auf datenschutzrechtlich Verantwortliche übertragbar wären.

Diese Erkenntnis lässt wiederum darauf schließen, dass die Auswahl angemessener Schutzmaßnahmen durch Verantwortliche nur für den individuellen Einzelfall vorgenommen werden kann und eine Unterstützung des Verantwortlichen lediglich in der beispielhaften Umsetzung einer solchen einzelfallbezogenen Auswahl angemessener Schutzmaßnahmen dienen kann. Dieses Ziel verfolgt die vorliegende Arbeit im weiteren Verlauf. Bevor eine beispielhafte, einzelfallbezogene Auswahl angemessener Schutzmaßnahmen erfolgen kann, wird Verantwortlichen jedoch eine weitere Hilfestellung für die Auswahl angemessener Schutzmaßnahmen zur Verfügung gestellt, die ihnen bisher nicht zur Verfügung steht, die jedoch essenziell wichtig ist, um unter der Berücksichtigung von Implementierungskosten angemessen Schutzmaßnahmen auszuwählen: Die Quantifizierung der Umsetzungskosten von dem Stand der Technik entsprechender Schutzmaßnahmen. Ohne dass der Verantwortliche die Umsetzungskosten von dem Stand der Technik entsprechenden Schutzmaßnahmen kennt, ist es ihm schlichtweg nicht möglich, diese Kosten in die Auswahl angemessener Schutzmaßnahmen einfließen zu lassen. Daher wird das nachfolgende Kapitel diese bestehende Lücke der Betrachtung angemessener Schutzmaßnahmen schließen.

Kapitel 4 beantwortet die eingangs aufgeworfenen Fragen wie folgt:

– Die Forderung nach einer angemessenen Umsetzung technischer und organisatorischer Maßnahmen in der DSGVO ist eine Ausprägung des Verhältnismäßigkeitsprinzips. Der Verantwortliche steht in der Pflicht, Grundrechte der betroffenen Personen gegen seine eigenen wirtschaftlichen Interessen abzuwägen, um im Ergebnis angemessene Maßnahmen umzusetzen. Eine solche Abwägung obliegt normalerweise nur staatlichen Stellen.

– Aus Sicht des Rechts sind der Dreh- und Angelpunkt einer angemessenen Umsetzung von Schutzmaßnahmen die Risiken für die Rechte und Freiheiten der betroffenen Personen. Aus Sicht der Technik ist Dreh- und Angelpunkt die Schutzbedarfsanalyse, die sich – anders als im Datenschutzrecht – nicht durch eine Betrachtung potenzieller Schäden für die Rechte und Freiheiten betroffener Personen erschöpft, sondern u.a. auch mögliche Schäden in den Geschäftsprozessen und Reputationsschäden des Verantwortlichen umfasst. Aus betriebswirtschaftlicher Sicht ist der Ausgangspunkt der Bewertung der Angemessenheit technisch-organisatorischer Maßnahmen eine Kosten-Nutzen-Analyse. Zu den zu berücksichtigenden Kosten zählen insbesondere die Implementierungskosten. Zu den zu berücksichtigenden Nutzen zählen u.a. die Abwendung von Geldbußen sowie Einbußen durch eventuelle Reputationsschäden als auch der Neugewinn bzw. die Bindung von Kunden.

Gliederungsillustration 4.2   Antwort Kapitel 4

Quantifizierung der Implementierungskosten 5

Gliederungsillustration 5.1 Frage Kapitel 5

Bei der Auswahl von Schutzmaßnahmen aus wirtschaftlicher Sicht bildet die Quantifizierung der Implementierungskosten von dem Stand der Technik entsprechenden Schutzmaßnahmen den Dreh- und Angelpunkt, weshalb sie den Schwerpunkt des nachfolgenden Kapitels bildet.[1]

---

[1] Dieses Kapitel beruht auf der Veröffentlichung *Selzer/Woods/Böhme*, EDPL 2021, 456 (456–470) und stellt in großen Teilen eine Übersetzung – unter Einbindung in den Gesamtkontext dieser Arbeit – dar. Dementsprechend wird an den relevanten Stellen zwar in den Fußnoten auf die im Rahmen der Veröffentlichung *Selzer/Woods/Böhme*, EDPL 2021, 456 (456–470) verwendeten Literatur verwiesen, nicht aber erneut auf die Veröffentlichung selbst. Die nicht von der Autorin dieser Arbeit verfassten bzw. zu verantwortende Anteile der Veröffentlichung werden – sofern sie überhaupt in die vorliegende Arbeit einfließen – stark zusammengefasst und durch entsprechende Hinweise in den Fußnoten als Fremdleistungen gekennzeichnet.

Ergänzende Information Die elektronische Version dieses Kapitels enthält Zusatzmaterial, auf das über folgenden Link zugegriffen werden kann https://doi.org/10.1007/978-3-658-50744-2_5.

5.1   Methodisches Vorgehen

Die Beantwortung der Frage nach der Höhe der Implementierungskosten von dem Stand der Technik entsprechenden Schutzmaßnahmen gem. Art. 32 DSGVO erfolgt auf Basis *27 strukturierter Interviews.*

5.1.1   Vorbereitung der Interviews

Grundvoraussetzung für die Erhebung und Validierung von Implementierungskosten der dem Stand der Technik entsprechenden technischen und organisatorischen Maßnahmen nach Art. 32 DSGVO ist die Erhebung der dem Stand der Technik entsprechenden Schutzmaßnahmen, die gem. Art. 32 DSGVO gefordert werden. Um die dem Stand der Technik und nach Art. 32 DSGVO geforderten Schutzmaßnahmen zu erheben, muss wiederum – zur Eingrenzung des Untersuchungsgegenstandes – zunächst festgelegt werden, welche der in Art. 32 DSGVO genannten Anforderungen die untersuchten Schutzmaßnahmen umsetzen sollen. Die Entscheidung fiel auf folgende drei Anforderungen:

- Personenbezogene Daten, die im Rahmen der E-Mail-Kommunikation verarbeitet werden, müssen vertraulich versendet werden (Anforderung 1);
- die Mitarbeiter des Verantwortlichen müssen alle für den Verantwortlichen (bzw. für ihre Arbeit) relevanten Datenschutzvorschriften kennen und umsetzen (Anforderung 2);
- der Zutritt zu Räumlichkeiten, in denen personenbezogene Daten verarbeitet werden, muss so eingeschränkt werden, dass Unberechtigten ein Zutritt nicht möglich ist (Anforderung 3).

Diese drei Anforderungen eigenen sich besonders gut für eine exemplarische Erhebung von Implementierungskosten, da sie durch ihre Diversität ein realistisches Implementierungsszenario aus rein technischen (Anforderung 1), rein organisatorischen (Anforderung 2) und einer kombinierten Nutzung technischer und organisatorischer Maßnahmen (Anforderung 3) widerspiegeln. Ein weiterer Vorteil der getroffenen Auswahl ist, dass diese Anforderungen für jeden Verantwortlichen – also unabhängig von u. a. der Organisationsgröße, der Anzahl an Mitarbeitern und branchenspezifischer Anforderungen – umgesetzt werden müssen und somit für jeden Verantwortlichen relevant sind: Im beruflichen Kontext ist die E-Mail-Kommunikation der wichtigste Kommunikationsweg.[2] Wenn Verantwortliche personenbezogene (Inhalts-)Daten per E-Mail versenden wollen, müssen sie die Vertraulichkeit der Kommunikation sicherstellen. Des Weiteren verarbeitet jeder Verantwortliche personenbezogene Mitarbeiter- und ggf. zusätzlich Kundendaten, die durch seine Mitarbeiter entsprechend der für ihn einschlägigen Datenschutzvorschriften verarbeitet werden müssen, so dass er Wege finden muss, dies sicherzustellen. Zusätzlich ist zu unterstellen, dass jeder Verantwortliche zumindest einen Anteil der von ihm verarbeiteten personenbezogenen Daten entweder in Papierform oder in elektronischer Form in den eigenen Geschäftsräumen – und nicht vollständig bei Auftragsverarbeitern – vorhält, so dass er den Zutritt Unberechtigter zu diesen Daten verhindern muss.

Im Anschluss an die Auswahl der Anforderungen gem. Art. 32 DSGVO erfolgte eine Analyse zu den rechtlichen Anforderungen des Standes der Technik im Allgemeinen sowie zu dem Stand der Technik entsprechenden Schutzmaßnahmen zur Umsetzung der ausgewählten drei Anforderungen im Speziellen.

Die Analyse der rechtlichen Anforderungen an den Stand der Technik von Schutzmaßnahmen ergab, dass Schutzmaßnahmen dem Stand der Technik entsprechen, wenn sie auf bewährtem Wissen basieren, einen fortgeschrittenen Stand der technischen Entwicklung darstellen, praktisch geeignet und für die breite Masse verfügbar sind. Nicht zwingend ist, dass sie sich bereits in der Praxis etabliert haben.[3]

Trotz dieser Definition des Standes der Technik ist es für Verantwortliche ohne weitere Hilfestellungen nicht einfach zu entscheiden, ob eine verfügbare technische oder organisatorische Maßnahme die Anforderungen an den Stand der Technik erfüllt. Aus diesem Grund erfolgte eine Analyse von dem Stand der Technik entsprechenden Schutzmaßnahmen, bei der DSGVO-spezifische Empfehlungen von TeleTrust, ENISA und der deutschen Datenschutzaufsichtsbehörden,[4] nicht DSGVO-spezifische technische Empfehlungen der ENISA und des BSI

---

[2] Laut https://www.radicati.com/wp/wp-content/uploads/2015/02/Email-Statistics-Report-2015-2019-Executive-Summary.pdf, wurden allein im Jahr 2019 jeden Tag 128.8 Milliarde berufliche E-Mails versendet.

[3] Da der Stand der Technik Teil der in den Art. 25 Abs. 1 und Art. 32 Abs. 1 DSGVO genannten Auswahlkriterien ist, wurden die Ergebnisse der hier beschriebenen Analyse bereits in Abschnitt 3.1 – gemeinsam mit den anderen Auswahlkriterien – ausführlich dargestellt. Insofern wird für eine weiterführende Darstellung des Standes der Technik und für die Analyse der verwendeten Quellen auf Abschnitt 3.1 verwiesen.

[4] *TeleTrusT*, Handreichung zum „Stand der Technik" technischer und organisatorischer Maßnahmen; *DSK*, Das Standard-Datenschutzmodell.

sowie technische Hilfestellungen für Praktiker[5] und DSGVO-spezifische Empfehlungen, die sich aus der juristischen Kommentierung der DSGVO ergeben, berücksichtigt wurden.[6] Das Ergebnis der Analyse war eine Liste individueller Schutzmaßnahmen, die entweder alleine oder gemeinsam mit anderen Schutzmaßnahmen, für die Umsetzung der o.g. Anforderungen 1–3 entsprechend des Standes der Technik Sorge tragen können, nämlich:

- Anforderung 1:
    - 1.1 Transportverschlüsselung (E-Mail-Server, Variante 1),
    - 1.1 Transportverschlüsselung (VPN, Variante 2),
    - 1.2 E-Mail-Verschlüsselung.
- Anforderung 2:
    - 2.1 Verpflichtung auf den Datenschutz,
    - 2.2 Initiale Schulung des betrieblichen Datenschutzbeauftragten,
    - 2.3 Jährliche Fortbildung des betrieblichen Datenschutzbeauftragten,
    - 2.4 Allgemeine Mitarbeiterschulung,
    - 2.5 Test am Ende der Schulung,
    - 2.6 zusätzl. Aufgabenbezogene Mitarbeiterschulung,
    - 2.7 Arbeits-/Organisationsanweisungen.
- Anforderung 3:
    - 3.1 Sicherheitsschlösser mit individuellem Schlüssel/ Token je Mitarbeiter,
    - 3.2 Abschließbare Schränke,
    - 3.3 Sichtschutz im Gebäude,
    - 3.4 Zutrittsberechtigungskonzept,
    - 3.5 Pfortenbetrieb zur Besucheranmeldung (Tag),
    - 3.6 Alarmanlage,
    - 3.7 Einrichten spezieller Schutzzonen,
    - 3.8 Wachpersonal (Nacht),
    - 3.9 Videoüberwachung.

Diese Maßnahmenliste war der Ausgangspunkt der Kostenerhebung und –validierung. Im Rahmen der Analyse wurden die o.g. Einzelmaßnahmen auch dem einer Verarbeitung zugrundeliegenden Risiko für die Rechte und Freiheiten betroffener Personen zugeordnet. Insofern ordnen sich alle im Rahmen betrachteten Einzelmaßnahmen in Einzelmaßnahmen für ein niedriges Risiko, ein Risiko und ein

---

[5] *BSI*, BSI-Standard 200–2 – IT-Grundschutz-Methodik; *ENISA*, Privacy and Data Protection by Design; *Eckert*, IT-Sicherheit; *Münch*, Technisch-Organisatorischer Datenschutz.

[6] U.a. *Kühling/Buchner; Gola; Paal/Pauly; Ehmann/ Selmayr.*

hohes Risiko ein. Obwohl die DSGVO grundsätzlich nur zwischen einem „Risiko" und einem „hohen Risiko" für die Rechte und Freiheiten betroffener Personen unterscheidet, haben die deutschen Aufsichtsbehörden in ihren Auslegungshilfen zur DSGVO eine Einordnung in die drei vorgenannten Risikostufen etabliert,[7] so dass im Rahmen dieser Arbeit dem Ansatz der Einteilung eines Risikos für die Rechte und Freiheiten betroffener Personen in die drei Risikostufen „niedriges Risiko", „Risiko" und „hohes Risiko" gefolgt wurde. Die Analyse ergab eine Einstufung der zuvor identifizierten Einzelmaßnahmen wie folgt:

- Niedriges Risiko:
    - 1.1 Transportverschlüsselung (E-Mail-Server, Variante 1),
    - 2.1 Verpflichtung auf den Datenschutz,
    - 2.2 Initiale Schulung des betrieblichen Datenschutzbeauftragten,
    - 3.1 Sicherheitsschlösser mit individuellem Schlüssel/ Token je Mitarbeiter,
    - 3.2 Abschließbare Schränke.
- Risiko (zusätzlich zu treffende Maßnahmen):
    - 1.1 Transportverschlüsselung (VPN, Variante 2),
    - 2.3 Jährliche Fortbildung des betrieblichen Datenschutzbeauftragten,
    - 2.4 Allgemeine Mitarbeiterschulung,
    - 3.3 Sichtschutz im Gebäude,
    - 3.4 Zutrittsberechtigungskonzept,
    - 3.5 Pfortenbetrieb zur Besucheranmeldung (Tag),
    - 3.6 Alarmanlage.
- Hohes Risiko (zusätzlich zu treffende Maßnahmen):
    - 1.2 E-Mail-Verschlüsselung,
    - 2.5 Test am Ende der Schulung,
    - 2.6 zusätzl. Aufgabenbezogene Mitarbeiterschulung,
    - 2.7 Arbeits-/Organisationsanweisungen,
    - 3.7 Einrichten spezieller Schutzzonen,
    - 3.8 Wachpersonal (Nacht),
    - 3.9 Videoüberwachung.

Bei der Zuordnung der Einzelmaßnahmen zum für die betroffenen Personen bestehenden Verarbeitungsrisiko anhand der durchgeführten Analyse handelt es sich um Tendenzen, nicht aber um eine absolute Einordnung, da es bei der Umsetzung von technischen und organisatorischen Schutzmaßnahmen immer

---

[7] S. hierzu insbesondere *DSK*, Kurzpapier Nr. 18 Risiko für die Rechte und Freiheiten natürlicher Personen, S. 5.

auch u. a. örtliche Gegebenheiten sowie die verschiedenen Möglichkeiten der Kombinierbarkeit von Maßnahmen zu berücksichtigen gilt.

5.1.2 Strukturierte Interviews

Zur Erfassung und Verifikation der Implementierungskosten von dem Stand der Technik entsprechenden Schutzmaßnahmen wurden strukturierte Interviews durchgeführt. Grundlage der Erhebung von Implementierungskosten der dem Stand der Technik entsprechenden Schutzmaßnahmen war eine initiale Interviewreihe verschiedener Mitarbeiter eines einzelnen Verantwortlichen, der bereit war, detailliert Auskunft über seine eigenen Implementierungskosten zu geben. Details zu den Rahmenbedingungen der Interviews finden sich in der nachfolgenden Tabelle (Tabelle 5.1):

Tabelle 5.1 Rahmenbedingungen der Interviews zur initialen Kostenerhebung

Zeitraum der Interviews	22.06.2020–03.07.2020
Medium der Interviews	Online-Video-Konferenztool
Dauer der Interviews	Durchschnittlich ca. 30 Minuten je Interview
Ziel der Interviews	Initiale Kostenerhebung der Implementierung sämtlicher identifizierter Einzelmaßnahmen zur Umsetzung der Anforderungen 1–3
Interviewpartner	Mitarbeiter des Einkaufs, des Datenschutzbeauftragten, der Rechtsabteilung, der Personalabteilung, des Betriebsrates, des Gebäudemanagements, der Administratoren und des IT-Managements
Dokumentation	Zusammenfassung der Ergebnisse in Kostentabelle, i. d. R. unmittelbar nach den Interviews

Der interviewte Verantwortliche setzt die Schutzmaßnahmen 2.6 (zusätzl. Aufgabenbezogene Mitarbeiterschulung) und 3.6 (Alarmanlage) selbst nicht um, konnte aber aufgrund seiner Umsetzungserfahrung aller anderen Schutzmaßnahmen eine Kostenschätzung der verschiedenen Personalkostenpositionen zur Umsetzung der Schutzmaßnahmen geben. Ergänzt wurden die Ergebnisse der initialen Interviews durch eine Internetrecherche zu führenden Anbietern einzelner Schutzmaßnahmen sowie einer Recherche der Preismodelle auf deren

Webseiten. Das Ergebnis der initialen Interviews und der Marktrecherche ist eine detaillierte Kostentabelle mit insgesamt 111 Kostenpositionen für u. a. verschiedene Personal-, Lizenz-, und Materialkosten. Die 111 Kostenpositionen wurden für drei verschiedene Organisationsgrößen berechnet, nämlich für

– Organisationen mit bis zu 10 Mitarbeitern (Gruppe 1)
– Organisationen mit 11–250 Mitarbeitern (Gruppe 2)
– Organisationen mit mehr als 500 Mitarbeitern (Gruppe 3).

Jede der 111 Kostenpositionen wurde zudem vier Kosteneigenschaften zugewiesen, nämlich

– direkte oder indirekte Kosten
– interne oder externe Kosten
– einmalige oder wiederkehrende Kosten
– reversible oder versunkene Kosten.

Die erhobenen Kosten waren wiederum der Ausgangspunkt der Validierung der Implementierungskosten auf Basis strukturierter Interviews. Diese erfolgten mit Verantwortlichen in den Branchen

– Gesundheit (Branche 1),
– Handel und Dienstleistungen (Branche 2) und
– Forschung und Bildung (Branche 3).

In jeder der drei Branchen wurden insgesamt drei strukturierte Interviews je o.g. Gruppengröße durchgeführt, so dass in jeder Branche insgesamt neun sowie in der Gesamtzahl siebenundzwanzig Interviews durchgeführt wurden. Die Branchen wurden einerseits ausgewählt, weil sie einen sehr vielfältigen Blick auf die Umsetzung von Schutzmaßnahmen für unterschiedlich sensible personenbezogene Daten bieten (Gesundheitsdaten vs. Kundendaten vs. Mitarbeiter- und im Rahmen von Forschungsarbeiten veröffentlichte Daten). Andererseits eignen sich alle drei Branchen im Hinblick auf die zum Zeitpunkt der Interviewvorbereitung ebenfalls noch anstehenden Interviews zum Wert personenbezogener Daten aus Sicht von Verantwortlichen im Smart City Kontext für eine spätere Zusammenführung der Forschungsergebnisse für den Bereich Smart Cities. Die verschiedenen Organisationsgruppengrößen wurden wiederum gewählt, um mögliche Kostenunterschiede bei der Implementierung technischer und organisatorischer Maßnahmen in den verschiedenen Organisationsgruppengrößen aufzeigen zu können.

Die Interviews erfolgten auf Basis eines Interviewleitfadens, dessen Fragen vor Beginn der Interviews durch drei Freiwillige hinsichtlich deren Verständlichkeit und Eindeutigkeit validiert wurden. Die Validierung des Interviewleitfadens erfolgte am 21. und 22. Juli 2020 über ein Online-Video-Konferenztool und dauerte im Durchschnitt ca. 30 Minuten je Validierung. Die drei Freiwilligen waren potenzielle Interviewpartner, entsprachen also den Anforderungen an die später tatsächlich interviewten Personen.

Der Interviewleitfaden untergliedert sich zum einen in Vorfragen, mit denen u. a. sichergestellt wird, dass die Befragten bzw. dessen Arbeitgeber, für den der jeweilige Befragte stellvertretend ein Interview gab, in die Zielgruppe der Interviewreihe passt (Vorfragen, Fragen 1, 2). Zum anderen wird durch den Interviewleitfaden herausgearbeitet, welche wirtschaftliche Rolle die von den interviewten Organisationen durchgeführte Datenverarbeitung für die jeweilige Organisation spielt und wie hoch die Risiken für die Rechte und Freiheiten der betroffenen Personen sind (Fragen 3a-c, 4, 5). Auf den nächsten Interviewfragen lag der Schwerpunkt der Interviewreihe; durch sie werden die zuvor eruierten Implementierungskosten validiert (Fragen 6–11) sowie Feedback darüber eingeholt, wie sicher sich die Befragten bezüglich der Implementierungskosten sind (Frage 12) und wie verallgemeinerbar sie die Implementierungskosten ihrer eigenen Organisation im Vergleich zu den Kosten anderer Organisationen einschätzen (Frage 13). Abschließend gestellte Fragen zielten darauf ab, Einblicke in den Entscheidungsprozess der interviewten Organisationen in Bezug auf die Implementierung von Datenschutzmaßnahmen zu erhalten (Fragen 14–18). Die Interviews hatten somit primär das Ziel, die initiale Kostenerhebung technischer und organisatorischer Maßnahmen zu validieren. Das Feedback der Teilnehmer zu den Kosten erfolgte spontan, also ohne inhaltliche Vorbereitung. Zusätzlich hatten die Interviews das explorative Erkenntnisziel, Einblicke in die individuellen Perspektiven von Organisationen in Bezug auf ihren Entscheidungsprozess für oder gegen technische und organisatorische Maßnahmen zu erhalten. Details zu den Rahmenbedingungen der Interviews finden sich in der nachfolgenden Tabelle (Tabelle 5.2):

Tabelle 5.2 Rahmenbedingungen der Interviews zur Kostenvalidierung

Zeitraum der Interviews	22.07.2020–31.07.2020
Medium der Interviews	Online-Video-Konferenztool (Mit Ausnahme zweier Interviews, die durch eine Kombination aus telefonischer Kommunikation und E-Mail-Versand erfolgten)
Dauer der Interviews	Durchschnittlich ca. 60 Minuten je Interview
Ziel der Interviews	Validierung der initialen Kostenerhebung der Implementierung sämtlicher identifizierter Einzelmaßnahmen zur Umsetzung der Anforderungen 1–3
Interviewpartner	Geschäftsführer, Datenschutzbeauftragte oder –koordinatoren, Informationssicherheitsbeauftragte/-experten
Dokumentation	Zusammenfassendes Transkript, i. d. R. unmittelbar nach den Interviews

Im Rahmen der 27 Interviews wurden die Kostenpositionen technischer und organisatorischer Maßnahmen pro relevanter Einheit validiert, also z. B. Kosten je Mitarbeiter, Kosten je Zertifikat, Kosten je Sichtschutz. Um einen besseren Überblick über die Gesamtkosten eines Verantwortlichen bei der Umsetzung technischer und organisatorischer Maßnahmen zu erhalten, wurden sodann die Gesamtkosten dreier hypothetischer Verantwortlicher berechnet. Die Gesamtkosten der Implementierung technischer und organisatorischer Maßnahmen wurden berechnet für

– einen Verantwortlichen mit 10 Mitarbeitern und einem Standort,
– einen Verantwortlichen mit 250 Mitarbeitern und zwei Standorten und
– einen Verantwortlichen mit 5.000 Mitarbeitern und fünf Standorten.

Da einige der zu berechnenden Kosten von Annahmen über die Häufigkeit oder Menge der Nutzung pro Verantwortlichen abhängig sind, wurden die Kosten für die VPN-Nutzung unter der Annahme berechnet, dass jeder Mitarbeiter eines Verantwortlichen das VPN einmal pro Tag ein- und ausschaltet. Für abschließbare Schränke und Sichtschutzmaßnahmen im Gebäude wurde mit einem Bedarf für 10 % der Mitarbeiter eines jeden Verantwortlichen gerechnet. Die Kosten für den Pfortenbetrieb wurden je Verantwortlichen unter der Annahme berechnet, dass beim Verantwortlichen ein Bedarf von einer Pforte pro Standort und einer Pfortenbesetzung mit einem Mitarbeiter je Schicht besteht. Darüber hinaus wurde die

Annahme getroffen, dass die Pforte durch einen externen Dienstleister erbracht wird und zwei Mitarbeitern pro Pfortenschicht geschult wurden. Für die Einrichtung von speziellen Schutzzonen wurde ein Bedarf für eine Schutzzone je Standort angenommen.

5.2 Quantifizierung der Implementierungskosten von dem Stand der Technik entsprechender technischer und organisatorischer Maßnahmen

Mit Hilfe der initialen Interviews, der Marktrecherche sowie der 27 strukturierten Interviews wurden die Implementierungskosten technischer und organisatorischer Maßnahmen zur Umsetzung der zuvor definierten drei Anforderungen[8] initial erhoben und validiert. Das Ergebnis dieser Arbeiten ist eine detaillierte Kostentabelle, die für jede zuvor identifizierte, dem Stand der Technik entsprechende Einzelmaßnahme jede einzelne Kostenposition (z. B. Materialkosten, Personalkosten der Rechtsabteilung, jährliche Lizenzgebühren) auflistet, die bei der Kalkulation der Gesamtumsetzungskosten der Einzelmaßnahme zu berücksichtigen sind. Die Kostentabelle enthält je Kostenposition jeweils sowohl den Durchschnittswert als auch (in Klammern) die Angabe zu dem geringsten und höchsten von den Interviewpartnern angegebenen Kosten der jeweiligen Kostenposition. Die vollständige Kostentabelle befindet sich in Anhang 1 dieser Ausarbeitung; nachfolgend erfolgt eine zusammenfassende Darstellung der Ergebnisse in Form von Kurztabellen. Für die Kurzdarstellung wurden jeweils nur die Gesamtkosten der Einzelmaßnahmen – unterteilt in einmalige (EK) und wiederkehrende (WK) Kosten – zusammengefasst. Die Berechnung erfolgte für die bereits vorgestellten hypothetischen Verantwortlichen mit 10 Mitarbeitern und einem Standort (Kostengruppe 1), 250 Mitarbeitern und zwei Standorten (Kostengruppe 2) und 5.000 Mitarbeitern und fünf Standorten (Kostengruppe 3).

Zunächst werden die Kosten der rein technischen Maßnahmen zur Umsetzung der Anforderung, dass personenbezogene Daten in E-Mails vertraulich übermittelt werden müssen, dargestellt (Tabelle 5.3).

---

[8] Personenbezogene Daten, die im Rahmen der E-Mail-Kommunikation verarbeitet werden, müssen vertraulich versendet werden (Anforderung 1); die Mitarbeiter des Verantwortlichen müssen alle für den verantwortlichen (bzw. für ihre Arbeit) relevanten Datenschutzvorschriften kennen und umsetzen (Anforderung 2); der Zutritt zu Räumlichkeiten, in denen personenbezogene Daten verarbeitet werden, muss so eingeschränkt werden, dass Unberechtigten ein Zutritt nicht möglich ist (Anforderung 3).

Tabelle 5.3   Kosten für exemplarische technische Maßnahmen

Einzelmaßnahme	Kostengruppe 1, 10 Mitarbeiter, 1 Standort	Kostengruppe 2, 250 Mitarbeiter, 2 Standorte	Kostengruppe 3, 5.000 Mitarbeiter, 5 Standorte
1.1 Transportverschlüsselung	E-Mail-Server Einmalige Kosten (EK) 337,50 (150–525 €) Wiederkehrende Kosten (WK) 187,50 € p.a. (80–295 €) VPN[9] EK 2.115 € (1.760–2.470 €) WK 1.900 € p.a. (750–3.050 €) 22,50 € je neuem Mitarbeiter (20–25 €)	E-Mail-Server Einmalige Kosten (EK) 400 € (275–525 €) Wiederkehrende Kosten (WK) 262,50 € p.a. (230–295 €) VPN[1] EK 7.487,50 € (6.625–8350 €) WK 25.204 € p.a. (18.918–31.490 €) 22,50 € je neuem Mitarbeiter (20–25 €)	E-Mail-Server Einmalige Kosten (EK) 462,50 € (400–525 €) Wiederkehrende Kosten (WK) 262,50 € p.a. (230–295 €) VPN[1] EK 114.425 € (101.750–127.100 €) WK 500.204 € p.a. (375.168–625.240 €) 22,50 € je neuem Mitarbeiter (20–25 €)
1.2 E-Mail-Verschlüsselung	EK 4.375 € (4.050–4.700 €) WK 207,50 € p.a. (195–220 €) 45 € je neuem Mitarbeiter (40–50 €)	EK 17.650 € (16.150–19.150 €) WK 2.307,50 € p.a. (1.995–2.620 €) 45 € je neuem Mitarbeiter (40–50 €)	EK 232.000 € (202.050–261.950 €) WK 43.870 € p.a. (37.620–50.120 €) 45 € je neuem Mitarbeiter (40–50 €)

Nachfolgend werden die Kosten der rein organisatorischen Maßnahmen zur Umsetzung der Anforderung, dass Mitarbeiter des Verantwortlichen geltendes Datenschutzrecht zu kennen und zu beachten haben, dargestellt (Tabelle 5.4)

---

[9] Berechnet für das einmalige Ein- und Ausschalten je Tag je Mitarbeiter.

Tabelle 5.4 Kosten für exemplarische organisatorische Maßnahmen

Einzelmaßnahme	Kostengruppe 1, 10 Mitarbeiter, 1 Standort	Kostengruppe 2, 250 Mitarbeiter, 2 Standorte	Kostengruppe 3, 5.000 Mitarbeiter, 5 Standorte
2.1 Verpflichtung auf den Datenschutz	EK 590 € (50–1.130 €) WK 6,50 € je neuem Mitarbeiter (0–13 €)	EK 3.450 € (2.650–4.250 €) WK 10 € je neuem Mitarbeiter (7–13 €)	EK 68.900 € (35.800–102.000 €) WK 13,50 € je neuem Mitarbeiter (7–20 €)
2.2 Initiale Schulung des betrieblichen Datenschutzbeauftragten	EK 5.300 € (4.750–5.850 €)	EK 7.550 € (6.750–8.350 €)	EK 7.550 € (6.750–8.350 €)
2.3 Jährliche Fortbildung des betrieblichen Datenschutzbeauftragten	WK 1.600 € p.a. (1.450–1.750 €)	WK 2.050 € p.a. (1.850–2.250 €)	WK 3.550 € p.a. (1.850–5.250 €)
2.4 Allgemeine Mitarbeiterschulung	EK 425 € (0–850 €) WK 992,50 €, i. d. R. p.a. (465–1.520 €)	EK 750 € (650–850 €) WK 35.687,50 €, i. d. R. p.a. (9.250–62.125 €)	EK 750 € (650–850 €) WK 441.250 € i. d. R. p.a. (170.000–712.500 €)
2.5 Test am Ende der Schulung	EK 1.275 € (1.150–1.400 €) WK 197,50 €, i. d. R. p.a. (170–225 €)	EK 1.950 € (1.800–2.100 €) WK 4.937,50 €, i. d. R. p.a. (4.250–5.625 €)	EK 3.300 € (3.100–3.500 €) WK 99.250 €, i. d. R. p.a. (86.000–112.500 €)
2.6 zusätzl. aufgabenbezogene Mitarbeiterschulung	EK 750 € (650–850 €) WK 700 €, i. d. R. p.a. (600–800 €)	EK 16.375 € (14.400–18.350 €) WK -	EK 750 € (650–850 €) WK 515.000 €, i. d. R. p.a. (225.000–805.000 €)

(Fortsetzung)

Tabelle 5.4 (Fortsetzung)

Einzelmaßnahme	Kostengruppe 1, 10 Mitarbeiter, 1 Standort	Kostengruppe 2, 250 Mitarbeiter, 2 Standorte	Kostengruppe 3, 5.000 Mitarbeiter, 5 Standorte
2.7 Arbeits-/ Organisationsanweisungen	EK 11.150 € (6.600–15.700 €) WK 35 € je neuem Mitarbeiter (30–40 €)	EK 26.550 € (17.500–35.600 €) WK 35 € je neuem Mitarbeiter (30–40 €)	EK 240.850 € (60.500–421.200 €) WK 25 € je neuem Mitarbeiter €)

Schließlich werden nun Kosten der technischen und organisatorischen Maßnahmen zur Umsetzung der Anforderung, den physischen Zutritt zu personenbezogenen Daten abzusichern, dargestellt (Tabelle 5.5).

Tabelle 5.5 Kosten für exemplarische technisch-organisatorische Maßnahmen

Einzelmaßnahme	Kostengruppe 1, 10 Mitarbeiter, 1 Standort	Kostengruppe 2, 250 Mitarbeiter, 2 Standorte	Kostengruppe 3, 5.000 Mitarbeiter, 5 Standorte
3.1 Sicherheitsschlösser mit individuellem Schlüssel/ Token je Mitarbeiter	EK 4.893,50 € (3.745–6.040 €) WK 62,50 € je neuem Mitarbeiter (15–110 €)	EK 69.242,50 € (48.895–89.590 €) WK 17 € je neuem Mitarbeiter (15–19 €)	EK 1.654.555 € (1.305.070–2.004.040 €) WK 51,50 € je neuem Mitarbeiter (13–90 €)
3.2 Abschließbare Schränke[10]	EK 1.009 € (850–1.168 €)	EK 20.712,50 € (15.625–25.800 €)	EK 358.550 € (307.750–409.350 €)
3.3 Sichtschutz im Gebäude[3]	EK 641,50 € (515–768 €)	EK 6.087,50 € (1.375–10.800 €)	EK 116.050 € (22.750–209.350 €)
3.4 Zutrittsberechtigungskonzept	EK 3.150 € (2.700–3.600 €) WK 17,50 € je neuem Mitarbeiter (15–20 €)	EK 9.350 € (6.650–12.050 €) WK 12,50 € je neuem Mitarbeiter (5–20 €)	EK 99.500 € (82.200–116.800 €) WK 17,50 € je neuem Mitarbeiter (15–20 €)

(Fortsetzung)

---

[10] Berechnet für 10 % der Mitarbeiter.

Tabelle 5.5　(Fortsetzung)

Einzelmaßnahme	Kostengruppe 1, 10 Mitarbeiter, 1 Standort	Kostengruppe 2, 250 Mitarbeiter, 2 Standorte	Kostengruppe 3, 5.000 Mitarbeiter, 5 Standorte
3.5 Pfortenbetrieb zur Besucheranmeldung (Tag)[11]	EK 3.155 € (2.940–3.370 €) WK 73.800 € p.a. (69.600–78.000 €)	EK 4.310 € (4.030–4.590 €) WK 147.600 € p.a. (139.200–156.000 €)	EK 7.100 € (6.650–7.550 €) WK 369.000 € p.a. (348.000–390.000 €)
3.6 Alarmanlage	EK 3.580 € (2.720–4.440 €) WK -	EK 9.860 € (8.190–11.530 €) WK 3.520 €	EK 32.710 € (29.890–35.530 €) WK Ca. 8.800 €
3.7 Einrichten spezieller Schutzzonen[12]	EK 18.180 € (18.120–18.240 €)	EK 35.980 € (35.920–36.040 €)	EK 89.380 € (89.320–89.440 €)
3.8 Wachpersonal (Nacht)[13]	EK 2.405 € (2.240–2.570 €) WK 122.400 € p.a. (114.000–130.800 €)	EK 3.560 € (3.330–3.790 €) WK 244.800 € p.a. (228.000–261.600 €)	EK 6.100 € (5.450–6.750 €) WK 612.000 € p.a. (570.000–654.000 €)
3.9 Videoüberwachung	EK 14.830 € (11.920–17.740 €)	EK 35.610 € (26.090–45.130 €)	EK 115.500 € (66.500–164.500 €)

5.2.1　Validierungsgrad der Implementierungskosten

Einige der Schutzmaßnahmen, die durch die strukturierten Interviews validiert wurden, konnten nicht oder nur zum Teil validiert werden. Der Validierungsgrad der einzelnen Kostenpositionen wurde in der ausführlichen Kostendarstellung im Anhang dieser Ausarbeitung farblich wie folgt hervorgehoben:

---

[11] Berechnet für eine Pforte je Standort, einen Pfortenmitarbeiter je Pforte pro Schicht, zwei eingearbeiteten Pfortenmitarbeitern je Pforten-Arbeitsplatz, externem Pfortenpersonal.

[12] Berechnet für eine spezielle Schutzzone je Standort.

[13] Berechnet für eine Pforte je Standort, einen Pfortenmitarbeiter je Pforte pro Schicht, zwei eingearbeiteten Pfortenmitarbeitern je Pforten-Arbeitsplatz, externem Pfortenpersonal.

– Kostenpositionen, die aufgrund der Validierung durch mindestens 3 Organisationen innerhalb einer Organisationsgruppengröße unverändert[14] bleiben konnten, sind grün hervorgehoben;
– Kostenpositionen, die aufgrund der Validierung durch weniger als 3 Organisationen innerhalb einer Organisationsgruppengröße und ohne identifizierte Abweichung unverändert bleiben konnten, sind gelb hervorgehoben;
– Kostenpositionen, die für eine bestimmte Organisationsgruppengröße nicht validiert werden konnten, sind rot hervorgehoben;
– Kostenpositionen, bei denen die ursprüngliche Schätzung aufgrund der Rückmeldung von mindestens 3 Organisationen innerhalb einer Organisationsgruppengröße geändert wurde, sind hellblau hervorgehoben;
– Kostenpositionen, bei denen die ursprüngliche Schätzung aufgrund des Feedbacks von weniger als 3 Organisationen innerhalb einer Organisationsgruppengröße geändert wurde, sind dunkelblau hervorgehoben.

Bei den Schutzmaßnahmen, die überhaupt nicht validiert werden konnten (rote Hervorhebung), handelt es sich i. d. R. um solche, die bei einer Verarbeitung mit hohem Risiko für die Rechte und Freiheiten der betroffenen Personen in der kleinsten interviewten Organisationsgruppengröße (bis zu 10 Mitarbeiter) umgesetzt werden müssen, nämlich: E-Mail-Verschlüsselung,[15] Test am Ende der Schulung, zusätzliche aufgabenbezogene Datenschutzschulungen der Mitarbeiter, Einrichtung spezieller Schutzzonen, Pfortenpersonal für die Besucherregistrierung (nachts) und Videoüberwachung. Der Grund dafür ist, dass die meisten Organisationen angaben, dass ihre Datenverarbeitung entweder ein niedriges (3/9) oder ein Risiko (4/9) darstellt. Nur zwei Organisationen, beide aus dem Gesundheitswesen, gaben an, dass ihre Datenverarbeitung ein hohes Risiko für die Rechte und Freiheiten der betroffenen Personen darstellt. Alle Interviewpartner aus dem Gesundheitsbereich dieser Organisationsgruppengröße waren sich der Notwendigkeit bewusst, Gesundheitsdaten mit besonderer Vorsicht verarbeiten zu müssen. Aufgrund dieser Tatsache ersetzten sie einige der Schutzmaßnahmen für ein hohes Risiko durch Einschränkungen der Datenverarbeitung, z. B. indem sie den Versand von Gesundheitsdaten per E-Mail nicht erlauben. Auch Betriebsratskosten konnten insbesondere in der kleinsten interviewten Organisationsgruppengröße i. d. R. nicht validiert werden, da viele der interviewten Organisationen (bisher)

---

[14] Der Zustand der Veränderung bezieht sich auf die Kostentabelle vor Beginn der 27 Interviews im Vergleich mit der finalen Kostentabelle nach Ende aller 27 Interviews.

[15] Die Einzelmaßnahme der E-Mail-Verschlüsselung konnte auch in der nächstgrößeren Organisationsgruppengröße (11–249 Mitarbeiter) nicht validiert werden.

nicht die gesetzlich vorgeschriebene Anzahl von Mitarbeitern erreicht haben, um einen Betriebsrat zu gründen.

5.2.2 Implementierungskosten unter Berücksichtigung des Verarbeitungsrisikos

Im Rahmen der initialen Erhebung von dem Stand der Technik entsprechenden Einzelmaßnahmen zur Erfüllung der drei in diesem Kapitel betrachteten Anforderungen wurde auch das mit der Verarbeitung für die betroffenen Personen einhergehende Risiko berücksichtigt.[16] Unter den für die drei zuvor abgedruckten Zusammenfassungstabellen der Implementierungskosten genannten Annahmen zur Umsetzung und Nutzung/Nutzungshäufigkeit der Einzelmaßnahmen wurden sodann auch die Umsetzungskosten je Verarbeitungsrisiko berechnet.

Bei einem niedrigen Verarbeitungsrisiko – unter Verwendung der Transportverschlüsselung (E-Mail-Server), Verpflichtung auf den Datenschutz, initialer Schulung des betrieblichen Datenschutzbeauftragten, Sicherheitsschlösser mit individuellem Schlüssel/ Token je Mitarbeiter und abschließbaren Schränke – ergaben sich hierbei folgende Implementierungskosten:

- Kostengruppe 1: 14.200 € EK und 2000 € WK,
- Kostengruppe 2: 109.000 € EK und 25.000 € WK,
- Kostengruppe 3: 2.200.000 € EK und 500.000 € WK.

Bei einem Verarbeitungsrisiko – unter zusätzlicher Verwendung der Transportverschlüsselung (VPN), jährlicher Fortbildung des betrieblichen Datenschutzbeauftragten, allgemeine Mitarbeiterschulung, Sichtschutz im Gebäude, Zutrittsberechtigungskonzept, Pfortenbetrieb zur Besucheranmeldung (Tag) und Alarmanlage – ergaben sich folgende Implementierungskosten:

- Kostengruppe 1: 25.200 € EK und 78.400 € WK,

---

[16] Wie bereits im Abschnitt zur Vorbereitung der Interviews dargestellt, handelt es sich bei der Zuordnung von Einzelmaßnahmen zu einem Verarbeitungsrisiko um Tendenzen, die im nachfolgenden Kapitel erneut aufgegriffen werden sollen, um einen Eindruck über die Umsetzungskosten unterschiedlich großer Organisationen bei verschieden hohen Verarbeitungsrisiken für die Rechte und Freiheiten betroffener Personen zu geben. Um die Flexibilität hinsichtlich der Kombination verschiedener Einzelmaßnahmen zu erhalten, wurde beim Abdruck der finalen, detaillierten Kostentabelle jedoch auf die Zuordnung der Einzelmaßnahmen zu einem Verarbeitungsrisiko verzichtet.

– Kostengruppe 2: 139.000 € EK und 211.000 € WK,
– Kostengruppe 3: 2.460.000 € EK und 1.310.000 € WK.

Bei einem hohen Verarbeitungsrisiko – unter zusätzlicher Verwendung der E-Mail-Verschlüsselung, Test am Ende der Schulung, zusätzl. aufgabenbezogene Mitarbeiterschulung, Arbeits-/Organisationsanweisungen, Einrichten spezieller Schutzzonen, Wachpersonal (Nacht) und Videoüberwachung – ergaben sich folgende Implementierungskosten:

– Kostengruppe 1: 25.200–78.200 € EK und 78.400–201.000 € WK,[17]
– Kostengruppe 2: 259.000–277.000 € EK und 461.000–463.000 € WK,
– Kostengruppe 3: 2.480.000 € EK und 2.580.000 € WK.

Wie zu erwarten, zeigen diese Zahlen auch, dass in jeder Kostengruppe eine Erhöhung des Verarbeitungsrisikos mit höheren Implementierungskosten für technische und organisatorische Maßnahmen verbunden ist. Dies liegt daran, dass jedes zusätzliche Risiko für die Rechte und Freiheiten betroffener Personen i. d. R. zu einem Bedarf zusätzlicher Maßnahmen führt. Zum Beispiel werden Transportverschlüsselung (E-Mail-Server und VPN) bei einer Verarbeitung mit geringem Risiko bzw. Risiko implementiert, während bei einer Verarbeitung mit hohem Risiko diese Maßnahmen i. d. R. durch die E-Mail-Verschlüsselung ergänzt werden.

5.2.3   Implementierungskosten je Mitarbeiter unterschiedlicher Kostengruppengrößen

Betrachtet man die Implementierungskosten technischer und organisatorischer Maßnahmen je Mitarbeiter der drei unterschiedlichen, in dieser Arbeit definierten

---

[17] Die Kosten für ein hohes Verarbeitungsrisiko für die Kostengruppe 1 und 2 ist auf Basis der geführten Interviews nicht eindeutig berechenbar, da Verantwortliche dieser beiden Kostengruppen häufig entweder nicht alle oder alternative Einzelmaßnahmen – insbesondere solche, die sich in bestimmten Branchen etabliert haben, wie z. B. das Abholen von Befunden durch Patienten, anstelle eines elektronischen Versandes – umsetzen. Da beide der vorgenannten Optionen günstiger sind als die vollständige Umsetzung der im Rahmen dieser Arbeit betrachteten Einzelmaßnahmen für ein hohes Risiko, erfolgte die Kostenberechnung für die Kostengruppe 1 in Form der Angabe der Kosten für die Umsetzung eines Verarbeitungsrisikos und den schwach bzw. nicht validierten Umsetzungskosten bei hohem Verarbeitungsrisiko. Für die Kostengruppe 2 erfolgte die Kostenberechnung in Form der Angabe der Kosten für die Umsetzung aller validierten Einzelmaßnahmen für ein hohes Verarbeitungsrisiko sowie der schwach bzw. nicht validierten Umsetzungskosten bei hohem Verarbeitungsrisiko.

Kostengruppengrößen, so ergeben sich bei einem niedrigen Verarbeitungsrisiko folgende Kosten:

- Kostengruppe 1: 1.420 € EK und 200 € WK,
- Kostengruppe 2: 436 € EK und 100 € WK,
- Kostengruppe 3: 440 € EK und 100 € WK.

Bei einem Verarbeitungsrisiko ergeben sich je Mitarbeiter folgende Implementierungskosten:

- Kostengruppe 1: 2.520 € EK und 7.840 € WK,
- Kostengruppe 2: 556 € EK und 844 € WK,
- Kostengruppe 3: 492 € EK und 262 € WK.

Bei einem hohen Verarbeitungsrisiko ergeben sich je Mitarbeiter folgende Implementierungskosten:

- Kostengruppe 1: 2.520–7.820 € EK und 7.840–20.100 € WK,[18]
- Kostengruppe 2: 1.000–1.100 € EK und 1.800–1.900 € WK,
- Kostengruppe 3: 496 € EK und 516 € WK.

Diese Zahlen deuten darauf hin, dass das Risiko für die Rechte und Freiheiten betroffener Personen das Verhältnis zwischen Implementierungskosten und Organisationsgröße erheblich beeinflusst. Zum Beispiel sind die wiederkehrenden Kosten je Mitarbeiter für ein niedriges Risiko bei der Kostengruppe 1 doppelt so hoch (200 € vs. 100 €), wie bei Kostengruppe 3; die wiederkehrenden Kosten für eine Verarbeitung mit hohem Risiko sind bei der Kostengruppe 1 noch deutlicher höher als die der Kostengruppe 3 (7.820–20.100 € vs. 516 €). Je größer das Verarbeitungsrisiko und die Organisation, desto stärker skalieren i. d. R.[19] die Kosten für einen Verantwortlichen, z. B. sinken die Kosten für die Beauftragung externer Datenschutzschulungen, wenn sie für viele Mitarbeiter gekauft werden. Auch wenn diese Beobachtung in Bezug auf einen Vergleich zwischen der Kostengruppe 2 und 3 weniger dramatisch ausfällt als im Vergleich zwischen

---

[18] Die Kosten berechnen sich wie im vorgenannten Abschnitt erläutert.

[19] Ausnahmen bestehen u. a. bei den Betriebsratskosten für die Verwendung individueller Zutrittstoken je Mitarbeiter; diese Ausnahmen wiegen aber die oben dargestellte Beobachtung nicht auf.

der Kostengruppe 1 und 3, so bleibt doch die Erkenntnis, dass große Organisationen im Vergleich zu kleinen und mittelgroßen Organisationen in Bezug auf die Umsetzungskosten technischer und organisatorischer Maßnahmen einen Vorteil haben.

5.2.4 Zusammenhang zwischen der Organisationsgröße und der Umsetzung von Maßnahmen

Zu Beginn der Interviews wurden die Interviewten befragt, wie hoch sie das Risiko für die Rechte und Freiheiten betroffener Personen durch die Datenverarbeitung ihrer Organisation einstufen. Die Antwortalternativen auf diese Frage waren vorgegeben, nämlich „geringes Risiko", „Risiko", „hohes Risiko" und „andere/zusätzliche Anmerkung, nämlich:". Basierend auf dieser Einstufung und der im Rahmen dieses Kapitels vorgestellten Arbeiten vorgenommenen Erarbeitung technischer und organisatorischer Maßnahmen und deren Einordnung in die drei vorgenannten Schutzstufen erfolgte ein Abgleich zwischen dem aus Sicht des Interviewten bestehenden Risikos und der von seiner Organisation ergriffenen Schutzmaßnahmen.

Von allen 9 befragten Organisationen der Gruppengröße 1

- wurden $9 \times$ genau die Maßnahmen[20] ergriffen, die für den Risikograd der betroffenen Personen erwartet wurden;
- wurden $3 \times$ alternative, aber ähnlich wirksame Maßnahmen ergriffen;
- wurden $10 \times$ Maßnahmen ergriffen, die (eher) schwächer als für den Grad des Risikos der betroffenen Personen notwendig waren;
- wurden $5 \times$ Maßnahmen ergriffen, die (eher) stärker als für den Grad des Risikos der betroffenen Personen notwendig waren.

Von allen 9 befragten Organisationen der Gruppengröße 2

- wurden $7 \times$ genau die Maßnahmen ergriffen, die für den Risikograd der betroffenen Personen erwartet wurden;
- wurden $6 \times$ alternative, aber ähnlich wirksame Maßnahmen ergriffen;
- wurden $6 \times$ Maßnahmen ergriffen, die (eher) schwächer als für den Grad des Risikos der betroffenen Personen notwendig waren;

---

[20] In den folgenden drei Auflistungen wurde jede der technischen, organisatorischen und technisch-organisatorischen Einzelmaßnahmen separat gezählt.

- wurden 7 × Maßnahmen ergriffen, die (eher) stärker als für den Grad des Risikos der betroffenen Personen notwendig waren;
- konnte eine Maßnahme nicht eindeutig eingeordnet werden.

Von allen 9 befragten Organisationen der Gruppengröße 2

- wurden 5 × genau die Maßnahmen ergriffen, die für den Risikograd der betroffenen Personen erwartet wurden;
- wurden 11 × alternative, aber ähnlich wirksame Maßnahmen ergriffen;
- wurden 5 × Maßnahmen ergriffen, die (eher) schwächer als für den Grad des Risikos der betroffenen Personen notwendig waren, von denen wiederum zwei Interviewte angaben, dass sie zumindest einige der stärkeren Maßnahmen bereits geplant haben;
- wurden 8 × Maßnahmen ergriffen, die (eher) stärker als für den Grad des Risikos der betroffenen Personen notwendig waren;
- konnte eine Maßnahme nicht eindeutig eingeordnet werden.

Dementsprechend ist eine Tendenz dahingehend zu erkennen, dass mit zunehmender Organisationsgröße mehr Schutzmaßnahmen getroffen werden, als es das – aus Sicht der maßnahmenumsetzenden Organisation – hinsichtlich des für die betroffenen Personen bestehenden Risikos notwendig wäre. Aus den Interviews ergab sich jedoch, dass die Organisationen weitergehende Schutzmaßnahmen i. d. R. nicht primär zum Schutz der betroffenen Personen, sondern aus eigenem Interesse umsetzen. U.a. gaben die Interviewten an, zusätzliche Maßnahmen primär für die allgemeine IT-Sicherheit der Organisation einzusetzen und diese eher zufällig auch dem Datenschutz dienen. Andere Interviewte gaben u. a. an, dass sie durch die zusätzlichen Schutzmaßnahmen das Vertrauen ihrer Kunden stärken wollen oder durch die Schutzmaßnahmen sogar Neukunden und –projekte akquirieren möchten, die sie ohne die Schutzmaßnahmen nicht ansprechen/ akquirieren könnten (z. B. geheimschutzbetreute Projekte).

5.2.5   Konfidenz und Verallgemeinerbarkeit[21]

Am Ende eines jeden Interviews wurden die Interviewten gefragt, wie sicher sie sich bei der Einschätzung der Kosten für ihre Organisation sind. Die Antwortmöglichkeiten wurden den Interviewten bei dieser Frage vorgegeben. So konnten

---

[21] Die beiden nachfolgenden Unterkapitel 5 und 6 wurden im Rahmen der Veröffentlichung, die diesem Kapitel zugrunde liegt, in Zusammenarbeit mit den beiden Co-Autoren der Veröffentlichung geschrieben.

sie zwischen „sicher", „relativ sicher", „relativ unsicher", „unsicher" und „andere/
zusätzliche Anmerkung, nämlich:" wählen. Hierbei gaben 26 von 27 Interviewten
an, dass sie sich bei der Kosteneinschätzung sicher oder relativ sicher fühlen.

Zusätzlich wurden die Interviewten am Ende eines jeden Interviews gefragt,
für wie verallgemeinerbar die von ihrer Organisation getroffenen Kosten für
technische und organisatorische Schutzmaßnahmen in Bezug auf Organisationen ähnlicher Größe und mit gleichem Risiko für die Rechte und Freiheiten
betroffener Personen halten. Auch hier waren die Antwortmöglichkeiten vorgegeben, nämlich „die Einschätzungen der Kosten ist verallgemeinerbar", „die
Einschätzungen der Kosten ist eher verallgemeinerbar", „die Einschätzungen der
Kosten ist eher nicht verallgemeinerbar", „die Einschätzungen der Kosten ist
nicht verallgemeinerbar" und „andere/zusätzliche Anmerkung, nämlich:". 24 von
27 Interviewten gaben an, dass sie die Kosten ihrer eigenen Organisation für
verallgemeinerbar oder eher verallgemeinerbar bewerten.

5.2.6 Einschränkungen der Datenerhebung und –auswertung

26 der 27 interviewten Verantwortlichen gaben an, sich bei der Einschätzung der
Implementierungskosten sicher oder relativ sicher zu sein. Insofern basiert die
Erhebung und Validierung der Implementierungskosten auf einem hohen Grad
an Sicherheit. Einschränkend muss jedoch betont werden, dass – wie bereits
zu Beginn des Kapitels dargestellt – die Kosten lediglich für eine Auswahl
an Schutzmaßnahmen erhoben wurde und sowohl die Kostenaufstellung selbst
als auch die Berechnung der Umsetzungskosten für die drei in diesem Kapitel
benutzten Beispielorganisationen insofern nicht erschöpfend ist.

5.3 Ergebnis

Basierend auf den im Rahmen dieses Kapitels durchgeführten Datenerhebungen, -auswertung und –interpretationen ergibt sich folgende zusammenfassende
Erkenntnis zu den Implementierungskosten (eines Teilbereichs) technischer und
organisatorischer Maßnahmen (Tabelle 5.6):

Tabelle 5.6 Zusammenfassende Darstellung der Quantifizierung von Implementierungskosten

Schätzung	Einmalige/ wiederk. Kosten	Organisationsgruppengröße 1	Organisationsgruppengröße 2	Organisationsgruppengröße 3
Implementierungskosten, geringes Risiko	EK	14.200€	109.000€	2.200.000€
	WK	2.000€	25.000€	500.000€
Implementierungskosten, Risiko	EK	25.200€	139.000€	2.400.000€
	WK	78.400€	211.000€	1.310.000€
Implementierungskosten, hohes Risiko	EK	25.200–78.200€	259.000–277.000€	2.480.000€
	WK	78.400–201.000€	461.000–463.000€	2.580.000€

Diese Kosten dürfen – in Kombination mit den bereits vorgestellten Methoden zur Auswahl von Schutzmaßnahmen, wie z. B. dem Standard-Datenschutzmodell der deutschen Datenschutzaufsichtsbehörden – bei der Auswahl von Maßnahmen als ein Faktor berücksichtigt werden, um sicherzustellen, dass technische und organisatorische Maßnahmen nicht nur geeignet, sondern auch für den konkreten Verarbeitungskontext angemessen sind.

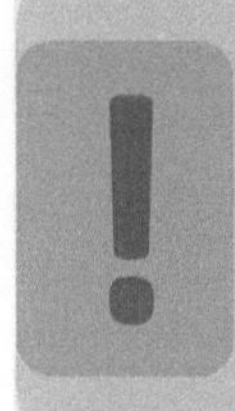

Kapitel 5 beantwortet die eingangs aufgeworfene Frage wie folgt:
- Basierend auf 27 strukturierten Interviews wurden die Implementierungskosten ausgewählter technisch-organisatorischer Maßnahmen erhoben, die in die Entscheidung über die Angemessenheit dieser Maßnahmen einfließen dürfen.
- Die Einmalkosten belaufen sich auf zwischen 14.200€ (kleine Organisation und geringes Risiko) und 2.480.000€ (große Organisation und hohes Risiko), die wiederkehrenden Kosten belaufen sich auf zwischen 2.000€ und 2.580.000€.

Gliederungsillustration 5.2   Antwort Kapitel 5

Zwischenergebnis 6

Die DSGVO normiert die Pflicht zum Treffen technischer und organisatorischer Maßnahmen. Die Maßnahmen des technisch-organisatorischen Datenschutzes sollen betroffenen Personen vor jeglicher unrechtmäßigen Verarbeitung ihrer personenbezogenen Daten schützen, die nicht (allein) durch die Normierung der rechtlichen Zulässigkeit der Datenverarbeitung herbeigeführt werden kann.

Art. 24 Abs. 1, Art. 25 Abs. 1, Art. 32 Abs. 1 DSGVO überlassen die Auswahl der zum Schutz der Rechte und Freiheiten der betroffenen Personen zu ergreifenden technischen und organisatorischen Maßnahmen dem Verantwortlichen und eröffnen ihm unter Berücksichtigung der Art, des Umfangs, der Umstände und Zwecke der Verarbeitung und der unterschiedlichen Eintrittswahrscheinlichkeit und Schwere der Risiken für die Rechte und Freiheiten natürlicher Personen einen Entscheidungsspielraum. Gemäß Art. 25 Abs. 1, Art. 32 Abs. 1 DSGVO dürfen auch der Stand der Technik und die Implementierungskosten in die Auswahl der Schutzmaßnahmen einfließen.

Um den Anforderungen, die der Europäische Gesetzgeber an die Auswahl angemessener technischer und organisatorischer Schutzmaßnahmen stellt, gerecht zu werden, kann der Verantwortliche zwar auf einige bestehende Instrumente und Methoden – allen voran auf das Standard-Datenschutzmodell der deutschen Datenschutzaufsichtsbehörden – zurückgreifen. Jedoch lassen vorhandene Instrumente und Methoden insbesondere die in die Angemessenheitsentscheidung einzubeziehenden wirtschaftlichen Faktoren außen vor, so dass es im Ergebnis auch weiterhin dem Verantwortlichen obliegt, seine wirtschaftlichen Interessen in angemessener Weise in die Auswahl der von ihm umgesetzten technischen und organisatorischen Maßnahmen einzubeziehen.

A. Selzer, *Die technisch-organisatorische Implementierung von Datenschutz in Organisationen unter besonderer Berücksichtigung der wirtschaftlichen Angemessenheit*, Rechtsrahmen der Cybersicherheit und Privatheit, https://doi.org/10.1007/978-3-658-50744-2_6

Eine methodische Unterstützung, durch die der Verantwortliche die datenschutzkonforme Berücksichtigung von Implementierungskosten sicherstellen kann, scheint nicht möglich zu sein, da

- die Schutzgüter des Schutzes der Rechte und Freiheiten betroffener Personen einerseits und der wirtschaftlichen Interessen des Verantwortlichen an möglichst niedrigen Implementierungskosten andererseits zu unterschiedlich sind, um sie methodisch gegeneinander abwägen zu können;
- die sonstigen zu berücksichtigenden Faktoren, wie etwa die Anzahl der Betroffenen und personenbezogenen Daten, die Arten der Verarbeitungsschritte sowie der Verarbeitungsort und -zeitpunkt, viel zu individuell sind, um für sie feste Regeln definieren zu können;
- die Betrachtung der Angemessenheit aus rechtlicher, technischer und wirtschaftlicher Sicht viel zu differenziert ist, um sie zu einer einheitlichen Betrachtungsweise verbinden zu können;
- die Anforderungen, die an den Gesetzgeber gestellt werden, um angemessene Datenschutzmaßnahmen zu erlassen, viel zu komplex sind, als dass die Empfehlungen auf datenschutzrechtlich Verantwortliche übertragbar wären.

Um dieses Dilemma zu lösen ist dem Verantwortlichen zunächst zu raten, die Auswahl der Schutzmaßnahmen sorgfältig zu dokumentieren. Insbesondere die Abwägung der einzelnen Auswahlkriterien sollte er sorgfältig und nachvollziehbar dokumentieren: Welche Kriterien wurden bei der Auswahlentscheidung berücksichtigt? Welche Kriterien wurden wie und aus welchem Grund priorisiert? Welche alternativen Schutzmaßnahmen wurden in Betracht gezogen und aus welchen Abwägungsgründen wurde sich gegen die Alternativen entschieden? Auch wenn eine sorgfältige und nachvollziehbare Dokumentation der Auswahl von Schutzmaßnahmen den Verantwortlichen dabei unterstützen kann, seine Sorgfaltspflichten gegenüber der für ihn zuständigen Aufsichtsbehörde – und ggf. vor Gericht – nachweisbar zu machen, löst die Dokumentation jedoch nicht das eigentliche Problem des Verantwortlichen, bei der Auswahl von Schutzmaßnahmen unter Berücksichtigung *aller* genannten Auswahlfaktoren nicht durch ein etabliertes Vorgehen unterstützt zu werden, das ihm in Bezug auf die von ihm ausgewählten Schutzmaßnahmen ein gewisses Maß an Rechtssicherheit gewährt.

Zusätzlich quantifizierte Teil 2 dieser Arbeit die Implementierungskosten von dem Stand der Technik entsprechenden Schutzmaßnahmen, um den Verantwortlichen die grundlegende Ressource an die Hand geben zu können, die Implementierungskosten überhaupt in die Entscheidung über angemessene Schutzmaßnahmen einfließen lassen zu können. Diese Kosten dürfen – in Kombination mit den

bereits vorgestellten Methoden zur Auswahl von Schutzmaßnahmen, wie z. B.
dem Standard-Datenschutzmodell der deutschen Datenschutzaufsichtsbehörden –
bei der Auswahl von Maßnahmen als ein Faktor berücksichtigt werden, um
sicherzustellen, dass technische und organisatorische Maßnahmen nicht nur
geeignet, sondern auch für den konkreten Verarbeitungskontext angemessen sind.

Schlussendlich bleibt festzustellen, dass die Auswahl angemessener Schutzmaßnahmen nur unter Berücksichtigung des individuellen Einzelfalls erfolgen
und eine Unterstützung des Verantwortlichen lediglich in der beispielhaften
Umsetzung einer solchen einzelfallbezogenen Auswahl angemessener Schutzmaßnahmen dienen kann.

Dieses Ziel verfolgt Teil 3 dieser Ausarbeitung. Er zeigt beispielhaft auf,
wie die in Teil 2 gewonnenen Erkenntnisse in die Gestaltung eines Datenverarbeitungssystems einfließen können, in dem datenschutzrechtliche Anforderungen
angemessen umgesetzt werden.

Teil III

Angemessene Datennutzung unter Umsetzung angemessener Schutzmaßnahmen

Teil 3 dieser Arbeit zeigt exemplarisch auf, wie die Umsetzung technischer und organisatorischer Maßnahmen für ein Datenverarbeitungssystem gestaltet werden könnte, welches den Datenaustausch zwischen mehreren Organisationen sowie die anschließende Datennutzung durch die Organisationen ermöglicht, um einerseits einen Mehrwert aus dem Datenaustausch und der Datennutzung ziehen zu können sowie andererseits die Rechte und Freiheiten der von der Datenverarbeitung betroffenen Personen durch technische und organisatorische Maßnahmen angemessen zu schützen. Die Betrachtung erfolgt beispielhaft für Datenverarbeitungen im Smart-City-Kontext, da sich ein Datenaustausch in diesem Kontext sowohl auf anonyme als auch auf personenbezogene Daten unterschiedlicher Sensibilität bezieht und sich somit ein abgestuftes Schutzkonzept für die unterschiedlich sensiblen Daten umsetzen lässt.

Eine Smart City, zu Deutsch „schlaue Stadt", nutzt „Informations- und Kommunikationstechnologie, um die wichtigsten Informationen der für die Aufrechterhaltung und das Management der Stadt genutzten Systeme zu erfassen, zu analysieren und zu verknüpfen."[1] Durch den Einsatz solcher Informations- und Kommunikationstechnologie – einschließlich verschiedener physischer Geräte, die über das Internet verbunden sind – und durch das Sammeln von Daten durch diese Systeme und Geräte, kann eine Stadt in ihrer Effizienz optimiert werden.[2] Durch die Verknüpfung von Informationen, zu denen neben rein statistischen und anonymen Daten auch personenbezogene Daten der Bürger zählen können, wird eine Smart City in die Lage versetzt, intelligent auf die verschiedenen Bedürfnisse ihrer Bürger zu reagieren. Ziele der Datenverknüpfung sind

---

[1] Direktzitat übersetzt aus dem Englischen von: *Su/Li/Fu*, Smart City and the Applications, ICECC 2011, S. 1028.

[2] *Selzer/Timm*, DuD 2021, 816 (816 ff.) und *Selzer/Timm*, DuD 2021, 826 (826 ff.).

z. B. eine Stadt (und seine Bürger) gesünder, umweltfreundlicher, sicherer und – allgemein gesprochen – lebenswerter zu machen.[3] Durch Datenverknüpfungen und -analysen kann eine Smart City also dabei helfen, die in der Stadt bestehenden Probleme zu erkennen und zu lösen. Hierbei kann es sich z. B. um die Vorsorge und Reaktion der Überlastung der öffentlichen Grundversorgung, z. B. in Bezug auf die Versorgung mit Wasser, Strom und Gas, handeln, aber auch unzureichende soziale Inklusion und überlastete Straßen bzw. eine problematische Parkplatzsituation kann erkannt und gelöst werden.[4] Obwohl diese neuen Möglichkeiten der Datenverknüpfung und -verarbeitung mit großen Chancen für die Bevölkerung einhergehen, führen sie gleichzeitig zu einer neuen Gefährdungslage für eben diese in Bezug auf deren Recht auf Datenschutz. Benötigt wird daher eine Systemgestaltung, die einerseits den größtmöglichen Mehrwert der Datennutzung sowie andererseits einen angemessenen Schutz der Rechte und Freiheiten betroffener Personen ermöglicht.

Um die Frage nach der Systemgestaltung zur Generierung von Mehrwerten unter Umsetzung angemessener Schutzmaßnahmen zu beantworten, befasst sich Kapitel 7 zunächst mit der grundlegenden Frage, in welchem Maße Smart-City-Akteure im Rahmen ihrer Tätigkeiten von der personenbezogenen Datenverarbeitung abhängig sind und welche Chancen und Grenzen durch den personenbezogenen und anonymisierten Datenaustausch mit anderen Smart-City-Akteuren bestehen bzw. bestünden.

Aus diesen Erkenntnissen leitet sich als Teil-Ergebnis sodann die Skizzierung des im Rahmen des Teils 2 dieser Arbeit betrachteten, exemplarischen Datenverarbeitungssystems. Kapitel 8 benennt sodann die rechtlichen Anforderungen, die an ein solches System – abseits der Pflicht zum Treffen technischer und organisatorischer Maßnahmen – zu stellen sind. Kapitel 9 unterbreitet einen Vorschlag zu Gestaltung eines Datenschutzmoduls für das exemplarisch betrachtete Datenverarbeitungssystem, das die Anforderungen des Datenschutzrechts in angemessener Weise umsetzt. Im Anschluss erfolgt eine Evaluation des vorgeschlagenen Datenschutzmoduls. Kapitel 10 fasst die im Rahmen des Teils 2 dieser Ausarbeitung gewonnenen Ergebnisse zusammen.

---

[3] *Selzer/Timm*, DuD 2021, 816 (816 ff.) und *Selzer/Timm*, DuD 2021, 826 (826 ff.).

[4] *Gassmann/Böhm/Palmie*, Smart Cities: Introducing Digital Innovation to Cities, Bingley 2019; *Su/Li/Fu*, Smart City and the Applications, ICECC 2011, S. 1028; *Selzer/Timm*, DuD 2021, 816 (816 ff.).

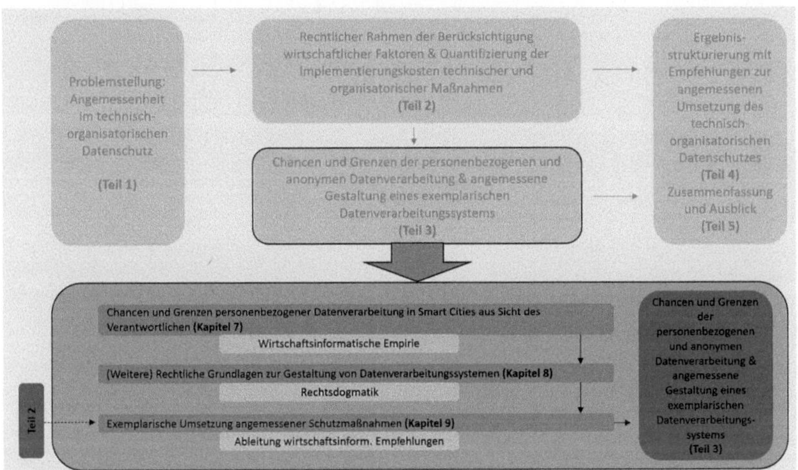

Gliederungsillustration 1   Teil 3 der Arbeit

Chancen und Grenzen personenbezogener Datenverarbeitung in Smart Cities aus Sicht des Verantwortlichen

7

Kapitel 7 soll folgende Fragen klären:
In welchem Maße sind Smart Cities (als beispielhafter Verarbeitungs-kontext) im Rahmen ihrer Tätigkeiten von der personenbezogenen Datenverarbeitung abhängig? Welche Chancen und Grenzen bestehen/bestünden durch den personenbezogenen und anonymisierten Datenaustausch mit anderen Smart-City-Akteuren?

Gliederungsillustration 7.1 Frage Kapitel 7

Basierend auf den Ergebnissen aus Kapitel 2, in denen u. a. die Art, der Umfang, die Umstände und die Zwecke der Datenverarbeitung als Faktoren der Auswahl angemessener Schutzmaßnahmen vorgestellt wurden, kann die Frage nach den Chancen und Grenzen der Verarbeitung personenbezogener und anonymisierter Daten sowie des potenziellen Mehrwerts durch die Verarbeitung personenbezogener Daten von Verantwortlichen als Chance verstanden werden, vorzubewerten, ob (überhaupt) und wie lange die Verarbeitung personenbezo-gener Daten für den konkreten Zweck der Datenverarbeitung erforderlich und wirtschaftlich sinnvoll ist. Vor diesem Hintergrund befasst sich das vorliegende Kapitel mit der Frage der Chancen und Grenzen der personenbezogenen und anonymen Datenverarbeitung.[1]

---

[1] Dieses Kapitel beruht im Wesentlichen (die Gesamtheit oder der Großteil der Texte ist voll-ständig übernommen und ggf. übersetzt) auf den Veröffentlichungen Selzer/Timm, Chances and Limitations of Personal and Anonymized Data Processing – Implementing Appropriate

175

A. Selzer, *Die technisch-organisatorische Implementierung von Datenschutz in Organisationen unter besonderer Berücksichtigung der wirtschaftlichen Angemessenheit*, Rechtsrahmen der Cybersicherheit und Privatheit, https://doi.org/10.1007/978-3-658-50744-2_7

Sollte eine Verarbeitung mit ausschließlich anonymen Daten möglich sein, fänden die strengen Vorschriften der Datenschutz-Grundverordnung regelmäßig keine Anwendung, da anonyme Daten das genaue Gegenteil von personenbezogenen Daten darstellen, deren Verarbeitung zum Schutz der Rechte und Freiheiten betroffener Personen durch das Datenschutzrecht umfangreich geregelt wird. Anonyme Daten sind Daten, die sich nicht auf eine identifizierte oder identifizierbare natürliche Person beziehen, oder personenbezogene Daten, die in einer Weise anonymisiert worden sind, dass die betroffene Person nicht oder nicht mehr identifiziert werden kann (Erwgr. 26 DSGVO).

Hinleitend auf das in Teil 3 dieser Arbeit zu betrachtende Datenverarbeitungssystem im Smart-City-Kontext, wird die Frage nach dem notwendigen Umfang der personenbezogenen Datenverarbeitung für diesen Kontext untersucht.

7.1   Methodisches Vorgehen

Die Beantwortung der Forschungsfrage nach den Chancen und Grenzen personenbezogener und anonymer Datenverarbeitung aus Sicht des Verantwortlichen erfolgt auf Basis dreißig strukturierter Interviews. Aufgrund der inhaltlichen Ausrichtung des Teils 2 dieser Arbeit erfolgten diese ausschließlich mit Smart-City-Akteuren. Es erfolgten je zehn Interviews mit Smart-City-Akteuren der folgenden Branchen:

- Gesundheit (u. a. Krankenhäuser, Arztpraxen und Rettungsleitstellen; Branche 1),
- Versorgung und Services (u. a. Grundversorger, Auto- und Fahrrad-Sharing-Anbieter und Einwohnermeldeämter; Branche 2) und
- Forschung und Bildung (u. a. Schulen, Universitäten und Forschungseinrichtungen; Branche 3).

Technical and Organizational Measures and Creating Added Value in Smart Cities, S. 773–788 (übersetzt und an den Kontext der Arbeit angepasst) und Selzer/Timm, DuD 2021, 816 (816–820). Dementsprechend wird an den relevanten Stellen zwar in den Fußnoten auf die im Rahmen der beiden vorgenannten Veröffentlichungen verwendeten Literatur verwiesen, nicht aber erneut auf die Veröffentlichungen selbst. Die nicht von der Autorin dieser Arbeit verfassten Anteile der Veröffentlichungen werden (sofern in diesem Kapitel aufgegriffen) stark zusammengefasst und durch entsprechende Hinweise in den Fußnoten als Fremdleistungen gekennzeichnet.

Wie in der ersten Interviewrunde zu Validierung von Implementierungskosten wurden die Branchen einerseits ausgewählt, weil sie einen sehr vielfältigen Blick auf die Umsetzung von Schutzmaßnahmen für unterschiedlich sensible personenbezogene Daten bieten (Gesundheitsdaten vs. Kundendaten vs. Mitarbeiter- und im Rahmen von Forschungsarbeiten veröffentlichte Daten). Andererseits bilden die ausgewählten Branchen und Interviewpartner das gesamte Leistungsspektrum einer Smart City ab und ermöglichen eine Zusammenführung der Forschungsergebnisse aus der ersten und zweiten Interviewreihe.

Die Interviews erfolgten auf Basis eines Interviewleitfadens, dessen Fragen vor Beginn der Interviews durch drei Freiwillige hinsichtlich deren Verständlichkeit und Eindeutigkeit validiert wurden. Die Validierung des Interviewleitfadens erfolgte am 22. Februar 2021 über ein Online-Video-Konferenztool und dauerte im Durchschnitt ca. 30 Minuten je Validierung. Die drei Freiwilligen waren potenzielle Interviewpartner, entsprachen also den Anforderungen an die später tatsächlich interviewten Personen.

Der Interviewleitfaden untergliedert sich zum einen in eine Vorfrage, mit der festgestellt wird, ob für den Arbeitgeber des Interviewten Ausnahmen der DSGVO und des BDSG anwendbar sind (z. B. hinsichtlich der Bestellpflicht eines betrieblichen Datenschutzbeauftragten, Frage 1). Zum anderen wird durch den Interviewleitfaden herausgearbeitet, welche und wie viele Daten mit welchem Risiko von dem Arbeitgeber des Interviewten verarbeitet werden (Fragen 2–4). Auf den nächsten Interviewfragen liegt der Schwerpunkt der Interviewreihe; durch sie werden die Chancen und Grenzen der personenbezogenen und anonymen Datenverarbeitung, des Löschens im Vergleich zur Anonymisierung personenbezogener Daten und des Datenaustauschs zwischen einzelnen Smart-City-Akteuren erhoben (Fragen 5–15). Es folgt eine Frage hinsichtlich der Einbindung des betrieblichen oder behördlichen Datenschutzbeauftragten in Fragen der Datenanonymisierung und -weitergabe (Frage 16). Darüber hinaus sieht der Interviewleitfaden vor, Feedback darüber einzuholen, wie sicher sich die Befragten bezüglich der von ihnen gemachten Angaben sind und wie für verallgemeinerbar sie die Implementierungskosten ihrer eigenen Organisation im Vergleich zu den Kosten anderer Organisationen einschätzen (Fragen 17–20). Details zu den Rahmenbedingungen der Interviews finden sich in der nachfolgenden Tabelle (Tabelle 7.1):

Tabelle 7.1 Rahmenbedingungen der Interviews zu Chancen und Risiken der Datenverarbeitung

Zeitraum der Interviews	23.02.2021–19.03.2021
Medium der Interviews	Online-Video-Konferenztool (mit Ausnahme eines Interviews, das telefonisch stattfand)
Dauer der Interviews	Durchschnittlich ca. 30–60 Minuten je Interview
Ziel der Interviews	Identifizierung von Chancen und Grenzen personenbezogener und anonymer Datenverarbeitung
Interviewpartner	Geschäftsführer, Datenschutzbeauftragte oder –koordinatoren, Smart-City-Manager
Dokumentation	Zusammenfassendes Transkript, i. d. R. unmittelbar nach den Interviews

7.2 Relevante Vorarbeiten

Die DSGVO-konforme Erhebung und Verarbeitung personenbezogener Daten ist bisher insbesondere in der juristischen Literatur diskutiert worden,[2] wobei der Fokus auf den Grundsätzen der Verarbeitung personenbezogener Daten, den Rechten der Betroffenen, den technischen und organisatorischen Schutzmaßnahmen, der Auftragsdatenverarbeitung, dem internationalen Datentransfer und insbesondere der Rechtmäßigkeit der Datenverarbeitung, z. B. den Anforderungen an eine datenschutzkonforme Einwilligung der betroffenen Personen, liegt. Darüber hinaus wurde die Relevanz der Pseudonymisierung – insbesondere im Kontext der Verarbeitung personenbezogener Daten für die Forschung – im Hinblick darauf diskutiert, ob sich der Aufwand für die Pseudonymisierung insofern „lohnt", als dass sie, z. B. vor internen Angriffen schützen kann und ob alternative Datenschutzmaßnahmen, wie z. B. ein Berechtigungskonzept, dies ebenfalls leisten können.[3] Die Chancen und Grenzen der personenbezogenen und anonymen Datenverarbeitung im Smart-City-Kontext gemäß DSGVO wurde nach dem dieser Arbeit zugrundeliegenden Kenntnisstand noch nicht diskutiert.

Neben der DSGVO-konformen Datenerhebung und -verarbeitung ist insbesondere die DSGVO-konforme Löschung und Anonymisierung personenbezogener

---

[2] *Ehmann/Selmayr*, DSGVO-Kommentar; *Paal/Pauly*, DSGVO-Kommentar; *Gola*, DSGVO-Kommentar; *Kühling/Buchner*, DSGVO-Kommentar; *Simitis/Hornung/Spiecker*, DSGVO-Kommentar.

[3] *Kohlmayer/Lautenschläger/Prasser*, BMC Medical Informatics and Decision Making (19), 1–7.

Daten in der juristischen Literatur diskutiert worden, wobei vor allem die relevanten DSGVO-Anforderungen und Umsetzungsoptionen in unterschiedlichen Verarbeitungskontexten, wie z. B. E-Mail, diskutiert wurden.[4] Die Chancen und Grenzen der DSGVO-konformen Löschung und Anonymisierung personenbezogener Daten wurden nach dem dieser Arbeit zugrundeliegenden Kenntnisstand bisher nicht diskutiert.

Der Wert von Privatsphäre und persönlichen Daten wurde in den letzten zwei Jahrzehnten von verschiedenen Forschern bemessen. Die meisten dieser Veröffentlichungen konzentrieren sich auf die sogenannte „willingness to pay", d. h. auf den Betrag, den eine betroffene Person zahlen würde, um einen datenschutzfreundlicheren Dienst zu nutzen, und die sogenannte „willingness to accept", d. h. den Betrag, den betroffene Personen verlangen würden, um ihre Privatsphäre aufzugeben.[5] Eine andere Veröffentlichung schlägt vor, einen Marktplatz einzurichten, der hilft, die personenbezogenen Daten und/oder die Anonymität der Daten durch einen monatlichen Report zum Datenschutz zu kontrollieren.[6] Die Arbeiten haben gemeinsam, dass sie den Wert personenbezogener Daten bzw. der Privatsphäre aus Sicht der betroffenen Personen ermitteln. Die Forschungsergebnisse beruhen auf direkten und indirekten Befragungen und Feldstudien, die in zwei Veröffentlichungen[7] zusammengefasst und diskutiert werden. Der Wert der personenbezogenen und anonymen Datenverarbeitung aus Sicht des Verantwortlichen wird in diesen Arbeiten nicht diskutiert.

7.3 Personenbezogene und anonyme Datenverarbeitung in Smart Cities

Die Ergebnisse der 30 strukturierten Interviews mit Smart-City-Akteuren lassen sich wie folgt zusammenfassen:

---

[4] *Jandt/Steidle*, Datenschutz im Internet; *Durmus/Selzer/Pordesch*, DuD 2019; *Enzmann/ Selzer/Spychalski*, EDPL 2019; *Groos/van Veen*, EDPL 2020; *Cabral*, EDPL 2020.

[5] Z.B. *Danezis/Lewis/Anderson*, WEIS 2015, 1–13; *Acquisti/John/Loewenstein*, Journal of Legal Studies, 249–274; *Morando/Iemma/Raiteri*, Internet Policy Review, 1–11; *Sidgman/ Crompton*, Journal of Information Systems, 169–181; *Winegar/Sunstein*, Journal of Consumer Policy, 425–440.

[6] *Robinson*, What´s your anonymity worth?, Digial Policy, Regulation and Governance (5/ 17), 353–366.

[7] *Wagner/Wessels/Buxmann/Krasnova*, HICSS, 3760–3769; *Acquisti/Taylor/Wagman*, Journal of Economic Literature, 442–492.

– Derzeit verarbeiten 43,33 % der Interviewten in ihrem spezifischen Smart-City-Kontext ausschließlich personenbezogene Daten, weitere 43,33 % verarbeiten personenbezogene und anonymisierte Daten und weitere 13,33 % verarbeiten ausschließlich anonymisierte Daten (wobei ein Interviewter angab, dass er in Ausnahmefällen personenbezogene Daten verarbeiten würde, wenn es unbedingt notwendig wäre).

– Von den 30 Interviewten verarbeiten 3,33 % in ihrem spezifischen Smart-City-Kontext 1–1000 Datensätze[8] (bestehend aus personenbezogenen Daten und/oder anonymisierten Daten), 30 % der Interviewten verarbeiten 1001–10.000 Datensätze, weitere 26,66 % verarbeiten 10.001–100.000 Datensätze und weitere 40 % verarbeiten über 100.000 Datensätze.

– 30 % der Interviewten schätzen, dass die von ihnen in ihrem spezifischen Smart-City-Kontext durchgeführte Datenverarbeitung ein geringes bis gar kein Risiko für die Rechte und Freiheiten betroffener Personen mit sich bringt, 30 % der Interviewten schätzen das für die betroffenen Personen bestehende Risiko als „mittel" und weitere 36 % als „hoch" ein. 3,33 % der Interviewten konnten das Risiko nicht kategorisieren, da sie im Smart-City-Kontext nur als Auftragsverarbeiter auftreten und daher das Risiko der Datenverarbeitung nicht bewerten müssen.[9] Die hohe Anzahl an Verarbeitungen mit hohem Risiko resultiert vor allem daraus, dass 33,33 % der Interviewten aus dem Gesundheitswesen (u. a. Krankenhäuser, Arztpraxen, Apotheken) stammen.

– Während die Verarbeitung personenbezogener Daten in der Regel im direkten Kontakt mit Bürgern erforderlich ist (z. B. bei der Abrechnung des Stromverbrauchs, der Ausstellung von Geburts- oder Sterbeurkunden oder der Behandlung von Krankheiten), benötigen die Smart-City-Akteure in der Regel keine personenbezogenen Daten, um das Verbesserungspotenzial in ihrer Stadt zu erkennen und durch entsprechende Handlungen auf Verbesserungen hinzuwirken. In den letztgenannten Fällen würde die Verarbeitung anonymisierter Daten für 76,66 % der befragten Smart-City-Akteure ausreichen. Eine Re-Identifizierung könnte jedoch für einzelne Bürger in eng begrenzten Kontexten von Vorteil sein, z. B. wenn auf der Grundlage der anonymisierten Daten eines Patienten ein Heilmittel für eine Krankheit identifiziert wurde.

---

[8] Unter einem „Datensatz" i.S.d. strukturierten Interviews sind alle Informationen, die zu einer betroffenen Person gehören oder – im Falle der Anonymisierung – früher gehört haben, zu verstehen.

[9] Im Falle einer Auftragsdatenverarbeitung ist der Verantwortliche dafür verantwortlich, das Risiko der Datenverarbeitung zu bewerten. Der Auftragsverarbeiter hat sodann für das Risiko angemessene Schutzmaßnahmen zu implementieren.

– Obwohl eine Mehrheit von 80 % der befragten Smart-City-Akteure bereits Daten mit anderen Smart-City-Akteuren austauscht, ist der derzeitige Stand des Datenaustauschs – allgemein gesprochen – auf das Nötigste reduziert. Z.B. übermitteln Rettungsleitstellen an Krankenhäuser, wie viele Patienten sie aufgrund eines Unfalls erhalten werden; Krankenhäuser melden Geburten und Todesfälle an die zuständigen Bürgerämter.

– Das große Potenzial des Datenaustauschs zwischen Smart-City-Akteuren wird derzeit nicht genutzt. Grund dafür ist u. a. eine große Unsicherheit bei den Smart-City-Akteuren dahingehend, wo die datenschutzrechtlichen Grenzen im Rahmen des personenbezogenen Datenaustausches erreicht werden. Z.B. läge laut der befragten Smart-City-Akteure ein großes Potenzial im Daten-austausch zwischen Behörden und Sozialen Netzwerkeplattformen, um auf Katastrophenwarnungen jeglicher Art besser reagieren zu können und die effektivsten Wege zu finden, um Bürger vor Gefahren warnen zu können und/oder ihnen schnell Hilfe zukommen lassen zu können. Der Datenaus-tausch zwischen Kindergärten, Schulen, Universitäten, Gesundheitsämtern, Laboren, Hausarztpraxen und klinischen Forschungseinrichtungen könnte die Ausbreitung ansteckender Krankheiten eindämmen und helfen, die Bürger über neue Erkenntnisse in der Krankheitsbekämpfung/-eindämmung zu infor-mieren (Informationsweitergabe z. B. über Kindergärten, Schulen, Universitä-ten). Der Datenaustausch zwischen Krankenhäusern, Arztpraxen, klinischen Forschungseinrichtungen und Behörden könnte Gebiete/Viertel in Städten identifizieren, in denen bestimmte Krankheiten gehäuft auftreten, damit die Ursache erforscht und bekämpft werden kann.

– Ein erheblicher Mehrwert – nur 6,66 % aller Interviewten gaben an, dass anonymisierte Daten für sie keinen Wert im Smart-City-Kontext hätten – für die Bürger von Smart Cities könnte durch den Austausch von anonymen bzw. anonymisierten Daten erzielt werden. Auch das Potenzial des Austauschs anonymisierter Daten wird jedoch derzeit nicht ausgeschöpft. Einer der Haupt-faktoren dafür ist, dass die Smart-City-Akteure oft nicht beurteilen können, wann Daten aus rechtlicher Sicht anonym sind. Bedenken, die von den Inter-viewten in diesem Zusammenhang geäußert wurden, waren z. B., dass sie meist nicht wissen, welche Daten anonymisiert werden müssen und welche erhalten bleiben dürfen. Hemmschuhe sind auch die Umstände, dass ihre Sys-teme keine Datenanonymisierung anbieten oder sie keinen etablierten Prozess für eine (DSGVO-konforme) Datenanonymisierung haben.

– Die Unsicherheit der Smart-City-Akteure darüber, wo die Grenzen des Datenschutzrechts im Rahmen des Datenaustauschs und der Anonymisie-rung erreicht werden, scheint nicht aus einer mangelnden Kommunikation mit dem (behördlichen, betrieblichen oder externen) Datenschutzbeauftragten der Smart-City-Akteure zu resultieren. So gaben 56,66 % der Interviewten an, dass sie ihren Datenschutzbeauftragten immer konsultieren und die Empfehlungen des Datenschutzbeauftragten in der Regel auch befolgen. Einige von ihnen gaben sogar an, dass alles, was der Datenschutzbeauftragte empfiehlt, auch umgesetzt wird; dass ihr Datenschutzbeauftragter das Recht hat, ein Veto gegen eine geplante Datenverarbeitung einzulegen, wenn diese nicht datenschutzkonform durchgeführt werden könnte; und dass der Geschäftsführer/ -leiter einen Prozess implementiert hat, durch den jede neue Datenverarbeitung der Zustimmung des Datenschutzbeauftragten bedarf, bevor sie durchgeführt werden kann. 13,33 % der Interviewten antworteten, dass ihr Datenschutzbeauftragte einen sehr pragmatischen Ansatz verfolgt und sie es daher für sinnvoll erachten, den Datenschutzbeauftragten in neue Datenverarbeitungspläne einzubeziehen. 6,66 % der Interviewten gaben an, dass alle ihre Datenverarbeitungen, die im Smart-City-Kontext durchgeführt werden, einem Prozess folgen, der von ihrem Datenschutzbeauftragten vordefiniert wurde, so dass sie ihn überhaupt nicht (mehr) kontaktieren müssen.

Im Gegensatz dazu gaben nur 9,99 % der Interviewten an, dass ihr Datenschutzbeauftragter nicht immer konsultiert wird. Jeweils 3,33% der Interviewten gaben an, dass sie nur den minimalen datenschutzrechtlichen Rahmen umsetzen wollen und daher keine Vorschläge für Datenschutzmaßnahmen erhalten wollen, die über das unbedingt notwendige Maß hinausgehen; dass sie als Fachverantwortlicher tun und lassen können, was sie wollen, aber normalerweise zumindest ein gewisses Maß an Beratung durch ihren Datenschutzbeauftragten einholen. 3,33% der Interviewten entschieden sich, die Frage nicht zu beantworten.

Weitere 3,33% der Interviewten, bei denen der Datenschutzbeauftragte selbst der Interviewte war, gaben an, dass manche Datenverarbeitungspläne eine Androhung der Einbindung der Datenschutzaufsichtsbehörde erfordern, um verhindert zu werden.

– Das große Potenzial des Datenaustauschs wird auch dadurch verhindert, dass es keine einheitliche Form des Datenaustauschs zwischen den Smart-City-Akteuren gibt. 66,66 % der Smart-City-Akteure tauschen Daten über verschiedene elektronische Kanäle wie z. B. Excel-Listen, E-Mails oder sichere Download-Portale aus. 33,33 % aller Interviewten gaben an, dass der elektronische Datenaustausch mit Behörden, wie z. B. Standes- und Gesundheitsämtern, nicht möglich ist.

7.4   Konfidenz und Verallgemeinerbarkeit

Die einzelnen Antworten der Interviewten sind jeweils als Einschätzungen aus der (individuellen) Sicht des Interviewten zu sehen. Dieser Umstand erfordert es, jeden Interviewten zu fragen, wie sicher er sich in Bezug auf die von ihm vorgenommenen Einschätzungen ist und für wie verallgemeinerbar er seine Einschätzungen hält.

Um herauszufinden, wie verlässlich die Einschätzungen der befragten Interviewpartner sind, wurden diese am Ende der Interviews daher gefragt, wie sicher sie sich bei den Antworten sind, die sie in Bezug auf den Wert personenbezogener Daten für ihren Arbeitgeber – also die Chancen und Grenzen der personenbezogenen und anonymisierten Datenverarbeitung und die Chancen des Datenaustauschs – gegeben haben. Von den 30 Interviewten antworteten 21, dass sie sich ihrer Einschätzung sicher sind, 8 antworteten, dass sie sich ihrer Einschätzung relativ sicher sind, und einer konnte die Frage nicht beantworten.

Zudem wurden die 30 Interviewpartner gefragt, inwieweit ihre Antworten/ Schätzungen in Bezug auf andere Smart City-Akteure mit demselben Datenverarbeitungskontext verallgemeinerbar sind (ob also z. B. die Antworten einer Schule in Bezug auf andere Schulen oder die Antworten eines Standesamtes in Bezug auf andere Standesämter verallgemeinerbar sind). 23 der 30 Interviewte antworteten, dass ihre Antworten verallgemeinerbar sind, fünf Interviewte gaben an, dass ihre Antworten eher verallgemeinerbar sind, ein Interviewter gab an, dass seine Antworten eher nicht verallgemeinerbar ist und drei Interviewte gaben (einer als einzige Antwort und zwei als zusätzlich zu den o.g. Einschätzung gegebene Antwort) an, dass dies davon abhängt, wie viele personenbezogene Daten ein Smart-City-Akteur verarbeiten muss, ob ein Smart-City-Akteur Dienstleistungen und Produkte an Unternehmenskunden oder Privatkunden anbietet und was die Ziele der Forschung im jeweiligen Smart-City-Kontext sind.

7.5   Ergebnis

Nachfolgend werden zunächst die Ergebnisse der 30 strukturierten Interviews zusammengefasst. Basierend auf den Interviewergebnissen wird das im Rahmen dieser Arbeit exemplarisch zu betrachtende Datenverarbeitungssystem skizziert.

7.5.1 Ergebnisse der Umfragen

In Zusammenfassung der Interviewreihe ist festzustellen, dass der Umfang der Verarbeitung personenbezogener Daten im Smart-City-Kontext reduziert werden und die meisten Ziele von Smart Cities durch die Verarbeitung anonymisierter Daten erreicht werden könnte. Darüber hinaus kann ein großer Teil des potenziellen Mehrwerts durch Datenverknüpfungen im Smart-City-Kontext durch den (ausschließlichen) Austausch von anonymisierten Daten erreicht werden. 96,66 % der Befragten sind sich bei ihren Einschätzungen sicher oder relativ sicher und 93,33 % denken, dass ihre Einschätzungen verallgemeinerbar oder zumindest eher verallgemeinerbar sind.

Die Frage nach den Chancen und Grenzen der Verarbeitung personenbezogener und anonymisierter Daten sowie des potenziellen Mehrwerts durch die Verarbeitung personenbezogener Daten von Verantwortlichen kann als Chance verstanden werden, vorzubewerten, ob (überhaupt) und wie lange die Verarbeitung personenbezogener Daten für den konkreten Zweck der Datenverarbeitung erforderlich und wirtschaftlich sinnvoll ist. Sollte eine Verarbeitung mit ausschließlich anonymen Daten möglich sein, fänden die strengen Vorschriften der Datenschutz-Grundverordnung regelmäßig keine Anwendung.

7.5.2 Ableitung des exemplarischen Datenverarbeitungsszenarios und -systems

Basierend auf der Erkenntnis, dass die meisten Mehrwerte im Smart-City-Kontext auf Basis anonymisierter Daten erreicht werden können, im Einzelfall jedoch zum Wohle der betroffenen Person die Wiederherstellung des Personenbezugs gewünscht sein kann, um diesem u. a. den Zugang zu einer klinischen Studie/ Behandlungsmethode o.ä. zu ermöglichen, um seine Erkrankung zu heilen oder bestehende Symptome zu lindern, wird für den weiteren Verlauf dieser Arbeit ein exemplarisches Datenverarbeitungsszenario und -system abgeleitet, dass diese Anforderungen berücksichtigt.[10]

---

[10] Die im Rahmen des Vorschlags des exemplarischen Datenverarbeitungssystems aufgegriffen Aspekte der Interviewerkenntnisse erfolgen beispielhaft und anhand derjenigen Aspekte, die für die weitere Diskussion zur angemessenen Umsetzung technischer und organisatorischer Maßnahmen besonders geeignet sind.

7.5.2.1 Abgrenzung personenbezogener, pseudonymer und anonymer Daten

Aus datenschutzrechtlicher Sicht widersprechen sich die vorgenannten Anforderungen grundsätzlich, nämlich eine Verarbeitung anonymer Daten in Verbindung mit der Möglichkeit der Wiederherstellung des Personenbezugs im Einzelfall. Grund hierfür ist die rechtliche Abgrenzung der folgenden Begriffe:

- „Personenbezogene Daten [sind] alle Informationen, die sich auf eine identifizierte oder identifizierbare natürliche Person beziehen; als identifizierbar wird eine natürliche Person angesehen, die direkt oder indirekt, insbesondere mittels Zuordnung zu einer Kennung wie einem Namen, zu einer Kennnummer [...oder] zu einer Online-Kennung [....] identifiziert werden kann, die Ausdruck der physischen, physiologischen, genetischen, psychischen, wirtschaftlichen, kulturellen oder sozialen Identität dieser natürlichen Person sind, identifiziert werden kann" (Art. 4 Nr. 1 DSGVO).
- Pseudonymisierte Daten sind personenbezogener Daten, die „in einer Weise [verarbeitet werden], dass die personenbezogenen Daten ohne Hinzuziehung zusätzlicher Informationen nicht mehr einer spezifischen betroffenen Person zugeordnet werden können, sofern diese zusätzlichen Informationen gesondert aufbewahrt werden und technischen und organisatorischen Maßnahmen unterliegen, die gewährleisten, dass die personenbezogenen Daten nicht einer identifizierten oder identifizierbaren natürlichen Person zugewiesen werden" (Art. 4 Nr. 5 DSGVO).
- Anonyme Daten sind „Informationen, die sich nicht auf eine identifizierte oder identifizierbare natürliche Person beziehen, oder personenbezogene Daten, die in einer Weise anonymisiert worden sind, dass die betroffene Person *nicht oder nicht mehr* identifiziert werden kann" (Erwgr. 26 DSGVO). Der Erwgr. führt darüber hinaus aus: „Um festzustellen, ob eine natürliche Person identifizierbar ist, sollten alle Mittel berücksichtigt werden, die von dem Verantwortlichen oder einer anderen Person nach allgemeinem Ermessen wahrscheinlich genutzt werden, um die natürliche Person direkt oder indirekt zu identifizieren, wie beispielsweise das Aussondern. Bei der Feststellung, ob Mittel nach allgemeinem Ermessen wahrscheinlich zur Identifizierung der natürlichen Person genutzt werden, sollten alle objektiven Faktoren, wie die Kosten der Identifizierung und der dafür erforderliche Zeitaufwand, herangezogen werden, wobei die zum Zeitpunkt der Verarbeitung verfügbare Technologie und technologische Entwicklungen zu berücksichtigen sind."

Für die Abgrenzungsfrage – insbesondere zwischen personenbezogenen und anonymen Daten – kommt es dementsprechend einerseits auf die Identifizierbarkeit sowie andererseits auf die vorliegenden Mittel zur (Wieder-)Herstellung der Identifizierbarkeit an. Es ist strittig, wo die Grenze zwischen Identifizierbarkeit und Anonymität verläuft; diskutiert werden diesbezüglich die relative und die absolute Theorie der Identifizierbarkeit:[11]

Die relative Theorie der Identifizierbarkeit stellt darauf ab, dass die Identifizierbarkeit einer Person auf Grund vorliegender Daten ausschließlich vom Wissen der datenverarbeitenden Stelle bzgl. der Identität einer Person abhängt. Demgegenüber stellt die absolute Theorie darauf ab, dass eine Information als personenbezogen anzusehen ist, wenn es dem Verantwortlichen *oder einem beliebigen Dritten möglich ist,* die Information auf eine natürliche Person zu beziehen. Nach der absoluten Theorie irrelevant soll hierbei sein, ob der Verantwortliche von der Möglichkeit der Verknüpfung zwischen der Information und einer natürlichen Person Gebrauch macht. Allein dann, wenn eine Verknüpfung zwischen der Information und einer natürlichen Person praktisch ausgeschlossen ist, besteht nach der absoluten Theorie kein Personenbezug.[12] [Die Frage der relativen und absoluten Theorie der Identifizierbarkeit wird u. a. auch im Zusammenhang mit der datenschutzrechtlichen Bewertung verschlüsselter Daten diskutiert.]

Bei verschlüsselten Daten ist nach der relativen Theorie […] davon auszugehen, dass die Daten nur für den Inhaber des Entschlüsselungsschlüssels einen Personenbezug aufweisen.[13] Nach der absoluten Theorie ist bei verschlüsselten Daten hingegen davon auszugehen, dass die Daten immer einen Personenbezug aufweisen, da das Zusatzwissen unter Anwendung von Verschlüsselungslösungen zumindest immer für den Inhaber des Entschlüsselungsschlüssels verfügbar bleibt.[14]

---

[11] Die nachfolgenden drei Absätze sind als Direktzitate der Veröffentlichung *Selzer*, Datenschutzrechtliche Zulässigkeit von Cloud-Computing-Services und deren teilautomatisierte Überprüfbarkeit, S. 21 ff. entnommen. Die in dieser Veröffentlichung genutzte Literatur wird aus den entsprechenden Fußnoten übernommen.

[12] *Karg* in *Simitis/Hornung/Spiecker*, DSGVO Kommentar, Art. 4 Rdnr. 58; *Selzer* in *Jandt/Steidle* (Hrsg.), Datenschutz im Internet, S. 127 f.; *Husemann* in *Roßnagel*, Das neue Datenschutzrecht, S. 84 f.; *Klar/Kühling* in: *Kühling/Buchner*, DSGVO, Art. 4 Nr. 1 Rdnr. 25 ff.; *Buchner,* DuD 2013, 804; *Kroschwald*, ZD 2014, 76; Härting, NJW 2013, 2066; *Kühling/Klar*, NJW 2013, 3613 f.

[13] *Gola* in *Gola*, DSGVO, Art. 4 Rdnr. 16; *Klar/Kühling* in *Kühling/Buchner*, DSGVO, Art. 4 Nr. 1 Rdnr. 20, 25 f.; *Selzer* in: *Jandt/Steidle* (Hrsg.), Datenschutz im Internet, S. 127 f.; *Buchner,* DuD 2013, 804; *Kroschwald*, ZD 2014, 76. In der Vergangenheit haben – im Rahmen von Fragestellungen, die nicht die Verschlüsselung von Daten betreffen – u. a. folgende Gerichte die relative Theorie unterstützt: LG Frankenthal, Beschluss vom 21.5.2008, Az. 6 O 156/08O; OLG Hamburg, Beschluss vom 3.11.2010, Az. 5 W 126/10.

[14] *Klar/Kühling* in *Kühling/Buchner*, DSGVO, Art. 4 Nr. 1 Rdnr. 25; *Buchner,* DuD 2013, 804; *Kühling/Klar*, NJW 2013, 3613 f. In der Vergangenheit haben – im Rahmen von Fragestellungen, die nicht die Verschlüsselung von Daten betreffen – u. a. folgende Gerichte die

In einer Stellungnahme[15] zu personenbezogenen Daten hat sich die [ehemalige] Artikel-29-Datenschutzgruppe u. a. mit der Weitergabe verschlüsselter Daten befasst. Entscheidend ist demnach die Sicherheit der Verschlüsselung. Ist die Sicherheit der Verschlüsselung gewährleistet, sollen verschlüsselte Daten nur für die Stelle personenbezogen sein, die Inhaber des Entschlüsselungsschlüssels ist. Darüber hinaus vertrat jüngst u. a. der Europäische Gerichtshof die relative Theorie des Personenbezugs. Bei seinen Ausführungen zur relativen Theorie des Personenbezugs ging es dem EuGH um den Personenbezug dynamischer IP-Adressen. Der EuGH führt in seiner Entscheidung aus: Dynamische IP-Adressen stellen keine Information dar, die sich auf bestimmte natürliche Personen beziehen. Trotzdem können sie für den oder die Anbieter von Online-Mediendiensten ein personenbezogenes Datum darstellen. Ausschlaggebend hierfür ist die Frage, ob der Anbieter des Online-Mediendiensts die Möglichkeit hat, die dynamische IP-Adresse mit dem Zusatzwissen zu verknüpfen, über das der Anbieter des Internetzugangs verfügt bzw. ob dieses Wissen seitens des Anbieters des Online-Mediendiensts ein Mittel darstellt, das zur Bestimmung der betroffenen Person *vernünftigerweise* eingesetzt werden könnte. Dies ist nach Auffassung des EuGH regelmäßig nicht der Fall, wenn die Identifizierung der betreffenden Person für den Anbieter des Online-Mediendiensts praktisch nicht durchführbar bzw. sogar gesetzlich verboten ist.[16]

Auch das EuG hat die relative Theorie des Personenbezugs bestätigt[1]. In dem Urteil ging es um die Übermittlung pseudonymisierter Daten ohne die zur Re-Identifizierung erforderlichen Zusatzinformationen.[17] Ob ein Personenbezug besteht, ist dabei stets aus Sicht des Empfängers zu beurteilen und laut dem Gericht nur dann gegeben, wenn sich die Informationen auf eine (mindestens) identifizierbare natürliche Person beziehen.[18] Ein Bezug zu einer Person liegt demnach vor, wenn die Information aufgrund

- ihres Inhalts,
- Zwecks oder
- ihrer Auswirkungen

---

absolute Theorie unterstützt: AG Berlin-Mitte, Urteil vom 27.3.2007, Az. 5 C 314/06; LG Berlin, Urteil vom 6.9.2007, Az.: 23 S 3/07.

[15] *Artikel-29-Datenschutzgruppe*, Stellungnahme 4/2007 zum Begriff „personenbezogene Daten", über: http://ec.europa.eu/justice/policies/privacy/docs/wpdocs/2007/wp136_de.pdf, zuletzt besucht am 1.3.2019.

[16] *EuGH*, Urteil vom 19.10.2016, NJW 2016, 3579, Leitsätze 1–3.

[17] *EuG*, Urteil vom 26.4.2023, ZD 2023, 399, Rdnr. 99.

[18] *EuG*, Urteil vom 26.4.2023, ZD 2023, 399, Rdnr. 59, 103.

mit einer bestimmten Person verknüpft ist.[19] Eine Identifizierbarkeit besteht
zudem nur, wenn der Empfänger über Mittel verfügt, die vernünftigerweise
zur Bestimmung der Person eingesetzt werden können – also insbesondere
dann, wenn er rechtlich auf die Zusatzinformationen, d. h. die im Rahmen
der Pseudonymisierung durch den Verantwortlichen getrennt aufzubewahrende
Zuordnungsvorschrift zwischen den Pseudonymen und den natürlichen Personen,
zugreifen darf und der Zugriff praktisch umsetzbar ist.[20] Sofern diese Voraus-
setzungen nicht vorliegen, gelten die empfangenen Daten für den Empfänger als
anonym, da mangels Zugriffs auf identifizierende Informationen kein Personenbezug besteht. Eine Verarbeitung der Daten durch den Datenempfänger fällt in
diesem Fall nicht mehr in den Anwendungsbereich der DSGVO.

Der durch das EuG verfolgten (reinen) Empfängerperspektive folgt der EuGH
in zweiter Instanz[21] nicht. So soll der Personenbezug einer betroffenen Person
laut EuGH nicht nur von den verfügbaren Mitteln des Empfängers, sondern auch
von sonstigen Kontexten abhängen, sofern diese eine Identifizierung *real* ermög-
lich würden. Als Beispiel solcher sonstigen Kontexte, die zur Identifizierung
betroffener Personen führen könnten, nennt der EuGH rechtliche Verpflichtungen
zur Übermittlung der De-Pseudonymisierungsinformationen, sofern diese zwischen der datenübermittelnden Stelle und dem Datenempfänger bestehen. Hierbei
betont der EuGH jedoch – weiterhin der relativen Theorie der Identifizierbarkeit folgend – dass nicht jede theoretisch bestehende Identifizierungsmöglichkeit
automatisch zur Bejahung der Identifizierung führen soll.[22]

Der dargestellten Ansicht des EuGH, EuG und weiterer Vertreter der relativen
Theorie der Identifizierbarkeit ist zu folgen. Wäre es für die Frage der Identifizierbarkeit hingegen ausschlaggebend, dass *irgendjemand* unter *irgendwelchen*
Umständen den Personenbezug herstellen kann bzw. dass die Verknüpfung von
Information mit einer natürlichen Person praktisch ausgeschlossen ist, würde die
aus datenschutzrechtlicher Sicht sinnvolle und wichtige Abgrenzung zwischen
personenbezogenen und anonymen Daten regelmäßig ins Leere laufen, so dass
im Ergebnis nahezu jede Information als personenbeziehbares Datum zu werten
wäre, auf dass die strengen Anforderungen des Datenschutzrechts Anwendung
finden. Allein die Tatsache, dass das Datenschutzrecht jedoch eine Abgrenzung
der beiden Begriffe vornimmt und die Verarbeitung anonymer Daten von dem
Regelungsrahmen des Datenschutzrechts ausnimmt, lässt erkennen, dass auch der

---

[19] *EuG*, Urteil vom 26.4.2023, ZD 2023, 399, Rdnr. 73.

[20] *EuG*, Urteil vom 26.4.2023, ZD 2023, 399, Rdnr. 104 f.

[21] *EuGH*, Urteil vom 4.9.2025, C-413/23 P, Rdnr. 110–112.

[22] *EuGH*, Urteil vom 4.9.2025, C-413/23 P, Rdnr. 75, 79, 83, 85.

Europäische Gesetzgeber unbedingt verhindern wollte, jedwede Information dem Regelungsrahmen des Datenschutzrechts zu unterwerfen.

7.5.2.2 Exemplarisches Datenverarbeitungsszenario und -system

Der relativen Theorie der Identifizierbarkeit folgend schlägt diese Arbeit ein Datenverarbeitungsszenario vor, in dem Smart-City-Akteure ausschließlich auf (aus ihrer Perspektive) anonyme Daten zugreifen können, ohne dass für sie selbst die Möglichkeit der Re-Identifizierung der Daten besteht (Regelfall), weil sie weder aus rechtlicher noch aus technischer Sicht die Möglichkeit dazu haben. Eine Re-Identifizierung ist nur im begründeten Einzelfall und nur für einen hierfür vorgesehenen Datentreuhänder[23] möglich (Ausnahmefall), so dass die Smart-City-Akteure für die Nutzung der anonymisierten Daten im Rahmen des Regelfalls nach der hier vertretenen Meinung nicht unter die Anwendbarkeit des Datenschutzrechts fallen.

In dem hier betrachteten Datenverarbeitungsszenario können Smart-City-Akteure personenbezogene Daten einem Datentreuhänder überlassen (Schritt 1 in der nachfolgenden Abbildung). Obwohl eine echte „Datenspende" von Daten i. d. R. nur durch die betroffene Person erfolgen kann, weil für die Datenüberlassung durch den Smart-City-Akteur eine Grundlage für die Datenweitergabe an

---

[23] Vorschläge zum Einsatz von Datentreuhändern gab es in der Vergangenheit bereits häufig und in vielen verschiedenen Anwendungsszenarien, jedoch haben sich diese Vorschläge insbesondere aufgrund fehlender Finanzierungsmodelle bisher nicht bzw. nur bedingt durchgesetzt. Neue Chancen zur Umsetzung von Datentreuhändermodellen könnte jedoch die im November 2020 von der Europäischen Kommission vorgeschlagene „Daten-Governance-Verordnung" mit sich bringen, welche die Datenbereitstellung im öffentlichen Sektor verbessern und reglementieren soll. Ziel der vorgeschlagenen Verordnung ist die Erleichterung der gemeinsamen Datennutzung durch Organisationen gegen Entgelt. *Kühling*, ZfDR 2021, 1 (3 f.). Die Daten-Governance-Verordnung soll „einen Mechanismus für die Weiterverwendung bestimmter Kategorien geschützter Daten des öffentlichen Sektors [schaffen], die der Achtung der Rechte anderer unterliegen (insbesondere aus Gründen des Schutzes personenbezogener Daten, aber auch des Schutzes der Rechte des geistigen Eigentums und des Geschäftsgeheimnisses) [...und] Datenaltruismus (freiwillige Datenbereitstellung durch Einzelpersonen oder Unternehmen zum Wohl der Allgemeinheit) [erleichtern]." Begründung des Vorschlags der Daten-Governance-Verordnung, über: https://eur-lex.europa.eu/legal-content/DE/TXT/PDF/?uri=CELEX:52020PC0767&from=DE, S. 8 f. Auch die vorgeschlagene Verordnung sieht vor, Techniken einzusetzen, die eine datenschutzfreundliche Analyse personenbezogener Daten ermöglichen und nennt hierfür – ohne dies näher zu konkretisieren – u. a. die Anonymisierung und Pseudonymisierung als Beispiele. Begründung des Vorschlags der Daten-Governance-Verordnung, S. 13.

den Datentreuhänder vorhanden sein muss, wird im Folgenden zur sprachlichen Vereinfachung der Smart-City-Akteur schlicht als „Datenspender" betitelt.

Der Datentreuhänder betreibt ein Datenverarbeitungssystem, das sowohl Schnittstellen zu den Datenspendern als auch zu den Datennutzern bietet. Nachdem der Datenspender die personenbezogenen Daten dem Datentreuhänder über die entsprechende Schnittstelle des Datenverarbeitungssystems überlassen hat, pseudonymisiert dieser die Daten (Schritt 2), ohne dass den zur Identifizierung der pseudonymisierten Datensätzen im Regelfall des beschriebenen Datenverarbeitungsszenarios eine weitere Funktion zukommt. Die pseudonymisierten Daten stellt er über das Datenverarbeitungssystem zum Zugriff durch jedermann („Datennutzer") zur Verfügung. Der Datentreuhänder schließt hierbei aus, dass die Datennutzer auf die zur De-Pseudonymisierung notwendigen zusätzlichen Informationen Zugriff erhalten können. Somit ist nur ihm selbst eine De-Pseudonymisierung möglich, so dass die Datennutzer nach der hier vertretenen Meinung im Ergebnis auf – aus Perspektive der Datennutzer – anonyme Daten zugreifen (Schritt 3), für die die Vorschriften des Datenschutzrechts keine Anwendung finden.[24] Diese Schritte beschreiben den Regelfall des im weiteren Verlauf dieser Arbeit betrachteten Datenverarbeitungsszenarios. Der Datentreuhänder verfügt über das nötige rechtliche und technische Wissen, um die (aus seiner Perspektive pseudonymisierten) Daten den Datennutzern so zur Verfügung zu stellen, dass sie für diese tatsächlich anonym sind. Insbesondere stellt er sicher, dass die zur Verfügung gestellten Daten keine Quasi-Identifyer enthalten (so könnte z. B. die Kombination der Angaben von Geburtsdatum, Wohnort und Geschlecht einer Person – ohne weitere Angaben wie Namen, Passnummer und Postanschrift – zur Herstellung des Personenbezugs ausreichen) und jeder Datensatz, der ihm von einem Datenspender übermittelt wird, unter einem neuen Pseudonym gespeichert wird – auch wenn bspw. Datenspender A und Datenspender B personenbezogene Daten zur gleichen betroffenen Person übermitteln – so dass der Datennutzer nicht erkennen kann, ob ein Datensatz 1 und 2 der gleichen oder zwei unterschiedlichen betroffenen Personen zuzuordnen ist. Vor diesem Hintergrund stellt der Datentreuhänder u. a. auch sicher, dass die pseudonymen Daten keine Angaben enthalten, die ein Mapping mehrerer pseudonymer Datensätze zu einer einzelnen betroffenen Person enthalten (was wiederum u. a. durch die Vermeidung von Quasi-Identifyern sichergestellt werden kann).[25] Diese Maßnahmen sollen sicherstellen, dass die Daten inhaltlich, zweckbezogen oder in

---

[24] So auch *Kühling*, ZfDR 2021, 1 (6).

[25] Zur vereinfachten Beschreibung des Verarbeitungsszenarios wird nachfolgend z. T. abkürzend von „anonymisieren" bzw. von „anonymen Daten" gesprochen, ohne weiter darauf einzugehen, dass die Daten pseudonymisiert wurden und den Datennutzern der Zugriff auf

ihrer Wirkung nicht einer natürlichen Person zugeordnet werden können und den Datennutzern weder ein rechtlicher Anspruch noch eine technische Möglichkeit zur De-Pseudonymisierung zur Verfügung steht (Abbildung 7.1).[26]

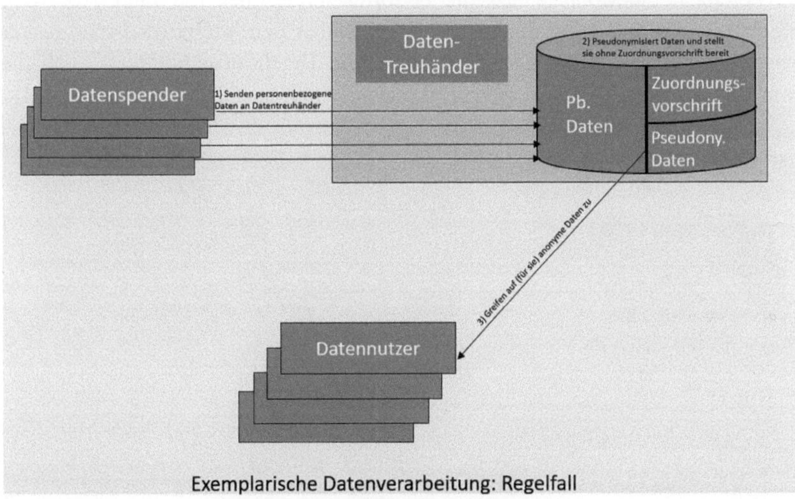

Abbildung 7.1 Regelfall der exemplarischen Datenverarbeitung

Der Einsatz eines Datentreuhänders, so wie hier vorgeschlagen, liegt die Überlegung zugrunde, das Abrufen anonymer Daten zu ermöglichen und den Smart-City-Akteuren als Datennutzer völlige Nutzungsfreiheit zum Erreichen der eben beschriebenen Mehrwerte ermöglichen. Da der Datentreuhänder selbst die zugrundeliegenden personenbezogenen Daten verwaltet, kann dieser in begründeten Einzelfällen einen Personenbezug herstellen, um für die einzelne, betroffene Person einen Individualmehrwert (wie z. B. die Aufnahme in eine klinische Studie) zu erzielen. Hierfür ist es wichtig, dass der Datentreuhänder die treuhänderisch verwalteten Daten ohne jegliches Eigeninteresse an der Datennutzung und -manipulation verarbeitet und in keinem Interessenskonflikt zu der Erfüllung

---

die personenidentifizierenden Merkmalen nicht möglich ist und sein wird, so dass die Daten für sie in der Konsequenz anonym sind.

[26] Entsprechend *EuG,* Urteil vom 26.04.2023, ZD 2023, 399, Rdnr. 73, 105; *EuGH*, Urteil vom 4.9.2025, C-413/23 P, Rdnr. 75, 79, 83, 85.

seiner Aufgaben als Datentreuhänder und sonstiger seiner Rechten und Pflichten steht.[27]

Datentreuhänder sind insofern als „Intermediäre zwischen den Datenverarbeitern einerseits und den betroffenen Personen andererseits [zu verstehen, denen das Potenzial innewohnt,] dass die betroffenen Personen mit ihrer Hilfe ihre informationelle Selbstbestimmung [....] gegenüber den Verantwortlichen besser wahrnehmen und auf diese Weise sowohl die Datensouveränität als auch die Kommerzialisierungsfairness steigern können (Abbildung 7.2)."[28]

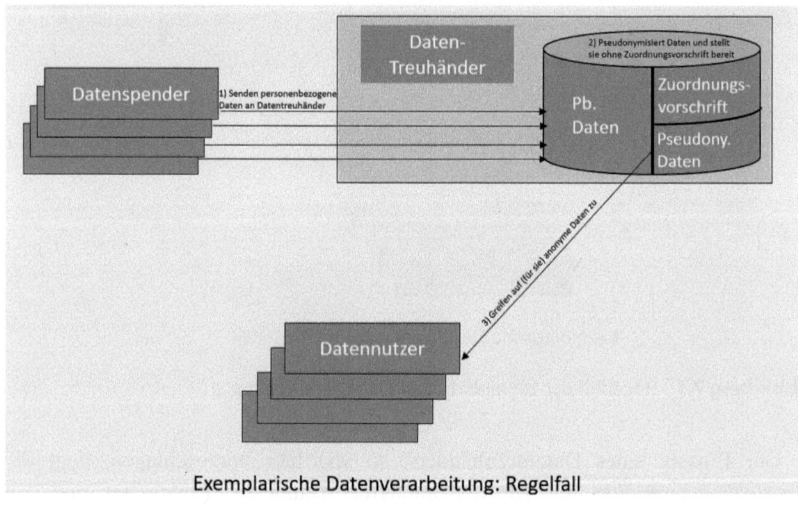

Abbildung 7.2 Ausnahmefall der exemplarischen Datenverarbeitung[29]

Um der Anforderung gerecht zu werden, im Einzelfall den Personenbezug wiederherstellen zu können, sieht der Ausnahmefall des hier betrachteten Datenverarbeitungsszenarios die Möglichkeit des Datennutzers vor, bei dem Datentreuhänder (per E-Mail, die aus dem Datenverarbeitungssystems des Treuhänders generiert wird) einen Antrag auf Re-Identifizierung für begründete Einzelfälle zu stellen (Schritt 1 in der nachfolgenden Abbildung). Daraufhin

---

[27] *Brockmeyer*, ZD 2018, 258 (258 f.); *Specht/Mantz*, Handbuch Europäisches und deutsches Datenschutzrecht, § 7 Rdnr. 101.

[28] *Kühling*, ZfDR 2021, 1 (1).

[29] Quelle der Abbildung der betroffenen Person: https://freesvg.org/vector-illustration-of-simple-man-or-person-silhouette-icon.

stellt der Datentreuhänder den Personenbezug für den einzelnen Datensatz her (Schritt 2) und erfragt bei der betroffenen Person (per E-Mail, die aus dem Datenverarbeitungssystems des Treuhänders generiert wird) die Einwilligung in die Datenweitergabe an den Datennutzer, die diese sodann erteilt oder verweigert (Schritt 3). Sofern die betroffene Person die Einwilligung in die Datenweitergabe erteilt (Schritt 4a), erhält der Datennutzer die personenidentifizierenden Merkmale und Kontaktdaten der betroffenen Person (Schritt 5a) auf dem gleichen Weg, wie er die Herstellung des Personenbezugs beantragt hat. Sofern die betroffene Person die Einwilligung verweigert (Schritt 4b), werden die personenidentifizierenden Merkmale und Kontaktdaten nicht an den Datennutzer weitergegeben (Schritt 5b).

Die Datenverarbeitung im Rahmen des beschriebenen Regel- und Ausnahmefalls führt zu einer (technischen und organisatorischen) Trennung des Datenverarbeitungssystems des Datentreuhänders: Während in Teil 1a) des Datenverarbeitungssystems personenbezogene Daten verarbeitet werden, werden in Teil 1b) des Datenverarbeitungssystems (aus Sicht des Datennutzers!) ausschließlich anonyme Daten verarbeitet (Abbildung 7.3).

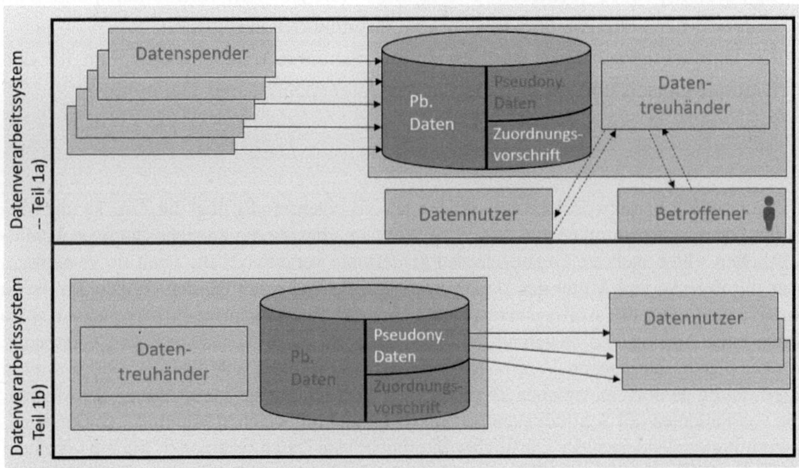

Abbildung 7.3 Trennung der personenbezogenen und anonymen Datenverarbeitung im exemplarischen Datenverarbeitungssystem[30]

---

[30] Quelle der Abbildung der betroffenen Person: https://freesvg.org/vector-illustration-of-simple-man-or-person-silhouette-icon.

7.5.2.3 Dem Datenverarbeitungssystem zugrunde liegende Annahmen

Um die rechtliche und technische Betrachtung des exemplarischen Datenverarbeitungssystems zu umgrenzen, müssen einige Annahmen getroffen werden.

Für Teil 1a) des Datenverarbeitungsystems gelten folgende Annahmen:

- Für alle beteiligten Datenspender und Datennutzer sowie für den Datentreuhänder gelten aus datenschutzrechtlicher Sicht ausschließlich die Regelungen der DSGVO.
- In dem Datenverarbeitungssystem werden neben „normalen" personenbezogenen Daten auch besondere Kategorien personenbezogener Daten, wie z. B. Gesundheitsdiagnosen, verarbeitet.
- Die einzelnen Datenspender, Datennutzer sowie der Datentreuhänder sind jeweils eigenständige datenschutzrechtliche Verantwortliche.[31]
- Für die Datenweitergabe der personenbezogenen Daten durch die Datenspender an den Datentreuhänder besteht eine einschlägige Rechtsgrundlage.[32]
- Jedem Datenspender liegt die E-Mail-Adresse der betroffenen Personen vor. Die Zugehörigkeit der E-Mail-Adresse zu der betroffenen Person wurde durch den Datenspender verifiziert. Die E-Mail-Adresse wird vom Datenspender im Rahmen der Datenspende an den Datentreuhänder übermittelt.
- Im Datenverarbeitungssystem existieren standardisierte Schnittstellen für den Datenaustausch und -zugriff durch die Datenspender und Datennutzer.

---

[31] Eigenständig Verantwortliche entscheiden jeweils eigenständig über die Zwecke und Mittel der Datenverarbeitung (Art. 4 Nr. 7 DSGVO). In Abgrenzung zu eigenständigen Verantwortlichen wären mehrere Organisationen gemeinsam verantwortlich, wenn sie gemeinsam über die Zwecke und Mittel der Datenverarbeitung entscheiden würden. Wiederum davon abzugrenzen wäre die Auftragsverarbeitung, bei der eine Organisation personenbezogene Daten nach Auftrag und basierend auf Weisungen für einen Verantwortlichen verarbeitet. In dem hier beschriebenen Verarbeitungsszenario entscheidet jede beteiligte Organisation eigenständig darüber, zu welchen Zwecken (z. B. „Forschung zur Verbesserung der Medikation von Patienten mit Schilddrüsenüberfunktion") und mit welchen Mitteln (z. B. Datenanalysen mittels selbstlernender künstlicher Intelligenz) sie Daten verarbeitet. Zudem verbindet keine der Organisationen die Datenverarbeitung durch andere Organisationen mit Weisungen, so dass im Ergebnis von einer jeweils eigenständigen Verantwortung auszugehen ist.

[32] In Frage kommen könnten insbesondere Art. 6 Abs. 1 lit. f DSGVO (berechtigtes Interesse der Smart-City-Akteure an der Bereitstellung der anonymen Daten; die Rechtsgrundlage ist nur bei „normalen" personenbezogenen Daten anwendbar) sowie § 27 BDSG (Datenverarbeitung zu wissenschaftlichen Zwecken; anwendbar auf besondere Kategorien personenbezogener Daten).

- Die Diskussion angemessener Schutzmaßnahmen beschränkt sich auf die Betrachtung der von dem Datentreuhänder umzusetzenden Maßnahmen.
- Bei der Gestaltung des Systems sind (nur) Maßnahmen zur Umsetzung der Datenschutz-Grundsätze sowie des technisch-organisatorischen Datenschutzes gem. Art. 5, 24, 25, 32 DSGVO zu berücksichtigen. Weitere bestehende Anforderungen an die datenschutzkonforme Verarbeitung personenbezogener Daten sowie die (sich zumindest teilweise aus den Datenschutz-Grundsätzen ergebenden) Anforderungen zur Umsetzung von Betroffenenrechten werden außerhalb des Datenverarbeitungssystems erfüllt.

Für Teil 1b) des Datenverarbeitungsystems gelten folgende Annahmen:

- Die Nutzung von Daten beschränkt sich auf solche Daten, die man auf Basis des Löschens personenidentifizierender Merkmale pseudonymisierter Daten als anonyme Daten betrachten kann und mit der Nutzung dieser Daten kann der in diesem Kapitel beschriebene Mehrwert im Smart-City-Kontext erreicht werden.
  - Die pseudonymisierten Datensätze enthalten keine Quasi-Identifyer,
  - jeder Datensatz, der dem Datentreuhänder von einem Datenspender übermittelt wird, wird unter einem neuen Pseudonym gespeichert – auch wenn bspw. Datenspender A und Datenspender B personenbezogene Daten zur gleichen betroffenen Person übermitteln – so dass der Datennutzer nicht erkennen kann, ob ein Datensatz 1 und 2 zur gleichen oder zu zwei unterschiedlichen betroffenen Personen passen.
- Die Datennutzer verfügen über kein Zusatzwissen zur De-Anonymisierung der Daten (weder aus eigenen noch aus für sie zugänglichen, öffentlichen Quellen).
- Im Rahmen des Teil 1b) des Datenverarbeitungssystems finden somit die Anforderungen des Datenschutzrechts keine Anwendung.
- Im Datenverarbeitungssystem existieren standardisierte Schnittstellen für den Datenzugriff durch die Datennutzer.

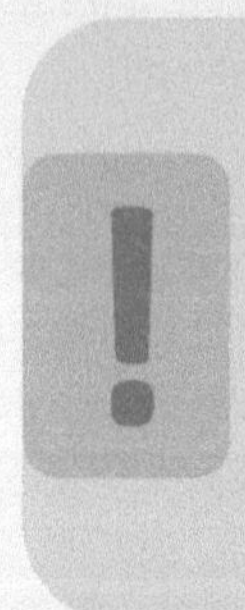

Gliederungsillustration 7.2   Antwort Kapitel 7

(Weitere) Rechtliche Grundlagen zur Gestaltung von Datenverarbeitungssystemen

8

Gliederungsillustration 8.1 Frage Kapitel 8

Die Anforderungen, die ein Verantwortlicher im Rahmen der Nutzungen eines jeden Datenverarbeitungssystems erfüllen muss, in dem personenbezogene Daten verarbeitet werden sollen und für die die DSGVO anwendbar ist, ergeben sich zu einem Großteil aus dem technisch-organisatorischen Datenschutz und wurden daher bereits in Kapitel 2 (Art. 24, 25, 32 DSGVO) und 4 (Art. 35 DSGVO) dieser Arbeit im Rahmen der Diskussion der Umsetzung angemessener technischer und organisatorischer Maßnahmen dargestellt. Neben den in Kapitel 2 und 4 genannten Anforderungen müssen Verantwortliche im

© Der/die Autor(en), exklusiv lizenziert an Springer Fachmedien Wiesbaden GmbH, ein Teil von Springer Nature 2026

A. Selzer, *Die technisch-organisatorische Implementierung von Datenschutz in Organisationen unter besonderer Berücksichtigung der wirtschaftlichen Angemessenheit*, Rechtsrahmen der Cybersicherheit und Privatheit, https://doi.org/10.1007/978-3-658-50744-2_8

Rahmen des Einsatzes von Datenverarbeitungssystemen insbesondere die Umsetzung der Datenschutz-Grundsätze des Art. 5 DSGVO sicherstellen,[1] da sie die grundlegenden Anforderungen des Datenschutzrechts enthalten und somit auch die Grundlage der datenschutzkonformen Verarbeitung personenbezogener Daten im Rahmen eines Datenverarbeitungssystems bilden. Sie bilden daher auch die grundlegenden Anforderungen an den in Teil 3 dieser Arbeit betrachtete Teil 1a des Datenverarbeitungssystems (siehe Abbildung 10, in Folgenden – wenn insbesondere in Abgrenzung zum Teil 1b des Datenverarbeitungssystems nicht explizit anders benannt – kurz „Datenverarbeitungssystem").[2]

8.1   Rechtmäßigkeit, Verarbeitung nach Treu und Glauben, Transparenz

Gem. Art. 5 Abs. 1 lit. a DSGVO müssen personenbezogene Daten auf rechtmäßige Weise, nach Treu und Glauben und in einer für die betroffene Person nachvollziehbaren Weise verarbeitet werden. Lit. a enthält somit drei Datenschutz-Grundsätze, nämlich den Grundsatz der Rechtmäßigkeit, den Grundsatz der Verarbeitung nach Treu und Glauben und den Grundsatz der Transparenz.

Der Grundsatz der Rechtmäßigkeit der Verarbeitung knüpft die Rechtmäßigkeit der Verarbeitung personenbezogener Daten an das Vorliegen einer Rechtsgrundlage. Der Grundsatz wird insbesondere durch Art. 6–10 DSGVO konkretisiert: Art. 6 DSGVO nennt die Rechtsgrundlagen, mit denen die Verarbeitung personenbezogener Daten legitimiert werden kann; Art. 7, 8 DSGVO konkretisieren die Anforderungen an die datenschutzkonforme Einwilligung als Rechtsgrundlage von Datenverarbeitungen im Allgemeinen (Art. 7) und an die Einwilligung von Kindern in Bezug auf Dienste der Informationsgesellschaft im

---

[1] In Kapitel 2 dieser Arbeit wurden lediglich die Datenschutz-Grundsätze „Integrität und Vertraulichkeit" sowie „Rechenschaftspflicht" vorgestellt, da sie für die Angemessenheit technischer und organisatorischer Maßnahmen relevant sind.

[2] Dieses Kapitel beruht im Wesentlichen (die Gesamtheit oder der Großteil der Texte ist vollständig übernommen) auf der Kommentierung des Art. 5 DSGVO im Rahmen der Veröffentlichung Selzer, Datenschutzrecht – ein Kommentar für Studium und Praxis. Die Kommentierung der vorgenannten Artikel der DSGVO entstand in alleiniger Autorenschaft der Autorin der hier vorliegenden Arbeit. Dementsprechend wird an den relevanten Stellen zwar in den Fußnoten auf die im Rahmen der Veröffentlichung (Kommentierung der Art. 5 DSGVO in Selzer, Datenschutzrecht – ein Kommentar für Studium und Praxis) verwendeten Literatur verwiesen, nicht aber erneut auf die Veröffentlichung selbst.

Speziellen (Art. 8); Art. 9, 10 DSGVO nennen Rechtsgrundlagen bzw. Anforderungen, mit denen die Verarbeitung besonderer Kategorien personenbezogener Daten (Art. 9) und personenbezogener Daten über strafrechtliche Verurteilungen und Straftaten (Art. 10) legitimiert werden kann. Im deutschen Rechtsraum hat sich als Synonym des Grundsatzes der Rechtmäßigkeit auch der Begriff „Verbot mit Erlaubnisvorbehalt" durchgesetzt.[3]

Der Begriff Treu und Glauben im Kontext des Grundsatzes der Verarbeitung nach Treu und Glauben ist nicht mit dessen Bedeutung i.S .d. § 242 BGB gleichzusetzen. Zutreffender und eindeutiger drückt der in der englischen Fassung verwendete Begriff „fairly" bzw. „fairness", also „fair" oder „gerecht" bzw. „Gerechtigkeit", den Regelungsumfang des Grundsatzes aus. Der Grundsatz der Verarbeitung nach Treu und Glauben verankert die Pflicht zur Umsetzung einer fairen Verarbeitung und schließt – in der negativen Formulierung – ein treuwidriges und unfaires Verhalten des Verantwortlichen aus. Ein solches Verhalten wäre u. a. regelmäßig anzunehmen, wenn verborgene Techniken zur Datenerhebung eingesetzt würden.[4]

Der Grundsatz der Transparenz soll sicherstellen, dass betroffene Personen Kenntnis darüber haben, dass sie betreffende personenbezogene Daten verarbeitet werden. Der Grundsatz der Transparenz setzt voraus, dass alle Informationen und Mitteilungen zur Verarbeitung dieser personenbezogenen Daten leicht zugänglich und verständlich und in klarer und einfacher Sprache abgefasst sind und betrifft insbesondere die Informationen über die Identität des Verantwortlichen und die Zwecke der Verarbeitung sowie deren Recht, eine Bestätigung und Auskunft darüber zu erhalten, welche sie betreffende personenbezogene Daten verarbeitet werden (Erwgr. 39). Der Grundsatz findet seine Konkretisierung in den in Art. 12 normierten Anforderungen an eine transparente Information sowie in den Art. 13 und 14 DSGVO, in denen die Informationspflicht bei Direkterhebung (Art. 13) bzw. bei Dritterhebung (Art. 14) geregelt sind. Dem Grundsatz liegt die Erkenntnis zugrunde, dass es einer betroffenen Person nahezu unmöglich ist,

---

[3] *Leeb/Liebhaber*, JuS 2018, 536; *Heberlein* in *Ehmann/Selmayr*, DSGVO-Kommentar, Art. 5 Rdnr. 8. Kritisch zum Begriff „Verbot mit Erlaubnisvorbehalt" in diesem Kontext äußern sich u. a. *Pötters* in *Gola*, DSGVO-Kommentar, Art. 5 Rdnr. 6; *Roßnagel*, NJW 2019, 1–5. Hierzu *Roßnagel*, der den Begriff „Vorbehalt des Gesetzes" verwendet: „Ein Verbot mit Erlaubnisvorbehalt ist eine Regelung in einem Gesetz, die eine bestimmte Handlung verbietet, bis diese im Einzelfall von einer Verwaltungsbehörde in einem Genehmigungsverfahren überprüft und zugelassen worden ist." *Roßnagel* in *Simitis/Hornung/Spiecker*, DSGVO-Kommentar, Art. 5 Rdnr. 36.

[4] *Herbst* in *Kühling/Buchner*, DSGVO-Kommentar, Art. 5 Rdnr. 14 f.; *Pötters* in *Gola*, DSGVO-Kommentar, Art. 5 Rdnr. 8 f.

ihre Betroffenenrechte gemäß der Art. 15 ff. DSGVO auszuüben, wenn sie keine Kenntnis darüber hat, welche Verantwortlichen ihre Daten verarbeiten und wie die Verantwortlichen kontaktiert werden können.

8.2   Zweckbindung

Art. 5 Abs. 1 lit. b DSGVO normiert den Grundsatz der Zweckbindung. Demnach müssen personenbezogene Daten für festgelegte, eindeutige und legitime Zwecke erhoben werden. Die Verwendung des Plurals ist nicht dahingehend zu verstehen, dass zwangsläufig mehrere Zwecke definiert werden müssen. Sofern jedoch absehbar ist, dass die personenbezogenen Daten für mehr als einen Zweck verarbeitet werden sollen, sollten unbedingt alle Zwecke definiert werden, zu denen die Daten verarbeitet werden sollen.

Die Vorgabe festgelegter Zwecke lässt sich am besten durch dessen Umkehrung erklären: So sind diejenigen Datenerhebungen verboten, bei denen die Zwecke der Datenverarbeitung noch unbekannt ist. Insofern sind die Zwecke zu einem Zeitpunkt, der vor der Datenerhebung liegt, zu definieren und – insbesondere auch in Bezug auf Art. 5 Abs. 2 DSGVO – am besten schriftlich zu dokumentieren.

Die Vorgabe eindeutiger Zwecke fordert eine klare sprachliche Formulierung und eine hinreichend konkrete Beschreibung der Zwecke. Mehrdeutige oder vage Formulierungen würden die Vorgabe somit nicht erfüllen.

Die Vorgabe legitimer Zwecke fordert Zwecke, die in Einklang mit der Rechtsordnung stehen und mit denen Interesse verfolgt wird, dass rechtlich missbilligt würde. Insofern muss ein legitimer Zweck „jeglichem geschriebenen Recht und Gewohnheitsrecht, Primär- und Sekundärrecht, Verordnungen, bindenden Präzedenzfällen, Verfassungsprinzipien, Grundrechten sowie der Rechtsprechung entsprechen."[5]

Eine Zweckänderung erfordert das Vorliegen aller Anforderungen, die auch an eine erstmalige Datenverarbeitung gestellt werden, so dass die Zweckänderung u. a. auch durch das Vorliegen einer einschlägigen Rechtsgrundlage legitimiert werden muss. Eine solche Zweckänderung liegt jedoch nur vor, wenn die geplante Weiterverarbeitung nicht mit dem ursprünglichen Zweck der Datenverarbeitung vereinbar ist.[6] Art. 6 Abs. 4 DSGVO enthält eine nicht abschließende Liste mit

---

[5] Für die Anforderungen „festgelegt", „eindeutig" und „legitim": *Voigt* in *Taeger/Gabel*, DSGVO/BDSG, Art. 5 Rdnr. 23, 25; *Pötters* in *Gola*, DSGVO-Kommentar, Art. 5 Rdnr. 14.
[6] *Roßnagel* in *Simitis/Hornung/Spiecker*, DSGVO-Kommentar, Art. 5 Rdnr. 96 f.

Faktoren, die der Verantwortliche zu berücksichtigen hat, um festzustellen, ob die Verarbeitung zu einem anderen Zweck mit demjenigen, zu dem die Daten ursprünglich erhoben wurden, vereinbar ist. Hierzu zählen

– die Verbindung zwischen den alten und neuen Zwecken,
– den Zusammenhang, in dem die personenbezogenen Daten erhoben wurden,
– die Art der personenbezogenen Daten,
– die möglichen Folgen der Weiterverarbeitung für die betroffenen Personen,
– das Vorhandensein geeigneter Garantien (Art. 6 Abs. 4 DSGVO).

Eine Weiterverarbeitung für im öffentlichen Interesse liegende Archivzwecke, für wissenschaftliche oder historische Forschungszwecke oder für statistische Zwecke gilt gem. Art. 89 Abs. 1 DSGVO nicht als unvereinbar mit den ursprünglichen Zwecken (Art. 5 Abs. 1 lit. b DSGVO). Da jegliche Ausnahme vom Zweckbindungsgrundsatz das Potenzial hat, die Rechte und Freiheiten der betroffenen Personen in erheblicher Weise einzuschränken bzw. zu gefährden, ist die Ausnahme restriktiv auszulegen.[7]

8.3   Datenminimierung

Gem. Art. 5 Abs. 1 lit. c DSGVO müssen personenbezogene Daten dem Zweck angemessen und erheblich sowie auf das für die Zwecke der Verarbeitung notwendige Maß beschränkt sein. Dementsprechend fordert der Grundsatz eine Begrenzung des Umfangs der Datenverarbeitung in Bezug auf dessen Erforderlichkeit.[8]

Dem Zweck angemessen sind personenbezogene Daten regelmäßig, wenn sie einen Bezug zum Zweck der Verarbeitung haben.

Erheblich sind personenbezogene Daten, wenn durch ihre Verarbeitung der rechtmäßige Zweck gefördert wird.[9]

Die Beschränkung auf das notwendige Maß bedeutet, dass personenbezogene Daten grundsätzlich nur verarbeitet werden dürfen, wenn der Zweck der Verarbeitung ohne sie nicht erreicht werden kann. Insofern unterliegt der Verantwortliche auch der Pflicht zu überprüfen, ob die von ihm definierten, rechtmäßigen Zwecke

---

[7] *Voigt* in *Taeger/Gabel*, DSGVO/BDSG, Art. 5 Rdnr. 26.

[8] *Leeb/Liebhaber*, JuS 2018, 537.

[9] Für die Anforderungen „angemessen" und „erheblich" s. auch *Herbst* in *Kühling/Buchner*, DSGVO-Kommentar, Art. 5 Rdnr. 57.

auch unter Verarbeitung anonymer Daten erreicht werden können. In diesem Fall wäre auf die Verarbeitung personenbezogener Daten zu verzichten.[10]

Während z. B. ein Online-Versandhändler, bei dem eine betroffene Person ein Buch kaufen möchte, regelmäßig die Bankverbindungsdaten und die postalische Anschrift der betroffenen Person verarbeiten darf, weil sie für die Abrechnung und Zusendung des Buches angemessen, erheblich und auf das notwendige Maß beschränkt sind, so dürfte eine Buchhandlung bei Barzahlung und Sofortmitnahme eines Buches und unter Beachtung des Grundsatzes der Datenminimierung regelmäßig überhaupt keine personenbezogenen Daten verarbeiten, um den Kauf des Buches abzuschließen: weder benötigt sie im Falle einer Barzahlung zusätzlich die Bankverbindungsdaten der betroffenen Person, noch ließe sich die Verarbeitung der postalischen Adresse vor dem Grundsatz der Datenminimierung rechtfertigen, wenn die betroffene Person das Buch sofort mitnehmen kann und nicht darauf angewiesen ist, dass ihr dieses zugeschickt wird.

Aufgegriffen und konkretisiert wird der Grundsatz der Datenminimierung insbesondere in den Art. 25 Abs. 1, 89 Abs. 1 DSGVO.[11]

8.4   Richtigkeit

Gem. Art. 5 Abs. 1 lit. d DSGVO müssen personenbezogene Daten auch sachlich richtig und erforderlichenfalls auf dem neuesten Stand sein. Daher sind gemäß dem Datenschutz-Grundsatz der Richtigkeit alle angemessenen Maßnahmen zu treffen, damit personenbezogene Daten, die im Hinblick auf die Zwecke ihrer Verarbeitung unrichtig sind, unverzüglich gelöscht oder berichtigt werden.

Die Überprüfung und ggf. Berichtigung oder Löschung der Daten hat durch den Verantwortlichen grundsätzlich auch unabhängig eines Betroffenenersuchs i.S.d. Art. 16 f. DSGVO, d. h. aktiv, zu erfolgen. Die Pflicht zur Überprüfung sowie die ggf. notwendige Berichtigung oder Löschung personenbezogener Daten betrifft sämtliche Phasen der Datenverarbeitung und ist grundsätzlich unabhängig von der Verarbeitungsform.[12]

Personenbezogene Daten müssen erforderlichenfalls, nicht aber in jedem Fall, auf den neuesten Stand sein. Ausschlaggebend hierfür ist es, ob dies für den

---

[10] *Herbst* in *Kühling/Buchner*, DSGVO-Kommentar, Art. 5 Rdnr. 57 f.; *Reimer* in *Sydow*, DSGVO-Kommentar, Art. 5 Rdnr. 30–32.

[11] *Herbst* in *Kühling/Buchner*, DSGVO-Kommentar, Art. 5 Rdnr. 59; *Leeb/Liebhaber*, JuS 2018, 537.

[12] *Pötters* in *Gola*, DSGVO-Kommentar, Art. 5 Rdnr. 24; *Roßnagel* in *Simitis/Hornung/Spiecker*, DSGVO-Kommentar, Art. 5 Rdnr. 136.

Zweck der Datenverarbeitung erforderlich ist. Werden personenbezogene Daten etwa im Rahmen eines Berechtigungskonzeptes verarbeitet, so ist es regelmäßig erforderlich, die darin erhaltenen Daten auf dem neuesten Stand zu halten, da sonst der Zweck der Datenverarbeitung – nämlich den unberechtigten Zutritt, Zugang oder Zugriff auf personenbezogene Daten zu verhindern – nicht erfüllt werden könnte.[13]

Konkretisiert wird der Datenschutz-Grundsatz der Richtigkeit durch die Art. 16 f. DSGVO.

8.5 Speicherbegrenzung

Art. 5 Abs. 1 lit. e DSGVO normiert den Grundsatz der Speicherbegrenzung. Demnach müssen personenbezogene Daten in einer Form gespeichert werden, die die Identifizierung der betroffenen Personen nur so lange ermöglicht, wie es für die Zwecke, für die sie verarbeitet werden, erforderlich ist. Der Grundsatz der Speicherbegrenzung sieht insofern eine Begrenzung der Verarbeitungsdauer personenbezogener Daten vor. Sobald personenbezogene Daten für den Zweck, zu dem sie erhoben wurden, nicht mehr erforderlich ist, trifft den Verantwortlichen die Pflicht zur Löschung. Er hat daher explizit Fristen für die Löschung vorzusehen (Erwgr. 39). Sofern nach der Zweckerreichung allerdings rechtsverbindliche Aufbewahrungspflichten einer aus datenschutzrechtlichen Sicht gebotenen Löschung entgegenstehen, so ist die Löschung der Daten bis zum Ende der längsten für sie geltenden Aufbewahrungspflicht auszusetzen. In diesem Fall ist die Verarbeitung personenbezogener Daten i. d. R. einzuschränken, d. h. also der Verarbeitung im Wirkbetrieb – mit den damit verbundenen Zugriffsberechtigungen der Mitarbeiter – zu entziehen.[14]

Als Alternative zur Löschung kommt die Anonymisierung in Frage.[15] Anonyme Daten sind Informationen, die sich nicht – oder nicht mehr – auf eine identifizierte oder identifizierbare natürliche Person beziehen. Auf diese finden die Regelungen der DSGVO keine Anwendung (Erwgr. 26).

Die DSGVO sieht eine Ausnahme vom Grundsatz der Speicherbegrenzung vor: So dürfen personenbezogene Daten länger gespeichert werden, soweit die

---

[13] *Herbst* in *Kühling/Buchner*, DSGVO-Kommentar, Art. 5 Rdnr. 61; *Frenzel* in *Paal/Pauly*, DSGVO-Kommentar, Art. 5 Rdnr. 40.

[14] *Durmus/Selzer/Pordesch*, DuD 2019, 787.

[15] Bejahend u. a.: *Hammer* in *Jandt/Steidle*, Datenschutz im Internet, Kapitel IV, Rdnr. 219; *Macit/Selzer*, BvD-News 2020, 53 ff.; *Kunz/Lange/Selzer*, Bundesgesundheitsblatt 2020, 206 ff. Verneinend insb. *Roßnagel*, ZD 2021, 188 ff.

personenbezogenen Daten ausschließlich für im öffentlichen Interesse liegende Archivzwecke oder für wissenschaftliche und historische Forschungszwecke oder für statistische Zwecke gem. Art. 89 Abs. 1 DSGVO verarbeitet werden und solange sie für diese Zwecke erforderlich sind. Im Falle der Weiterverarbeitung für die zuvor genannten Zwecke sind geeignete technische und organisatorische Maßnahmen zu treffen, um die Rechte und Freiheiten der betroffenen Person zu schützen (Art. 5 Abs. 1 lit. e DSGVO). Diese müssen die Datenverarbeitung so weit wie möglich beschränken und „die Verwendung der Daten für Maßnahmen oder Entscheidungen gegenüber Einzelnen ausschließen."[16]

Konkretisiert wird der Grundsatz insbesondere durch die Art. 17 Abs. 1 lit. a, 18 Abs. 1 DSGVO.

8.6   Ergebnis

Neben den Datenschutz-Grundsätzen „Integrität und Vertraulichkeit" sowie „Rechenschaftspflicht", die bereits in Teil 2 dieser Arbeit relevant waren, normiert Art. 5 DSGVO die Datenschutz-Grundsätze der „Rechtmäßigkeit, Verarbeitung nach Treu und Glauben, Transparenz", „Zweckbindung", „Datenminimierung", „Richtigkeit" und „Speicherbegrenzung". Diese bilden grundlegende Anforderungen an die Verarbeitung personenbezogener Daten und sind daher auch im Rahmen der personenbezogenen Datenverarbeitung in Datenverarbeitungssystemen zu berücksichtigen.

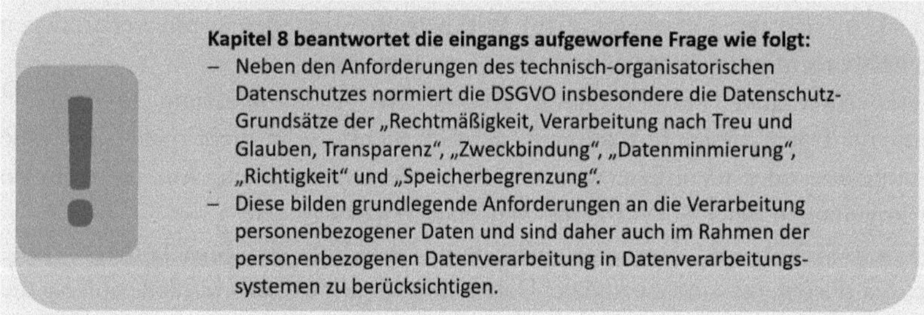

Gliederungsillustration 8.2   Antwort Kapitel 8

---

[16] *Roßnagel* in *Simitis/Hornung/Spiecker*, DSGVO-Kommentar, Art. 5 Rdnr. 163.

Exemplarische Umsetzung angemessener Schutzmaßnahmen

9

Kapitel 9 soll folgende Frage klären:
Wie kann im Rahmen eines exemplarisch betrachteten Datenverarbeitungssystems zur Ermöglichung eines Datenaustausch in Smart Cities – als exemplarischer Verarbeitungskontext – die Umsetzung datenschutzrechtlicher Anforderungen so gestaltet werden, das die Anforderungen in angemessener Weise umgesetzt werden?

Gliederungsillustration 9.1 Frage Kapitel 9

In diesem Kapitel werden nun Möglichkeiten der datenschutzkonformen Umsetzung für das exemplarische Datenverarbeitungssystem aufgezeigt. Neben Umsetzungsvorschlägen für die im exemplarischen Datenverarbeitungssystem besonders relevanten Datenschutz-Grundsätze liegt der Fokus auf dem Vorschlag einer Gestaltung der angemessenen Umsetzung technisch-organisatorischer Schutzmaßnahmen als Ausprägung des Datenschutz-Grundsatzes der Vertraulichkeit und Integrität. Dieser Betrachtung wird eine Darstellung vorangestellt, wie sich das Management der Umsetzung von Anforderungen des Datenschutzrechts – insbesondere in Bezug auf die Umsetzungspflicht technisch-organisatorischer Schutzmaßnahmen – in das Informationsmanagement einfügt. Die Einordnung des Datenschutzmanagements in das Informationsmanagement motiviert wiederum, die Umsetzung des Datenschutzes und der IT-Sicherheit im

A. Selzer, *Die technisch-organisatorische Implementierung von Datenschutz in Organisationen unter besonderer Berücksichtigung der wirtschaftlichen Angemessenheit*, Rechtsrahmen der Cybersicherheit und Privatheit, https://doi.org/10.1007/978-3-658-50744-2_9

Rahmen des Informationsmanagements als sich überlappende Bereiche anzuerkennen, die unter gemeinschaftlicher Expertise aus Recht, Wirtschaft und Technik zu betrachten sind.[1]

Das Informationsmanagement hat zum Ziel, die Ressource Information in einer Organisation bestmöglich an dessen Zielen auszurichten und ist somit ein zentraler Bestandteil der Unternehmensführung. Zur Umsetzung eines erfolgreichen Informationsmanagements müssen neben Management- auch Technikressourcen eingeplant werden.[2] Das von *Krcmar*[3] vorgeschlagene Modell des Informationsmanagements, das in Abbildung 9.1 dargestellt ist, beschreibt das Informationsmanagement als eine auf den in der Abbildung horizontal dargestellten drei Ebenen verteilte Aufgabe:

- *Management der Informationswirtschaft* (bezieht sich auf die Information selbst; u. a. werden Entscheidungen über den Informationsbedarf und den Informationseinsatz aus betriebswirtschaftlicher Sicht getroffen und Anforderungen an die mittlere horizontale Ebene, also das Management der Informationssysteme, abgeleitet),
- *Management der Informationssysteme*[4] (bezieht sich auf die Anwendung, in der die Information verarbeitet wird; u. a. erfolgt auf dieser Ebene das Anwendungsentwicklungs- und Datenmanagement und es werden Anforderungen an die untere horizontale Ebene, also das Management der Informations- und Kommunikationstechnik, abgeleitet) und
- *Management der Informations- und Kommunikationstechnik* (bezieht sich auf die Technik als physische Basis von Anwendungen; u. a. werden in dieser Ebene Entscheidungen über die Bereitstellung und Verwaltung der

---

[1] Dieses Kapitel beruht im Wesentlichen (die Gesamtheit oder der Großteil der Texte ist vollständig übernommen) auf der Veröffentlichung Selzer/Timm, DuD 2021, 826 (826–830). Dementsprechend wird an den relevanten Stellen zwar in den Fußnoten auf die im Rahmen der vorgenannten Veröffentlichung verwendeten Literatur verwiesen, nicht aber erneut auf die Veröffentlichung selbst. Die nicht von der Autorin dieser Arbeit verfassten Anteile der Veröffentlichungen werden (sofern in diesem Kapitel aufgegriffen) stark zusammengefasst und durch entsprechende Hinweise in den Fußnoten als Fremdleistungen gekennzeichnet.

[2] *Krcmar,* Informationsmanagement, S. 108.

[3] *Krcmar,* Informationsmanagement, S. 107 ff.

[4] „Informationssysteme bezeichnen Systeme aufeinander abgestimmter Elemente personeller, organisatorischer und technischer Natur, die der Deckung des Informationsbedarfes dienen." *Krcmar,* Informationsmanagement, S. 107.

Kommunikations-, Datenspeicherungs- und Datenverarbeitungstechnik getroffen).[5]

Bei Aufgaben, die auf jeder der drei horizontalen Ebenen anfallen, handelt es sich um übergeordnete Führungsaufgaben des Informationsmanagements (vertikale Ebene in der Abbildung). Zu diesen Aufgaben zählt – neben u. a. dem Management der IT-Prozesse und dem IT-Controlling – auch das Management der IT-Sicherheit.[6]

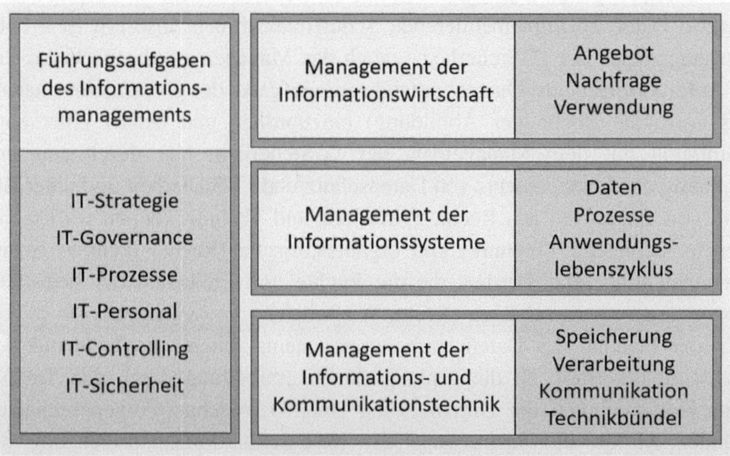

Abbildung 9.1 Modell des Informationsmanagements[7]

Das Management der IT-Sicherheit umfasst u. a. die Implementierung technischer und organisatorischer Maßnahmen zum Schutz aller für eine Organisation schützenswerten Daten, zu denen neben personenbezogenen Daten u. a. auch Angebotszahlen, Informationen zu Geschäftspartnern, Patentanmeldungen, Rezepturen und die Auslastung von Produktionsmaschinen zählen können. Insofern geht der Schutzgegenstand des IT-Sicherheitsmanagements (Schutz aller für eine Organisation schützenswerten Informationen) in Bezug auf die zu

---

[5] *Krcmar,* Informationsmanagement, S. 107.

[6] *Krcmar,* Informationsmanagement, S. 108.

[7] *Krcmar,* Informationsmanagement, S. 107.

schützenden Informationen über den Schutzgegenstand des Datenschutzmanagements (Schutz der Rechte und Freiheiten betroffener Personen im Rahmen der Verarbeitung ihrer personenbezogenen Daten) hinaus, wobei es zu einer „Überlappung" hinsichtlich der zur Sicherheit personenbezogener Daten zu treffenden technischen und organisatorischen Maßnahmen kommt.[8]

Eine von den restlichen schützenswerten Informationen einer Organisation losgelöste Betrachtung der technischen und organisatorischen Maßnahmen im Bereich des Datenschutzrechts macht daher i. d. R. keinen Sinn – viel zu stark sind die Gemeinsamkeiten und Abhängigkeiten der aus Sicht des Schutzbedarfs der personenbezogenen Daten und den aus IT-Sicherheitssicht für sonstige schützenswerte Daten zu implementierende Schutzmaßnahmen. Insofern ist – neben des Managements der IT-Sicherheit – auch das Management datenschutzrechtlicher Anforderungen als Querschnittsführungsaufgabe des Informationsmanagements (vertikale Ebene der Abbildung) einzuordnen und bedarf einer engen Abstimmung mit dem Management der IT-Sicherheit. Nur durch eine enge Verzahnung des Managements von Datenschutz und IT-Sicherheit und unter Bündelung von Expertisen aus Recht, Wirtschaft und Technik können im Ergebnis geeignete technische (Technik) und organisatorische (Recht, Technik) Schutzmaßnahmen umgesetzt werden, die die Rechte und Freiheiten der betroffenen Personen angemessen schützen (Recht, Wirtschaft).

Mit der Planung des Datenverarbeitungssystems seitens des Treuhänders ist zunächst zu bewerten, ob die geplante Datenverarbeitung durch den Treuhänder die Notwendigkeit der Durchführung einer Datenschutz-Folgenabschätzung begründet. Mittels des Instruments der Datenschutz-Folgenabschätzung werden die Folgen einer geplanten Datenverarbeitung abgeschätzt, entsprechende Gegenmaßnahmen definiert und umgesetzt, wenn die geplante Datenverarbeitung voraussichtlich mit einem hohen Risiko für die Rechte und Freiheiten der betroffenen Person verbunden ist.[9] Für das hier betrachtete Datenverarbeitungssystem ist insbesondere relevant, dass eine Datenschutz-Folgenabschätzung bei der umfangreichen Verarbeitung besonderer Kategorien personenbezogener Daten verpflichtend ist. Dies ist im Falle der beim Datentreuhänder entstehenden Sammlung an Daten, die insbesondere auch besondere Kategorien personenbezogener

---

[8] Siehe hierzu auch Abb. 2.1 dieser Arbeit.

[9] S. Erwgr. 90 DSGVO; *DSK*, Kurzpapier Nr. 5 Datenschutz-Folgenabschätzung, S. 1; *Martini* in *Paal/Pauly*, DSGVO-Kommentar, Art. 35 Rdnr. 6; *Marschall* in *Roßnagel*, Europäische Datenschutz-Grundverordnung, S. 156.

Daten beinhaltet – also z. B. Krankheitsdiagnosen – zu bejahen. Für weiterführende Informationen zur Durchführung einer Datenschutz-Folgenabschätzung wird auf Abschnitt 4.3 verwiesen.

Die folgenden Unterabschnitte beschäftigen sich mit der Gestaltung des Datenverarbeitungssystems zur Umsetzung der Datenschutz-Grundsätze.

9.1 Gestaltung der Umsetzung des technisch-organisatorischen Datenschutzes im Datenverarbeitungssystem

Begonnen wird mit der Gestaltung des Grundsatzes der Vertraulichkeit und Integrität als Ausgangspunkt für die datenschutzrechtlichen Regelungen zum technisch-organisatorischen Datenschutz.

9.1.1 Gestaltung des Rollenkonzepts

Im Rahmen der Gestaltung des Rollenkonzepts sind zunächst die einzelnen Rollen, die auf das Datenverarbeitungssystem zugreifen dürfen, zu beschreiben. Sodann erfolgt ein Überblick über die Rechte und Zeiträume der Rechte je Rolle. Daran schließt sich eine Diskussion der Grenzen von Doppelrollen an – es wird also die Frage diskutiert, ob und in welchem Umfang eine einzelne Organisation mehr als eine der für das Datenverarbeitungssystem vordefinierten Rollen erfüllen darf.

9.1.1.1 Rollen im Datenverarbeitungssystem
9.1.1.1.1 Treuhänder
Wie bereits erwähnt, liegt dem Vorschlag des Einsatzes eines Datentreuhänders die Überlegung zugrunde, das Abrufen anonymer Daten zu ermöglichen[10] und den Smart-City-Akteuren als Datennutzer völlige Nutzungsfreiheit zum Erreichen der eben beschriebenen Mehrwerte ermöglichen, da bei der Verarbeitung der durch den Datentreuhänder zur Verfügung gestellten, anonymen Daten keine datenschutzrechtlichen Vorschriften beachtet werden müssen. Gleichzeitig ermöglicht die (personenbezogene) Datenverwaltung durch den Datentreuhänder in

---

[10] *Specht/Mantz*, Handbuch Europäisches und deutsches Datenschutzrecht, § 7 Rdnr. 101; Kühling/Sackmann/Schneider, Datenschutzrechtliche Dimensionen Datentreuhänder, 2020.

begründeten Einzelfällen einen Personenbezug herzustellen, um für die einzelne, betroffene Person einen Individualmehrwert zu erzielen.

Die Rolle eines Datentreuhänders ist nicht trivial, da bei ihm eine große Anzahl personenbezogener Daten zusammengeführt wird und das Zusammenführen solch großer Mengen personenbezogener Daten, unter denen sich auch besondere Kategorien personenbezogener Daten befinden, grundsätzlich mit einem höheren Risiko für die Rechte und Freiheiten betroffener Personen verbunden ist, als eine dezentrale Datenspeicherung bei den einzelnen Datenspendern, sofern die unrechtmäßige Nutzung der Daten durch den Datentreuhänder selbst nicht durch von ihm zu ergreifende angemessene technische und organisatorische Schutzmaßnahmen sowie durch grundlegende, an ihn zu stellende Anforderungen verhindert wird.

Keine Weisungsbefugnisse gegenüber betroffenen Personen

(Muss-Anforderung)
Ein Datentreuhänder ist für diese Rolle nur dann geeignet, wenn er über keine rechtliche oder tatsächliche Möglichkeit verfügt, die betroffenen Personen bezüglich der Erteilung einer Einwilligung in die Re-Identifizierung zu beeinflussen. Insbesondere im Angestelltenverhältnis ist es schwierig, aus Sicht der Arbeitnehmer eine datenschutzrechtliche Einwilligungserklärung unter der Wahrung der Freiwilligkeit – als verpflichtende Anforderungen an eine datenschutzkonforme Einwilligung – abzugeben.[11] Insofern ist auf eine strenge Rollentrennung zwischen dem Datentreuhänder in seiner Rolle als Treuhänder (a) und ggf. weiteren Rollen, im Rahmen dessen gegenüber betroffenen Personen Weisungsbefugnisse bestehen könnten (b), zu achten bzw. hat der Datentreuhänder auf derartige Weisungsbefugnisse im Rahmen des hier betrachteten Systems zu verzichten.

Kein Eigeninteresse an der Datennutzung und -manipulation

(Muss-Anforderung)
Ein Datentreuhänder ist darüber hinaus nur dann für diese Rolle geeignet, wenn er weder ein Eigeninteresse an der Datennutzung noch an der Datenmanipulation

---

[11] *Specht/Mantz*, Handbuch Europäisches und deutsches Datenschutzrecht, § 10 Rdnr. 50; Kühling/Sackmann/Schneider, Datenschutzrechtliche Dimensionen Datentreuhänder, 2020. I.d.R. kann die Freiwilligkeit im Angestelltenverhältnis zumindest dann bejaht werden, wenn sich für den Angestellten ausschließlich Vorteile ergeben (z. B. Abschluss einer Zusatzversicherung).

hat.[12] Hätte er ein eigenes Interesse an der Datennutzung, so bestünde das Risiko, dass er sich gegenüber den potenziellen Datennutzern nicht fair und diskriminierungsfrei in Bezug auf das Zur-Verfügung-Stellen der anonymen Daten verhält und ihnen gegebenenfalls anonyme Daten vorenthält und/oder die Auflösung der Anonymisierung im Einzelfall nicht angemessen unterstützen würde, sprich seine Macht als Datentreuhänder missbrauchen würde.[13] Ein Eigeninteresse an der Datenmanipulation würde ggf. zur Unbrauchbarkeit der Daten seitens der potenziellen Datennutzer führen. Um Eigeninteressen an den durch den Datentreuhänder verwalteten Daten auszuschließen, wird daher empfohlen, den Datentreuhänder außerhalb der Branche, im Rahmen der die Daten verwaltet werden, auszuwählen.[14] Da an der Mehrwertgenerierung im Smart-City-Kontext eine Vielzahl von Branchen beteiligt ist bzw. zumindest sein kann, sollte der Datentreuhänder keiner der beteiligten Branchen angehören.

Keine Interessenskonflikte mit anderen Pflichten

(Muss-Anforderung)
Nicht weniger wichtig, als ein fehlendes Eigeninteresse an der Datenverarbeitung und -manipulation, ist die Anforderung an den Datentreuhänder, durch die treuhänderische Datenverwaltung nicht in einem Interessenskonflikt zu anderen Pflichten zu stehen.[15] Dies wäre u. a. dann gegeben, wenn der Datentreuhänder ein mit einem Datenspender oder Datennutzer verbundenes Unternehmen i.S.d. §§ 15 ff. Aktiengesetz wäre, denn in diesem Fall hätten der Datenspender oder Datennutzer „gegebenenfalls aufgrund ihrer gesellschaftsrechtlichen Beteiligung an dem Unternehmen des Datentreuhänders [be...]stehende Weisungs-

---

[12] *Brockmeyer*, ZD 2018, 258 (258 f.).

[13] *Stender-Vorwachs/Steege* in *Oppermann/Stender-Vorwachs*, Autonomes Fahren, Rdnr. 212, die u. a. große Unternehmen wie Google sowie Versicherungsträger für ungeeignete Datentreuhänder halten. *Stender-Vorwachs/Steege* warnen auch vor den Gefahren einer Monopolbildung und werfen kartellrechtliche Fragen an Datentreuhänder auf, die im Rahmen dieser Arbeit aufgrund der thematischen Ausrichtung jedoch nicht diskutiert werden.

Die Anforderung, dass der Datentreuhänder die von ihm verwalteten Daten nicht für andere Zwecke nutzen darf, ergibt sich auch aus dem bereits erwähnten Vorschlag der Daten-Governance-Verordnung (Art. 11 Nr. 1). Art. 11 enthält weitere Bedingungen für die Erbringungen von Diensten durch den Datentreuhänder. Diese beziehen sich jedoch primär auf das Treffen technischer und organisatorischer Maßnahmen und sind somit keine Ausschlusskriterien für die Besetzung der Rolle des Datentreuhänders, weshalb auf die weiteren Kriterien des Art. 11 hier nicht weiter eingegangen wird.

[14] *Caldarola/Schrey*, Big Data und Recht, Rdnr. 294.

[15] *Brockmeyer*, ZD 2018, 258 (258 f.).

oder diesbezügliche Stimmrechte, [die.... zum Erzwingen der] Herausgabe der Zuordnungsdaten"[16] führen könnten. Um eine solche Pflicht zur Herausgabe der Zuordnung und der damit verbundenen Herstellung des Personenbezugs auszuschließen, darf der Datentreuhänder entweder nicht Teil eines verbundenen Unternehmens i.S.d. §§ 15 ff. Aktiengesetz sein oder aber sämtliche Datenspender und Datennutzer sollten im Rahmen der erstmaligen Nutzung des Datenverarbeitungssystems auf ggf. im Rahmen von §§ 15 ff. Aktiengesetz bestehende Weisungs- und Stimmrechte verzichten, sofern sie sich gegen den Datentreuhänder im Rahmen seiner Aufgabenerfüllung als ebendieser richten.

<u>Trennung zu anderen Beteiligten auf allen Ebenen</u>

(Muss-Anforderung)
Die vorhergehende Anforderung ergänzend muss ein Datentreuhänder nicht nur rechtlich, sondern auch personell und räumlich von den Datenspendern und Datennutzern getrennt sein.

(Soll-Anforderung)
„Aufgrund seiner besonderen berufsrechtlichen Verpflichtungen [könnte die Treuhänderschaft] auch ein Notar oder ein von keine[m der Datenspender und -nutzer] mandatierter Rechtsanwalt sein.[17] Der Vorteil dieser Ausgestaltung läge u. a. in dem Aussageverweigerungsrecht des Datentreuhänders sowie in der Möglichkeit des Treuhänders, sich auf das Beschlagnahmeverbot berufen zu können.[18]

<u>Fachkunde</u>

(Soll-Anforderung)
Darüber hinaus sollte der Datentreuhänder über angemessene Kenntnisse des rechtlichen und technischen Datenschutzes verfügen. Als Mindestanforderung sollten hierbei die in Art. 37 Abs. 5 2. Alt. DSGVO geregelte Fachkenntnisse des Datenschutzbeauftragten angesehen werden.[19]

---

[16] *Caldarola/Schrey*, Big Data und Recht, Rdnr. 289.

[17] *Caldarola/Schrey*, Big Data und Recht, Rdnr. 291.

[18] *Caldarola/Schrey*, Big Data und Recht, Rdnr. 293.

[19] *Caldarola/Schrey*, Big Data und Recht, Rdnr. 293.

Zertifizierung

(Soll-Anforderung)
Die Umsetzung technischer und organisatorischer Schutzmaßnahmen durch den Datentreuhänder – so wie sie in diesem Kapitel noch vorgestellt werden wird – sollte darüber hinaus regelmäßig von einer unabhängigen Stelle im Rahmen einer datenschutzrechtlichen Zertifizierung überprüft werden. Sofern sich die anonyme Datenbereitstellung mit Hilfe von Datentreuhändern durchsetzt, besteht am Markt das Potenzial für Datenschutz-Zertifizierungen gem. Art. 42 DSGVO, die speziell die datenschutzrechtlichen Risiken für die Rechte und Freiheiten der betroffenen Personen, die mit einer Datentreuhänderschaft einhergehen, berücksichtigen und deren angemessene Begegnung in Form angemessener Schutzmaßnahmen beinhaltet.[20]

Angelehnt an die Möglichkeit, die datenschutzkonforme Umsetzung von Cloud-Computing-Services durch Cloud-Computing-Anbieter automatisiert bzw. teilautomatisiert mittels Log- und Sensordaten auf Basis eines Secure-Logging-Frameworks, welches vor der Manipulation der den automatisierten Kontrollen zugrundeliegenden Messdaten schützen soll, zu verifizieren,[21] ließen sich auch bei Datentreuhändern bestimmte Datenverarbeitungsschritte auf deren datenschutzkonforme Umsetzung hin verifizieren. Die Umsetzung eines solchen Kontrollsystems könnte Gegenstand zukünftiger Forschung sein.

Vertragsstrafen

(Soll-Anforderung)
Nicht zuletzt sollte ein zwischen dem Datentreuhänder und den einzelnen Datenspendern geschlossener Vertrag Vertragsstrafen in abschreckender Höhe vorsehen, die im Falle von Verstößen gegen die treuhänderischen Pflichten des Datentreuhänders bestehen.[22] Vertragsstrafen sollten in diesem Zusammenhang dann als abschreckende Wirkung entfalten angesehen werden, wenn die drohende Vertragsstrafe die finanziellen Vorteile des Verstoßes gegen die treuhänderischen Pflichten deutlich übersteigt.

---

[20] *Kühling*, ZfDR 2021, 1 (13); *Caldarola/Schrey*, Big Data und Recht, Rdnr. 289.

[21] Eine solche Überprüfung von Cloud-Computing-Services wurde in *Selzer*, Datenschutzrechtliche Zulässigkeit von Cloud-Computing-Services und deren teilautomatisierte Überprüfbarkeit, vorgeschlagen.

[22] *Caldarola/Schrey*, Big Data und Recht, Rdnr. 295.

9.1.1.1.2 Datenspender

Datenspender stellen personenbezogene Daten ihrer Kunden und Mitarbeiter an Smart-City-Akteure bereit, sofern durch den Datentreuhänder sichergestellt wird, dass den Smart-City-Akteuren diese Daten nur in anonymer Form vorgelegt werden und eine Re-Identifizierung nur durch den Datentreuhänder möglich ist (und dies auch nur dann erfolgt), sofern ein Smart-City-Akteur als Datennutzer für den individuellen Einzelfall die Vorteile der Aufhebung des Personenbezugs für die betroffene Person darlegen konnte und die betroffene Person mit der Herstellung des Personenbezugs einverstanden ist.

Die Ausgestaltung der Rolle der Datenspender korrespondiert mit einigen bereits im Rahmen der Ausgestaltung der Rolle des Datentreuhänders genannten Aspekten, nämlich:

<u>Kein Eigeninteresse an der Datennutzung und -manipulation</u>

(Muss-Anforderung)
Ein Datenspender sollte grundsätzlich kein Eigeninteresse an einer (vor der Übermittlung an den Datentreuhänder erfolgenden) Datenmanipulation haben.

(Soll-Anforderung)
Darüber hinaus sollte der Datenspender im Idealfall kein Eigeninteresse an der Datennutzung haben, da für ihn regelmäßig nicht die Gesamtzahl der durch den Datentreuhänder zur Verfügung gestellten anonymen Daten anonym sein wird, sondern nur diejenigen anonymisierten Daten, die nicht auf durch ihn bereitgestellten Daten beruhen. Somit wäre die Freiheit, die anonymisierten Daten ohne Beachtung datenschutzrechtlicher Anforderungen verarbeiten zu dürfen, seitens der Datenspender zumindest für einige der anonymen Daten nicht gegeben.

<u>Keine Interessenskonflikte mit anderen Pflichten</u>

(Muss-Anforderung)
Um eine Pflicht zur Herausgabe von Personen-Zuordnungen und der damit verbundenen Herstellung des Personenbezugs auszuschließen, darf der Datenspender entweder nicht Teil eines mit dem Datentreuhänder verbundenes Unternehmen i.S.d. §§ 15 ff. Aktiengesetz sein oder aber er muss im Rahmen der erstmaligen Nutzung des Datenverarbeitungssystems auf ggf. im Rahmen von §§ 15 ff. Aktiengesetz bestehende Weisungs- und Stimmrechte verzichten, sofern sie sich gegen den Datentreuhänder im Rahmen seiner Aufgabenerfüllung als ebendieser richten.

Trennung zu anderen Beteiligten auf allen Ebenen

(Muss-Anforderung)
Die vorhergehende Anforderung ergänzend muss ein Datenspender nicht nur rechtlich, sondern auch personell und räumlich von dem Datentreuhänder und Datennutzern getrennt sein.[23]

9.1.1.1.3 Datennutzer

Datennutzer nutzen die durch den Treuhänder in anonymer Form bereitgestellten Daten, die auf den personenbezogenen Daten der Kunden und Mitarbeiter der Datenspender beruhen. Eine Re-Identifizierung eines Datensatzes für den Datennutzer ist nur im individuellen und begründeten Einzelfall möglich und kann nicht durch den Datennutzer selbst, sondern nur durch den Datentreuhänder herbeigeführt werden, wenn die betroffene Person mit der Herstellung des Personenbezugs einverstanden ist.

Auch die Ausgestaltung der Rolle der Datennutzers korrespondiert mit einigen bereits im Rahmen der Ausgestaltung der Rollen des Datentreuhänders und Datenspenders genannten Aspekten, nämlich:

Kein Eigeninteresse an der Datenspende

(Soll-Anforderung)
Der Datennutzer sollte im Idealfall kein Eigeninteresse an der Datenspende haben, da für ihn ansonsten regelmäßig nicht die Gesamtzahl der durch den Datentreuhänder zur Verfügung gestellten anonymen Daten anonym sein wird, sondern nur diejenigen anonymisierten Daten, die nicht auf durch ihn bereitgestellten Daten beruhen. Somit wäre die Freiheit, die anonymisierten Daten ohne Beachtung datenschutzrechtlicher Anforderungen verarbeiten zu dürfen, seitens der Datennutzer zumindest für einige der anonymen Daten nicht gegeben.

Keine Interessenskonflikte mit anderen Pflichten

(Muss-Anforderung)
Um eine Pflicht zur Herausgabe von Personen-Zuordnungen und der damit verbundenen Herstellung des Personenbezugs auszuschließen, darf der Datennutzer entweder nicht Teil eines mit dem Datentreuhänder oder Datenspendern verbundenes Unternehmen i.S.d. §§ 15 ff. Aktiengesetz sein oder aber er muss

---

[23] Analog *Caldarola/Schrey*, Big Data und Recht, Rdnr. 293.

im Rahmen der erstmaligen Nutzung des Datenverarbeitungssystems auf ggf. im Rahmen von §§ 15 ff. Aktiengesetz bestehende Weisungs- und Stimmrechte verzichten, sofern sie sich gegen den Datentreuhänder im Rahmen seiner Aufgabenerfüllung als ebendieser oder gegen Datenspender im Rahmen ihrer ebendieser Rolle richten.

Trennung zu anderen Beteiligten auf allen Ebenen

(Muss-Anforderung)
Die vorhergehende Anforderung ergänzend muss ein Datennutzer nicht nur rechtlich, sondern auch personell und räumlich von dem Datentreuhänder und Datenspendern getrennt sein.[24]

9.1.1.1.4 Betroffene Person

Die betroffenen Personen sind Gegenstand der beim Datenspender und Treuhänder personenbezogenen Datenverarbeitung. Sofern der Datennutzer im Rahmen der anonymen Datennutzung gegenüber dem Treuhänder im Einzelfall begründen kann, warum die Re-Identifizierung eines einzelnen Datensatzes einen Mehrwert für die (hiervon) betroffene Person hat, erhält die betroffene Person die Möglichkeit, dieser Re-Identifizierung entweder zuzustimmen oder diese abzulehnen.

Auch die Ausgestaltung der Rolle der betroffenen Person korrespondiert mit einigen bereits im Rahmen der Ausgestaltung der Rollen des Datentreuhänders genannten Aspekt, nämlich:

Keine Weisungsbefugnisse durch Datentreuhänder

(Muss-Anforderung)
Eine betroffene Person darf nicht in rechtlicher oder tatsächlicher Weise durch den Datentreuhänder zur Erteilung der Einwilligung in die Re-Identifizierung gedrängt werden, insbesondere dürfen seitens des Datentreuhänders keine Weisungsbefugnisse zur Erteilung der Einwilligung bestehen.

9.1.1.2 Vertragsgestaltung zur Beschränkung von Befugnissen der Rollen

Einige der beschriebenen Muss-Anforderungen sind auf Basis eines Vertrages zu erfüllen, indem die Nutzung und der Betrieb des Datenverarbeitungssystems

---

[24] Analog *Caldarola/Schrey*, Big Data und Recht, Rdnr. 293.

an einen Vertrag zwischen Datenspender und Datentreuhänder (Vertrag 1), zwischen Datennutzer und Datentreuhänder (Vertrag 2) und zwischen bestimmten betroffenen Personen und Datentreuhänder (Vertrag 3) gebunden sein muss.

Im Rahmen der Verträge 1 und 2, die z. B. im Rahmen der Erstregistrierung im System geschlossen werden könnten, muss insbesondere vereinbart werden, dass der Datenspender auf ggf. im Rahmen von §§ 15 ff. Aktiengesetz bestehende Weisungs- und Stimmrechte verzichtet, sofern sie sich gegen den Datentreuhänder im Rahmen seiner Aufgabenerfüllung als ebendieser richten. Ebenso muss der Datennutzer auf ggf. im Rahmen von §§ 15 ff. Aktiengesetz bestehende Weisungs- und Stimmrechte verzichten, sofern sie sich gegen den Datentreuhänder im Rahmen seiner Aufgabenerfüllung als ebendieser oder gegen Datenspender im Rahmen ihrer ebendieser Rolle richten. Der Vertrag muss zudem eine Zusicherung des Treuhänders bezüglich seiner treuhänderischen Pflichten enthalten und kann zudem Vertragsstrafen in abschreckender Höhe für die Nicht-Einhaltung der Vertragsbestimmungen vorsehen, u. a. bei Verstößen gegen die genannten treuhänderischen Pflichten, aber auch gegen Verstöße der Pflichten des Datenspenders und Datennutzers. Auch muss jede der drei Rollen vertraglich zusichern, im Rahmen des Datenverarbeitungssystems ausschließlich eine der drei Rollen zu besetzen, um „Doppelrollen" vertraglich auszuschließen. Gegenüber dem Datenspender muss der Datentreuhänder zudem eine strenge Zweckbindung zusichern, die durch die Datenspender zur Verfügung gestellten Daten ausschließlich zur Umsetzung des Treuhändermodells und der anonymen Zur-Verfügung-Stellung von Daten – sowie im Ausnahmefall zur De-Anonymisierung einzelner Datensätze nach Einwilligung der betroffenen Person – zu verarbeiten.

Im Rahmen des Vertrages 3, der zwischen den Mitarbeitern des Datentreuhänders und dem Datentreuhänder für den Fall zu schließen ist, dass die Mitarbeiter des Datentreuhänders gleichzeitig betroffene Personen des Datenverarbeitungssystems sind, muss der Datentreuhänder auf jegliche Weisungsbefugnisse gegenüber seinen Mitarbeitern verzichten, sofern diese die Freiwilligkeit der Einwilligung der betroffenen Personen im Rahmen des Datenverarbeitungssystems tangieren würden. Denkbar wäre insbesondere die Aufnahme einer entsprechenden Vertragsklausel in die Arbeitsverträge der Mitarbeiter.

9.1.1.3 Berechtigungen der einzelnen Rollen

Die nachfolgende Tabelle zeigt den Umfang und den Zeitpunkt der Rechte je Rolle an. Die beschriebenen Rechte beziehen sich nur auf die im Rahmen des betrachteten Verarbeitungssystems bestehenden Rechte der einzelnen Rollen. So darf ein Datennutzer zwar die anonymen Daten, die er in seinem eigenen Datenverarbeitungssystem gespeichert hat, ändern und löschen, nicht aber in dem im Rahmen dieser Arbeit betrachteten System (Tabelle 9.1).

Tabelle 9.1 Berechtigungen der Rollen des exemplarischen Datenverarbeitungssystems

Rolle	Umfang der Rechte	Zeitpunkt der Rechte
Treuhänder	Personenbezogene Daten Erhebung der Daten Lesen der Daten Pseudonymisierung der Daten Speichern der Daten	Dauerhaft
	Anonymisierte Daten (Regelfall) Bereitstellen der Daten Lesen der Daten Speichern der Daten	
	Personenbezogene Daten Ändern der Daten Löschen der Daten	Anlassbezogen
	Anonymisierte Daten (Regelfall) Ändern der Daten Löschen der Daten	
	De-Anonymisierte Daten (Ausnahmefall) De-Anonymisierung durchführen De-Anonymisierte Daten bereitstellen De-Anonymisierte Daten lesen De-Anonymisierte Daten speichern De-Anonymisierte Daten ändern De-Anonymisierte Daten löschen	
Datenspender	Personenbezogene Daten Weitergabe der Daten zur anony. Bereitstellung Lesen der Daten	Dauerhaft
	Personenbezogene Daten Änderungen an Daten melden	Anlassbezogen

(Fortsetzung)

Tabelle 9.1   (Fortsetzung)

Rolle	Umfang der Rechte	Zeitpunkt der Rechte
Datennutzer	Anonymisierte Daten (Regelfall) Lesen der Daten Speichern der Daten	Dauerhaft
	De-Anonymisierte Daten (Ausnahmefall) De-Anonymisierung beantragen De-Anonymisierte Daten lesen De-Anonymisierte Daten speichern	Anlassbezogen
Betroffene Person	Personenbezogene Daten Änderungen an Daten melden	Dauerhaft
	De-Anonymisierte Daten (Ausnahmefall) De-Anonymisierung autorisieren	Anlassbezogen

9.1.2   Gestaltung der Umsetzung des Datenschutz-Grundsatzes der Vertraulichkeit und Integrität

Die folgenden Unterkapitel nehmen die Gestaltung der Umsetzung des Datenschutz-Grundsatzes der Vertraulichkeit und Integrität vor. Als Grundvoraussetzung für die Gestaltung der Umsetzung dieses Datenschutz-Grundsatzes, der insbesondere auf Basis technischer und organisatorischer Maßnahmen umzusetzen ist, ist zunächst der Schutzbedarf der im Datenverarbeitungssystem verarbeiteten Daten zu benennen. Grundsätzlich lässt sich feststellen, dass der Schutzbedarf der im Datenverarbeitungssystem verarbeiteten Daten nicht einheitlich ist: Während im Teil 1a) des Datenverarbeitungssystems personenbezogene Daten verarbeitet werden, werden im Teil 1b) des Datenverarbeitungssystems ausschließlich anonyme Daten verarbeitet. Ausgehend vom Datenschutz und den mit der Verarbeitung personenbezogener Daten verbundenen Risiken für die Rechte und Freiheiten der betroffenen Personen besteht daher im Teil 1b) des Systems ein niedriger Schutzbedarf,[25] da in diesem Teil des Datenverarbeitungssystems lediglich anonyme Daten verarbeitet werden (grüne Einfärbung in der nachstehenden Abbildung). Dahingegen werden in Teil 1a) des Datenverarbeitungssystems nicht nur personenbezogene Daten, sondern regelmäßig auch besondere Kategorien

---

[25] Ausgehend von einer Unterscheidung eines niedrigen, normalen, hohen und sehr hohen Schutzbedarfs, so wie in Kapitel 4 dargestellt.

personenbezogener Daten – z. B. durch Datenspenden aus dem Gesundheitswesen – verarbeitet, weshalb im Teil 1a) des Systems grundsätzlich ein sehr hoher Schutzbedarf besteht (rote Einfärbung in der nachstehenden Abbildung). Eine Ausnahme von dem sehr hohen Schutzbedarf ist hingegen – innerhalb des Teil 1a) des Systems – bei der Kommunikation zwischen dem Datentreuhänder und der betroffenen Person anzunehmen, da im Rahmen dieser Kommunikation lediglich die Abfrage einer Einwilligung erfolgt, jedoch insbesondere keine besonderen Kategorien personenbezogener Daten verarbeitet werden, weshalb hierbei ein hoher Schutzbedarf besteht (gelbe Einfärbung in der nachstehenden Abbildung) (Abbildung 9.2).

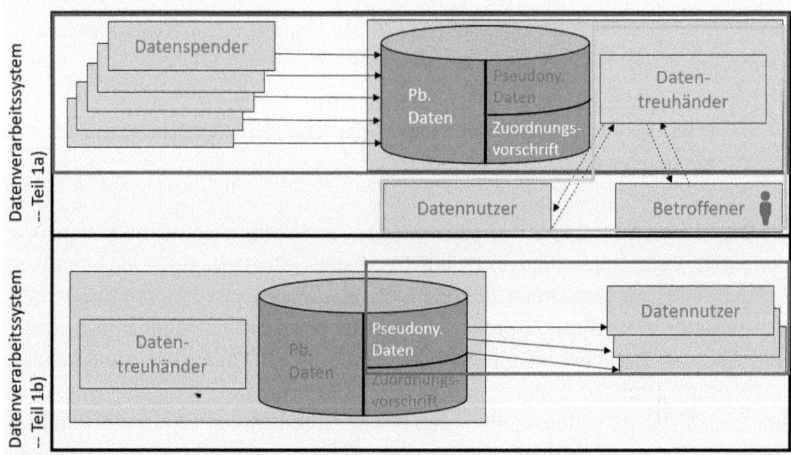

Abbildung 9.2 Abgestufter Schutzbedarf im exemplarischen Datenverarbeitungssystem

Alle im Folgenden beschriebenen Schutzmaßnahmen entsprechen – laut der in Kapitel 5 dieser Arbeit dargestellten Literaturrecherche – dem Stand der Technik, wobei einige der genannten technischen und organisatorischen Maßnahmen mehr als eine der in Art. 32 DSGVO genannten Schutzziele umsetzen. In diesem Fall werden sie dem Schutzziel zugeordnet, zu dem sie den größten Beitrag leisten.

9.1.2.1 Umsetzung der Vertraulichkeit

9.1.2.1.1 Maßnahmen zur Umsetzung der Vertraulichkeit während der Verarbeitung durch die Mitarbeiter des Treuhänders

Maßnahmen für das Gesamtsystem

- Verpflichtung auf den Datenschutz jedes relevanten Mitarbeiters,
- initiale Schulung des betrieblichen Datenschutzbeauftragten,
- jährliche Fortbildung des betrieblichen Datenschutzbeauftragten,
- allgemeine Mitarbeiterschulung (jedes 2. Jahr),
- zusätzliche, aufgabenbezogene Mitarbeiterschulung für den Treuhänder-Verarbeitungskontext (jedes 2. Jahr),
- Arbeitsanweisung zum Datenschutz.[26]

9.1.2.1.2 Maßnahmen zur Umsetzung der Vertraulichkeit hinsichtlich des Einsatzes von Auftragsverarbeitern

Maßnahmen für das Gesamtsystem

- Sorgfältige Auswahl jedes Auftragsverarbeiters (u. a. Gebäudeschutz, Backup-Speicher),
- Schließen eines Auftragsverarbeitungsvertrages je Auftragsverarbeiter,
- regelmäßige Nachkontrollen der Auftragsverarbeiter.[27]

---

[26] Die vorgenannten Maßnahmen sind Teil der im Rahmen von Abschnitt 5.1.1 in Bezug auf die Kosten zur Umsetzung der Maßnahmen quantifizierten Maßnahmen. Insofern wird für die Quellenangaben auf die in Abschnitt 5.1.1 beschriebene Literaturrecherche verwiesen.

[27] Die vorgenannten Anforderungen zur Auftragsverarbeitung ergeben sich aus Art. 28 Abs. 1 und 3 i.V.m. Art. 42 Abs. 7 DSGVO.

9.1.2.1.3 Maßnahmen zur Umsetzung der Vertraulichkeit hinsichtlich des physischen Zutritts zu personenbezogenen Daten

<u>Maßnahmen für das Gesamtsystem</u>

- Sicherheitsschlösser mit individuellem Schlüssel/ Token je Mitarbeiter,
- abschließbare Schränke,
- Sichtschutz im Gebäude,
- Zutrittsberechtigungskonzept,
- Pfortenbetrieb zur Besucheranmeldung (Tag),
- Alarmanlage,
- Einrichten spezieller Schutzzonen,
- Wachpersonal (Nacht),
- Videoüberwachung.[28]

9.1.2.1.4 Maßnahmen zur Umsetzung der Vertraulichkeit in Form der Absicherung des Zugangs und Zugriffs[29]

<u>Maßnahmen für das Gesamtsystem</u>

- Zugangs- und Zugriffsberechtigungskonzept,
- Firewall (mit Zonenkonzept und Filterregeln zwischen den Zonen),*
- Data Loss Prevention System mit Datenverschlüsselung (und –entschlüsselung nur für Berechtigte),*
- Client-Authentisierung,*
- Protokollierung zu gescheiterten und erfolgreichen Zugriffsversuchen,
- Protokollierung der Administrator-Aktivitäten,

---

[28] Die vorgenannten Maßnahmen sind Teil der im Rahmen von Abschnitt 5.1.1 in Bezug auf die Kosten zur Umsetzung der Maßnahmen quantifizierten Maßnahmen. Insofern wird für die Quellenangaben auf die in Abschnitt 5.1.1 beschriebene Literaturrecherche verwiesen.

[29] Ab hier bis zum Ende des Abschnitten 9.1.2 und sofern nicht anders angegeben: Die Auflistung der Maßnahmen basiert auf den in Abschnitt 5.1.1 genannten Quellen zur Recherche von den Stand der Technik entsprechenden Schutzmaßnahmen sowie einem von der Autorin dieser Arbeit durchgeführten Workshop mit einem Informationssicherheitsbeauftragten, der zum Ziel hatte, das Maßnahmenbündel auf Vollständigkeit zu prüfen. Die Maßnahmen, die im Rahmen des Workshops ergänzt wurden, sind mit einem Sternchen (*) hinter der Maßnahme (bzw. sofern sich die Ergänzung nur auf die hinzugefügte Information in Klammern bezieht, mit einem Sternchen innerhalb der Klammer) gekennzeichnet.

– Sicherung der Protokolldaten gegen Verlust und Veränderung.

Zusätzliche Maßnahme, nur für den sehr hohen Schutzbedarf

– 2-Faktor-Authentisierung, z. B. über Einmal-PIN oder Authentifikations-App.*

Zusätzliche Maßnahme, nur für den niedrigen Schutzbedarf

– Kennung über Benutzername und Passwort je Nutzer
  – Passwort muss mind. 20 Zeichen haben und aus mindestens drei der vier folgenden Bestandteile bestehen:
  – Großbuchstaben,
  – Kleinbuchstaben,
  – Zahlen,
  – Sonderzeichen.[30]

9.1.2.1.5 Maßnahmen zur Umsetzung der Vertraulichkeit während der Datenübertragung und -weitergabe

Maßnahmen, nur für den sehr hohen Schutzbedarf

– Transportverschlüsselung (TLS, mind. 1.2*)
  – zwischen Webschnittstelle (Eingabe durch Datenspender) und (internem) Server des Treuhänders,
  – zwischen (internem) Server des Datentreuhänders und Server zur anonymen Datenbereitstellung.

Maßnahme, nur für den hohen Schutzbedarf

– Für Kommunikation mit dem Datennutzer und dem Betroffenen, die durch den Treuhänder im Rahmen des Ausnahmefalls aus dem Verarbeitungssystem per E-Mail erfolgt: Transportverschlüsselung (TLS, mind. 1.2*).

---

[30] *NIST*-Richtlinie 800-63B – Digital Identity Guidelines "Authentication and Lifecycle Management", über: https://pages.nist.gov/800-63-3/sp800-63b.html.

9.1.2.1.6 Maßnahmen zur Umsetzung der Vertraulichkeit in Bezug auf die Trennung des Teils 1a und 1b

Maßnahmen für das Gesamtsystem

- Rollen- und Berechtigungskonzept,
- [rollen] „spezifische Benutzerkennungen"[31],
- „getrennte Systeme zur Berechtigungsvergabe" (SDSM),
- [rollen] „spezifisch abgeschlossene Berechtigungsvergabe," (analog SDSM),
- [rollen] „spezifische Protokollierung [der Zugriffe und Zugriffsversuche]," (analog SDSM),
- [rollen] „übergreifendes Administrationskonzept" (analog SDSM),
- [rollen] „übergreifende Protokollierung der Administration" (analog SDSM),
- getrennte Softwareebene,*
- getrennte Datenbankebene,*
- Berechtigungsrestriktion: Software- und Datenbankebene 1a darf auf Software- und Datenbankebene 1b schreiben, Software- und Datenbankebene 1b erhält keinen Zugriff auf Software- und Datenbankebene 1a,*
- Einforderung einer Authentifizierung der Software- und Datenbankebene 1a bei der Software- und Datenbankebene 1b,*
- „Dokumentation der Wirksamkeit der Trennungsmaßnahmen anhand von Protokollen" (SDMS)
- Sicherung der Protokolldaten gegen Verlust und Veränderung.

9.1.2.2 Umsetzung der Integrität

Maßnahmen, nur für den sehr hohen Schutzbedarf

- Protokollierung des Hinzufügens, Änderns und Löschens jeglicher Daten,
- Protokollierung der Administrator-Aktivitäten zum Hinzufügen, Ändern und Löschen von Daten,
- Sicherung der Protokolldaten gegen Verlust und Veränderung.[32]

---

[31] *DSK*, Standarddatenschutzmodell, Baustein „Trennen", über: https://www.datenschutz-mv.de/static/DS/Dateien/Datenschutzmodell/Bausteine/SDM-V2.0_Trennen_V1.0.pdf. Sofern sich unter 1 f weitere Anforderungen aus demselben Baustein ergeben, wird dies durch „(SDSM)" hinter der Maßnahme gekennzeichnet.

[32] Bei den anderen beiden Schutzbedarfen besteht (durch die eingeschränkte Funktionalität bzw. die bereits dargestellten Berechtigungen der Rollen) keine Möglichkeit der Akteure, Daten hinzuzufügen, zu ändern oder zu löschen.

9.1.2.3   Umsetzung der Verfügbarkeit, Belastbarkeit der Systeme und raschen Wiederherstellung von Daten

9.1.2.3.1 Maßnahmen zur Umsetzung der Verfügbarkeit bei Feuer

<u>Maßnahmen für das Gesamtsystem</u>

- Rauchmelder,
- Feuerlöscher/Löschanlage,
- Brandschutztüren,
- Brandschutzzonen.

9.1.2.3.2 Maßnahmen zur Umsetzung der Verfügbarkeit bei Hochwasser

<u>Maßnahmen für das Gesamtsystem</u>

- Ggf. Hochwassermelder (sofern Verarbeitung durch Treuhänder in Hochwasserrisikogebiet),
- ggf. Hochwasserschutz (sofern Verarbeitung durch Treuhänder in Hochwasserrisikogebiet).

9.1.2.3.3 Maßnahmen zur Umsetzung der Verfügbarkeit durch Backups

<u>Maßnahmen für das Gesamtsystem</u>

- Backup-Konzept „3-2-1"*
  - Tägliches Backup, gespeichert in gleicher Brandschutzzone,*
  - jeden dritten Tag Backup mit anderer Software, gespeichert in anderer Brandschutzzone,*
  - jeden siebten Tag Backup mit nochmal anderer Software, Verschlüsselung mit z. B. AES 265 und verschlüsselte Ablage bei Dienstleister,*
- regelmäßige Überprüfung des Backup-Konzepts,
- Business Continuity Management* (bzw. ausgedruckter Wiederanlaufplan).

9.1.2.3.4 Maßnahmen zur Umsetzung der Verfügbarkeit durch Redundanz und Erreichbarkeit

<u>Maßnahmen für das Gesamtsystem</u>

- redundante Netzwerktechnik,*
- redundante Stromversorgung,*
- ggf. Notstromaggregate,
- 12 Stunden Rufbereitschaft mind. eines technischen Mitarbeiters (bei Wunsch der Verfügbarkeit während der normalen Geschäftszeiten).*

9.1.2.4 Umsetzung von Verfahren zur regelmäßigen Überprüfung der Wirksamkeit der technischen und organisatorischen Maßnahmen
9.1.2.5 Maßnahmen für das Gesamtsystem

- Intrusion Detection and Response System (mit Regeln zum Schutz vor internen und externen Angriffen),*
- Antiviren-Software (bzw. Endpoint-Detection and Response System*),
- regelmäßige Überprüfung, u. a. in Bezug auf „Haltbarkeit" der Feuerlöscher und Notstromaggregate, Wiederherstellungsprüfung.*

9.1.2.6 Erläuterung zur Angemessenheit exemplarischer Maßnahmen

In den folgenden beiden Unterkapiteln erfolgt eine Erläuterung zur Angemessenheit exemplarischer für das Datenverarbeitungssystem ausgewählten Maßnahmen – Unterkapitel a erläutert die Angemessenheit in Bezug auf die Unterscheidung unterschiedlicher Schutzbedarfe innerhalb des Datenverarbeitungssystems und Unterkapitel 2 erläutert die Angemessenheit Bezug nehmend auf die in Kapitel 5 erhobenen und validierten Implementierungskosten unter Berücksichtigung des Schutzbedarfs des Gesamtsystems.

Entsprechend der Ergebnisse aus Teil 2 dieser Arbeit wird dabei auf die Fragen eingegangen, welche Kriterien bei der Auswahlentscheidung berücksichtigt wurden, welche Kriterien wie und aus welchem Grund priorisiert wurden, welche alternativen Schutzmaßnahmen in Betracht gezogen wurden und aus welchen Abwägungsgründen sich gegen die Alternativen entschieden wurde?

9.1.2.6.1 Begründung zusätzlicher Maßnahmen zur Umsetzung der Vertraulichkeit in Form der Absicherung des Zugangs und Zugriffs

Umgesetzte Maßnahmen:

<u>Zusätzliche Maßnahme, nur für den sehr hohen Schutzbedarf</u>
2-Faktor-Authentisierung, z. B. über Einmal-PIN oder Authentifikations-App*

<u>Zusätzliche Maßnahme, nur für den niedrigen Schutzbedarf</u>
Kennung über Benutzername und Passwort je Nutzer
– Passwort muss mind. 20 Zeichen haben und aus mindestens drei der vier folgenden Bestandteile bestehen:
– Großbuchstaben,
– Kleinbuchstaben,
– Zahlen,
– Sonderzeichen.

In dem betrachteten Datenverarbeitungssystem bestehen unterschiedlich hohe Schutzbedarfe. Während bei der Verarbeitung im Teil 1a) des Datenverarbeitungssystems u. a. besondere Kategorien personenbezogener Daten verarbeitet werden, für die ein sehr hoher Schutzbedarf besteht, werden im Teil 1b) des Datenverarbeitungssystems ausschließlich anonyme Daten verarbeitet, für die ein niedriger Schutzbedarf besteht. Bei der Auswahlentscheidung zum Treffen zusätzlicher Maßnahmen für den sehr hohen Schutzbedarf wurden sämtliche in Art. 24 Abs. 1, 25 Abs. 1 und 32 Abs. 1 und 2 DSGVO genannten Kriterien berücksichtigt. Aufgrund des Umfangs der im Datenverarbeitungssystem erfolgenden Datenverarbeitung, der im System verarbeiteten besonderen Kategorien personenbezogener Daten und dem Umstand, dass das Datenverarbeitungssystem ein hochgradig attraktives Ziel für Angreifer und insbesondere die unbefugte Offenlegung der personenbezogenen Daten zu Diskriminierungen und Rufschädigungen (z. B. durch Bekanntwerden von Krankheitsdiagnosen) führen kann, so dass im Ergebnis ein hohes Risiko für die Rechte und Freiheiten sowie eine hohe Eintrittswahrscheinlichkeit besteht, wurden das hohe Verarbeitungsrisiko und der Stand der Technik vor den Implementierungskosten priorisiert.

Neben der 2-Faktor-Authentisierung besteht insbesondere in der 1-Faktor-Authentisierung mit Benutzername und Passwort eine Alternative. Eine 2-Faktor-Authentisierung bietet allerdings einen höheren Schutz als eine gewöhnliche Kennung mit Benutzername und Passwort. Sofern das gewählte Passwort (1. Faktor) von einem Angreifer abgegriffen wird, sind die mit der 2-Faktor-Authentisierung geschützten Informationen trotzdem noch sicher, da sie durch z. B. den Einmal-PIN oder die Authentifizierungs-App (2. Faktor) zusätzlich vor unberechtigten Zugriffen geschützt werden. Der Nachteil der 2-Faktor-Authentisierung liegt insbesondere in der Verlängerung des Anmeldevorgangs, der zwar als geringfügig einzustufen ist, jedoch dennoch zu zusätzlichen Kosten führt, wenn jeder Nutzer des Datenverarbeitungssystems einige Sekunden länger benötigt, um sich an dem System anzumelden. Trotz dieses Mehraufwandes empfehlen das BSI, die ENISA und TeleTrust die Nutzung der 2-Faktor-Authentisierung, wann immer sie möglich ist.[33] Unter Priorisierung des hohen Risikos für die Rechte und Freiheiten der betroffenen Personen und des Standes der Technik ist folglich für Teil 1a) des Datenverarbeitungssystems die 2-Faktor-Authentisierung umzusetzen.

Da in Teil 1b) des Datenverarbeitungssystems ausschließlich anonyme Daten verarbeitet und der Schutzbedarf niedrig ist, wurde in Teil 1b) der Faktor der Implementierungskosten priorisiert. Da der Begriff der Implementierungskosten weit zu verstehen ist, schließt er regelmäßig auch den Mehraufwand des Anmeldevorgangs und den damit verbundenen Kosten ein. U.a. weil aus vertragsrechtlicher Sicht sichergestellt werden muss, dass nur Datennutzer den Teil 1b) des Datenverarbeitungssystems nutzen, die mit dem Datentreuhänder einen Vertrag über die Nutzung geschlossen haben (einige besonders relevante Inhalte dieses Vertrages wurden bereits vorgestellt), kann auch unter Berücksichtigung des niedrigen Schutzbedarfs und unter Berücksichtigung des Umstands, dass in dem System keine personenbezogenen Daten verarbeitet werden, nicht vollständig auf eine Authentisierung verzichtet werden. Jedoch kann vor diesem Hintergrund für den Teil 1b) des Datenverarbeitungssystems die 1-Faktor-Authentisierung als Alternative zur 2-Faktor-Authentisierung umgesetzt werden.

---

[33] *BSI*, 2-Faktor-Authentisierung, über: https://www.bsi.bund.de/DE/Themen/Verbrauch erinnen-und-Verbraucher/Informationen-und-Empfehlungen/Cyber-Sicherheitsempfehl ungen/Accountschutz/Zwei-Faktor-Authentisierung/zwei-faktor-authentisierung_node. html; *ENISA* und *TeleTrust*, Handreichung zum Stand der Technik, über: https://www.tel etrust.de/fileadmin/user_upload/2021-02_TeleTrusT-Handreichung_Stand_der_Technik_in_ der_IT-Sicherheit_DE.pdf.

9.1.2.6.2 Begründung von Maßnahmen zur Umsetzung der Vertraulichkeit während der Verarbeitung durch die Mitarbeiter des Treuhänders

Umgesetzte Maßnahmen:

Maßnahmen für das Gesamtsystem

- Verpflichtung auf den Datenschutz jedes relevanten Mitarbeiters (EK 590 €, WK 6,50 € je neuem Mitarbeiter),[34]
- initiale Schulung des betrieblichen Datenschutzbeauftragten (EK 5.300 €),
- jährliche Fortbildung des betrieblichen Datenschutzbeauftragten (WK 1.600 € p.a.),
- allgemeine Mitarbeiterschulung (EK 425 €, WK 992,50 €, jedes 2. Jahr),
- zusätzliche, aufgabenbezogene Mitarbeiterschulung für den Treuhänder-Verarbeitungskontext (EK 750 €, WK 700 €, jedes 2. Jahr),
- Arbeitsanweisung zum Datenschutz (EK 11.150 €, WK 35 € je neuem Mitarbeiter).

Die Maßnahmen zur Umsetzung der Vertraulichkeit während der Verarbeitung durch die Mitarbeiter des Treuhänders betreffen das gesamte Datenverarbeitungssystem, so dass für das Treffen der Schutzmaßnahmen das höchste bestehende Schutzniveau zu berücksichtigen ist. Bei der Auswahlentscheidung von Maßnahmen für den sehr hohen Schutzbedarf wurden sämtliche in Art. 24 Abs. 1, 25 Abs. 1 und 32 Abs. 1 und 2 DSGVO genannten Kriterien berücksichtigt. Wie auch bei den zusätzlichen Maßnahmen zur Umsetzung der Vertraulichkeit in Form der Absicherung des Zugangs und Zugriffs wurden aufgrund des Umfangs der im Datenverarbeitungssystems erfolgenden Datenverarbeitung, der im System verarbeiteten besonderen Kategorien personenbezogener Daten sowie dem

---

[34] Die Kosten werden entsprechend der im Rahmen des Kapitels 5 gewonnenen Erkenntnisse angegeben. Da insbesondere vorgeschlagen wird, die Rolle des Datentreuhänders mit einem Notar zu besetzen, werden die Kostenangaben hier beispielhaft für die kleinste Kostengruppe benannt (10 Mitarbeiter, 1 Standort). Die dargestellte Abwägung für oder gegen die Maßnahmen trifft jedoch ebenso auf die anderen beiden Kostengruppen (250 Mitarbeiter, 2 Standorte und 5.000 Mitarbeiter, 5 Standorte) zu.

Risiko und der Eintrittswahrscheinlichkeit von Angriffen auf das Datenverarbeitungssystem das hohe Verarbeitungsrisiko und der Stand der Technik vor den Implementierungskosten priorisiert.

§ 38 Abs. 1 BDSG regelt, dass – sofern Verantwortliche Verarbeitungen vornehmen, die einer Datenschutz-Folgenabschätzung unterliegen, oder personenbezogene Daten geschäftsmäßig zum Zweck der Übermittlung bzw. der anonymisierten Übermittlung verarbeiten – einen Datenschutzbeauftragten benennen müssen. Vor diesem Hintergrund besteht für den Datentreuhänder unabhängig von der Anzahl an Mitarbeitern, die regelmäßig personenbezogener Daten verarbeiten, die Pflicht zur Bestellung eines Datenschutzbeauftragten. Um sicherzugehen, dass der Datenschutzbeauftragte die für die Aufgabe nötige Fachkunde besitzt und gegenüber der Aufsichtsbehörde nachweisen kann, wird eine initiale Schulung sowie jährliche Auffrischungen umgesetzt. Alternativ könnte der Turnus zur Auffrischung auf zwei oder drei Jahre ausgedehnt werden. Da dem Datenschutzbeauftragten u. a. die Aufgabe zukommt, interne Datenschutzaudits durchzuführen und somit die Funktionalität und Angemessenheit der technischen und organisatorischen Schutzmaßnahmen (ggf. gemeinsam mit den Informationssicherheitsbeauftragten) beurteilt und ggf. Vorschläge unterbreitet, um die Maßnahmen entsprechend des Standes der Technik oder neuartiger Bedrohungen zu aktualisieren oder zu ergänzen, ist es bei dem sehr hohen Schutzniveau angemessen, jedes Jahr eine Auffrischung der Fachkunde vorzunehmen. Nur so kann der Datenschutzbeauftragte in die Lage versetzt werden, Änderungen am Stand der Technik oder aktuelle Bedrohungen zu kennen und entsprechende Gegenmaßnahmen (ggf. gemeinsam mit dem Informationssicherheitsbeauftragten) vorschlagen zu können. Die einmaligen Kosten für die initiale Schulung in Höhe von 5.300 € sowie die jährlich (statt zwei- oder dreijährlich) wiederkehrenden Kosten von 1.600 € sind vor diesem Hintergrund angemessen.

Auch die Verpflichtung auf den Datenschutz jedes relevanten Mitarbeiters sowie die Arbeitsanweisung zum Datenschutz tragen zum Ziel der vertraulichen Datenverarbeitung durch die Mitarbeiter bei. Eine Verpflichtung auf den Datenschutz jedes relevanten Mitarbeiters, mit einmaligen Kosten in Höhe von 590 € und wiederkehrenden Kosten in Höhe von 6,50 € je neuem Mitarbeiter, ist regelmäßig bei jeglicher Verarbeitung personenbezogener Daten angemessen und ist häufig sogar rechtlich gefordert, etwa wenn Organisationen als Auftragsverarbeiter tätig werden. Hingegen wäre eine Arbeitsanweisung bei einem niedrigen, normalen und hohen Schutzbedarf in Angesicht der Implementierungskosten von einmalig 11.150 € sowie wiederkehrend 35 € je neuem Mitarbeiter entbehrlich, jedoch ist sie bei dem hier betrachteten Datenverarbeitungssystem einerseits in Anbetracht des sehr hohen Schutzbedarfs und andererseits in Anbetracht der komplexen Verarbeitungsvorgänge hinsichtlich der unterschiedlichen datenschutz-rechtlichen Rollen, Rollenkonzepten und -berechtigungen und nicht zuletzt wegen der hoch relevanten Trennung von personenbezogenen, pseudonymen und Zuweisungsdaten (zur Aufhebung der Pseudonymisierung) unbedingt erforderlich und angemessen, eine Arbeitsanweisung zum Datenschutz zu erstellen.

Schließlich sind Mitarbeiterschulungen zur Erreichung eines vertraulichen Umgangs mit personenbezogenen Daten durch die Mitarbeiter unerlässlich. Für das betrachtete Datenverarbeitungssystem wurden allgemeine Mitarbeiterschulungen sowie aufgabenbezogene Mitarbeiterschulungen für den Treuhänder-Verarbeitungskontext im jährlichen Wechsel vorgeschlagen. Alternativ könnte jede der Schulungen auch jährlich oder weniger häufig stattfinden sowie ggf. ein Test am Ende der Mitarbeiterschulung durchgeführt werden. Für die Entscheidung zum Treffen der Schutzmaßnahmen wurden die gleichen Faktoren berücksichtigt und priorisiert, wie bei den anderen in diesem Unterkapitel genannten Schutzmaßnahmen, wobei der Stand der Technik bei organisatorischen Maßnahmen eine höchstens untergeordnete Rolle spielt. Trotz Priorisierung des hohen Verarbeitungsrisikos gegenüber den Implementierungskosten scheinen die Kosten eines Tests nach Mitarbeiterschulungen in Höhe von 1.275€ einmalig sowie 197.50€ je Schulungsjahr nicht angemessen, da sie keinen inhaltlichen Mehrgewinn leisten. Unter der Annahme, dass die Umsetzung der Mitarbeiterschulungen gegenüber den anderen datenschutzrechtlichen Rollen nicht nachgewiesen werden muss, kann daher trotz der Priorisierung des hohen Verarbeitungsrisikos auf die Maßnahme verzichtet werden. Auch scheint es nicht angemessen, sowohl die allgemeine als auch die aufgabenbezogenen Mitarbeiterschulungen für den Treuhänder-Verarbeitungskontext in jedem Jahr durchzuführen, da davon auszugehen ist, dass – im Gegensatz zu aufgabenbezogenen Schulungen für z. B. die Personaler einer Organisation, bei denen es sich um einen geringen Prozentsatz der Gesamtmitarbeiter der Organisation handelt –sämtliche Mitarbeiter des Datentreuhänders neben der allgemeinen Schulung auch die aufgabenbezogene Schulung durchlaufen müssen und somit bei einmaligen Kosten von 425 € und 992,50 € wiederkehrenden Kosten je durchgeführter Schulung für die allgemeine Mitarbeiterschulung sowie bei einmaligen Kosten in Höhe von 750 € sowie wiederkehrenden Kosten von 700 € je durchgeführter Schulungen – auch unter Priorisierung des Verarbeitungsrisikos – eine jährlich stattfindende allgemeine und aufgabenbezogene Schulung nicht angemessen sein wird. Zu verneinen ist unter Priorisierung des Verarbeitungsrisikos jedoch, dass Schulungen zum Datenschutz seltener als im jährlichen Turnus stattfinden. Somit wäre beispielsweise eine vierjährliche Wiederholung beider Schulungen – so dass im

Ergebnis jede zwei Jahre eine der beiden Schulungen stattfindet – bei einem sehr hohen Schutzbedarf nicht angemessen (da nicht häufig genug), sondern zu selten.

9.1.3 Gestaltung der Umsetzung der weiteren Datenschutz-Grundsätze im Datenverarbeitungssystem

Die folgenden Unterkapitel gestalten die Umsetzung der für das betrachtete Datenverarbeitungssystem besonders relevanten Aspekte der weiteren Datenschutz-Grundsätze. Für alle für diesen Abschnitt relevanten Annahmen wird auf Kapitel 7 verwiesen.

Wie bereits im Rahmen der Gestaltung der Umsetzung des Grundsatzes der Vertraulichkeit und Integrität bleiben auch in der nachfolgenden Darstellung diejenigen Pflichten, die sich nicht auf das Datenverarbeitungssystem des Datentreuhänders, sondern auf die Datenverarbeitungssysteme des Datenspenders und Datennutzers beziehen, unberücksichtigt.

9.1.3.1 Rechtmäßigkeit, Verarbeitung nach Treu und Glauben, Transparenz

Davon ausgehend, dass aus Sicht des Datenspenders eine Rechtsgrundlage zur Datenweitergabe an den Datentreuhänder vorliegt – diesen Umstand sollte sich der Datentreuhänder schriftlich bestätigen lassen –, benötigt der Datentreuhänder eine Rechtsgrundlage für die durch ihn erfolgende, personenbezogene Datenverarbeitung. Wie bei der Datenweitergabe seitens des Datenspenders kann für die seitens des Datentreuhänders erfolgende Datenverarbeitung insbesondere auf Art. 6 Abs. 1 lit. f DSGVO (berechtigtes Interesse der Smart-City-Akteure an der Bereitstellung der anonymen Daten; die Rechtsgrundlage ist nur bei „normalen" personenbezogenen Daten anwendbar) und § 27 BDSG (Datenverarbeitung zu wissenschaftlichen Zwecken; anwendbar auf besondere Kategorien personenbezogener Daten) zurückgegriffen werden.

Darüber hinaus muss der Datentreuhänder seinen Informationspflichten bei Dritterhebung nachkommen. Gem. Art. 14 DSGVO hat der Datentreuhänder daher die betroffenen Personen spätestens innerhalb eines Monats nach Datenerhebung (d. h. also nach Datenweitergabe vom Datenspender an den Datentreuhänder) die betroffene Person über die Rahmenbedingungen der seinerseits erfolgenden Datenverarbeitung zu informieren. Diese Information muss u. a. die Kontaktdaten des Datentreuhänders und dessen Datenschutzbeauftragten beinhalten sowie die Zwecke der Datenverarbeitung und die Quelle, aus denen er die Daten erhalten hat, benennen. Da sich eine Datenschutzinformation gem. Art. 13 bzw. 14 DSGVO – im Gegensatz zu der Beantwortung eines Auskunftsersuchens gem. Art. 15 DSGVO – generisch an alle betroffenen Personen der gleichen Datenverarbeitung (z. B. an alle Mitarbeiter im Rahmen der Lohnabrechnung, an alle Kunden im Rahmen der Pflege des CRM oder an alle betroffenen Personen des hier beschriebenen Datenverarbeitungssystems des Treuhänders) richtet, besteht durch die Erfüllung der Informationspflicht grundsätzlich nicht die Gefahr, dass bereits durch die Erfüllung der Informationspflicht besonders schützenswerte Informationen ableitbar sind (im Gegensatz dazu wäre dies im Rahmen eines Auskunftsersuchens u. a. durch die genaue Auflistung der verarbeiteten Daten möglich), so dass auch für die Erfüllung der Informationspflicht auf die in dieser Arbeit dargestellte Kommunikation zwischen Datentreuhänder und betroffener Person zurückgegriffen werden kann.

Um einerseits Transparenz über das Aufbrechen der Anonymität zu schaffen sowie andererseits die De-Anonymisierung gegenüber einem Datennutzer zu legitimieren, holt der Datentreuhänder schließlich anlassbezogen und im Einzelfall die Einwilligung der betroffenen Person ein. Auch der Einwilligungstext sollte hierbei so gestaltet werden, dass sich aus ihm zwar ergibt, dass besondere Kategorien personenbezogener Daten gem. Art. 9 DSGVO verarbeitet werden sollen, sich jedoch aus dem Text keine indirekten Rückschlüsse auf Krankheitsdiagnosen o.ä. der betroffenen Person ableiten lassen. Auch ist der Einwilligungstext hinsichtlich des Verarbeitungszwecks bewusst eng zu fassen.[35]

Ein weiterer Aspekt der Rechtmäßigkeit ist die Verhinderung bzw. der Umgang mit Doppelrollen. Grundsätzlich ist festzustellen, dass in dem hier vorgeschlagenen Datenverarbeitungssystem Doppelrollen und gewisse Einflussfaktoren zwischen den verschiedenen Rollen – wie bereits dargestellt – vertraglich ausgeschlossen werden müssen. Ein Verstoß gegen das Verbot von Doppelrollen hat insbesondere aus der Perspektive des Datennutzers erhebliche datenschutzrechtliche Konsequenzen: Eine Doppelrolle, bei der eine Organisation auch Datennutzer ist, führt dazu, dass die Organisation keine anonymen Daten verarbeitet, sondern die von ihr über das Datenverarbeitungssystem genutzten Daten Personenbezug

---

[35] Bezugnehmend auf die Daten-Governance-Verordnung sei an dieser Stelle angemerkt, dass diese die Entwicklung eines gemeinsamen europäischen Einwilligungsformular für Datenaltruismus vorsieht. Ziel dieses Einwilligungsformulars soll es sein, „die Kosten für die Einholung der Einwilligung zu senken und die Übertragbarkeit der Daten zu erleichtern (wenn die zur Verfügung zu stellenden Daten nicht im Besitz der betroffenen Person sind)." Begründung des Vorschlags der Daten-Governance-Verordnung, über: https://eur-lex.europa. eu/legal-content/DE/TXT/PDF/?uri=CELEX:52020PC0767&from=DE, S. 9.

besitzen. Sollte sie also – entgegen der vertraglichen Zusicherung – eine Doppelrolle innehaben, ist sie datenschutzrechtlich Verantwortliche und muss für die Verarbeitung der Daten die Anforderungen der Datenschutz-Grundverordnung einhalten. Vor diesem Hintergrund muss auch jeder Datennutzer, der von dem Ausnahmefall Gebrauch macht, den aus seiner Sicht de-anonymisierten Datensatz aus dem von ihm im Rahmen des Datenverarbeitungssystems genutzten Daten löschen (bzw. in sein personenbezogenes Datenverarbeitungssystem übertragen und dann aus den von ihm genutzten anonymen Daten löschen), da dieser für ihn nicht mehr anonym ist und er für dessen Verarbeitung den Anforderungen der Datenschutz-Grundverordnung unterliegt.

Weiterführende Regelungen zur Umsetzung des Grundsatzes in Bezug auf die Datennutzer für den Regelfall der Nutzung des Datenverarbeitungssystems sind regelmäßig nicht notwendig, da die Datennutzer in diesem Fall ausschließlich anonyme Daten verarbeiten und die Umsetzung des Grundsatzes für diese Verarbeitung nicht erforderlich ist.

9.1.3.2 Zweckbindung

In seiner Rolle als Datentreuhänder unterliegt dieser einer strengen vertraglich vereinbarten Zweckbindung, die durch die Datenspender zur Verfügung gestellten Daten ausschließlich zur Umsetzung des Treuhändermodells und der anonymen Zur-Verfügung-Stellung von Daten – sowie im Ausnahmefall zur De-Anonymisierung einzelner Datensätze nach Einwilligung der betroffenen Person – zu verarbeiten.

Darüber hinaus sorgt eine bewusst eng umgrenzte Zweckbindung im Rahmen der durch die betroffene Person erteilten Einwilligung im Ausnahmefall für die Umsetzung des Zweckbindungsgrundsatzes gegenüber dem Datennutzer, sofern diesem im Rahmen des Ausnahmefalls personenbezogene Daten bekannt werden.

Weiterführende Regelungen zur Umsetzung des Zweckbindungsgrundsatzes in Bezug auf die Datennutzer für den Regelfall der Nutzung des Datenverarbeitungssystems sind regelmäßig nicht notwendig, da die Datennutzer in diesem Fall ausschließlich anonyme Daten verarbeiten und eine Zweckbindung für diese Verarbeitung nicht erforderlich ist.

9.1.3.3 Datenminimierung

Der Grundsatz der Datenminimierung wird in dem beschriebenen Datenverarbeitungssystem einerseits durch die Pseudonymisierung der durch die Datenspender zur Verfügung gestellten personenbezogenen Daten erreicht.

Des Weiteren wird der Grundsatz durch die gegenüber den Datennutzern rein anonyme Datenweitergabe sowie die Ausnahmeregelung nach Einwilligung durch die betroffene Person umgesetzt.

9.1.3.4 Richtigkeit

Wie bereits in Kapitel 7 erwähnt, obliegt es dem Datenspender, vor der Übermittlung an den Datentreuhänder zu verifizieren, dass die übermittelte E-Mail-Adresse der betroffenen Personen tatsächlich zu der betroffenen Person gehört. Dies sollte durch die Umsetzung eines Double-Opt-In-Verfahrens umgesetzt werden, wie es auch zur Anmeldung zu Newslettern eingesetzt wird. Durch diesen Schritt wird ausgeschlossen, dass die Datenschutzinformation an den „falschen" Empfänger versandt wird und die Einwilligung durch jemand anderen als die betroffene Person erteilt wird.

Darüber hinaus sollte in Bezug auf den Grundsatz der Richtigkeit insbesondere dem Datenspendern vertraglich die Pflicht auferlegt werden, den Datentreuhänder über (von ihm selbst ausgelösten oder von der betroffenen Person initiierten) Aktualisierungen der von ihm bereitgestellten Datensätze zu informieren. Den Datentreuhänder wiederum trifft die Pflicht, die Daten entsprechend der erteilten Information (auch wenn dies nicht aus Sicht des Datenschutzrechts geboten ist, sollte dies sinnvoller Weise auch für den anonymen Zugriff durch die Datennutzer gelten, damit die Forschung auf aktuellen, anonymen Daten erfolgt) zu aktualisieren. Ggf. könnte der Datentreuhänder zudem eine Funktion umsetzen, die sämtliche Datennutzer, die einen bestimmten Datensatz in der Vergangenheit abgerufen haben und der aktualisiert wurde, automatisiert über die Aktualisierung informiert. Der reine Hinweis auf aktualisierte Daten könnte per unverschlüsselter Mail erfolgen, die aktualisierten Daten könnte der Datennutzer nach einem erneuten Login beim Datentreuhänder abrufen. Eine Ausnahme auf den Zugriff aktualisierter Datensätze sollte für Datensätze bestehen, für die im Rahmen des Ausnahmefalls des Datenverarbeitungssystems für einen der Datennutzer der Personenbezug hergestellt wurde (bzw. sollten in diesem Fall Aktualisierungsmeldungen von der Einwilligung der betroffenen Person abhängen).

9.1.3.5 Speicherbegrenzung

Um den Grundsatz der Speicherbegrenzung umzusetzen, hat der Datentreuhänder zu Beginn der Datenverarbeitung Löschregeln für die personenbezogenen Daten, die in seinem Datenverarbeitungssystem verarbeitet werden, zu definieren. Sofern ihn für die Daten keine gesetzlichen Aufbewahrungspflichten treffen, richtet sich die Festlegung von Löschregeln ausschließlich nach der Erfüllung des datenschutzrechtlichen Verarbeitungszwecks, in diesem Fall also der Mehrwertgenerierung für Bürger einer Smart City, z. B. in Bezug auf den Ausbau von Gesundheits- und Bildungsangeboten sowie die effektivere und effizientere Reaktion auf Katastrophenfälle. Im Rahmen der Durchführung der 27 strukturierten Interviews von Smart-City-Akteuren schätzen einige der interviewten Smart-City-Akteure die Notwendigkeit der Datenspeicherung auf maximal zehn Jahre ein, wobei sich diese Einschätzung auf die längerfristigen Smart-City-Ziele (z. B. den Ausbau des Gesundheitsangebots) bezieht. Die Notwendigkeit der Nutzung personenbezogener Daten zur optimalen Reaktion auf Katastrophenfälle bezieht sich regelmäßig nur auf die Zeit, in der auf einen Katastrophenfall akut reagiert werden muss.

Zu berücksichtigen ist in diesem Zusammenhang insbesondere die Ausnahme vom Grundsatz der Speicherbegrenzung, soweit die personenbezogenen Daten ausschließlich für im öffentlichen Interesse liegende Archivzwecke oder für wissenschaftliche und historische Forschungszwecke oder für statistische Zwecke gem. Art. 89 Abs. 1 DSGVO verarbeitet werden und solange sie für diese Zwecke erforderlich sind und durch angemessene Schutzmaßnahmen gesichert werden.

Da die Anonymisierung eine Alternative zur Löschung ist und auf anonyme Daten die strengen Anforderungen der Datenschutz-Grundverordnung keine Anwendung finden, erstrecken sich die Löschregeln regelmäßig ausschließlich auf die personenbezogenen Daten. Die anonymen Daten können dauerhaft vorgehalten und im Datenverarbeitungssystem abrufbar bleiben, lediglich die Möglichkeit der De-Anonymisierung im Ausnahmefall kann nach Verstreichen des datenschutzrechtlich zulässigen Verarbeitungszeitraums der personenbezogenen Daten nicht mehr umgesetzt werden. Auch auf diesen Umstand könnten die Datennutzer – wie im Rahmen des Grundsatzes der Richtigkeit beschrieben – automatisiert hingewiesen werden.

Weiterführende Regelungen zur Umsetzung des Grundsatzes in Bezug auf die Datennutzer für den Regelfall der Nutzung des Datenverarbeitungssystems sind regelmäßig nicht notwendig, da die Datennutzer in diesem Fall ausschließlich anonyme Daten verarbeiten und die Umsetzung des Grundsatzes für diese Verarbeitung nicht erforderlich ist.

9.1.3.6 Rechenschaftspflicht

Zur Umsetzung der Rechenschaftspflicht hat der Datentreuhänder das Datenverarbeitungssystem zunächst in Form eines Eintrags in das Verfahrensverzeichnisses zu dokumentieren. Darüber hinaus hat der die Umsetzung der Informationspflichten bei Dritterhebung sowie das Einholen der Einwilligungen bei den betroffenen

Personen im Ausnahmefall und das Festlegen der Löschregeln, die für das Datenverarbeitungssystem gelten, zu dokumentieren.

Bezüglich der technischen und organisatorischen Schutzmaßnahmen ist die Auswahl der Schutzmaßnahmen sorgfältig zu dokumentieren. Insbesondere die Abwägung der einzelnen Auswahlkriterien sollten sorgfältig und nachvollziehbar dokumentiert werden (siehe Kapitel 6): Welche Kriterien wurden bei der Auswahlentscheidung berücksichtigt? Welche Kriterien wurden wie und aus welchem Grund priorisiert? Welche alternativen Schutzmaßnahmen wurden in Betracht gezogen und aus welchen Abwägungsgründen wurde sich gegen die Alternativen entschieden? Eine beispielhafte Dokumentation einzelner Anforderungen wurde im Rahmen der Umsetzungsgestaltung des Grundsatzes der Vertraulichkeit und Integrität aufgezeigt. Auch die Durchführung der Datenschutz-Folgenabschätzung ist zu dokumentieren.

Weiterführende Regelungen zur Umsetzung des Grundsatzes in Bezug auf die Datennutzer für den Regelfall der Nutzung des Datenverarbeitungssystems sind regelmäßig nicht notwendig, da die Datennutzer in diesem Fall ausschließlich anonyme Daten verarbeiten und die Umsetzung des Grundsatzes für diese Verarbeitung nicht erforderlich ist.

9.2 Evaluation der Gestaltung des Datenschutzes im System

An die Gestaltung des Datenschutzes im exemplarischen Datenverarbeitungssystem schloss sich eine Evaluation an.

9.2.1 Methodisches Vorgehen

Die Evaluation erfolgte in Form von neun Evaluationsworkshops im Rahmen derer jeweils einem Experten aus den Bereichen Recht, Technik und Wirtschaft die Arbeitsergebnisse vorgestellt wurden und mittels eines vordefinierten Workshopleitfadens das System und deren Datenschutzumsetzung evaluierende Fragen gestellt wurden.

Es erfolgten

- drei Workshops mit je einem Experten aus dem Bereich Datenschutzrecht,
- drei Workshops mit je einem Experten aus dem Bereich Technik/ IT-Sicherheit und
- drei Workshops mit je einem Experten aus dem Bereich Wirtschaft.

Die Fragen des Workshopleitfadens wurden am 6. Juli 2021 über ein Online-Video-Konferenztool durch drei Probe-Workshops hinsichtlich der Verständlichkeit der Fragen validiert, je einer der Workshops wurde mit einem Experten im Bereich Recht, Technik und Wirtschaft durchgeführt. Die Validierung der Fragen dauerte jeweils zwischen 15–30 Minuten, die eigentlichen Workshops dauerten jeweils 45–60 Minuten.

Ziel der neun Workshops war sodann eine Evaluation der Problemlösung auf Basis des exemplarischen Datenverarbeitungssystems (Frage 2),[36] eine Evaluation der vollständigen Umsetzung der Datenschutz-Grundsätze (Fragen 4 und 6 – die Frage 4 wurde wegen ihrer inhaltlichen Ausrichtung nur den Experten aus dem Bereich Technik gestellt, die Frage 6 wurde nur den Experten aus dem Bereich Recht gestellt) sowie eine Evaluation der Angemessenheit der Umsetzung der technischen und organisatorischen Schutzmaßnahmen (Fragen 3 und 5; die Frage 5 wurde im Rahmen der Workshops zweimal gestellt, jeweils im Anschluss an die Darstellung und Begründung eines Schutzmaßnahmenbündels). Darüber hinaus wurde Feedback darüber eingeholt, wie sicher sich die Workshopteilnehmer bezüglich der von ihnen gemachten Angaben sind (Frage 7). Das Feedback der Teilnehmer erfolgte spontan, also ohne inhaltliche Vorbereitung auf die Workshops.

Im Rahmen der neun Workshops erfolgte

- eine Darstellung der Probleme, die den Gestaltungsvorschlägen des Datenverarbeitungssystems zugrunde liegen,
- eine Vorstellung des Datenverarbeitungssystems inklusive Erläuterungen zu den Annahmen, die dem Datenverarbeitungssystem zu Grunde liegen,
- eine Darstellung der Unterscheidung der drei Schutzbedarfe im System,
- eine Darstellung der Gestaltung zur Umsetzung des Datenschutz-Grundsatzes der Vertraulichkeit und Integrität im Datenverarbeitungssystem und

---

[36] Durch die erste Frage wurde lediglich sichergestellt, dass die Workshop-Teilnehmer keine Verständnisfragen zu dem Ausnahme- und Regelfall des exemplarischen Datenverarbeitungssystems hatten, bevor die das System evaluierenden Fragen gestellt wurden.

– eine Darstellung der Begründung zur angemessenen Umsetzung zweier exemplarischer Maßnahmen(bündel).

Die Befragung der Workshopteilnehmer fand jeweils basierend auf den zuvor vorgestellten Ergebnissen statt. Details zu den Rahmenbedingungen der neun Workshops finden sich in der nachfolgenden Tabelle (Tabelle 9.2):

Tabelle 9.2 Rahmenbedingungen der Evaluationsworkshops (1)

Zeitraum der Workshops	06.07.2021–09.07.2021
Medium der Interviews	Online-Video-Konferenztool
Dauer der Workshops	Durchschnittlich ca. 45–60 Minuten je Workshop
Ziel der Workshops	Evaluation der Datenschutzumsetzung und der Angemessenheit der Schutzmaßnahmen
Interviewpartner	Experten aus den Bereichen Datenschutzrecht, Technik/IT-Sicherheit und Wirtschaft
Dokumentation	Zusammenfassendes Transkript, i. d. R. unmittelbar nach den Workshops

Nachfolgend werden die Ergebnisse der Evaluationsworkshops dargestellt.

9.2.2 Evaluation der Geeignetheit des vorgeschlagenen Systems zur Problemlösung der Smart-City-Akteure

Auf die Frage, für wie geeignet die Workshopteilnehmer das vorgestellte Datenverarbeitungssystem halten, um das zu Beginn des Workshops dargestellte Problem der Smart-City-Akteure zu lösen,

– (von anderen Smart-City-Akteuren bereitgestellte) anonyme Daten verarbeiten zu wollen, um Mehrwerte für die Smart City schaffen zu können, aber nicht unter die Anwendbarkeit der DSGVO zu fallen
– und andererseits die Möglichkeit zu haben, im Ausnahmefall den Personenbezug eines bestimmten Datensatzes wiederherstellen zu können

antworteten 8/9 Workshopteilnehmern, dass das Datenverarbeitungssystem sehr geeignet ist und das Problem der Smart-City-Akteure vollständig löst. 1/9 Workshopteilnehmern antwortete, dass das Datenverarbeitungssystem geeignet ist, das

Problem zu lösen. Als Anmerkung erläuterte der Workshopteilnehmer, dass – auch wenn die Europäische Kommission Entlohnungen von Datentreuhändern vorsieht – er sich nicht sicher ist, ob sich ein solches Datentreuhändermodell finanzieren lassen wird.

9.2.3   Evaluation der Einstufung in die drei Schutzbedarfsbereiche

Auf die Frage, ob die Einstufung in die drei verschiedenen Schutzbedarfsbereiche innerhalb des Datenverarbeitungssystems korrekt vorgenommen wurde, antworteten 9/9 der Workshopteilnehmer, dass die Einstufung korrekt vorgenommen wurde.

9.2.4   Evaluation der Gestaltung der Vertraulichkeit und Integrität

Auf die Frage, ob die Gestaltung des Grundsatzes der Vertraulichkeit und Integrität durch die vorgeschlagenen technischen und organisatorischen Maßnahmen vollständig umgesetzt wurde, antwortete 1/3 Workshopteilnehmern – diese Frage wurde nur den drei technischen Experten gestellt –, dass das für das Datenverarbeitungssystem vorgeschlagene Maßnahmenbündel den Datenschutz-Grundsatz vollständig umsetzt. 2/3 Workshopteilnehmern beantworteten die Frage mit „Nein" und führten aus, dass in Bezug auf alle aufgeführten Berechtigungs-konzepte eine regelmäßige Überprüfung dieser Konzepte fehle. Darüber hinaus solle ein Vier-Augen-Prinzip der Administratorenaufgaben beim Datentreuhän-der umgesetzt werden, damit der Datenschutz-Grundsatz vollständig umgesetzt wäre (2. technischer Workshopteilnehmer). Des Weiteren wurde vorgeschlagen, zusätzlich die Identität des Datennutzers zu verifizieren, bevor Kontaktdaten einer betroffenen Person im Ausnahmefall des Systems herausgegeben werden,[37] die personenbezogenen Daten „at rest", inklusive Zuordnungsvorschrift der Pseud-onyme zu verschlüsseln und die Mitarbeiter des Datentreuhänders sorgfältig

---

[37] Der Datentreuhänder muss insbesondere im Rahmen der Kommunikation mit dem Daten-nutzer per E-Mail darauf achten, dass es sich um eine offizielle E-Mail-Adresse des Daten-nutzers handelt.

auszuwählen (3. technischer Workshopteilnehmer). Auf die Rückfrage der Work-shopleiterin, ob nach Ergänzung dieser Maßnahmen der Datenschutz-Grundsatz vollständig umgesetzt wäre, antworteten beide Workshopteilnehmer mit „Ja".

9.2.5 Evaluation der Angemessenheit der Maßnahmen zur Vertraulichkeit und Integrität

Die Frage zur Angemessenheit der Maßnahmen zur Vertraulichkeit und Integrität wurde jedem Workshopteilnehmer im Laufe des Workshops zweimal gestellt: einmal zur Evaluation der Angemessenheit von zusätzlichen Maßnahmen zur Authentisierung und einmal zur Evaluation der Angemessenheit von Maßnahmen zur Umsetzung der vertraulichen Verarbeitung personenbezogener Daten durch die Mitarbeiter des Datentreuhänders. Die Frage zur Angemessenheit bestand aus einem Fragebündel, nämlich:

– Wurden bei der Auswahlentscheidung die richtigen Kriterien berücksichtigt?
– Wurden bei der Auswahlentscheidung die richtigen Kriterien priorisiert?
– Überzeugt aus Ihrer Fachperspektive die Abwägung gegen die Alternativ-maßnahmen (bzgl. der Relevanz der genannten Alternativmaßnahmen und der Abwägung selbst)?
– Erfolgte die Umsetzung der Maßnahmen aus Sicht Ihrer Fachperspektive angemessen i.S.d. DSGVO?

9/9 Workshopteilnehmern beantworteten die o.g. Fragen – in beiden Fragerun-den – mit „Ja".

9.2.6 Evaluation der Gestaltung der weiteren Datenschutz-Grundsätze

Auf die Frage, ob die für das Datenverarbeitungssystem in Bezug auf die weiteren Datenschutz-Grundsätze vorgeschlagenen Maßnahmen die Datenschutz-Grundsätze vollständig umsetzen, antworteten 3/3 Workshopteilnehmern – diese Frage wurde nur den drei rechtlichen Experten gestellt – mit „Ja".

9.2.7   Konfidenz

Auf die Frage, wie sicher sich die Workshopteilnehmer bei den von ihnen im Rahmen des Workshops gemachten Angaben sind, antworteten 9/9 Workshopteilnehmern mit „Sicher".

9.3   Ergebnis

Die Evaluation des vorgeschlagenen Datenverarbeitungssystems bestätigt die Geeignetheit des Datenverarbeitungssystems mit Datentreuhänder zur Lösung des vorgestellten Problems zur anonymen Datenverarbeitung mit Möglichkeit der De-Anonymisierung im Ausnahmefall.

Durch die Evaluation ergab sich, dass die technischen und organisatorischen Maßnahmen des vorgeschlagenen Datenverarbeitungssystems um folgende Schutzmaßnahmen ergänzt werden müssen:

- Regelmäßige Überprüfung der Berechtigungskonzepte,
- Vier-Augen-Prinzip für die Administratorenaufgaben,
- Identitätsprüfung des Datennutzers im Ausnahmefall des Systems,
- Festplattenverschlüsselung für personenbezogenen Daten „at rest",
- Sorgfältige Auswahl der Mitarbeiter des Datentreuhänders.

Sofern diese Maßnahmen im vorgeschlagenen System zusätzlich umgesetzt werden, ist – so das Ergebnis der Evaluation – in dem Datenverarbeitungssystems die Umsetzung der in der DSGVO normierten Datenschutz-Grundsätze, inklusive der angemessenen Umsetzung technischer und organisatorischer Schutzmaßnahmen vollständig erfüllt. Durch die Nachfrage bei den technischen Experten wurde insbesondere sichergestellt, dass die vorgeschlagenen Maßnahmen dem Stand der Technik entsprechen und entsprechend der Einordnung in die drei Schutzbedarfsbereiche angemessen umgesetzt wurden. Durch die Nachfrage bei den rechtlichen Experten wurde die Angemessenheit insbesondere ausgehend von dem Risiko für die Rechte und Freiheiten der betroffenen Personen bewertet, wohingegen die Nachfrage bei den Experten aus dem Bereich der Wirtschaftswissenschaften sichergestellt wurde, dass auch die Implementierungskosten in angemessener Weise berücksichtigt wurden.

Kapitel 9 beantwortet die eingangs aufgeworfene Frage wie folgt:

- Ein exemplarisches Datenverarbeitungssystem zur Ermöglichung eines Datenaustauschs in Smart Cities lässt sich grundsätzlich so gestalten, dass nur ein Datentreuhänder personenbezogene Daten verarbeitet, für Datennutzer, die von dem Datentreuhänder Daten erhalten, die erhaltenen Daten aber anonym sind (= Übermittlung pseudonymer Daten ohne Zuordnungsregeln).
- Um für Ausnahmefälle eine personenbezogene Datenverarbeitung durch Datennutzer doch zu ermöglichen, ergibt sich für das exemplarische Datenverarbeitungssystem ein abgestufter Schutzbedarf (niedrig bzw. grün/hoch bzw. gelb/ sehr hoch bzw. rot).
- Das Kapitel schlägt Maßnahmen zur Umsetzung der datenschutzrechtlichen Anforderungen anhand dieser drei Schutzbedarfsstufen vor.

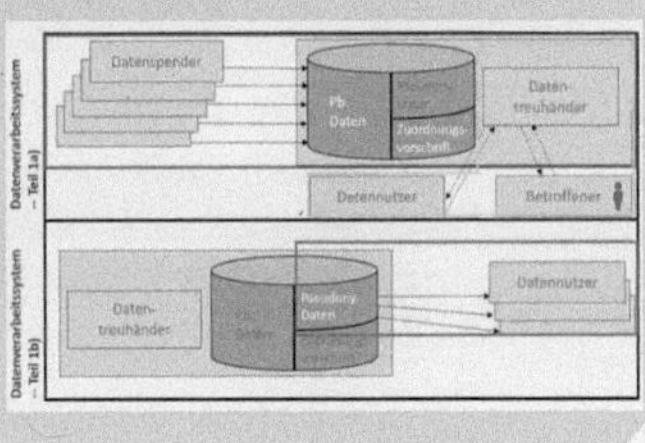

Gliederungsillustration 9.2   Antwort Kapitel 9

Zwischenergebnis 10

In Bezug auf die angemessene Umsetzung von Schutzmaßnahmen kann die Frage nach den Chancen und Grenzen der Verarbeitung personenbezogener und anonymisierter Daten sowie des potenziellen Mehrwerts durch die Verarbeitung personenbezogener Daten von Verantwortlichen als Chance verstanden werden, vorzubewerten, ob (überhaupt) und wie lange die Verarbeitung personenbezogener Daten für den konkreten Zweck der Datenverarbeitung erforderlich und wirtschaftlich sinnvoll ist. Sollte eine Verarbeitung mit ausschließlich anonymen Daten möglich sein, fänden die strengen Vorschriften der Datenschutz-Grundverordnung regelmäßig keine Anwendung.

Eine empirische Datenerhebung in Form 30 strukturierter Interviews ergab, dass der Umfang der Verarbeitung personenbezogener Daten im Smart-City-Kontext reduziert werden und die meisten Ziele von Smart Cities durch die Verarbeitung anonymisierter Daten erreicht werden könnte. Ein großer Teil des potenziellen Mehrwerts durch Datenverknüpfungen im Smart-City-Kontext kann darüber hinaus durch den Austausch von anonymisierten Daten erreicht werden.

Basierend auf diesen Erkenntnissen wurde in Teil 3 dieser Arbeit ein exemplarisches Datenverarbeitungsszenario und -system abgeleitet, das den Mehrwert des anonymen Datenaustauschs zwischen Smart-City-Akteuren mit Hilfe eines Datentreuhänders umsetzt, in dem Smart-City-Akteure ausschließlich auf (aus ihrer Perspektive) anonyme Daten zugreifen können, ohne dass für sie selbst die Möglichkeit der Re-Identifizierung der Daten besteht (Regelfall). Eine Re-Identifizierung ist nur im begründeten Einzelfall und nur für einen hierfür vorgesehenen Datentreuhänder möglich (Ausnahmefall), so dass die Smart-City-Akteure für die Nutzung der anonymisierten Daten im Rahmen des Regelfalls

A. Selzer, *Die technisch-organisatorische Implementierung von Datenschutz in Organisationen unter besonderer Berücksichtigung der wirtschaftlichen Angemessenheit*, Rechtsrahmen der Cybersicherheit und Privatheit, https://doi.org/10.1007/978-3-658-50744-2_10

nach der hier vertretenen Meinung nicht unter die Anwendbarkeit des Datenschutzrechts fallen.

Neben den Datenschutz-Grundsätzen „Integrität und Vertraulichkeit" sowie „Rechenschaftspflicht", die bereits in Teil 2 dieser Arbeit relevant waren, normiert Art. 5 DSGVO die Datenschutz-Grundsätze der „Rechtmäßigkeit, Verarbeitung nach Treu und Glauben, Transparenz", „Zweckbindung", „Datenminimierung", „Richtigkeit" und „Speicherbegrenzung". Diese bilden grundlegende Anforderungen an die Verarbeitung personenbezogener Daten und müssen somit auch von dem Datentreuhänder des in Teil 3 dieser Arbeit abgeleiteten Datenverarbeitungssystems umgesetzt werden, da dieser regelmäßig personenbezogene Daten verarbeitet. Vor diesem Hintergrund wurde in Teil 3 dieser Arbeit die Umsetzung der Datenschutz-Grundsätze in dem exemplarischen Datenverarbeitungssystem gestaltet. Für die Gestaltung der angemessenen Umsetzung der technischen und organisatorischen Schutzmaßnahmen wurde auf die in Teil 2 dieser Arbeit erlangten Erkenntnisse zurückgegriffen.

Die Evaluation des vorgeschlagenen Datenverarbeitungssystems – die entsprechend der für die Angemessenheit von Schutzmaßnahmen erforderlichen Expertisen mit Hilfe von Juristen, Informatikern (und IT-Sicherheitsbeauftragten) sowie Wirtschaftswissenschaftlern vorgenommen wurde, bestätigt die Geeignetheit des Datenverarbeitungssystems mit Datentreuhänder zur Lösung des vorgestellten Problems zur anonymen Datenverarbeitung mit Möglichkeit der De-Anonymisierung im Ausnahmefall. Zudem bestätigte die Evaluation die vollständige[1] Umsetzung der Datenschutz-Grundsätze sowie die Angemessenheit der für das exemplarische Datenverarbeitungssystem vorgeschlagenen technischen und organisatorischen Schutzmaßnahmen.

---

[1] Für vorgeschlagene Ergänzungen von Schutzmaßnahmen wird auf das vorherige Abschnitt 9.6 F verwiesen.

Teil IV
Zusammenfassende Strukturierung

Diese Arbeit setzte sich zum Ziel zu klären, wie weit die Berücksichtigung wirtschaftlicher Faktoren gehen darf, ob sich die wirtschaftlichen Faktoren im Rahmen der Angemessenheitsprüfung von Schutzmaßnahmen im Bereich des Datenschutzes quantifizieren lassen und was Verantwortlichen zu raten ist, um die Abwägung – und in der Konsequenz auch die Umsetzung von Schutzmaßnahmen – rechtskonform umzusetzen (Teil 2 dieser Arbeit). Ein Beispiel zur Berücksichtigung der Erkenntnisse aus der vorgenannten Untersuchung erfolgte anhand der Gestaltung von Datenschutzkomponenten eines exemplarischen Datenverarbeitungssystems im Smart-City-Kontext (Teil 3 dieser Arbeit).

Teil 4 dieser Arbeit leitet – als zusammenfassende Strukturierung der vorgenannten Arbeitsschritte – Empfehlungen für die angemessene Umsetzung des technisch-organisatorischen Datenschutzes im Rahmen der Entwicklung neuer IT-Systeme in Organisationen ab.

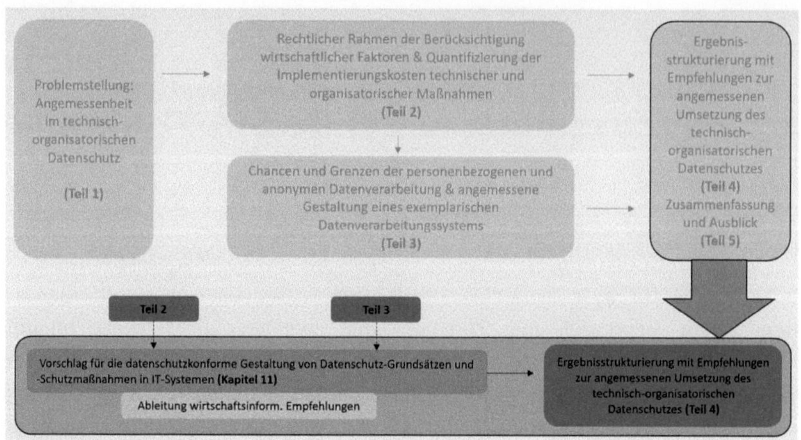

Gliederungsillustration 1   Teil 4 der Arbeit

Vorschlag für die datenschutzkonforme Gestaltung von Datenschutz-Grundsätzen und -Schutzmaßnahmen in IT-Systemen

Kapitel 11 soll folgende Frage klären:

Welche Empfehlungen für die angemessene Umsetzung des technisch-organisatorischen Datenschutzes können im Rahmen der Entwicklung neuer IT-Systeme in Organisationen gegeben werden?

Gliederungsillustration 11.1 Frage Kapitel 11

Die Erkenntnisse der Teile 1–3 dieser Arbeit aufgreifend und zusammenfassend kann im Ergebnis ein Vorschlag für die datenschutzkonforme Gestaltung von Datenschutz-Grundsätzen und -Schutzmaßnahmen in IT-Systemen abgeleitet werden. Der Vorschlag wird einen Beitrag dazu leisten, datenschutzrechtlich Verantwortliche dabei zu unterstützen, die Anforderungen des technisch-organisatorischen Datenschutzes in ihren Organisationen während der Entwicklung neuer IT-Systeme in angemessener Weise umzusetzen. Hierfür werden die in dieser Arbeit diskutierten und einschlägigen Datenschutzanforderungen

A. Selzer, *Die technisch-organisatorische Implementierung von Datenschutz in Organisationen unter besonderer Berücksichtigung der wirtschaftlichen Angemessenheit*, Rechtsrahmen der Cybersicherheit und Privatheit, https://doi.org/10.1007/978-3-658-50744-2_11

aufgezeigt sowie Empfehlungen zur zeitlichen und personellen Umsetzung der Anforderungen gegeben.[1]

11.1   Rahmenbedingungen

Um Empfehlungen für die zeitliche Umsetzung der Anforderungen geben zu können, wird die Planung der Umsetzung und Inbetriebnahme eines IT-Systems, mit dem (voraussichtlich) personenbezogene Daten verarbeitet werden sollen, beispielhaft für ein Umsetzungsprojekt mit zwei Jahren Laufzeit aufgezeigt. Des Weiteren wird die Annahme getroffen, dass das zu entwickelnde IT-System eine Eigenentwicklung des Verantwortlichen ist, der das IT-System später für die Verarbeitung seiner Kunden- und Mitarbeiterdaten zu nutzen plant und hierfür ausschließlich auf eine von ihm selbst innerhalb des Europäischen Wirtschaftsraumes betriebene IT-Infrastruktur zurückgreift. Zudem wird davon ausgegangen, dass es sich bei dem Verantwortlichen um eine nicht-öffentliche, europäische Organisation ohne Organisationsstrukturen außerhalb des Europäischen Wirtschaftsraumes handelt, im Rahmen der geplanten Datenverarbeitung keine sogenannten besonderen Kategorien personenbezogener Daten (z. B. Gesundheitsdaten) verarbeitet werden und neben den Anforderungen der Datenschutz-Grundverordnung keine weiteren datenschutzrechtlichen Anforderungen einschlägig sind.[2]

---

[1] Dieses Unterkapitel beruht im Wesentlichen (die Gesamtheit oder der Großteil der Texte ist vollständig übernommen) auf der Veröffentlichung *Selzer/Timm*, Angemessene technische und organisatorische Schutzmaßnahmen nach Art. 32 DSGVO – Ein Vorschlag für die datenschutzkonforme Gestaltung von Datenschutz-Grundsätzen und -Schutzmaßnahmen in IT-Systemen, HMD Praxis der Wirtschaftsinformatik 2022 (online first). Dementsprechend wird an den relevanten Stellen zwar in den Fußnoten auf die im Rahmen der vorgenannten Veröffentlichung verwendeten Literatur verwiesen, nicht aber erneut auf die Veröffentlichung selbst. Die nicht von der Autorin dieser Arbeit zu verantwortenden Anteile der Veröffentlichung werden – sofern sie überhaupt in die vorliegende Arbeit einfließen – stark zusammengefasst und durch entsprechende Hinweise in den Fußnoten als Fremdleistungen gekennzeichnet.

[2] Außer der zeitlichen Begrenzung resultieren die hier beschriebenen Einschränkungen auf dem Wunsche des Ausschlusses der Betrachtung weiterführender Datenschutzanforderungen, die i. d. R. nicht innerhalb eines IT-Systems selbst umgesetzt werden (u. a. zur Auftragsverarbeitung und Drittstaatübermittlung).

11.2   Rollen möglicher Beteiligter

Zunächst sind die Rollen möglicher Beteiligter an den einzelnen Prozessschritten zu definieren:

Betroffene Person (bP) ist die natürliche Person, deren personenbezogene Daten in dem geplanten IT-System verarbeitet werden sollen (analog Art. 4 Nr. 1 DSGVO).

Datenschutzaufsichtsbehörde (DSAB) ist eine unabhängige staatliche Stelle zur Überwachung der datenschutzrechtlichen Vorgaben. Innerhalb Deutschlands ist dies – je nach Zuständigkeit – der Bundesbeauftragte oder ein Landesbeauftragter für den Datenschutz und die Informationsfreiheit. In bestimmten Fällen besteht die Pflicht, die für einen Verantwortlichen (s. u.) zuständige Aufsichtsbehörde vor Beginn der Inbetriebnahme eines neuen IT-Systems zu konsultieren. Die zuständige Aufsichtsbehörde ist – je nach Einzelfall – u. a. dazu befugt, die Inbetriebnahme des IT-Systems zu untersagen, insbesondere bis zu dem Zeitpunkt der Umsetzung zusätzlicher Schutzmaßnahmen, sofern die Aufsichtsbehörde diese fordert (Art. 4 Nr. 21 DSGVO, Art. 58 DSGVO).

Datenschutzbeauftragter, betrieblicher/behördlicher/externer, (DSB) ist eine natürliche oder juristische Person, die in vielen Organisationen verpflichtend zu bestellen ist, um bzgl. der Umsetzung der datenschutzrechtlichen Anforderungen zu beraten und die Umsetzung organisationsintern zu überwachen.

Informationssicherheitsbeauftragter/-verantwortlicher,   *betrieblicher/ behördlicher/externer* (ISB) ist eine natürliche oder juristische Person, die in vielen Organisation bestellt wird, um bzgl. der Umsetzung der Informationssicherheit zu beraten und die Umsetzung organisationsintern zu überwachen.

Rechtsabteilung, intern oder extern, (RA) ist in den meisten Organisationen die einzige Organisationeinheit, die von der Geschäftsführung/dem Vorstand der Organisation die Befugnis zum Erstellen und Freigeben rechtsverbindlicher Dokumente, wie z. B. Einwilligungserklärungen, erhalten hat.

Verfahrenseigner (VE) ist diejenige natürliche Person, die in ihrer Funktion als Mitarbeiter einer Organisation eine bestimmte, personenbezogene Datenverarbeitung (wie z. B. die Inbetriebnahme eines neuen IT-Systems) verantwortet. Während der Planungsphase wird in diesem Gestaltungsvorschlag davon ausgegangen, dass die Rolle des (zukünftigen) Verfahrenseigners von einem Team erfüllt wird, das aus dem Projektleiter, dem Anforderungsanalysten, dem Entwickler und dem späteren Betreiber besteht. Die personelle Hauptverantwortung sollte bei dem Projektleiter des Entwicklungsprozesses liegen, der die Aufgaben des VE wiederum innerhalb des vorgenannten Teams delegieren kann.

Es ist davon auszugehen, dass viele für den VE definierte Aufgaben in enger Abstimmung zwischen allen vorgenannten Rollen zu erfolgen hat.[3]

Verantwortlicher (V) im Sinne der DSGVO ist die natürliche oder juristische Person, Behörde, Einrichtung oder andere Stelle, die allein oder gemeinsam mit anderen über die Zwecke und Mittel der Verarbeitung von personenbezogenen Daten in dem geplanten IT-System entscheidet (Art. 4 Nr. 7 DSGVO). I.d.R. wird der datenschutzrechtlich Verantwortliche durch die Geschäftsführung/den Vorstand der Organisation vertreten. Je nach Ausgestaltung der Rollen innerhalb einer Organisation, hat dieser die Entscheidungsbefugnis zur Budgetierung des Datenschutzes ggf. an die Verwaltungsleitung delegiert.

11.3   Gestaltung von Datenschutz-Grundsätzen und -Schutzmaßnahmen in IT-Systemen

Für die datenschutzkonforme Gestaltung neu geplanter IT-Systeme sind im Wesentlichen vier Schritte umzusetzen:[4]

- die Entscheidung darüber, ob das neu geplante IT-System personenbezogene oder anonyme Daten verarbeiten soll;
- die Vorprüfung der Machbarkeit aus rechtlicher und technischer Sicht;
- die Planung der Umsetzung der allgemeinen Grundsätze des Datenschutzrechts, wie z. B. der Planung des Einholens einer Einwilligung und der Planung der Umsetzung von Löschpflichten;
- die Planung der Umsetzung technischer und organisatorischer Schutzmaßnahmen, wie z. B. die Umsetzung des Vier-Augen-Prinzips und das Verschlüsseln von Daten.

---

[3] Nach Inbetriebnahme des IT-Systems ist davon auszugehen, dass die Rolle des Verfahrenseigners nicht mehr als Team ausgeführt wird. Wem die Rolle des Verfahrenseigners im Wirkbetrieb zukommt, ist organisationsabhängig.

[4] Der Vorschlag bildet keine individuellen Gegebenheiten einer Organisation ab – so können innerhalb einer Organisation z. B. die hier gelisteten Rollen variieren. U.a. könnte es möglich sein, dass in einer Organisation die Rolle des DSB von einem Juristen besetzt wird und daher an einigen Stellen des Gestaltungsvorschlages, an denen sowohl der DSB als auch die RA einzubeziehen sind, ggf. nur eine der beiden Rollen einbezogen werden müsste.

Die vier Schritte werden in der nachstehenden Abbildung zusammengefasst und in den folgenden Unterkapiteln im Detail dargestellt (Abbildung 11.1).

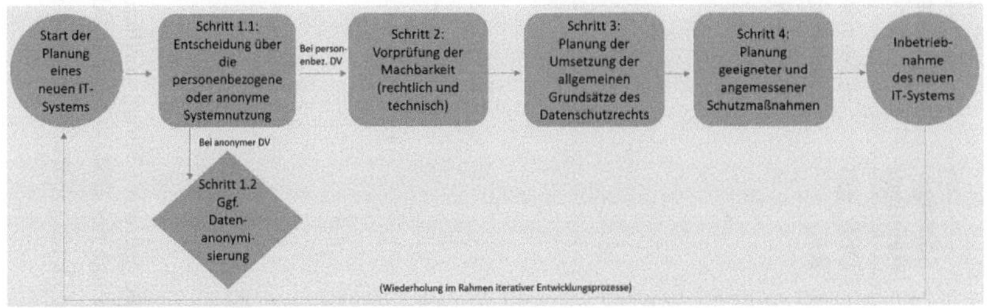

Abbildung 11.1   Schritte zur Umsetzung des Datenschutzrechts bei der Planung neuer IT-Systeme

11.3.1 Schritt 1: Entscheidung über die personenbezogene oder anonyme Datenverarbeitung

Der Datenschutz-Grundsatz der Datenminimierung regelt, dass personenbezogene Daten nur dann verarbeitet werden dürfen, wenn und solange die personenbezogene Datenverarbeitung zur Erreichung eines rechtmäßigen Verarbeitungszwecks unbedingt erforderlich ist. Vor diesem Hintergrund ergibt sich die Notwendigkeit, vor der Planung einer Datenverarbeitung zunächst zu prüfen, ob sich der geplante Verarbeitungszweck auch unter Verarbeitung anonymer Daten erreichen lässt (s. nachfolgende Tabelle) (Tabelle 11.1).

Die strengen Anforderungen des Datenschutzrechts müssen regelmäßig nur dann beachtet werden, wenn personenbezogene Daten verarbeitet werden. Auf anonyme Daten, d. h. auf Informationen, die sich nicht (mehr) auf eine identifizierte oder identifizierbare natürliche Person beziehen, finden die Anforderungen des Datenschutzrechts hingegen keine Anwendung (Erwgr. 26 DSGVO).

Tabelle 11.1 Entscheidung über die personenbezogene oder anonyme Datenverarbeitung

Schritt	Anforderung	Regelungsgehalt	Aufgaben	Personelle Verantw.[5]	Sonstige Beteiligte	Zeitlicher Vorlauf
1.1	Vorbewertung zur Datenminimierung	Personenbezogene Daten müssen dem Zweck angemessen und erheblich sowie auf das für die Zwecke der Verarbeitung notwendige Maß beschränkt sein (Art. 5 DSGVO)	Bewertung, ob der Verarbeitungszweck auch mit anonymen Daten (bzw. unter anonymer Systemnutzung) erreicht werden kann[6]	VE	DSB, ggf. RA	24 Monate vor Inbetriebnahme des IT-Systems

(Fortsetzung)

[5] In der Spalte „personelle Verantwortlichkeit" der Tabellen 9.2–11.3 werden Empfehlungen für die operative Verantwortlichkeit innerhalb der Organisation gegeben. Der Begriff ist nicht gleichzusetzen mit dem „Verantwortlichen" im Sinne der DSGVO (siehe Abschnitt 3.1).

[6] Hierbei muss auch berücksichtigt werden, ob in dem IT-System Logdaten und andere technische Daten erhoben werden, die personenbezogen sind.

Tabelle 11.1 (Fortsetzung)

Schritt	Anforderung	Regelungsgehalt	Aufgaben	Personelle Verantw.	Sonstige Beteiligte	Zeitlicher Vorlauf
1.2	Ggf. Anonymisierung	Personenbezogene Daten müssen in einer Weise anonymisiert werden, dass die betroffene Person nicht oder nicht mehr identifiziert werden kann (Erwgr. 26)	Ggf. Datenanonymisierung unter Beachtung der Regelungen der DSGVO, inkl. Bewertung der Gefahr, dass anonyme Daten über die Zeit (durch neue Technologien und/oder das Zusammenführen mit anderen Datensätzen) wieder Personenbezug erhalten könnten	VE	DSB, ISB, ggf. RA	Vor Inbetriebnahme des IT-Systems – da auf die Verarbeitung anonymer Daten die DSGVO keine Anwendung findet, müssten die Schritte 2, 3 und 4 nicht durchgeführt werden.[7]

[7] Auch wenn dies aus datenschutzrechtlicher Sicht nicht verpflichtend ist, ist zu empfehlen, mit dem DSB zu besprechen, ob in dem System trotzdem eine kurze Datenschutzinformation hinterlegt werden sollte, um den Nutzern den Umstand aufzuzeigen, dass in dem System keine personenbezogenen Daten verarbeitet werden. Darüber hinaus sollte mit dem ISB besprochen werden, ob – außerhalb der Anforderungen des Datenschutzrechts – Anforderungen zur Umsetzung technischer und organisatorischer Schutzmaßnahmen bestehen, z. B. um vertrauliche Informationen der Organisation zu schützen, bei denen es sich nicht um personenbezogene Daten handelt.

11.3.2 Schritt 2: Vorabentscheidung über die grundsätzliche Machbarkeit

Sofern in dem geplanten IT-System personenbezogene Daten verarbeitet werden sollen, muss im zweiten Schritt die grundsätzliche technische und datenschutzrechtliche Machbarkeit des Entwicklungsvorhabens bestätigt werden. Ziel dieses Schrittes ist es, ein langjähriges Entwicklungsvorhaben gar nicht erst zu beginnen, bevor aus rechtlicher und technischer Sicht bestätigt wurde, dass keine grundlegenden Bedenken gegen das Vorhaben sprechen oder das Vorhaben auf Grund einschlägiger datenschutzrechtlicher Regelungen oder technischer fest vorgegebener Anforderungen nicht umsetzbar ist (Tabelle 11.2).

11.3.3 Schritt 3: Planung der Umsetzung der allgemeinen Grundsätze des Datenschutzrechts

Ergibt Schritt 1 der datenschutzkonformen Gestaltung von Datenschutz-Grundsätzen und -Schutzmaßnahmen in IT-Systemen die Notwendigkeit, in dem geplanten Datenverarbeitungssystem personenbezogene Daten zu verarbeiten, und ergibt Schritt 2 die grundsätzliche technische und datenschutzrechtliche Machbarkeit des Entwicklungsvorhabens, so sind zunächst die allgemeinen Grundsätze der DSGVO umzusetzen (s. nachfolgende Tabelle) (Tabelle 11.3).

11.3.4 Schritt 4: Planung geeigneter und angemessener technischer und organisatorischer Schutzmaßnahmen

Als Konkretisierung des inhaltlich vage formulierten Grundsatzes der Integrität und Vertraulichkeit obliegt es dem Verantwortlichen, technische und organisatorische Maßnahmen zu implementieren, die funktional geeignet und in Bezug auf die Risiken für die Rechte und Freiheiten der betroffenen Personen, die Implementierungskosten und den Stand der Technik angemessen sind (s. nachfolgende Tabelle) (Tabelle 11.4).

Tabelle 11.2 Vorprüfung der Machbarkeit

Schritt	Anforderung	Regelungsgehalt	Aufgaben	Personelle Verantw.	Sonstige Beteiligte	Zeitlicher Vorlauf
2.1	Vorprüfung der Machbarkeit aus datenschutzrechtlicher Sicht	In dem geplanten IT-System müssen alle Datenschutz-Grundsätze der DSGVO umsetzbar sein (Art. 5 DSGVO)	Vorgespräch mit dem Ziel, die datenschutzrechtliche Machbarkeit des Entwicklungsvorhabens zu bestätigen	VE	DSB, RA	24 Monate vor Inbetriebnahme des IT-Systems
			Datenschutzschulung für VE	DSB	VE (ist verpflichtet, den Arbeitsschritt anzustoßen)	
2.2	Vorprüfung der Machbarkeit aus technischer Sicht	Das IT-System muss technisch vorgegebene Anforderungen berücksichtigen können	Vorgespräch mit dem Ziel, die technische Machbarkeit des Entwicklungsvorhabens zu bestätigen	VE	DSB, ISB	24 Monate vor Inbetriebnahme des IT-Systems

Tabelle 11.3 Planung der Umsetzung der allgemeinen Grundsätze des Datenschutzrechts

Schritt	Anforderung	Regelungsgehalt (Art. 5 DSGVO)	Aufgaben[8]	Personelle Verantw.	Sonstige Beteiligte	Zeitlicher Vorlauf
3.1	Rechtmäßigkeit	Personenbezogene Datenverarbeitung nur bei Vorliegen einer Rechtsgrundlage	Identifizieren der einschlägigen Rechtsgrundlagen für die Verarbeitung personenbezogener Daten (ggf. einschlägige Rechtsgrundlage für besondere Kategorien personenbezogener Daten)	RA	VE (ist verpflichtet, die Arbeitsschritte anzustoßen), ggf. DSB	Planungsphase: 23–17 Monate vor Inbetriebnahme des IT-Systems; Umsetzungsphase: bis zur Inbetriebnahme
			Bei Einwilligung: Umsetzung des Einwilligungsprozesses inkl. Widerrufsmöglichkeit			Planungsphase: 23–17 Monate vor Inbetriebnahme des IT-Systems; Umsetzungsphase: bis zur Inbetriebnahme
			Bei berechtigtem Interesse: Durchführen einer Interessensabwägung inkl. Widerspruchsmöglichkeit			Planungsphase: 23–17 Monate vor Inbetriebnahme des IT-Systems; Umsetzungsphase: bis zur Inbetriebnahme
			Bei Vertragserfüllung: Vorbereiten des entsprechenden Vertrages (z. B. Nutzungsbedingungen)			
3.2	Verarbeitung nach Treu und Glauben	Faire und gerechte Datenverarbeitung	Verhindern des Einsatzes verborgener bzw. unfairer Verarbeitungstechniken (z. B. verborgene Techniken zur Datenerhebung in Form geheimer Videoüberwachung)	VE	DSB, ISB	

(Fortsetzung)

---

[8] Die Aufgaben wurden von den relevanten Ausführungen zu den DSGVO-Anforderungen der Abschnitt 2.1 und 8 dieser Arbeit abgeleitet. Für die den Ausführungen zu den DSGVO-Anforderungen genutzte Literatur wird insofern auf die in den Abschnitt 2.1 und 8 genutzte Literatur verwiesen (*insbesondere Gola, Kühling/Buchner, Sydow, Simitis/Hornung/Spiecker, Paal/Pauly, Wolff/Brink, Durmus/Selzer/Pordesch DuD 2019, Ehmann/Selmayr, Koreng/Lachenmann; Roßnagel ZD 2018*).

Tabelle 11.3 (Fortsetzung)

Schritt	Anforderung	Regelungsgehalt (Art. 5 DSGVO)	Aufgaben	Personelle Verantw.	Sonstige Beteiligte	Zeitlicher Vorlauf
3.3	Zweckbindung	Personenbezogene Daten dürfen nur für legitime Zwecke verarbeitet werden. Ein einmal festgelegter Zweck darf sich grundsätzlich nach der Datenerhebung nicht mehr ändern	Identifizierung des Verarbeitungszwecks/der Verarbeitungszwecke	VE	Ggf. DSB	
			Bewertung der Legitimität des Zwecks/der Zwecke			
			Umsetzung einer (technischen) Datentrennung von zu unterschiedlichen Zwecken erhobenen Daten sowie strenger Zugriffsrechte		Ggf. DSB, ggf. ISB	
			Definition von Prozessen zur Verhinderung nachträglicher Zweckänderungen			
3.4	Datenminimierung	Personenbezogene Daten müssen dem Zweck angemessen und erheblich sowie auf das für die Zwecke der Verarbeitung notwendige Maß beschränkt sein	Bewertung, ob die zu erhebenden personenbezogenen Daten einen Bezug zum Zweck der Verarbeitung haben	VE	Ggf. DSB, ggf. RA	
			Bewertung, ob die Verarbeitung der personenbezogenen Daten den rechtmäßigen Zweck fördert			
3.5	Richtigkeit	Personenbezogene Daten müssen sachlich richtig und erforderlichenfalls auf dem neuesten Stand sein	Definition und Umsetzung eines Prozesses zur regelmäßigen Bewertung der Richtigkeit personenbezogener Daten (in sämtlichen Phasen der Datenverarbeitung, unabhängig von der Verarbeitungsform)	VE	Ggf. DSB, ggf. RA	

(Fortsetzung)

Tabelle 11.3 (Fortsetzung)

Schritt	Anforderung	Regelungsgehalt (Art. 5 DSGVO)	Aufgaben	Personelle Verantw.	Sonstige Beteiligte	Zeitlicher Vorlauf
			Sofern für den Verarbeitungszweck erforderlich:[9] Definition und Umsetzung eines Prozesses zur regelmäßigen Bewertung der Aktualität personenbezogener Daten			
			Definition und Umsetzung eines Prozesses zur Bearbeitung von Berichtigungsersuchen betroffener Personen			
3.6	Speicherbegrenzung	Personenbezogene Daten müssen in einer Form gespeichert werden, die die Identifizierung der betroffenen Personen nur so lange ermöglicht, wie es für die Zwecke, für die sie verarbeitet werden, erforderlich ist	Beurteilung, ob Ausnahmen von der Speicherbegrenzung bestehen (insb. für im öffentlichen Interesse liegende Archivzwecke oder für wissenschaftliche und historische Forschungszwecke oder für statistische Zwecke)	VE	Ggf. DSB	
			Ggf. Identifizierung des Löschzeitpunktes: Festlegung des Zeitpunkts, ab dem personenbezogene Daten für den Verarbeitungszweck nicht mehr erforderlich sind (a); Identifizierung ggf. bestehender gesetzlicher Aufbewahrungspflichten – u. a. aus dem Handelsgesetzbuch und der Abgabenordnung – (b); Festlegung des Zeitraumes zur Umsetzung der Löschung	VE	Ggf. DSB, RA	

(Fortsetzung)

---

[9] Werden personenbezogene Daten etwa im Rahmen eines Berechtigungskonzeptes verarbeitet, so ist es regelmäßig erforderlich, die darin erhaltenen Daten auf dem neuesten Stand zu halten, da sonst der Zweck der Datenverarbeitung – nämlich den unberechtigten Zutritt, Zugang oder Zugriff auf personenbezogene Daten zu verhindern – nicht erfüllt werden könnte (Kühling und Buchner 2020, Paal und Pauly 2021).

Tabelle 11.3 (Fortsetzung)

Schritt	Anforderung	Regelungsgehalt (Art. 5 DSGVO)	Aufgaben	Personelle Verantw.	Sonstige Beteiligte	Zeitlicher Vorlauf
			Ggf. Umsetzung der Einschränkung personenbezogener Daten für den Zeitraum zwischen (a) und (b)	VE	Ggf. ISB, ggf. DSB, ggf. RA	
			Ggf. Einplanen und Umsetzen des (automatisierten, teilautomatisierten oder regelmäßigen händischen) Löschens oder Anonymisierens von Daten, unter Einhaltung der Regelungen der DSGVO			
			Definition und Umsetzung eines Prozesses zur Bearbeitung von Ersuchen betroffener Personen zur Löschung oder Einschränkung der Verarbeitung	VE	Ggf. DSB, ISB	
3.7	Integrität und Vertraulichkeit	Personenbezogene Daten müssen in einer Weise verarbeitet werden, die eine angemessene Sicherheit der personenbezogenen Daten durch geeignete technische und organisatorische Maßnahmen sicherstellt	Planung und Umsetzung von Maßnahmen zur Umsetzung von Integrität, Vertraulichkeit, Verfügbarkeit und Belastbarkeit der Systeme/Dienste	ISB	VE (ist verpflichtet, die Arbeitsschritte anzustoßen), DSB, ggf. RA	
			Planung und Umsetzung von Maßnahmen zur schnellen Wiederherstellbarkeit personenbezogener Daten			
			Planung und Umsetzung von Maßnahmen zur regelmäßigen Überprüfung der Wirksamkeit technischer und organisatorischer Schutzmaßnahmen			

(Fortsetzung)

Tabelle 11.3 (Fortsetzung)

Schritt	Anforderung	Regelungsgehalt (Art. 5 DSGVO)	Aufgaben	Personelle Verantw.	Sonstige Beteiligte	Zeitlicher Vorlauf
			Definition und Umsetzung eines Prozesses zur Erkennung und Meldung von Datenpannen	VE	DSB, ISB	
3.8	Rechenschaftspflicht	Die Einhaltung der vorgenannten Grundsätze muss nachweisbar sein	Ggf. Eintrag des IT-Systems in das Verzeichnis der Verarbeitungstätigkeiten	VE (ist zusätzlich dazu verpflichtet, den V über die Umsetzung der Rechenschaftspflicht informiert zu halten)	Ggf. DSB, ggf. ISB	
			Dokumentation der Auswahl der einschlägigen Rechtsgrundlage (inkl. Negativbegründung, warum andere Rechtsgrundlagen nicht in Frage kommen)		DSB	
			Ggf. Planung und Umsetzung der Dokumentation des Erteilens der Einwilligung durch die betroffenen Personen			
			Ggf. Planung und Umsetzung der Dokumentation des Löschens personenbezogener Daten (ohne dass die Dokumentation personenbezogene Daten enthält)		Ggf. DSB, ggf. ISB	
			Ggf. Planung und Umsetzung der Dokumentation von Datenpannen und dem Umgang mit diesen (je Datenpanne)			
			Planung und Umsetzung der Dokumentation der Auswahl geeigneter und angemessener Schutzmaßnahmen		Ggf. ISB	

(Fortsetzung)

Tabelle 11.3 (Fortsetzung)

Schritt	Anforderung	Regelungsgehalt (Art. 5 DSGVO)	Aufgaben	Personelle Verantw.	Sonstige Beteiligte	Zeitlicher Vorlauf
			Planung und Umsetzung der Dokumentation über die Notwendigkeit der Durchführung einer Datenschutz-Folgenabschätzung		Ggf. DSB	Planungsphase: wie oben; Umsetzungsphase: bis 6 Monate vor Inbetriebnahme (wg. ggf. bestehender Konsultationspflicht); ggf. Anpassungen bis zur Inbetriebnahme
			Ggf. Planung und Umsetzung der Dokumentation der Datenschutz-Folgenabschätzung		DSB, ISB	
3.9	Transparenz	Betroffene Personen sollen – als Grundlage der Umsetzung ihrer Betroffenenrechte – Kenntnis über die wichtigsten Umstände der Datenverarbeitung haben	Ggf. Umsetzung der datenschutzrechtlichen Informationspflichten bei Direkterhebung	RA	VE (ist verpflichtet, die Arbeitsschritte anzustoßen), ggf. DSB	Planungsphase: 23–17 Monate vor Inbetriebnahme des IT-Systems; Umsetzungsphase: bis zur Inbetriebnahme
			Ggf. Umsetzung der datenschutzrechtlichen Informationspflichten bei Dritterhebung			
			Definition von Prozessen zur Umsetzung der weiteren Betroffenenrechte (sofern nicht Gegenstand der vorangegangenen Schritte)	VE	Ggf. DSB	

Tabelle 11.4 Planung geeigneter & angemessener technischer und organisatorischer Schutzmaßnahmen

Schritt	Anforderung	Regelungsgehalt	Aufgaben	Personelle Verantw.	Sonstige Beteiligte	Zeitlicher Vorlauf
4.1	Privacy by Design	Technische und organisatorische Schutzmaßnahmen müssen bereits in der Planungsphase neuer IT-Systeme berücksichtigt werden	Konzeption technischer und organisatorischer Schutzmaßnahmen zu Beginn der Planungsphase (s. Schritt 3.7, z. B. Passwortschutz, Datenverschlüsselung)	VE	DSB, ISB, bei Bedarf der Neubeschaffung: V	24–0 Monate vor Inbetriebnahme des IT-Systems (kontinuierlich)
4.2	Privacy by Default	Im IT-System müssen die datenschutzfreundlichsten Einstellungen voreingestellt sein	Einplanung der Möglichkeit zur Umsetzung und Umsetzung datenschutzfreundlicher Voreinstellungen vor Inbetriebnahme	VE	DSB	Planungsphase: 23–17 Monate vor Inbetriebnahme des IT-Systems; Umsetzungsphase: bis zur Inbetriebnahme
4.3	Ggf. Datenschutz-Folgenabschätzung	Bei geplanten Datenverarbeitungen mit einem besonders hohen Risiko für die Rechte und Freiheiten der betroffenen Personen ist eine Datenschutz-Folgenabschätzung verpflichtend durchzuführen	Systematische Beschreibung der geplanten Verarbeitung Bewertung der Notwendigkeit und Verhältnismäßigkeit der Datenverarbeitung Bewertung der Risiken der Datenverarbeitung	VE	DSB, ggf. DSAB (bei Konsultationspflicht)	Planungsphase: 23–17 Monate vor Inbetriebnahme des IT-Systems Umsetzungsphase: bis 6 Monate vor Inbetriebnahme (wegen ggf. bestehender Konsultationspflicht); ggf. Anpassungen bis zur Inbetriebnahme
			Planung technischer und organisatorischer Schutzmaßnahmen zur Begegnung der identifizierten Risiken; regelmäßige Bewertung von Neu- und Restrisiken	ISB	VE (ist verpflichtet, die Arbeitsschritte anzustoßen), ggf. V, ggf. Auswahl bP/ Betriebsrat etc., ggf. DSAB (bei Konsultationspflicht)	

(Fortsetzung)

Tabelle 11.4 (Fortsetzung)

Schritt	Anforderung	Regelungsgehalt	Aufgaben	Personelle Verantw.	Sonstige Beteiligte	Zeitlicher Vorlauf
4.4	Geeignetheit	Es müssen technische und organisatorische Schutzmaßnahmen umgesetzt werden, die zur Umsetzung der Integrität, Vertraulichkeit und Verfügbarkeit *geeignet* sind.	Bewertung der funktionalen Geeignetheit der Maßnahmen – so sind z. B. ein Sicherheitsschloss oder Wachpersonal grundsätzlich geeignet, das Ziel zu erreichen, den unberechtigten Zutritt zu Räumen zu unterbinden, in denen personenbezogene Daten verarbeitet werden, während ein Feuerlöscher zur Erreichung dieses Ziels nicht geeignet ist.	ISB	VE (ist verpflichtet, die Arbeitsschritte anzustoßen), DSB, bei Bedarf der Neubeschaffung: V	Planungsphase: 23–17 Monate vor Inbetriebnahme des IT-Systems Umsetzungsphase: bis zur Inbetriebnahme
4.5	Angemessenheit	Es müssen technische und organisatorische Schutzmaßnahmen umgesetzt werden, die zur Umsetzung der Integrität, Vertraulichkeit und Verfügbarkeit *angemessen* sind.	Bewertung der Angemessenheit der Maßnahmen anhand folgender Kriterien[10] – Stand der Technik (insbesondere unter zur Hilfenahme des Standard-Datenschutzmodells, der entsprechenden Leitfäden der DSK und des EDSA sowie des BSI und der ENISA) – Implementierungskosten (inkl. Folgekosten und unter Berücksichtigung der finanziellen Gewinnabsichten des Verantwortlichen an der Datenverarbeitung) – *Art* (u. a. Datenarten, Verarbeitungsarten, Kategorien betroffener Personen, genutzte Verarbeitungstechnik), *Umfang* (u. a. Menge der betroffenen Personen und der verarbeiteten Daten), *Umstände* (u. a. Verarbeitungsort, Verarbeitungszeit, eingesetzte Systeme, wirtschaftliche Interessen des Verantwortlichen) und *Zwecke* (kritische und/oder weit gefasste Verarbeitungszwecke) der Verarbeitung – Eintrittswahrscheinlichkeiten und Schwere der Risiken für die Rechte und Freiheiten der betroffenen Personen (insb. physische, materielle oder immaterielle Schäden für die betroffenen Personen) – Schutzbedarf der personenbezogenen Daten (z. B. normal, hoch, sehr hoch)	ISB	VE (ist verpflichtet, die Arbeitsschritte anzustoßen), DSB, bei Bedarf der Neubeschaffung: V	Planungsphase: 23–17 Monate vor Inbetriebnahme des IT-Systems Umsetzungsphase: bis zur Inbetriebnahme

---

10 *Selzer*, EDPL 2021, 120 (120 f.); *Selzer/Timm*, Chances and Limitations of Personal and Anonymized Data Processing – Implementing Appropriate Technical and Organizational Measures and Creating Added Value in Smart Cities, S. 778 ff.

Letztendlich ist die Entwicklung eines neuen IT-Systems als iterativer Prozess zu verstehen, im Rahmen dessen i. d. R. unmittelbar nach Inbetriebnahme des IT-Systems die Entwicklung neuer Funktionalitäten des IT-Systems weiterentwickelt werden. Insofern ist nach der initialen Inbetriebnahme dafür Sorge zu tragen, dass auch die Entwicklung neuer Funktionalitäten datenschutzkonform erfolgt und die in diesem Gestaltungsvorschlag unterbreiteten Schritte insofern erneut durchlaufen werden müssen (Art. 32 Abs. 1 lit. d DSGVO). In diesem Zusammenhang sollte zudem evaluiert werden, ob sich im Rahmen des bisherigen Entwicklungsprozesses datenschutzrechtliche Anforderungen (z. B. durch neue Gesetze) verändert haben oder neue Anforderungen hinzugekommen sind. Letztgenannte Aufgabe läge in der personellen Verantwortlichkeit der Rechtsabteilung, der Verfahrenseigner wäre jedoch verpflichtet, den entsprechenden Arbeitsschritt anzustoßen.

11.4   Evaluation des Vorschlags

Die Gestaltung des Vorschlags zur Umsetzung von Datenschutz-Grundsätzen und -Schutzmaßnahmen in IT-Systemen wurde im Rahmen von Evaluationsworkshops bewertet.

11.4.1 Methodisches Vorgehen

Die Evaluation erfolgte in Form von sieben Erst- und sieben Folgeevaluationsworkshops. Der Teilnehmerkreis der Erst- und Folgeworkshops war identisch, wobei bei jeweils einem Erst- und Folgeworkshop zwei betroffene Personen, zwei Mitarbeiter einer Datenschutzaufsichtsbehörde, zwei Mitarbeiter eines Datenschutzbeauftragten oder -koordinators, zwei Mitarbeiter eines Informationssicherheitsbeauftragten/-verantwortlichen, zwei Mitarbeiter einer Rechtsabteilung, zwei Verwaltungsleiter als Teil des datenschutzrechtlich Verantwortlichen und zwei IT-Entwickler anwesend waren. Hierbei handelt es sich um eine vollständige Repräsentation der im Rahmen des o.g. Vorschlags beschriebenen Rollen.

Im Rahmen der Erstworkshops wurde den Workshopteilnehmern der Vorschlag zur Gestaltung der Umsetzung von Datenschutz-Grundsätzen und -Schutzmaßnahmen in IT-Systemen vorgestellt und ihnen mittels eines vordefinierten Workshopleitfadens den Gestaltungsvorschlag evaluierende Fragen gestellt. Mit Frage 1, die sich an die Darstellung des Ziels, der Rahmenbedingungen und der Rollen der Gestaltungsempfehlungen anschloss, wurde zunächst sicher-gestellt, dass die Workshopteilnehmer keine offenen Verständnisfragen zu den Rahmenbedingungen und den Rollen des Gestaltungsvorschlags haben. Darauffolgend wurden die Workshopteilnehmer gefragt, ob aus ihrer Sicht die beschriebenen Anforderungen (Frage 2) und Teilaufgaben (Frage 3) in Bezug zu den zuvor vorgestellten Rahmenbedingungen vollständig sind und sie die Ansicht zur Verantwortung (Frage 4),[11] zu sonstigen Beteiligten (Frage 5) und dem Zeit-plan (Frage 6) teilen. Darüber hinaus wurde Feedback darüber eingeholt, wie sicher sich die Workshopteilnehmer bezüglich der von ihnen gemachten Anga-ben sind (Frage 7). Das Feedback der Teilnehmer erfolgte spontan, also ohne inhaltliche Vorbereitung auf die Workshops.

Die Rückmeldungen der Workshopteilnehmer wurden nach den Erstwork-shops in den Vorschlag zur Umsetzung von Datenschutz-Grundsätzen und -Schutzmaßnahmen in IT-Systemen eingearbeitet. Die aufgrund der Rückmel-dungen aus den Erstworkshops vorgenommenen Anpassungen wurden wiederum im Rahmen der Folgeworkshops vorgestellt und daraufhin die finale Rückmel-dung der Workshopteilnehmer eingeholt. Hierfür wurden die Workshopteilnehmer zunächst gefragt, ob sie unbeantwortete Verständnisfragen zu den vorgenomme-nen Änderungen haben (Frage 1) und sodann gefragt, ob es aus ihrer Sicht durch die erfolgten Änderungen bzgl. der beschriebenen Anforderungen (Frage 2), Teil-aufgaben (Frage 3), Verantwortlichkeiten (Frage 4), sonstigen Beteiligten (Frage 5) und dem Zeitplan (Frage 6) zu Verschlechterungen des Gestaltungsvorschla-ges gekommen ist. Darüber hinaus wurde erneut Feedback darüber eingeholt, wie sicher sich die Workshopteilnehmer bezüglich der von ihnen gemachten Angaben sind (Frage 7).

Sowohl bei dem Erst- als auch bei dem Folgeworkshop mit den beiden betrof-fenen Personen wurden lediglich die Fragen 1, 5 (in Bezug auf die Einbeziehung der betroffenen Personen) und 7 gestellt, da davon auszugehen ist, dass die betrof-fenen Personen regelmäßig nicht in der Lage sind, fachliche Rückmeldungen zu den weiteren Fragen der Workshops geben zu können.

Die Fragen des Erst- und Folgeworkshopleitfadens wurden am 9. Februar 2022 über ein Online-Video-Konferenztool durch drei Probe-Workshops mit jeweils einer Person, die die Kriterien der Teilnahme des Personenkreises der Workshops erfüllte, hinsichtlich der Verständlichkeit der Fragen validiert. Die Validierung

---

[11] Die Fragen 4 und 5 wurden in jedem Workshop mit Bezug auf die jeweiligen Work-shopteilnehmer gestellt, also wurden z. B. die IT-Sicherheitsbeauftragten/-verantwortlichen gefragt, ob die für sie vorgesehenen Verantwortlichkeiten und sonstigen Beteiligungen aus ihrer Sicht zutreffend sind oder ggf. weniger oder mehr Verantwortlichkeiten oder sonstige Beteiligungen vorzusehen wären.

der Fragen dauerte jeweils zwischen 15–20 Minuten, die Erstworkshops dauerten jeweils ca. 60 Minuten, die Folgeworkshops dauerten jeweils zwischen 15–30 Minuten.

Details zu den Rahmenbedingungen der Workshops finden sich in der nachfolgenden Tabelle (Tabelle 11.5):

Tabelle 11.5 Rahmenbedingungen der Evaluationsworkshops (2)

Zeitraum der Workshops	10.-11.2.2022 (Erstworkshops) und 17.-19.2.2022 (Folgeworkshops)
Medium der Interviews	Online-Video-Konferenztool
Dauer der Workshops	Durchschnittlich ca. 60 Minuten je Erstworkshop und ca. 15–30 Minuten je Folgeworkshop
Ziel der Workshops	Evaluation des Gestaltungsvorschlags zur Umsetzung von Datenschutz-Grundsätzen und -Schutzmaßnahmen in IT-Systemen
Interviewpartner	Vollständige Repräsentation der von dem Vorschlag betroffenen Rollen (u. a. Datenschutzbeauftragte, Mitarbeiter von Datenschutzaufsichtsbehörden, Verantwortliche)
Dokumentation	Zusammenfassendes Transkript, i. d. R. unmittelbar nach den Workshops

11.4.2 Evaluation der Vollständigkeit der Anforderungen und Teilaufgaben

Die Vollständigkeit der datenschutzrechtlichen Anforderungen bestätigten 12 von 14 Workshopteilnehmer. Die übrigen beiden Workshopteilnehmer sahen die Vollständigkeit der Anforderungen deshalb nicht gegeben, da sie sich wünschen würden, dass sich der Gestaltungsvorschlag nicht auf das Datenschutzrecht beschränken würde, sondern auch andere rechtliche Anforderungen berücksichtigen würde.

Die Vollständigkeit der Teilaufgaben zur Umsetzung der datenschutzrechtlichen Anforderungen sahen 10 von 14 Workshopteilnehmer als gegeben, während vier Workshopteilnehmer partielle Ergänzungen vorschlugen, nämlich (zusammengefasste Teilnehmerstimmen):

– Ergänzung der Prüfung der Vertragserfüllung als Teilaufgabe der „Recht-
  mäßigkeit",
– Ergänzung einer datenschutzrechtlichen Machbarkeitsprüfung zu Beginn der
  Entwicklung,
– Ergänzung des Umstandes, dass eine Datenanonymisierung den Anforderun-
  gen der DSGVO Genüge tragen muss,
– Ergänzungen von Teilaufgaben zur Einplanung einer (teilautomatisierten)
  Löschung zur Umsetzung der „Speicherbegrenzung" und einer Datentrennung
  zur Umsetzung der „Zweckbindung",
– Ergänzung der Dokumentation der Gedankenprozesse, die zur Auswahl der
  Rechtsgrundlage führen, zur Umsetzung der „Rechenschaftspflicht".

11.4.3 Evaluation der vorgeschlagenen personellen Verantwortlichkeiten und sonstigen Beteiligungen

Die korrekte Verteilung der personellen Verantwortlichkeit im Gestaltungsvorschlag bestätigten 10 von 14 Workshopteilnehmer. Zwei Workshopteilnehmer
regten an, alle Teilaufgaben zur Umsetzung des Datenschutz-Grundsatzes „Rechenschaftspflicht" den datenschutzrechtlich Verantwortlichen zuzurechnen. Zwei
weitere Workshopteilnehmer hatten Bedenken hinsichtlich der Übernahme einer
personellen Verantwortung abseits des Verfahrenseigners, wenn dieser nicht
zumindest dafür verantwortlich wäre, die Teilaufgabe zu delegieren.

Alle Workshopteilnehmer unterstützen den Aspekt des Gestaltungsvorschlages, besonders komplexe, „fachfremde" Aufgaben aus der personellen Verantwortlichkeit des Verfahrenseigners hin zu den jeweils fachlichen Ansprechpart-
nern wegzuleiten. Jedoch gab ein Workshopteilnehmer zu bedenken, dass es
sehr stark von der jeweiligen Unternehmensstruktur und -kultur abhängt, ob
es möglich ist, Aufgaben von dem Verfahrenseigner wegzuleiten. 12 von 14
Workshopteilnehmern sahen darüber hinaus ebenfalls das Risiko, dass der Verfahrenseigner sich nicht mehr im erforderlichen Maße um die datenschutzkonforme
Umsetzung des IT-Systems kümmert, wenn ihm zu viele Aufgaben der datenschutzkonformen Umsetzung abgenommen würden. Zwei Workshopteilnehmer
sahen dieses Risiko nicht.

Die korrekte Berücksichtigung sonstiger Beteiligten bestätigten 10 der
14 Workshopteilnehmer, wohingegen vier Workshopteilnehmer einige kleinere
Ergänzungen vorschlugen. So sollten insbesondere die Rechtsabteilung, der
Datenschutzbeauftragte und der Informationssicherheitsbeauftragte stärker in die
Teilaufgaben einbezogen werden.

11.4.4 Evaluation des Zeitplans

10 von 14 Workshopteilnehmern bestätigten den Zeitplan des Gestaltungsvorschlages. Drei Workshopteilnehmer schlugen hingegen vor, die Anforderungen zur Umsetzung des Datenschutz-Grundsatzes „Transparenz" an das Ende der Umsetzung der Datenschutz-Grundsätze zu stellen und an dieser Stelle ausnahmsweise von der durch Art. 5 DSGVO vorgegebenen Reihenfolge abzuweichen, da die Umsetzung der Transparenz erst dann sinnvoll ist, wenn alle anderen Datenschutz-Grundsätze umgesetzt wurden (z. B. müssen erst die Zwecke der Datenerhebung definiert werden, bevor die betroffene Person über diese Zwecke informiert werden kann). Ein weiterer Workshopteilnehmer regte an, die Anforderungen des Privacy by Design als kontinuierliche Aufgabe der Monate 24–0 zu verstehen.

11.4.5 Sonstige Rückmeldungen

Neben den Rückmeldungen zu den Anforderungen, den Teilaufgaben, den Verantwortlichkeiten und dem Zeitplan wurden im Rahmen der Evaluationsworkshops folgende Rückmeldungen gegeben (zusammengefasste Teilnehmerstimmen):

- Nicht in jeder Organisation nimmt der Entwickler die Rolle des (späteren) Verfahrenseigners ein. Zudem muss sich der Entwickler mindestens mit den Rollen des technischen Anforderungsanalysten, des Projektleiters und des späteren Betreibers intern sehr eng zusammenarbeiten, um eine datenschutzkonforme Umsetzung zu erreichen.
- Vor Beginn des Entwicklungsprojektes sollte ggf. eine Vorprüfung aus technischer Sicht erfolgen, die insbesondere auch in der Organisation feststehende technische Gegebenheiten berücksichtigt (z. B. kein Betrieb in einem organisationsinternen Rechenzentrum möglich).
- Entwicklungsprojekte sind häufig iterativ, so dass der Gestaltungsvorschlag eine Wiederholung der Umsetzung der Teilaufgaben vorsehen sollte, sofern nach der initialen Inbetriebnahme weitere Funktionalitäten ergänzt werden. Im Rahmen dieses wiederholten Durchlaufens der Teilaufgaben sollte geprüft werden, ob sich seit Beginn des Entwicklungsprojektes rechtliche Anforderungen verändert haben.

Die Rückmeldungen der Workshopteilnehmer aus den Erstworkshops wurden in den Vorschlag zur Umsetzung von Datenschutz-Grundsätzen und -Schutzmaßnahmen in IT-Systemen eingearbeitet und die Änderungen im Rahmen der Folgeworkshops diskutiert, im Rahmen derer der überarbeitete Gestaltungsvorschlag große Zustimmung erfuhr: Kritisch diskutiert wurde lediglich die Änderung der personellen Verantwortlichkeit bei der Rechenschaftspflicht, die beide Workshopteilnehmer der Rolle „Rechtsabteilung" zurück zur Rolle des initialen Gestaltungsvorschlages, also dem Verfahrenseigner, zurückgeändert haben wollten. Begründet wurde dies insbesondere damit, dass eine juristische Person nicht personell verantwortlich sein könne. Auf Basis dieser Rückmeldung wurde der Rückänderungswunsch mit den beiden Workshopteilnehmern der Rolle „Aufsichtsbehörde" diskutiert, die den Vorschlag zur Änderung im Rahmen des Erstworkshops unterbreitet hatten. Diese schlugen daraufhin vor, dass der Verfahrenseigner die Umsetzung der Rechenschaftspflicht übernimmt, er jedoch verpflichtet ist, den Verantwortlichen über die Umsetzung dieser Pflicht informiert zu halten.

Darüber hinaus gab es weitere kleinere Änderungsvorschläge, die im finalen Gestaltungsvorschlag berücksichtigt wurden, wie z. B. die Teilaufgabe der Durchführung einer Datenschutzschulung für den Verfahrenseigner zu Entwicklungsbeginn umzusetzen.

11.4.6 Konfidenz

Auf die Frage, wie sicher sich die Workshopteilnehmer bei den von ihnen im Rahmen des Workshops gemachten Angaben sind, antworteten im Rahmen der Erstworkshops alle Workshopteilnehmer mit „sicher (11)" oder „relativ sicher (3)" und im Rahmen der Zweitworkshops alle Workshopteilnehmer mit „sicher" (14).

Der in Unterkapitel C unterbreitete Gestaltungsvorschlag berücksichtigt bereits die Rückmeldungen der Workshopteilnehmer.

11.5   Ergebnis

Im Rahmen dieses Kapitels wurde aufgezeigt, wie die Teilarbeitsergebnisse der vorliegenden Arbeit ineinandergreifen können, um im Ergebnis Planer neuer IT-Systeme in die Lage zu versetzen, die geltenden datenschutzrechtlichen Vorgaben bei der Entwicklung und während der Inbetriebnahme neuer IT-Systeme in angemessener Weise zu berücksichtigen.

Kapitel 11 beantwortet die eingangs aufgeworfene Frage wie folgt:
Es ist zu empfehlen, die angemessene Umsetzung des technisch-organisatorischen Datenschutzes im Rahmen der Entwicklung neuer IT-Systeme in Organisationen anhand folgender Schritte anzugehen, die im Rahmen des vorliegenden Kapitels detaillierter ausgeführt wurden:
- Schritt 1: Entscheidung über die personenbezogene oder anonyme Datenverarbeitung,
- Schritt 2: Vorabentscheidung über die grundsätzliche Machbarkeit,
- Schritt 3: Planung der Umsetzung der allgemeinen Grundsätze des Datenschutzrechts,
- Schritt 4: Planung geeigneter und angemessener technischer und organisatorischer Schutzmaßnahmen.

Gliederungsillustration 11.2   Antwort Kapitel 11

Zwischenergebnis

12

I. d. R. stellt es den Planer eines neuen IT-Systems vor große Herausforderungen, die Entwicklung und Inbetriebnahme dieses Systems in datenschutzkonformer Weise umzusetzen. Häufig fehlen seitens der Planer Fachkenntnisse zu datenschutzrechtlichen Rahmenbedingungen, andererseits fehlt es häufig an Erfahrungen zur Gestaltung des Zeitplans einer datenschutzkonformen Umsetzung des geplanten IT-Systems und zur Notwendigkeit der Einbindung von Funktionsträgern innerhalb der Organisation.

Vor diesem Hintergrund unterstützt der Vorschlag für die datenschutzkonforme Gestaltung von Datenschutz-Grundsätzen und -Schutzmaßnahmen in IT-Systemen mit einer Auflistung der relevanten Datenschutz-Anforderungen sowie Empfehlungen zur zeitlichen und personellen Umsetzung dieser Anforderungen den Entwicklungs- und Inbetriebnahmeprozess und strukturiert gleichzeitig die im Rahmen dieser Arbeit gewonnenen Erkenntnisse zur angemessenen Umsetzung des technischen und organisatorischen Datenschutzes.[1]

---

[1] Das Zwischenergebnis beruht im Wesentlichen (die Gesamtheit oder der Großteil der Texte ist vollständig übernommen) auf dem Fazit der Veröffentlichung *Selzer/Timm*, Angemessene technische und organisatorische Schutzmaßnahmen nach Art. 32 DSGVO – Ein Vorschlag für die datenschutzkonforme Gestaltung von Datenschutz-Grundsätzen und -Schutzmaßnahmen in IT-Systemen, HMD Praxis der Wirtschaftsinformatik 2022 (online first).

A. Selzer, *Die technisch-organisatorische Implementierung von Datenschutz in Organisationen unter besonderer Berücksichtigung der wirtschaftlichen Angemessenheit*, Rechtsrahmen der Cybersicherheit und Privatheit, https://doi.org/10.1007/978-3-658-50744-2_12

An die zusammenfassende Strukturierung des Teils 4 dieser Arbeit, in der Empfehlungen für die angemessene Umsetzung des technisch-organisatorischen Datenschutzes im Rahmen der Entwicklung neuer IT-Systeme in Organisationen gegeben wurden, anknüpfend, stellt Teil 5 dieser Arbeit nun die Gesamtergebnisse der Arbeit dar.

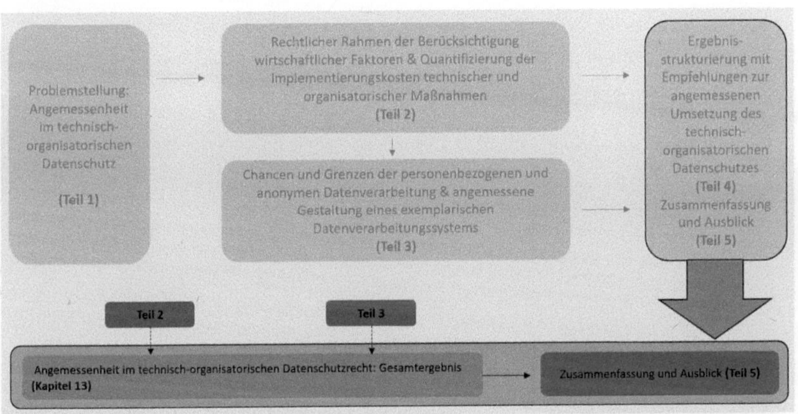

Gliederungsillustration 1 Teil 5 der Arbeit

Angemessenheit im technisch-organisatorischen Datenschutz: Gesamtergebnis

Zu Beginn dieser Arbeit wurde festgestellt, dass heutzutage kaum eine Organisation ohne die Verarbeitung großer Mengen personenbezogener Daten in Informationssystemen auskommt (u. a. für die Verarbeitung von Mitarbeiter- und Kundendaten) und sich Organisationen vor diesem Hintergrund mit der Umsetzung datenschutzrechtlicher Anforderungen befassen müssen. Einerseits sollen die Regelungen der DSGVO dafür Sorge tragen, natürliche Personen vor Eingriffen in ihre Persönlichkeitsrechte zu schützen, die im Zusammenhang mit der Verarbeitung ihrer personenbezogenen Daten stehen. Andererseits ist die Umsetzung der einschlägigen Datenschutzvorschriften häufig mit sehr hohen Kosten verbunden, während das Datenschutzrecht zusätzlich häufig als Hemmschuh für die innovativen Datennutzungsmöglichkeiten wahrgenommen wird. Vor diesem Hintergrund wünschen sich Organisationen einen pragmatischen Umgang mit der Umsetzung datenschutzrechtlicher Anforderungen, sind aber unsicher, wie viel Pragmatik die Umsetzung der DSGVO-Anforderungen erlaubt, ohne dem Risiko des hohen Bußgeldrahmens der DSGVO ausgesetzt zu sein.

Vor diesem Hintergrund machte es sich die vorliegende Arbeit zum Ziel, aus Perspektive der Wirtschaftsinformatik und Rechtswissenschaften offene Fragen zur angemessenen Umsetzung der DSGVO-Anforderungen – insbesondere im Bereich des technisch-organisatorischen Datenschutzes – zu adressieren. Aus den daraus gewonnenen Erkenntnissen leitet die Arbeit wiederum organisatorische, technische und rechtliche Schritte ab und zeigt somit auf, wie die angemessene Umsetzung datenschutzrechtlicher Anforderungen in Organisationen systematisch anzugehen ist. Die einzelnen organisatorischen, technischen und rechtlichen Schritte werden so aufbereitet, dass sie Wirtschaftsinformatiker in Organisationen

A. Selzer, *Die technisch-organisatorische Implementierung von Datenschutz in Organisationen unter besonderer Berücksichtigung der wirtschaftlichen Angemessenheit*, Rechtsrahmen der Cybersicherheit und Privatheit, https://doi.org/10.1007/978-3-658-50744-2_13

zukünftig dabei unterstützen, bereits in der Planungs- und Implementierungsphase neuer IT-Systeme die angemessene Umsetzung datenschutzrechtlicher
Anforderungen einplanen und beachten zu können.

13.1 Grenzen der Arbeit

Vor der Kurzdarstellung der wichtigsten Ergebnisse sollen zunächst die Grenzen
der Erkenntnisse der vorliegenden Arbeit aufgezeigt werden.

13.1.1 Rechtsdogmatische Erkenntnisse

Die Rechtsdogmatischen Erkenntnisse dieser Arbeit, u. a. zu den Fragen der
Einbeziehung von Implementierungsfolgekosten und der Berücksichtigung der
individuellen (finanziellen) Lage des Verantwortlichen im Rahmen der Umsetzung angemessener Schutzmaßnahmen, basieren auf der Darstellung und fachlichen Begründung der juristischen Meinung der Autorin der vorliegenden Arbeit.
Sofern zu den rechtlichen Streitfragen bereits erste Rechtsprechungen und Mei-
nungsbilder der einschlägigen Fachliteratur vorlagen, wurden diese gemäß des
für die Gewinnung rechtsdogmatischer Erkenntnisse üblichen Vorgehens der
Rechtswissenschaften berücksichtigt.

Die in der vorliegenden Arbeit vertretenen rechtlichen Meinungen geben
die im Laufe der letzten knappen fünf Jahre entstandene und durch die Veröffentlichung der Fachbeiträge, die auf den jeweils relevanten Abschnitten der
vorliegenden Arbeit beruhen, gefestigte herrschende juristische Meinung zu den
in dieser Arbeit diskutierten rechtlichen Streitfragen wieder. Insofern hat die
Veröffentlichung von Teilergebnissen dieser Arbeit einerseits dazu geführt, die
herrschende juristische Meinung zu den im Kontext der Arbeit bestehenden
Streitfragen zu formen und zu festigen. Andererseits führt die nunmehr vorliegende herrschende Meinung zu den Streitfragen dieser Arbeit für die in dieser
Arbeit vertretenen rechtlichen Auffassungen zu einer sehr belastbaren rechtlichen
Aussagekraft.

13.1.2 Empirische Erkenntnisse

Die empirischen Erkenntnisse dieser Arbeit, den zwei Interviewreihen und den zwei Evaluationen in Form von Evaluationsworkshops, basieren auf der Einhaltung der gängigen wissenschaftlichen Standards für empirische Forschung (für nähere Informationen, s. Abschnitt 1.3).

Einschränkend muss hinsichtlich der empirischen Erkenntnisse dieser Arbeit jedoch die Stichprobengröße der Datenerhebungen erwähnt werden, die sich je Datenerhebung im unteren Feld der für qualitative Datenerhebungen üblichen Stichprobengröße bewegt. Dies lässt sich mit der Schwierigkeit des Findens von Interviewpartnern erklären, die i. d. R. mindestens eine Stunde ihrer Zeit für die empirische Befragungen aufbringen mussten. Um die mit den jeweils relativ geringen Stichprobengrößen gewonnenen Erkenntnisse abzusichern, wurden folgende Maßnahmen ergriffen:

(1) Den wissenschaftlichen Standards folgend wurde zur Absicherung der empirischen Erkenntnisse als unterste Grenze der kleinstmöglichen Stichprobengruppe, die innerhalb der Datenerhebungen unterschieden wurden, darauf geachtet, unplausible Werte („Ausreißer") durch eine Gruppengröße von mindestens drei Personen erkennbar zu machen.[1]
Bsp.: Die Validierung der Implementierungskosten von dem Stand der Technik entsprechenden Schutzmaßnahmen erfolgte auf Basis 27 Interviews: je neun Interviewte waren den Branchen Gesundheit (1), Handel und Dienstleistungen (2) sowie Forschung und Bildung (3) zugeordnet. Innerhalb dieser drei Branchen wurde darüber hinaus zwischen drei verschiedenen Organisationsgruppengrößen unterschieden. Im Ergebnis wurden je drei Personen je Branche und Organisationsgruppengröße interviewt, um in jeder dieser Drei-Personen-Gruppen unplausible Werte erkennbar zu machen.

---

[1] Eine Ausnahme hiervon stellt lediglich die zweite innerhalb dieser Arbeit durchgeführte Evaluation dar. Bei der zweiten innerhalb dieser Arbeit durchgeführten Evaluation war es wiederum besonders wichtig, die Diversität der Evaluationsergebnisse durch Hinzuziehung sämtlicher beteiligter bzw. betroffener Personen(gruppen) sicherzustellen – von der datenschutzrechtlich betroffenen Person, über Mitarbeiter der Rechts- und Datenschutzabteilungen, bis hin zu Entwicklern und Mitarbeitern von Datenschutzaufsichtsbehörden. Zur Sicherstellung dieser Diversität wurde auf eine Gruppengröße von drei Personen je befragter Gruppe verzichtet, gleichwohl eine Besetzung jeder Gruppe mit drei Personen erstrebenswert gewesen wäre, um die empirischen Erkenntnisse weiter abzusichern und unplausible Werte erkennbar zu machen.

(2) Um Verzerrungen aufgrund der Auswahl der zu interviewenden Personen zu vermeiden, wurden die Kriterien an die zu interviewenden Personen – insbesondere hinsichtlich der Zugehörigkeit zu Branchen, Organisationsgruppengrößen, Berufsgruppen – vor Beginn der Datenerhebungen verbindlich festgelegt und nur Personen befragt, die in ihrer Funktion als Angestellte einer Organisation sämtliche Kriterien erfüllen konnten.

(3) Um Verzerrungen aufgrund fehlender Konfidenz und Verallgemeinerbarkeit (sofern im Einzelfall relevant) zu vermeiden, wurden die Interviewteilnehmer am Ende der Interviews gebeten, zu bewerten, wie sicher sie sich in den von ihnen gegebenen Antworten sind sowie einzuschätzen, wie verallgemeinerbar sie die von ihnen gemachten Angaben in Bezug auf Organisationen ähnlicher Größe und inhaltlicher Ausrichtung halten. Sowohl die Konfidenz als auch die Verallgemeinerbarkeit war in allen Datenerhebungen hoch.

Im Ergebnis wurden die Auswirkungen der geringen Stichprobengrößen somit bestmöglich abgesichert, wenngleich zukünftige Forschung darauf abzielen sollte – dann insbesondere mittels quantitativer, empirischer Erhebungsmethoden – die im Rahmen dieser Arbeit empirisch gewonnenen Erkenntnisse mit einer größeren Stichprobengruppe zu bestätigen.

Nachfolgend werden nun die wichtigsten Erkenntnisse der vorliegenden Arbeit zusammengefasst.

13.2 Umsetzungspflicht angemessener technischer und organisatorischer Maßnahmen

Die DSGVO normiert die Pflicht zum Treffen technischer und organisatorischer Maßnahmen. Die Maßnahmen des technisch-organisatorischen Datenschutzes sollen betroffenen Personen vor jeglicher unrechtmäßigen Verarbeitung ihrer personenbezogenen Daten schützen, die nicht (allein) durch die Normierung der rechtlichen Zulässigkeit der Datenverarbeitung herbeigeführt werden kann.

Art. 24 Abs. 1, Art. 25 Abs. 1, Art. 32 Abs. 1 DSGVO überlassen die Auswahl der zum Schutz der Rechte und Freiheiten der betroffenen Personen zu ergreifenden technischen und organisatorischen Maßnahmen dem Verantwortlichen und eröffnen ihm unter Berücksichtigung der Art, des Umfangs, der Umstände und Zwecke der Verarbeitung und der unterschiedlichen Eintrittswahrscheinlichkeit und Schwere der Risiken für die Rechte und Freiheiten natürlicher Personen einen Entscheidungsspielraum. Gemäß Art. 25 Abs. 1, Art. 32 Abs. 1 DSGVO dürfen auch der Stand der Technik und die Implementierungskosten in die Auswahl der Schutzmaßnahmen einfließen.

Um den Anforderungen, die der Europäische Gesetzgeber an die Auswahl angemessener technischer und organisatorischer Schutzmaßnahmen stellt, gerecht zu werden, kann der Verantwortliche zwar auf einige bestehende Instrumente und Methoden – allen voran auf das Standard-Datenschutzmodell der deutschen Datenschutzaufsichtsbehörden – zurückgreifen. Jedoch lassen vorhandene Instrumente und Methoden insbesondere die in die Angemessenheitsentscheidung einzubeziehenden wirtschaftlichen Faktoren außen vor, so dass es im Ergebnis auch weiterhin dem Verantwortlichen obliegt, seine wirtschaftlichen Interessen in angemessener Weise in die Auswahl der von ihm umgesetzten technischen und organisatorischen Maßnahmen einzubeziehen.

Eine methodische Unterstützung, durch die der Verantwortlichen die datenschutzkonforme Berücksichtigung von Implementierungskosten sicherstellen kann, scheint nicht möglich zu sein, da

- die Schutzgüter des Schutzes der Rechte und Freiheiten betroffener Personen einerseits und der wirtschaftlichen Interessen des Verantwortlichen an möglichst niedrigen Implementierungskosten andererseits zu unterschiedlich sind, um sie methodisch gegeneinander abwägen zu können;
- die sonstigen zu berücksichtigenden Faktoren, wie etwa die Anzahl der Betroffenen und personenbezogenen Daten, die Arten der Verarbeitungsschritte sowie der Verarbeitungsort und -zeitpunkt, viel zu individuell sind, um für sie feste Regeln definieren zu können;
- die Betrachtung der Angemessenheit aus rechtlicher, technischer und wirtschaftlicher Sicht viel zu differenziert ist, um sie zu einer einheitlichen Betrachtungsweise verbinden zu können;
- die Anforderungen, die an den Gesetzgeber gestellt werden, um angemessene Datenschutzmaßnahmen zu erlassen, viel zu komplex sind, als dass die Empfehlungen auf datenschutzrechtlich Verantwortliche übertragbar wären.

Um dieses Dilemma zu lösen ist dem Verantwortlichen zunächst zu raten, die Auswahl der Schutzmaßnahmen sorgfältig zu dokumentieren. Insbesondere die Abwägung der einzelnen Auswahlkriterien sollte er sorgfältig und nachvollziehbar dokumentieren: Welche Kriterien wurden bei der Auswahlentscheidung berücksichtigt? Welche Kriterien wurden wie und aus welchem Grund priorisiert? Welche alternativen Schutzmaßnahmen wurden in Betracht gezogen und aus welchen Abwägungsgründen wurde sich gegen die Alternativen entschieden? Auch wenn eine sorgfältige und nachvollziehbare Dokumentation der Auswahl von Schutzmaßnahmen den Verantwortlichen dabei unterstützen kann, seine Sorgfaltspflichten gegenüber der für ihn zuständigen Aufsichtsbehörde – und ggf.

vor Gericht – nachweisbar zu machen, löst die Dokumentation jedoch nicht das eigentliche Problem des Verantwortlichen, bei der Auswahl von Schutzmaßnahmen unter Berücksichtigung *aller* genannten Auswahlfaktoren nicht durch ein etabliertes Vorgehen unterstützt zu werden, das ihm in Bezug auf die von ihm ausgewählten Schutzmaßnahmen ein gewisses Maß an Rechtssicherheit gewährt.

Zusätzlich quantifizierte Teil 2 dieser Arbeit die Implementierungskosten von dem Stand der Technik entsprechenden Schutzmaßnahmen, um den Verantwortlichen die grundlegende Ressource an die Hand geben zu können, die Implementierungskosten überhaupt in die Entscheidung über angemessene Schutzmaßnahmen einfließen lassen zu können. Diese Kosten dürfen – in Kombination mit den bereits vorgestellten Methoden zur Auswahl von Schutzmaßnahmen, wie z. B. dem Standard-Datenschutzmodell der deutschen Datenschutzaufsichtsbehörden – bei der Auswahl von Maßnahmen als ein Faktor berücksichtigt werden, um sicherzustellen, dass technische und organisatorische Maßnahmen nicht nur geeignet, sondern auch für den konkreten Verarbeitungskontext angemessen sind.

13.3 Angemessene Umsetzung am Beispiel eines exemplarischen Datenverarbeitungssystems

Es bleibt festzustellen, dass die Auswahl angemessener Schutzmaßnahmen nur unter Berücksichtigung des individuellen Einzelfalls erfolgen und eine Unterstützung des Verantwortlichen lediglich in der beispielhaften Umsetzung einer solchen einzelfallbezogenen Auswahl angemessener Schutzmaßnahmen dienen kann. Dieses Ziel verfolgte Teil 3 dieser Ausarbeitung.

Teil 3 dieser Arbeit ergab, dass in Bezug auf die angemessene Umsetzung von Schutzmaßnahmen die Frage nach den Chancen und Grenzen der Verarbeitung personenbezogener und anonymisierter Daten sowie des potenziellen Mehrwerts durch die Verarbeitung personenbezogener Daten von Verantwortlichen als Chance verstanden werden kann, vorzubewerten, ob (überhaupt) und wie lange die Verarbeitung personenbezogener Daten für den konkreten Zweck der Datenverarbeitung erforderlich und wirtschaftlich sinnvoll ist. Sollte eine Verarbeitung mit ausschließlich anonymen Daten möglich sein, fänden die strengen Vorschriften der Datenschutz-Grundverordnung regelmäßig keine Anwendung.

Vor diesem Hintergrund wurden die Chancen und Grenzen der personenbezogenen und anonymen Datenverarbeitung im Smart-City-Kontext bewertet. Diese Untersuchung ergab, dass der Umfang der Verarbeitung personenbezogener Daten im Smart-City-Kontext reduziert werden und die meisten Ziele von Smart Cities durch die Verarbeitung anonymisierter Daten erreicht werden könnte. Ein großer Teil des potenziellen Mehrwerts durch Datenverknüpfungen im Smart-City-Kontext kann darüber hinaus durch den Austausch von anonymisierten Daten erreicht werden.

Basierend auf diesen Erkenntnissen wurde in Teil 3 dieser Arbeit ein exemplarisches Datenverarbeitungsszenario und -system abgeleitet, das den Mehrwert des anonymen Datenaustauschs zwischen Smart-City-Akteuren mit Hilfe eines Datentreuhänders umsetzt, in dem Smart-City-Akteure ausschließlich auf (aus ihrer Perspektive) anonyme Daten zugreifen können, ohne dass für sie selbst die Möglichkeit der Re-Identifizierung der Daten besteht (Regelfall). Eine Re-Identifizierung ist nur im begründeten Einzelfall und nur für einen hierfür vorgesehenen Datentreuhänder möglich (Ausnahmefall), so dass die Smart-City-Akteure für die Nutzung der anonymisierten Daten im Rahmen des Regelfalls nach der hier vertretenen Meinung nicht unter die Anwendbarkeit des Datenschutzrechts fallen.

Da der Datentreuhänder personenbezogene Daten verarbeitet, muss dieser allerdings die Regelungen des Datenschutzrechts, insbesondere die Anforderungen der DSGVO, beachten und somit u. a. die Datenschutz-Grundsätze umsetzen. Vor diesem Hintergrund wurde in Teil 3 dieser Arbeit die Umsetzung der Datenschutz-Grundsätze in dem exemplarischen Datenverarbeitungssystem gestaltet. Ein Schwerpunkt lag hierbei auf der Gestaltung der angemessenen Umsetzung der technischen und organisatorischen Schutzmaßnahmen auf Basis der in Teil 2 dieser Arbeit erlangten Erkenntnisse, die auf den individuellen Verarbeitungskontext des exemplarischen Datenverarbeitungssystems angewandt wurden.

13.4 Vorschlag für die datenschutzkonforme Gestaltung von Datenschutz-Grundsätzen und -Schutzmaßnahmen in IT-Systemen

Um die im Rahmen dieser Arbeit gewonnenen Erkenntnisse zukünftig bereits in der Planungs-, Entwicklungs- und Inbetriebnahmephase neuer IT-Systeme berücksichtigen zu können, wurden die Erkenntnisse der vorliegenden Arbeit in ihrem Teil 4 strukturiert und in einen Vorschlag für die datenschutzkonforme Gestaltung von Datenschutz-Grundsätzen und -Schutzmaßnahmen in IT-Systemen überführt. Dieser Vorschlag legt die Basis für eine angemessene Umsetzung datenschutzrechtlicher Vorgaben, insbesondere hinsichtlich technischer und organisatorischer Maßnahmen.

13.5 Ausblick

Der in der DSGVO verankerte technisch-organisatorische Datenschutz ist ein wichtiger Bestandteil des Europäischen Datenschutzrechts. Technische und organisatorische Maßnahmen schützen u. a. vor unberechtigter Einsichtnahme in und Manipulation von personenbezogenen Daten und fördern somit das Ziel des Datenschutzrechts, bei der personenbezogenen Datenverarbeitung die hiermit verbundenen Grundrechte und -freiheiten der betroffenen Personen zu wahren. Hierbei gilt zu beachten, dass der technisch-organisatorische Datenschutz bereits zum Zeitpunkt der Festlegung der Mittel für die personenbezogene Datenverarbeitung zu berücksichtigen ist (Art. 25 DSGVO) und sich nach dem risikobasierten Ansatz der DSGVO orientiert. Schutzmaßnahmen sind dementsprechend so auszuwählen, dass diese sowohl funktional geeignet als auch in Bezug auf das Risiko für die Rechte und Freiheiten der betroffenen Personen angemessen sind. Es ist daher von hoher Wichtigkeit, in den Organisationen Prozesse zu etablieren, die die Umsetzung der Anforderungen des (technisch-organisatorischen) Datenschutzes bereits zu Beginn der Planung jeder neuen personenbezogenen Datenverarbeitung sicherstellen.

Die meisten Organisationen sehen die volle *personelle* Verantwortung der Umsetzung datenschutzrechtlicher Anforderungen bei dem sogenannten Verfahrenseigner, also dem Mitarbeiter einer Organisation, der eine bestimmte, personenbezogene Datenverarbeitung verantwortet (und meistens auch initiiert). Der Verfahrenseigner selbst verfügt jedoch selten über die notwendigen rechtlichen, technischen und betriebswirtschaftlichen Kenntnisse, um die Anforderungen des Datenschutzrechts umsetzen zu können. Es kann daher unterstellt werden, dass der Verfahrenseigner meist wenig motiviert ist, die einschlägigen Anforderungen des Datenschutzrechts umzusetzen. Andererseits verfügen andere Personen innerhalb der Organisation – darunter u. a. der Datenschutzbeauftragte, die Mitarbeiter der Rechtsabteilung und der IT-Sicherheitsverantwortliche – über wichtige Expertisen und könnten Teilaufgaben der datenschutzkonformen Umsetzung einer geplanten Datenverarbeitung vermutlich mit erheblich geringerem zeitlichen Aufwand sowie mit einem überzeugenderen Ergebnis übernehmen. Zukünftige Forschung zur angemessenen Umsetzung des technisch-organisatorischen Datenschutzes sollte sich vor diesem Hintergrund auch mit den Fragen befassen, welche Faktoren in einer Organisation die Umsetzung des Datenschutzrechts positiv beeinflussen und welche Rückschlüsse sich hieraus für eine bessere Verankerung des technisch-organisatorischen Datenschutzes in Organisationen ableiten lässt.

Literaturverzeichnis

Acquisti, Alessandro/John, Leslie/Loewenstein, George: What is privacy worth?, in: Journal of Legal Studies (2/13), S. 249–274.

Acquisti, Alessandro/ Taylor, Curtis/ Wagman, Liad: The Economics of Privacy, in: Journal of Economic Literature (2/16), S. 442–492.

Albrecht, Jan Philipp/ Jotzo, Florian: Das neue Datenschutzrecht der EU, Baden Baden 2017.

AK Technik: „Das Standard-Datenschutzmodell – der Weg vom Recht zur Technik", Ein Datenschutzwerkzeug für Aufsichtsbehörden und verantwortliche Stellen (Tagungsband), Hannover 2015.

Artikel-29-Datenschutzgruppe, Stellungnahme 4/2007 zum Begriff „personenbezogene Daten", über: http://ec.europa.eu/justice/policies/privacy/docs/wpdocs/2007/wp136_de.pdf, zuletzt besucht am 11.8.2022.

Auer-Reinsdorff, Astrid/ Conrad, Isabell: Handbuch IT- und Datenschutzrecht, 3. Auflage, München 2019.

Bartels, Karsten U. /Backer, Merlin: Die Berücksichtigung des Stands der Technik in der DSGVO – Neue Anforderungen an die IT-Sicherheit im Datenschutz, in: DuD 2018, S. 214–219.

Baumgartner, Ulrich/ Gausling, Tina: Datenschutz durch Technikgestaltung und datenschutzfreundliche Voreinstellungen – Was Unternehmen jetzt nach der DS-GVO beachten müssen, in: ZD 2017, S. 308–313.

Baumol, William/ Willig, Robert: Fixed Costs, Sunk Costs, Entry Barriers, and Sustainability of Monopoly, in: The Quarterly Journal of Economics 1981, S. 405–431.

Bergmann, Jan/Dienelt, Klaus: Ausländerrecht, 13. Auflage, München 2020.

Beukelmann, Stephan: Geldbußenverhängung bei Datenschutzverstößen, in: NJW-Spezial 2020, S. 120.

Biancotti, Claudia: The price of cyber (in)security: evidence from the Italian private sector, Workshop on the Economics of Information Security (WEIS) 2018, S. 4–44.

Bieker, Felix/Bremert, Benjamin: Identifizierung von Risiken für die Grundrechte von Individuen – Auslegung und Anwendung des Risikobegriffs der DS-GVO, in: ZD 2020, S. 7–14.

Bitkom e.V.: Risk Assessment & Datenschutz-Folgenabschätzung, über: https://www.bit kom.org/sites/default/files/file/import/FirstSpirit-1496129138918170529-LF-Risk-Ass essment-online.pdf, zuletzt besucht am 11.8.2022.

Brockmeyer, Henning: Treuhänder für Mobilitätsdaten – Zukunftsmodell für hoch- und vollautomatisierte Fahrzeuge?, in: ZD 2018, S. 258–263.

BSI: BSI-Standard 100-2 – IT-Grundschutz-Vorgehen, über: https://www.bsi.bund.de/Sha redDocs/Downloads/DE/BSI/Publikationen/ITGrundschutzstandards/BSI-Standard_ 1002.pdf?__blob=publicationFile, zuletzt besucht am 11.8.2022.

BSI: BSI-Standard 200-1 – Managementsysteme für Informationssicherheit (ISMI), über: https://www.bsi.bund.de/DE/Themen/Unternehmen-und-Organisationen/Standards-und-Zertifizierung/IT-Grundschutz/BSI-Standards/BSI-Standard-200-1-Managementsy steme-fuer-Informationssicherheit/bsi-standard-200-1-managementsysteme-fuer-inform ationssicherheit_node.hatml, zuletzt besucht am 11.8.2022.

BSI: BSI-Standard 200-2 – IT-Grundschutz-Methodik, über: https://www.bsi.bund.de/Sha redDocs/Downloads/DE/BSI/Grundschutz/Kompendium/standard_200_2.pdf?__blob= publicationFile&v=7, zuletzt besucht am 11.8.2022.

BSI: BSI-Standard 200-3 – Risikoanalyse auf der Basis von IT-Grundschutz, über: https:// www.bsi.bund.de/SharedDocs/Downloads/DE/BSI/Grundschutz/BSI_Standards/sta ndard_200_3.pdf?__blob=publicationFile&v=2, zuletzt besucht am 11.8.2022.

Buchner, Benedikt: Verschlüsselte Daten, DuD 2013, S. 804.

Bussche, Axel/ Voigt, Paul: Konzerndatenschutz – Rechtshandbuch, 2. Auflage, München 2019.

Cabral, Sergio T.: Forgetful AI: AI and the Right to Erasure under the GDPR, in: EDPL (6/ 20), S. 378–389.

Caldarola, Maria Christina/Schrey, Joachim: Big Data und Recht, München 2019.

Christophersen, Timo/Grape, Christian: Die Erfassung latenter Konstrukte mit Hilfe formativer und reflektiver Messmodelle, in: Albers, S./Klapper, D./Konradt, U./Walter, A./ Wolf, J. (Hrsg.), Methodik der empirischen Forschung, 3. Auflage, Wiesbaden 2009, S. 103–118.

Computerwoche: Es gibt keine absolute Sicherheit – Wieviel Security-Risiko darf sein?, über: https://www.computerwoche.de/a/wieviel-security-risiko-darf-sein,2495638, zuletzt besucht am 11.8.2022.

Danezis, George/ Lewis, Steven/ Anderson, Ross: How much is location privacy worth?, Proceedings of WEIS 2005, S. 1–13.

Datenschutzkonferenz: Kurzpapier Nr. 5 – Datenschutz-Folgenabschätzung nach Art. 35 DS-GVO, über: https://www.datenschutzkonferenz-online.de/media/kp/dsk_kpnr_5.pdf, zuletzt besucht am 11.8.2022.

Datenschutzkonferenz: Kurzpapier Nr. 18 – Risiko für die Rechte und Freiheiten natürlicher Personen, über: https://www.datenschutzkonferenz-online.de/media/kp/dsk_kpnr_ 18.pdf, zuletzt besucht am 11.8.2022.

Datenschutzkonferenz: Liste der Verarbeitungstätigkeiten, für die eine DSFA durchzuführen ist, über: https://www.lda.bayern.de/media/dsfa_muss_liste_dsk_de.pdf, zuletzt besucht am 11.8.2022.

Datenschutzkonferenz: Das Standard-Datenschutzmodell – Eine Methode zur Datenschutzberatung und -prüfung auf der Basis einheitlicher Gewährleistungsziele, Düsseldorf 2018 (Version 1.1).

Datenschutzkonferenz: Das Standard-Datenschutzmodell – Eine Methode zur Datenschutzberatung und -prüfung auf der Basis einheitlicher Gewährleistungsziele, Trier 2019 (Version 2.0).

Deusch, Florian/ Eggendorfer, Tobias: Intrusion Detection und DSGVO, in: DSRITB 2018, S. 741–754.

Dinger, Jochen/ Hartenstein, Hannes: Netzwerk- und IT-Sicherheitsmanagement – eine Einführung, 1. Auflage, Karlsruhe 2008.

Dreze, Jean/ Stern, Nicholas: The therory of cost-benefit analysis, Handbook of Public Economics, S. 909–989, London 1987.

Durmus, Erdem/ Selzer, Annika/ Pordesch, Ulrich: Das Löschen nach der DSGVO – Eine Diskussion der datenschutzkonformen Umsetzung bei E-Mails, in: DuD 2019, S. 786–791.

Eckert, Claudia: IT-Sicherheit – Konzepte, Verfahren, Protokolle, 10. Auflage, Berlin 2018.

Ehmann, Eugen/ Selmayr, Martin (Hrsg.): Datenschutz-Grundverordnung, München 2017.

ENISA: Privacy and Data Protection by Design, über: https://www.enisa.europa.eu/publications/privacy-and-data-protection-by-design, zuletzt besucht am 11.8.2022.

Enzmann, Matthias/Selzer, Annika/ Spychalski, Dominik: Data Erasure under the GDPR – Steps towards Compliance, in: EDPL 5/19, S. 416–420.

Europäischer Datenschutzbeauftragter: Beurteilung der Erforderlichkeit von Maßnahmen, die das Grundrecht auf Schutz personenbezogener Daten einschränken: Ein Toolkit, über: https://edps.europa.eu/sites/edp/files/publication/17-06-01_necessity_toolkit_final_de.pdf, zuletzt besucht am 11.8.2022.

Europäischer Datenschutzbeauftragter: Leitlinien des EDSB für die Bewertung der Verhältnismäßigkeit von Maßnahmen, die die Grundrechte auf Privatsphäre und den Schutz personenbezogener Daten einschränken, über: https://edps.europa.eu/sites/edp/files/publication/19-12-19_edps_proportionality_guidelines2_de.pdf, zuletzt besucht am 11.8.2022.

Falker, Frank: Risikomanagement unter der Datenschutz-Grundverordnung, in: DSRITB 2017, S. 29–43.

Fischbach, Sven: Grundlagen der Kostenrechnung: Mit Prüfungsaufgaben und Lösungen, 7. Auflage, München 2017.

Uwe Flick: Gütekriterien qualitativer Forschung, Mey, Günther/Mruck, Katja (Hrsg.), Handbuch Qualitative Forschung in der Psychologie, Band 2, 2. Auflage, Wiesbaden 2020, S. 247–264.

Forgó, Nikolaus/ Helfrich, Marcus/ Schneider, Jochen: Betrieblicher Datenschutz – Rechtshandbuch, 3. Auflage, München 2019.

Friedewald, Michael/ Martin, Nicholas: Vorgehen bei Datenschutz-Folgenabschätzungen, in: BvD-News – Das Fachmagazin für Datenschutz, 03/2017, S. 41–45.

Gassmann, Oliver/ Böhm, Jonas/ Palmie, Maximilian: Smart Cities: Introducing Digital Innovation to Cities, Bingley 2019.

Geis, Ivo: Die digitale Signatur, in: NJW 1997, S. 3000–3004.

Gola, Peter: Datenschutz-Grundverordnung – Kommentar, 2. Auflage, München 2018.

Gola, Peter/ Klug, Christoph: Die Entwicklung des Datenschutzrechts im ersten Halbjahr 2018, in: NJW 2018, S. 2608–2611.

Gordon, Lawrence/Loeb, Martin: The economics of information security investment, in: TISSEC 2002, S. 438–457.

Gossen, Heiko/Schramm, Marc: Das Verarbeitungsverzeichnis der DS-GVO – Ein effektives Instrument zur Umsetzung der neuen unionsrechtlichen Vorgaben, in: ZD 2017, S. 7–13.

Grigat, Maximilian/ Jurecz, Stefanie/ Kirschner, Sascha/ Seidel, Robin/ Stepanek, Tobias/ Schmidtmann, Achim (Hrsg.): Kosten der IT-Sicherheit – Ein Ausgangspunkt für weitergehende Untersuchungen, 1. Auflage, Norderstedt 2020.

Groos, Daniel/ van Veen, Evert-Ben: Anonymised Data and the Rule of Law, in: EDPL (6/20), S. 498–508.

Grützner, Thomas/Jakob, Alexander: Compliance von A-Z, 2. Auflage, München 2015.

Hager, Willi/Patry, Jean/Brezing, Hermann: Evaluation psychologischer Interventionsmassnahmen: Standards und Kriterien: Ein Handbuch, Bern 2000.

Handelsblatt: IT-Sicherheit – Die Browser sind das größte Problem, über: https://www.han delsblatt.com/technik/it-internet/it-sicherheit-die-browser-sind-das-grosse-sicherheitsp roblem/5129616-all.html, zuletzt besucht am 11.8.2022.

Heitzenrater, Chad/Simpson, Andrew: Policy, statistics and questions: Reflections on UK cyber security disclosures, in: Journal of Cybersecurity 2016, S. 43–56.

Jandt, Silke/ Steidle, Roland (Hrsg.): Datenschutz im Internet – Rechtshandbuch zu DSGVO und BDSG, Baden-Baden 2018.

Jasmontaite, Lina/ Kamara, Irene/ Zanfir-Fortuna, Gabriela/ Leucci, Stefano: Data Protection by Design and by Default: Framing Guiding Principles into Legal Obligations in the GDPR, in: EDPL 2/2018, S. 168–189.

Jung, Alexander: Datenschutz-(Compliance-)Management-Systeme – Nachweis- und Rechenschaftspflichten nach der DS-GVO, Praktikable Ansätze für die Erfüllung ordnungsgemäßer Datenverarbeitung, in: ZD 2018, S. 208–213.

Keppeler, Lutz/Berning, Wilhelm: Die Bußgeldrisiken nach Art. 83 der Datenschutz-Grundverordnung – auch ein Risiko für den Jahresabschluss?!, in: DStR 2018, S. 91–96.

Kipker, Dennis-Kenji (Hrsg.): Cybersecurity, 1. Auflage, München 2020.

Kipker, Dennis-Kenji: Privacy by Default und Privacy by Design, in: DuD 2015, S. 410.

Klatt, Matthias/ Meister, Moritz: Der Grundsatz der Verhältnismäßigkeit – Ein Strukturelement des globalen Konstitutionalismus, in: JuS 2014, S. 193–199.

Kohlmayer, Florian/ Lautenschläger, Ronald/ Prasser, Fabian: Pseudonymization for research data collection: is the juice worth the squeeze?, in: BMC Medical Informatics and Decision Making (2019), S. 1–7.

Koós, Clemens/ Englisch, Bastian: Eine „neue" Auftragsdatenverarbeitung – Gegenüberstellung der aktuellen Rechtslage und der DS-GVO in der Fassung des LIBE-Entwurfs, in: ZD 2014, S. 276–285.

Koreng, Ansgar/ Lachenmann, Matthias: Formularhandbuch Datenschutzrecht, 2. Auflage, München 2018.

Krcmar, Helmut: Informationsmanagement, 6. Auflage, Heidelberg 2015.

Kroschwald, Steffen: Verschlüsseltes Cloud Computing – Auswirkungen der Kryptografie auf den Personenbezug in der Cloud, ZD 2014, S. 75–80.

Kühling, Jürgen: Der datenschutzrechtliche Rahmen für Datentreuhänder – Chance für mehr Kommerzialisierungsfairness und Datensouveränität?, in: ZfDR 2021, S. 1–26.

Kühling, Jürgen/ Buchner, Benedikt: Datenschutz-Grundverordnung Kommentar, 3. Auflage, München 2020.

Kühling, Jürgen/ Klar, Manuel: Unsicherheitsfaktor Datenschutzrecht – Das Beispiel des Personenbezugs und der Anonymität, NJW 2013, S. 3611–3617.

Kühling, Jürgen/Sackmann, Florian/Schneider, Hilmar: Datenschutzrechtliche Dimensionen Datentreuhänder, Bonn 2020.

Kunz, Thomas/ Lange, Benjamin/ Selzer, Annika: Datenschutz und Datensicherheit im Digital Public Health, Bundesgesundheitsblatt 2020, S. 206–214.

Laue, Philip/ Kremer, Sascha: Das neue Datenschutzrecht in der betrieblichen Praxis, 2. Auflage, Baden Baden 2018.

Leeb, Christina-Maria/Liebhaber, Johannes: Grundlagen des Datenschutzrechts, in: JuS 2018, S. 534–538.

Macit, Tugba/ Selzer, Annika: Datenschutzkonformes Löschen personenbezogener Daten in Kundenbeziehungsmanagementsystemen, in: BvD-News – Fachmagazin für Datenschutz 2020, Ausgabe 01, S. 53–56.

Martin, Nicholas/ Schiering, Ina/ Friedewald, Michael: Methoden der Datenschutz-Folgenabschätzung – Welche Unterschiede weisen die verschiedenen methodischen Ansätze auf?, in: DuD 2020, S. 154–160.

Mayring, Philipp: Qualitative Forschungsdesigns, in: Mey, Günther/Mruck, Katja (Hrsg.), Handbuch Qualitative Forschung in der Psychologie, Band 2, 2. Auflage, Wiesbaden 2020, S. 3–18.

Mayring, Philipp: Qualitative Inhaltsanalyse, in: Mey, Günther/Mruck, Katja (Hrsg.), Handbuch Qualitative Forschung in der Psychologie, Band 2, 2. Auflage, Wiesbaden 2020, S. 495–511.

Morando, Federico/ Iemma, Raimondo/ Raiteri, Emilio: Privacy evaluation: What empirical research on user's valuation of personal data tells us, in: Internet Policy Review (2/14), S. 1–11.

Münch, Peter: Technisch-organisatorischer Datenschutz: Leitfaden für Praktiker, Frechen 2010.

NIST: NIST-Richtlinie 800-63B -- Digital Identity Guidelines "Authentication and Lifecycle Management", über: https://pages.nist.gov/800-63-3/sp800-63b.html, zuletzt besucht am 11.8.2022.

Nitsche, Rainer/ Milde, Christopher/ Soltesz, Ulrich: Eigentümereffekt und versunkene Investitionen: Der Private Investor Test im Lichte früherer Kapitalzuführungen, in: EuZW 2012, S. 408–413.

Oppermann, Bernd/Stender-Vorwachs, Jutta: Autonomes Fahren, 2. Auflage, München 2020.

Paal, Boris/ Pauly, Daniel (Hrsg.): Datenschutz-Grundverordnung – Kompakt-Kommentar, 3. Auflage, München 2021.

Pechstein, Matthias/ Nowak, Carsten/ Häde, Ulrich: Frankfurter Kommentar zu EUV, GRC und AEUV, Tübingen 2017.

Pütz, Stefan/ Sowa, Aleksandra: Privacy and Security Assessment – Eine standardisierte sicherheitstechnische und datenschutzrechtliche Freigabe für IT-Systeme, in: DuD 2013, S. 40–43.

Quelle, Claudia: The 'risk revolution' in EU data protection law: We can't have our cake and eat it, too, Tilburg Law School Legal Studies Research Paper Series, Nr. 17, Tilburg 2017.

Renner, Karl-Heinz/ Jacob, Nora-Corina: Das Interview – Grundlagen und Anwendung in Psychologie und Sozialwissenschaften, München 2020.

Rieß, Joachim: Innovationen der DSGVO in der Praxis – Organisation des Datenschutzes in Unternehmen, in: DuD 2019, S. 498–501.

Riordan, Patrick/ Ganser, Christian/Wohlbring, Tobias: Zur Messung von Forschungsqualität – Eine kritische Analyse des Forschungsratings des Wissenschaftsrats, Köln 2011.

Ritter, Franziska/Reibach, Boris/Lee, Morris: Lösungsvorschlag für eine praxisgerechte Risikobeurteilung von Verarbeitungen – Ansatz zur Bestimmung von Eintrittswahrscheinlichkeit und Schadensausmaß bei der Bewertung datenschutzrechtlicher Risiken, in: ZD 2019, S. 531–535.

Robinson, Stephan C.: What´s your anonymity worth? Establishing a marketplace for the valuation and control of individuals´ anonymity and personal data, in: Digial Policy, Regulation and Governance (5/17), S. 353–366.

Romanosky, Sasha: Examining the costs and causes of cyber incidents, in: Journal of Cybersecurity 2016, S. 121–135.

Rossi, Peter/ Lipsey, Mark/ Freeman, Howard: Evaluation – A Systematic Approach, 7. Auflage, New York 1999.

Rost, Martin: Überlegungen zum Standard-Datenschutzmodell, in: BVD-News Sonderheft 2016, S. 34–35.

Rost, Martin: DSK veröffentlicht neue Version des Standard-Datenschutzmodells, in: BvD-News 1/2000, S. 13–16.

Rost, Martin/Bock, Kirsten: Privacy By Design und die neuen Schutzziele – Grundsätze, Ziele und Anforderungen, in: DuD 2011, S. 30–35.

Roßnagel, Alexander (Hrsg.): Europäische Datenschutz-Grundverordnung. Vorrang des Unionsrechts – Anwendbarkeit des nationalen Rechts, Baden-Baden 2017.

Roßnagel, Alexander: Pseudonymisierung personenbezogener Daten – Ein zentrales Instrument im Datenschutz nach der DS-GVO, in: ZD 2018, S. 243–247.

Roßnagel, Alexander: Datenschutzgrundsätze – unverbindliches Programm oder verbindliches Recht? – Bedeutung der Grundsätze für die datenschutzrechtliche Praxis, in: ZD 2018, S. 339–344.

Roßnagel, Alexander (Hrsg.): Das neue Datenschutzrecht. Europäische Datenschutz-Grundverordnung und deutsche Datenschutzgesetze. Baden-Baden 2018.

Roßnagel, Alexander: Kein „Verbotsprinzip" und kein „Verbot mit Erlaubnisvorbehalt" im Datenschutzrecht, in: NJW 2019, S. 1–5.

Roßnagel, Alexander: Der Datenschutz von Kindern in der DS-GVO – Vorschläge für die Evaluierung und Fortentwicklung, in: ZD 2020, S. 88–92.

Roßnagel, Alexander: Technik, Recht und Macht – Aufgabe des Freiheitsschutzes in Rechtsetzung und -anwendung im Technikrecht, in: ZD 2020, S. 222–228.

Roßnagel, Alexander: Datenlöschung und Anonymisierung – Verhältnis der beiden Datenschutzinstrumente nach DS-GVO, in: ZD 2021, S.188–192.

Schmidl, Michael: IT-Recht von A-Z – Accessprovider bis Zwischenspeicher, 2. Auflage, München 2014.

Schneider, Jochen: Datenschutz nach der EU-Datenschutz-Grundverordnung, 2. Auflage, München 2019.

Schröder, Markus: Der risikobasierte Ansatz in der DS-GVO – Risiko oder Chance für den Datenschutz? in: ZD 2019, S. 503–506.

Selzer, Annika: Die Zukunft von Auftragsdatenverarbeitungskontrollen – Änderungen und Chancen durch die DSGVO, in: DuD 2017, S. 242–243.

Selzer, Annika: Datenschutzrechtliche Zulässigkeit von Cloud-Computing-Services und deren teilautomatisierte Überprüfbarkeit – Eine Betrachtung unter Anwendung der Datenschutz-Grundverordnung, Berlin 2019.

Selzer, Annika: The Appropriateness of Technical and Organisational Measures under Article 32 GDPR, EDPL 2021, S. 120–128.

Selzer, Annika (Hrsg.): Datenschutzrecht – ein Kommentar für Studium und Praxis, Stuttgart 2022.

Selzer, Annika/ Schöning, Harald/ Laabs, Martin/ Đukanović, Sinisa/ Henkel, Thorsten: IT-Sicherheit in Industrie 4.0 – Mit Bedrohungen und Risiken umgehen, Stuttgart 2020.

Selzer, Annika/ Timm, Ingo J.: Chances and Limitations of Personal and Anonymized Data Processing – Implementing Appropriate Technical and Organizational Measures and Creating Added Value in Smart Cities, GI 2021, S. 773–788.

Selzer, Annika/ Timm, Ingo J.: Potenziale anonymer Datenverarbeitungen nutzen – Ein Vorschlag für Smart Cities, DuD 2021, S. 816–820.

Selzer, Annika/ Timm, Ingo J.: Gestaltung eines Treuhand-Systems zum anonymen Datenaustausch in einer Smart-City-Umgebung – Gewährleistung angemessener Schutzmaßnahmen, DuD 2021, S. 826–830.

Selzer, Annika/ Timm, Ingo J.: Angemessene technische und organisatorische Schutzmaßnahmen nach Art. 32 DSGVO – Ein Vorschlag für die datenschutzkonforme Gestaltung von Datenschutz-Grundsätzen und -Schutzmaßnahmen in IT-Systemen, HMD Praxis der Wirtschaftsinformatik 2022 (online first).

Selzer, Annika/ Woods, Daniel/ Böhme, Rainer: An Economic Analysis of Appropriateness under Article 32 GDPR, EDPL 2021, S. 456–470.

Sidgman, Jürgen/Crompton, Malcolm: Valuing personal data to foster privacy: a thought experiment and opportunities for research, in: Journal of Information Systems (2/16), S. 169–181.

Simitis, Spiros/ Hornung, Gerrit/ Spiecker, Indra: Datenschutzrecht – DSGVO mit BDSG (Kommentar), Baden Baden 2019.

Specht, Louisa/ Mantz, Reto: Handbuch Europäisches und deutsches Datenschutzrecht, München 2021.

Specht-Riemenschneider, Louisa: Herstellerhaftung für nicht-datenschutzkonform nutzbare Produkte – Und er haftet doch! Überlegungen zur Anwendbarkeit der deliktischen Produzentenhaftung bei Inverkehrbringens datenschutzrechtlich relevanter Produkte, in: MMR 2020, S. 73–83.

Spindler, Gerald/ Schuster, Fabian: Recht der elektronischen Medien – Kommentar, 4. Auflage, München 2019.

Su, Kehua/ Li, J./ Fu, Hongbo: Smart City and the Applications, ICECC 2011, S. 1028–1031.

Syckor, Jens/Strufe, Thorsten/Lauber-Rönsberg, Anne: Die Datenschutz-Folgenabschätzung: Ausnahme oder Regelfall? – Wann muss eine Datenschutz-Folgenabschätzung durchgeführt werden?, in: ZD 2019, S. 390–394.

Sydow, Gernot: Europäische Datenschutzgrundverordnung – Handkommentar, 2. Auflage, Baden Baden 2018.

Taeger, Jürgen/ Gabel, Detlev (Hrsg.): Kommentar DSGVO – BDSG, 3. Auflage, Frankfurt am Main 2019.

TeleTrusT – Bundesverband IT-Sicherheit e.V.: IT-Sicherheitsgesetz und Datenschutz-Grundverordnung: Handreichung zum „Stand der Technik" technischer und organisatorischer Maßnahmen, über: https://www.teletrust.de/fileadmin/docs/fachgr uppen/2019-02_TeleTrusT_Handreichung_Stand_der_Technik_in_der_IT-Sicherheit_ DEU.pdf, zuletzt besucht am 11.8.2022.

Thiel, Barbara/ Wybitul, Tim: Bußgelder wegen Datenschutzverstößen – aus Sicht von Aufsichtsbehörden und Unternehmen (Interview), in: ZD 2020, S. 3–7.

Tinnefeld, Marie-Theres/ Buchner, Benedikt/ Petri, Thomas/ Hof, Hans-Joachim: Einführung in das Datenschutzrecht. Datenschutz und Informationsfreiheit in europäischer Sicht, 6. Auflage, München 2018.

Trstenjak, Verica/ Beysen, Erwin: Das Prinzip der Verhältnismäßigkeit in der Unionsrechts-ordnung, in: EuR 2012, S. 265 – 284.

Veil, Winfried: Accountability – Wie weit reicht die Rechenschaftspflicht der DS-GVO? Praktische Relevanz und Auslegung eines unbestimmten Begriffs, in: ZD 2018, S. 9–16.

Verhofstad, Joost: Recovery Techniques For Database Systems, Computing Surveys 1978, S. 167–195.

Vojković, Goran: Will the GDPR slow down development of Smart Cities?, 41st International Convention on Information, Communication and Electronic Technology, S. 1495–1497, Opatija 2018.

Voßkuhle, Andreas: Grundwissen – Öffentliches Recht: Der Grundsatz der Verhältnismäßig-keit, in: JuS 2007, S. 429–431.

Votteler, Moritz: Whitelist und Blacklist der CNIL – Wann müssen Verantwortliche in Frank-reich eine Datenschutz-Folgenabschätzung durchführen?, in: ZD 2020, S. 184–188.

Wagner, Amina/Wessels, Nora/ Buxmann, Peter/ Krasnova, Hanna.: Putting a Price Tag on Personal Information – A Literature Review, Proceedings of HICSS 2018, S. 3760–3769.

Wedde, Peter: EU-Datenschutz-Grundverordnung, Frankfurt am Main 2016.

Wennemann, Thomas: TOM und die Datenschutz-Grundverordnung – Eine praktische Umsetzung von technischen und organisatorischen Maßnahmen gem. Art. 32 DS-GVO, in: DuD 2018, S. 174–177.

Weth, Stephan/ Herberger, Maximilian/ Wächter, Michael/ Sorge, Christoph: Daten- und Persönlichkeitsschutz im Arbeitsverhältnis – Praxishandbuch zum Arbeitnehmerdaten-schutz, 2. Auflage, München 2019.

Winegar, Angela G./Sunstein, Cass R.: How much is Data Privacy Worth? A Preliminary Investigation, in: Journal of Consumer Policy (2019), S. 425–440.

Wolff, Heinrich Amadeus/ Brink, Stefan: Datenschutzrecht – Online-Kommentar, 31. Aus-gabe, München 2019.

Woods, Daniel/Moore, Tyler/Simpson, Andrew C: The County Fair Cyber Loss Distribution: Drawing Inference from Insurance Prices, Workshop on the Economics of Information Security 2019, S. 1–25.

Wünsche, Manfred: BWL für IT-Berufe – ein praxisorientierter Leitfaden für das kaufmän-nische Denken, 3. Auflage, Berlin 2015.

Wybitul, Tim: EU-Datenschutz-Grundverordnung im Unternehmen – Praxisleitfaden, Frank-furt am Main 2016.

Yordanov, Atanas: Nature and Ideal Steps of the Data Protection Impact Assessment Under the General Data Protection Regulation, in: EDPL 4/2017, S. 486–495.